大判

図解 最新 果樹のせん定

成らせながら樹形をつくる

農文協―編

まえがき

自分でせん定した樹が、枝を伸ばし、花を咲かせ、みずみずしくおいしい果実を成らせてくれる、この喜びはなにものにもかえがたいもの。しかし、その逆に一生懸命せん定したにもかかわらず、樹があばれて手におえなくなった経験をお持ちの方も多いと思う。

せん定で失敗しがちなのは、樹形を気にしすぎて強いせん定になってしまうこと。また、日当たりをよくしようと枝を切りすぎたり、そんな気持ちがなくとも、ハサミを持つとついつい枝を多く切ってしまいがち。初心者の失敗の多くは枝を切りすぎて、強せん定になってしまうことにある。

最初はあまり樹形のことは気にせず、競合する枝や混んでいる枝を整理する程度で、できるだけ多くの枝を残すことを心がけるようにしたい。せん定を弱くすれば花芽も着きやすくなり、早くから果実を成らせることができる。そして、果実を成らせながら、あまり形にこだわらず樹形をつくっていくのがよい。こうすると、早くから収量が上がるだけでなく、コンパクトで扱いやすい樹にもなる。

本書は、写真と図解でせん定のコツがつかめ、初心者でも楽しくせん定ができるようにとまとめた『図解 最新 果樹のせん定』（A５判）を活字や図・写真をそのまま大きく、見やすくしてお届けするものである。大判化することで枝を切る位置や指示がよりわかりやすくなり、せん定の勘どころをよく探ることができると思う。多くの方に本書を役立てていただければ幸いである。

二〇〇五年二月

農文協編集部

目次

まえがき 1
樹形と枝の呼び方・切り方の基本 9

ミカン …… 岸野 功 12
樹形と整枝のポイント 12
枝の種類と結果習性 14
せん定方法と樹勢 14
幼木から若木のせん定 18
成木のせん定 22
樹形改造 22
樹勢の強い系統のせん定 24
樹勢の弱い系統のせん定 24
伊予柑のせん定 24

リンゴ・普通栽培 …… 塩崎雄之輔 28
せん定を始める前に 28
幼木期の仕立て方 30
芯抑制期から芯抜き期のせん定 36

骨組み枝の構成期のせん定　38
側枝（なり枝）のつくり方と更新方法　42

「リンゴ・わい化栽培」……小池洋男　44
わい化栽培の台木と樹形　44
幼木時代の仕立て方　44
若木時代の仕立て方　46
成木期のせん定　46
側枝の誘引とせん定　50
夏季せん定の方法　54
M26台木ふじの仕立て方　54
密植で過繁茂になっているふじの間伐　54

「ブドウ」……高橋国昭　58
どんな枝に果実がなるか　58
好適樹相とは　58
結果母枝の選び方　60
せん定の強さと生育　64
枝の切り方の基本　66
X字型自然形整枝の樹形　66

植え付けからの整枝・せん定　68
間伐と縮伐　70
平行型短梢せん定　72

ナシ　廣田隆一郎　82

結果習性と果実のならせ方　82
せん定の時期と枝の切り方　82
樹形と植え付け密度の考え方　84
新植からの仕立て方　84
秋の枝抜き　88
主枝、亜主枝の先端部の扱い　88
側枝と結果枝の配置　92
〈幸水〉　92
〈二十世紀〉　96
〈豊水〉　98
側枝、結果枝の誘引　100

西洋ナシ　奥山仁六　102

整枝・せん定のポイント　102
品種と枝の性質　102

立ち木仕立てと棚仕立て 102
主幹形の仕立て方 104
棚仕立ての方法 104

モモ ……………………………… 遠藤 久 110

モモの結果習性 110
仕立て方の考え方 110
開心自然形の特徴 110
開心自然形の仕立て方 112
せん定程度の判断 118
Y字形仕立て 118
棚仕立て 120
主幹形仕立て 122

ウメ ……………………………… 原野博実 126

果実のなる枝 126
枝の切り方と時期 126
樹形とせん定の考え方 128
幼木の仕立て方 128
主枝と亜主枝、側枝の育て方 130

樹勢の判断とせん定の程度　132
間伐と樹形改造　132

［スモモ］……遠藤　久　136

スモモの結果習性　136
品種の交配親和性と植え付け　136
開心自然形の仕立て方　140
品種のタイプとせん定　142
棚仕立て　144

［オウトウ］……奥山仁六　146

オウトウの結果習性　146
樹形と整枝・せん定のポイント　146
遅延開心形の仕立て方　152
樹形完成後のせん定　152

［アンズ］……小池洋男　154

アンズの結果習性　154
幼木の仕立て方　154
成木のせん定　156

カキ ……………… 北野欣信 158

カキの結果習性 158
枝の切り方の基本 158
樹形の種類と特徴 158
結実期までの仕立て方 160
亜主枝のつくり方 162
側枝のつくり方 166
結果母枝の残し方 166
樹勢の判断とせん定の程度 168
間伐と樹高の切り下げ 170

クリ ……………… 荒木　斉 172

結果習性と結果母枝のよしあし 172
結果母枝と側枝の切り方 172
せん定をやさしくするための植え付け 174
植え付けからの仕立て方 175
せん定の手順 178
縮・間伐と適正な樹冠間隔 178

「イチジク」……松浦克彦 180
せん定のポイント 180
開心自然形・杯状形の仕立て方 180
一文字整枝の仕立て方 182
結果母枝のせん定方法 182
「ビワ」……浅田謙介 186
枝の種類と果実のなり方 186
幼木からの低樹高仕立て 186
亜主枝、側枝の配置 188
成木を低樹高へ改造する 190
せん定の程度と時期 190
芽かき・せん定後の枝の保護 190
「キウイフルーツ」……末澤克彦 192
結果習性とせん定のポイント 192
植え付けからの仕立て方 194

樹形と枝の呼び方・切り方の基本

〔枝の呼び方〕

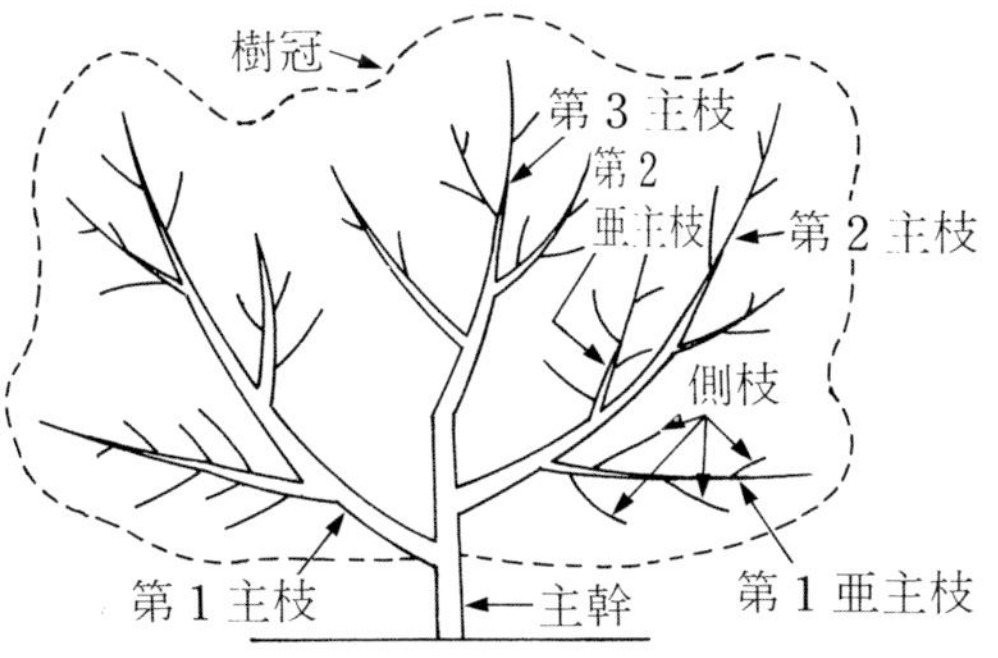

立ち木仕立ての例

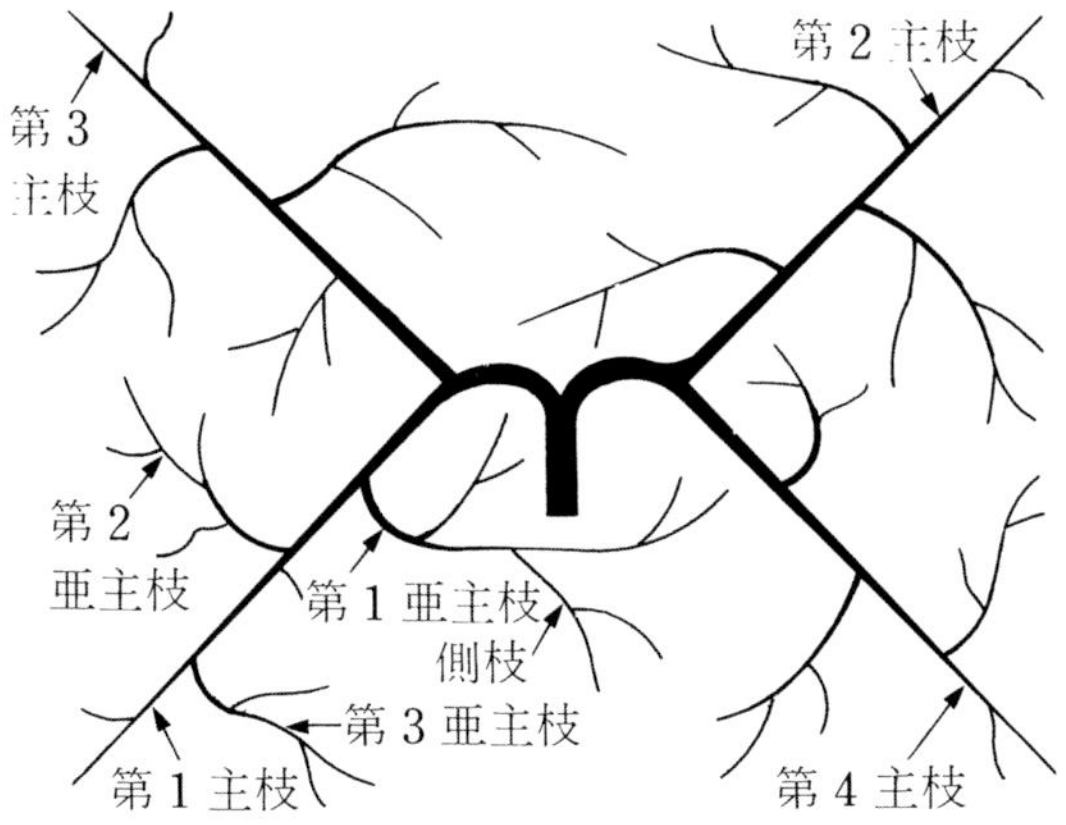

棚仕立て（ブドウの例）

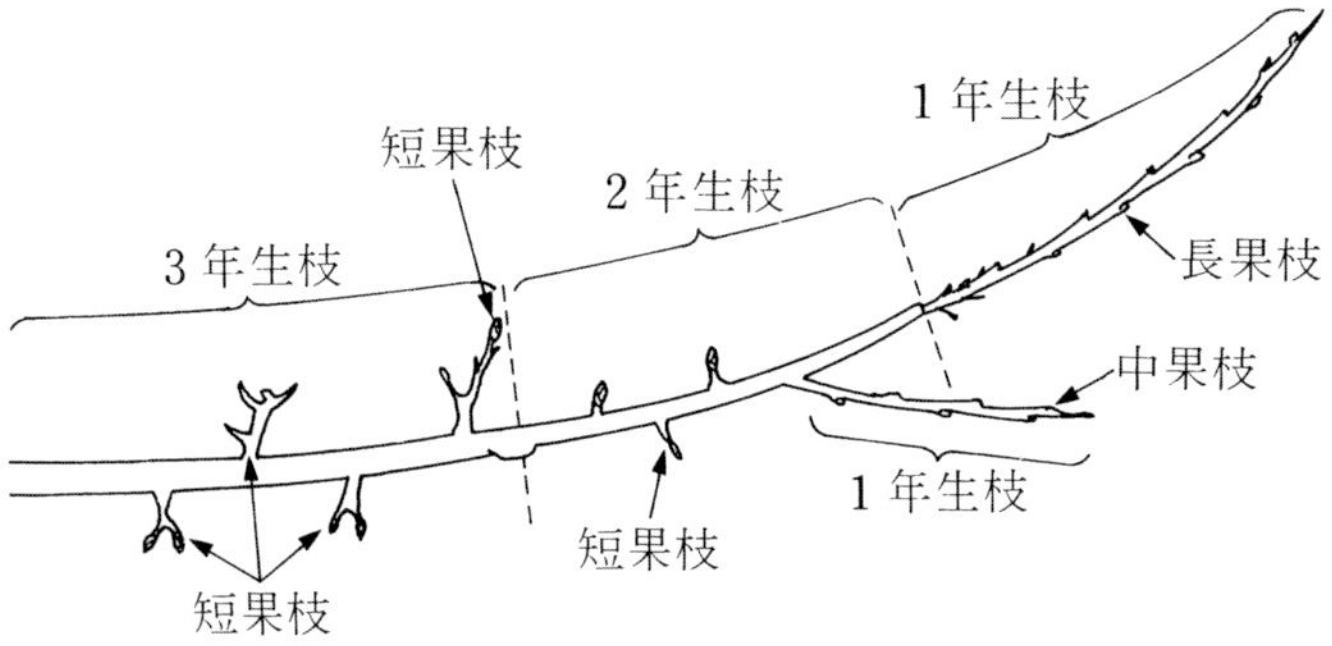

結果枝の出方と呼び方
（ナシの例）

主幹　地上から最上位の主枝の分岐点までの幹の部分。

主枝　主幹から直接分かれて出た枝で、亜主枝、側枝、結果枝などを着け樹形の基礎になる枝。

亜主枝　主枝から分岐した枝で側枝、結果枝などを着け、主枝と並んで樹形の骨組みになる枝。

側枝　結果枝や結果母枝を着ける枝。

新梢　新しく生長している、葉を着けている一年生枝。伸び方によって発育枝、結果枝、結果母枝、徒長枝などになる。

発育枝　葉芽だけを着けた一年生枝。しかし、ナシなどでは花芽を着ける一年生枝をこう呼んでいる。

徒長枝　発育枝のうち、枝の直上などから発生して長大に伸長した枝。

結果枝　花芽を着けて翌年開花結実する枝の総称であり、とくに長さによって短果枝（一～五センチ程度）、長果枝（約三〇センチ以上）に分けられる。短果枝でもごくわずかに伸びて、花芽が密に着生したのを花束状短果枝という。中果枝（一〇～二〇センチ程度）、

結果母枝　昨年生長した枝から新しい枝（結果枝）が伸びて開花結実する習性のある樹種で、この開花結実する結果枝を出す枝のこと。カンキツ、ブドウ、カキなどにみられる。

副梢　伸びつつある枝（新梢）の葉えきから伸びた枝。

花芽　翌春咲く花のもとをもっている芽。枝先に着く頂花芽と葉えきに着くえき花芽とがある。結果母枝に着いている花芽は、花のもとと枝葉のもとの両方をもっている。

葉芽　翌春生長する枝葉のもとだけをもっている芽。

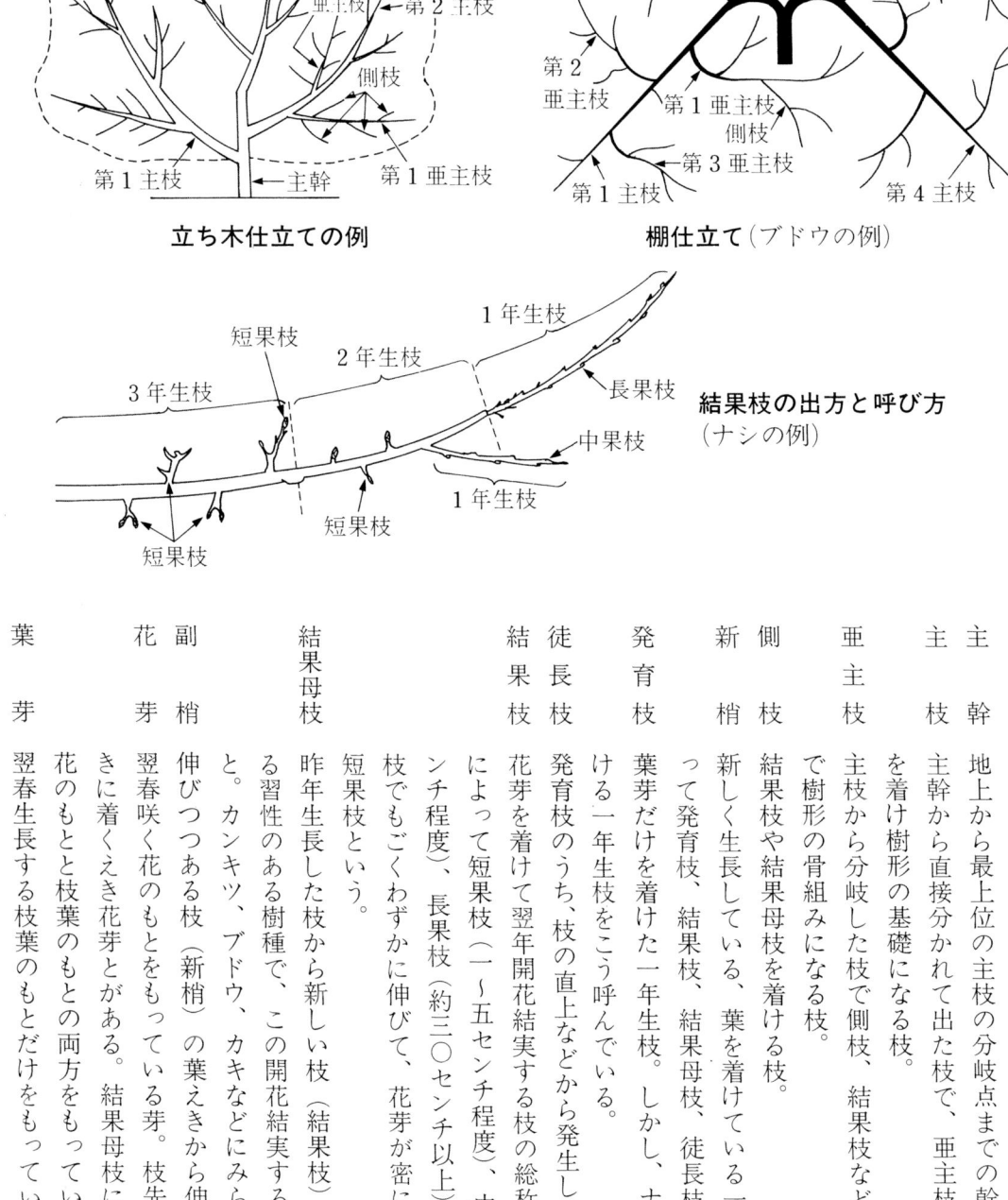

〔樹形の呼び方（立ち木仕立て）〕

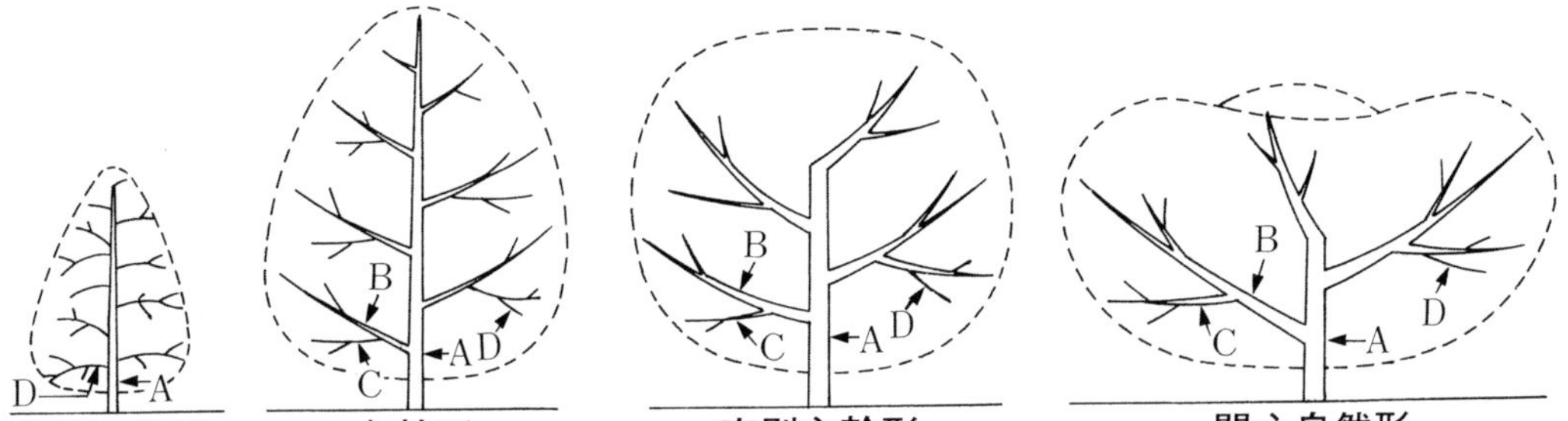
A
B
C
D

細型主幹形　主幹形　変則主幹形　開心自然形

A：主幹、B：主枝、C：亜主枝、D：側枝

〔切り返しせん定、間引きせん定と新梢の生長〕

〈切り返しせん定〉

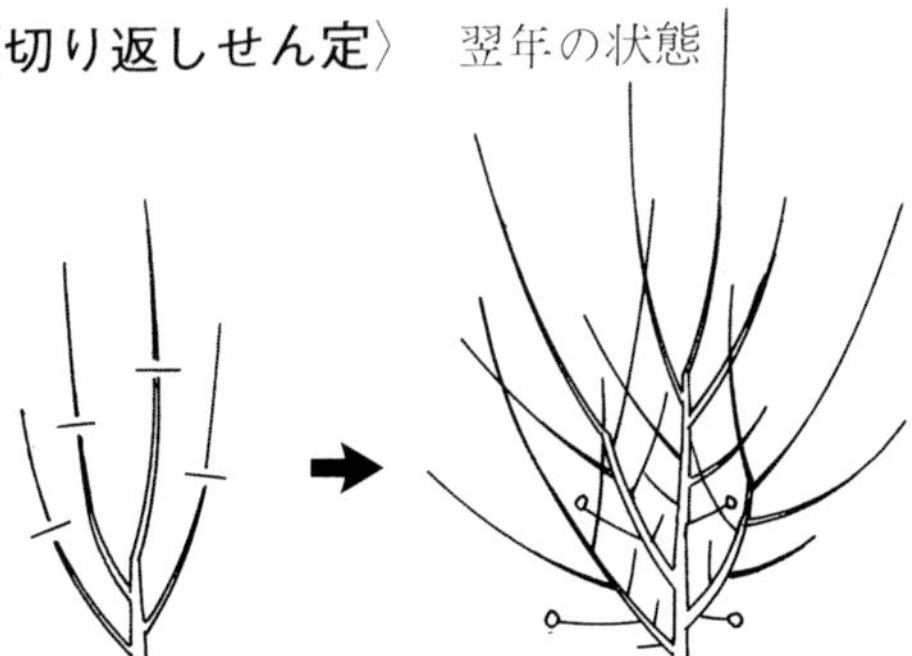
翌年の状態

枝の途中で切るのが切り返しせん定

強い新梢が伸び花芽は着きにくい
主に、骨格となる枝の育成や、弱った枝の勢力を回復したいときに行なうとよい

〈間引きせん定〉

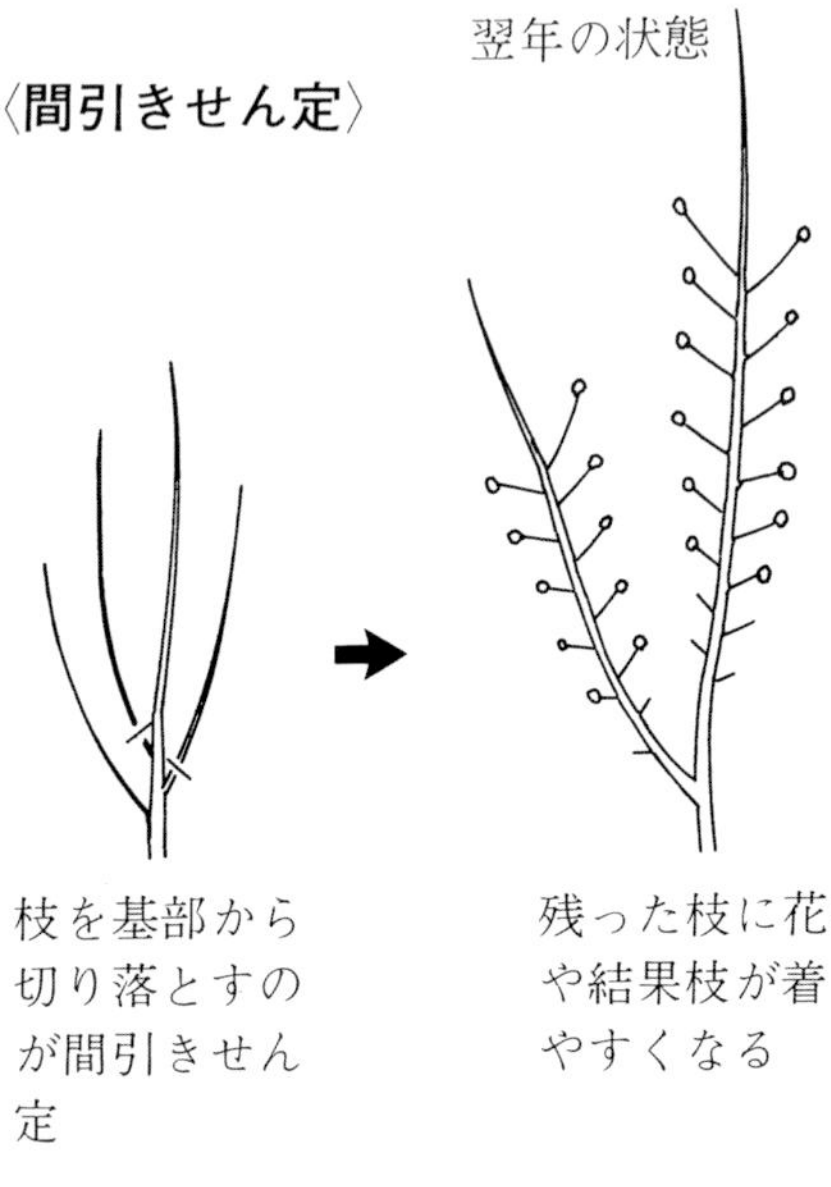
翌年の状態

枝を基部から切り落とすのが間引きせん定

残った枝に花芽や結果枝が着きやすくなる

〔切り返しせん定の強弱と新梢の生長〕

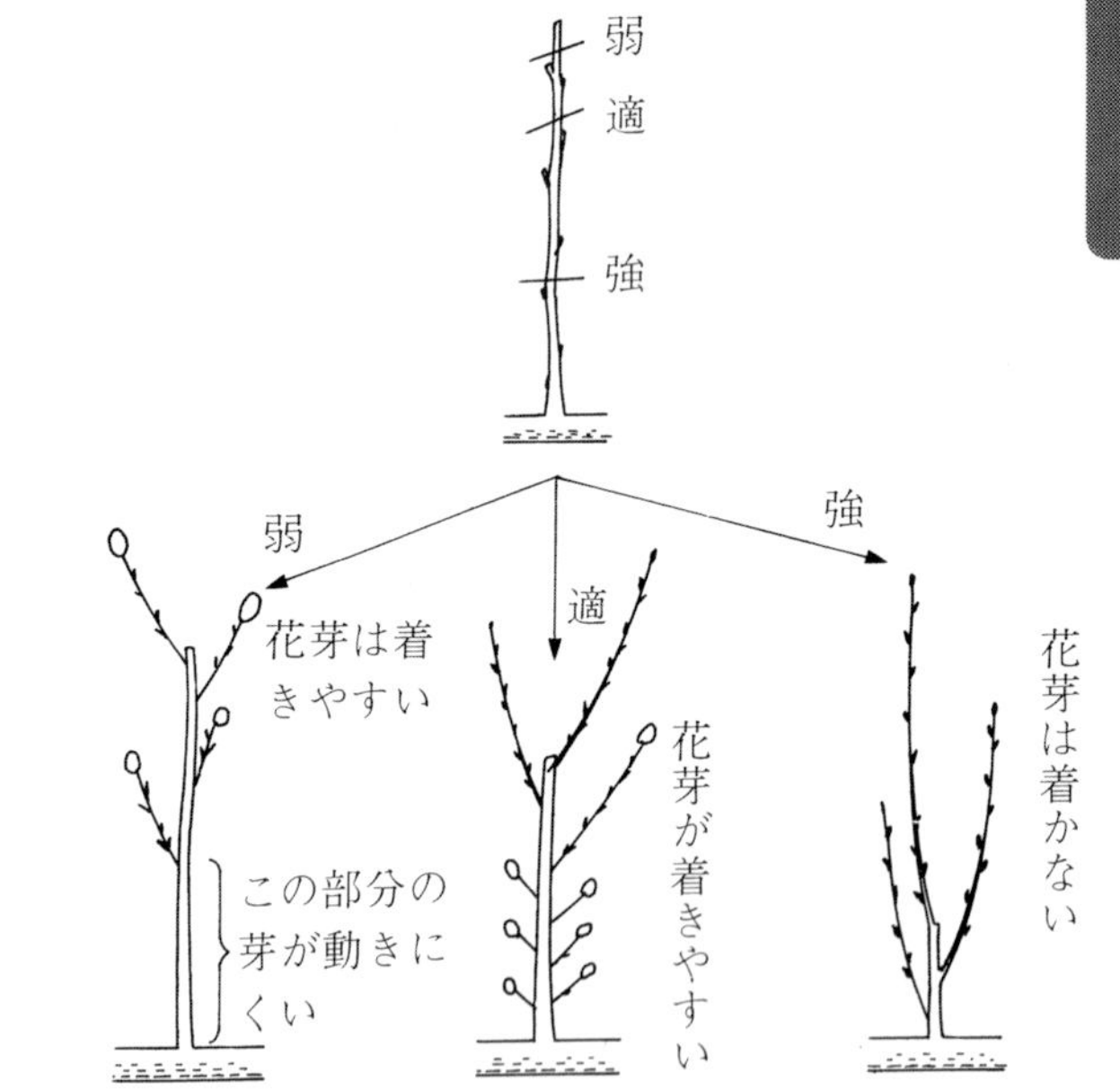
弱
適
強
弱
適
強
花芽は着きやすい
この部分の芽が動きにくい
花芽が着きやすい
花芽は着かない

切り返しが弱いと弱い枝しか伸びず樹勢が弱くなる

先端の2～3芽から長い枝が伸び、それより下の芽から弱い枝が出る

切り返しが強いと強い枝が伸びる

〔枝の切り方〕

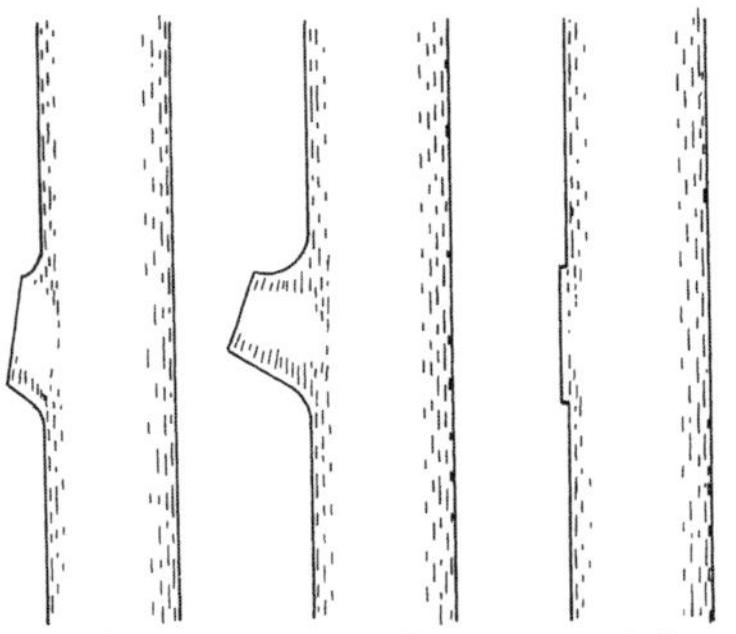

良　　不良　　不良

太い枝

中央と右は切り口のゆ合が悪い

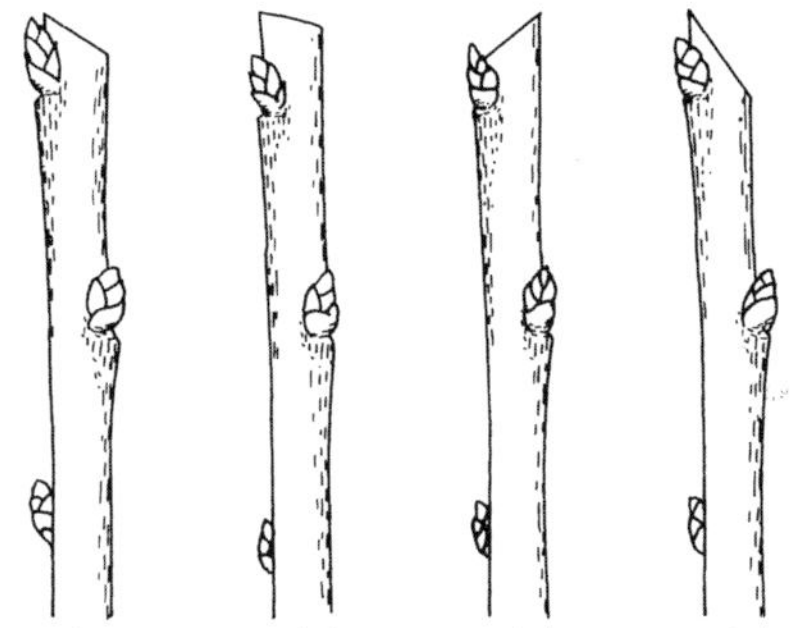

良　　不良　　不良　　不良

細い枝

芽の上で斜め45°くらいで切るのがよい

〔生育や樹形を乱す枝とその扱い〕

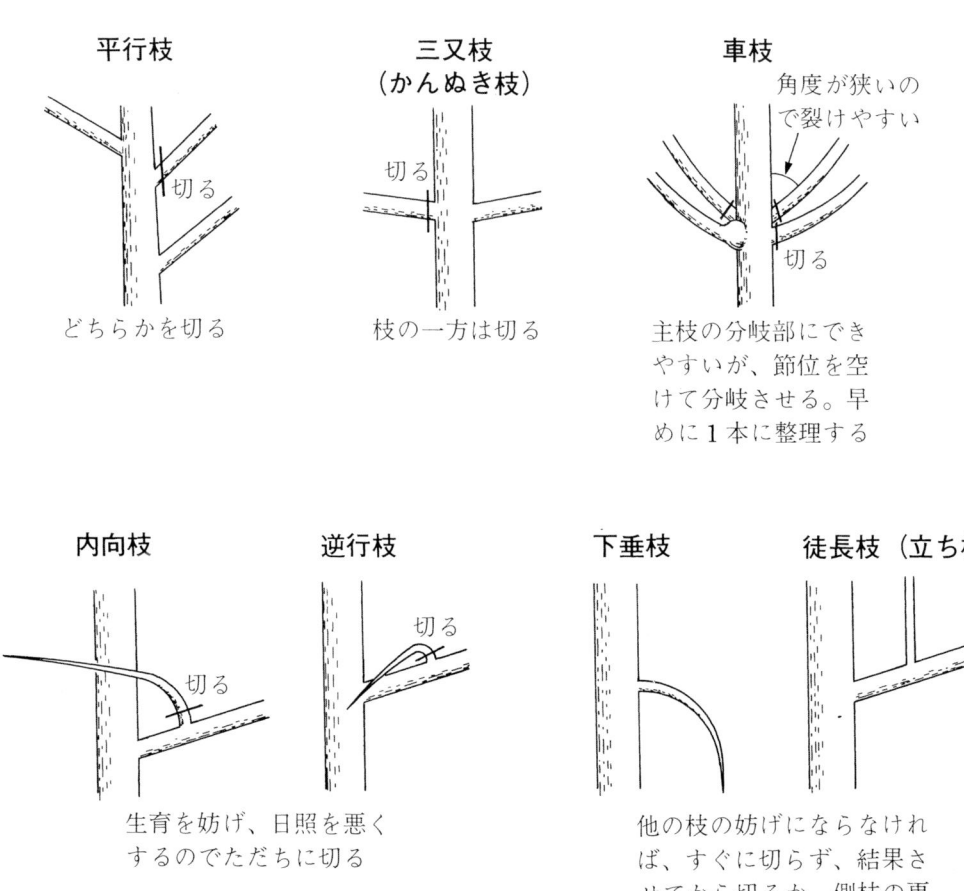

平行枝

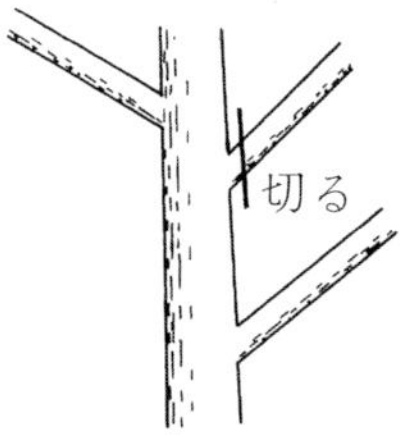
切る

どちらかを切る

三又枝（かんぬき枝）

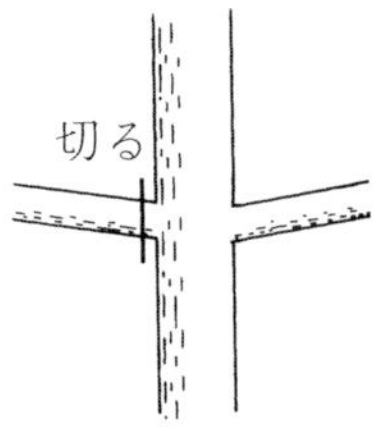
切る

枝の一方は切る

車枝

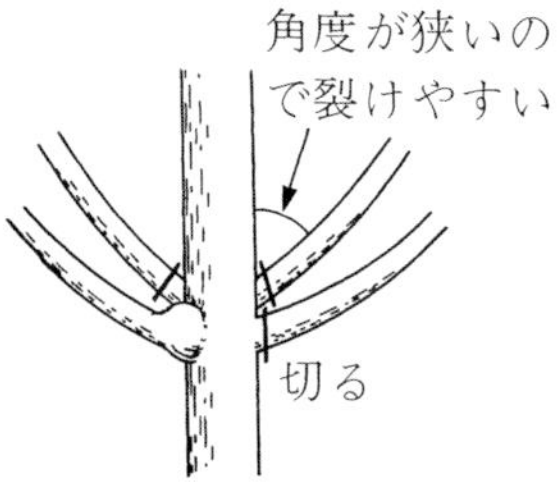
角度が狭いので裂けやすい
切る

主枝の分岐部にできやすいが、節位を空けて分岐させる。早めに1本に整理する

※樹種や地域によっては、ここで述べた枝の呼び方や扱い方があてはまらない場合もありますのでご了承ください。

内向枝

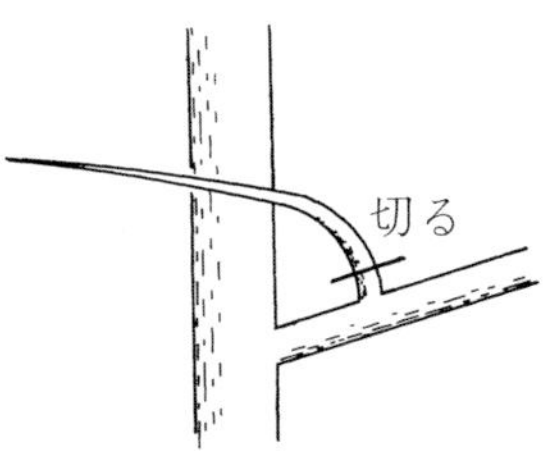
切る

逆行枝

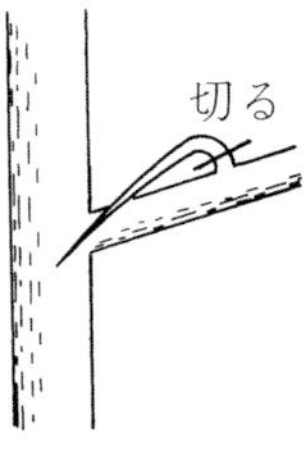
切る

生育を妨げ、日照を悪くするのでただちに切る

下垂枝

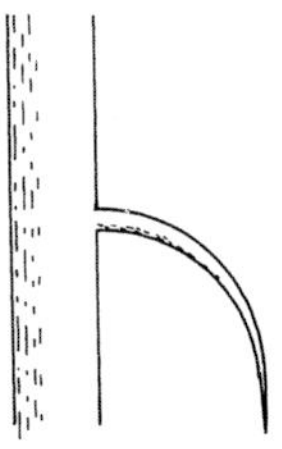

徒長枝（立ち枝）

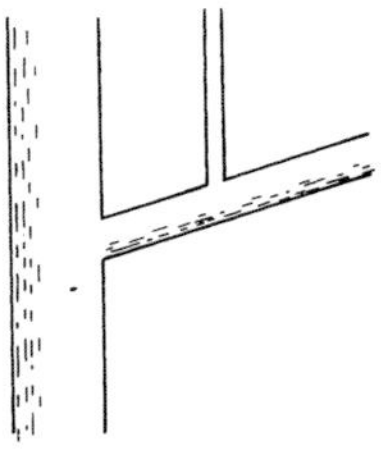

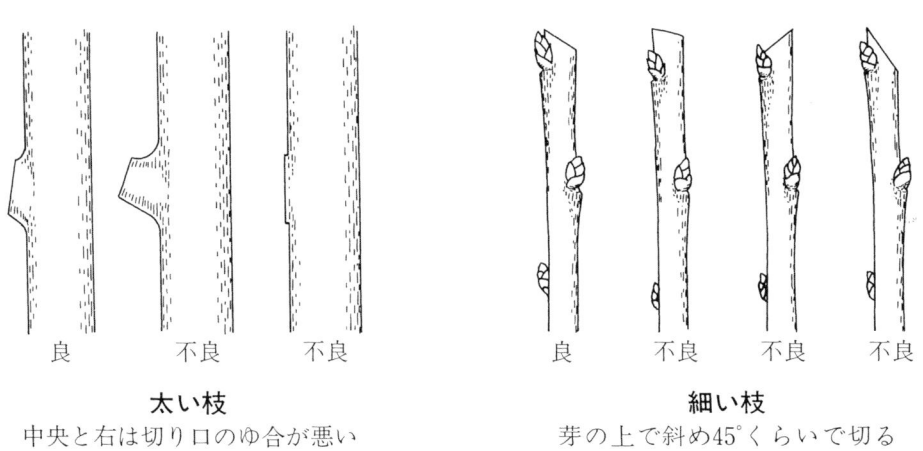

他の枝の妨げにならなければ、すぐに切らず、結果させてから切るか、側枝の更新などに利用することもある

ミカン

岸野　功

樹形と整枝のポイント

ミカンの樹形　ミカンは開心自然形が一般的な樹形で、主幹、主枝、亜主枝、側枝が骨組みになる。

主幹は三〇から四〇センチの長さにし、主幹の先端部から二本、中間から一本、全部で三本の主枝を、円を三等分する方向に立て、それぞれの主枝には二～三本の亜主枝を、亜主枝には数本の側枝を配置して空間を立体的に利用する。側枝には四～五年生枝を一つの単位にした緑枝群を着け、これに果実をならせる。

樹齢が若いときは亜主枝や側枝が多くても枝が混みすぎることはないが、樹齢が進み、枝が大きくなるにつれ、枝葉が混むようになるので、亜主枝や側枝は間引きせん定で数を少なくして、樹の内部への光線がよく入るようにする。

主枝の配置　主枝は主幹と三〇度くらいの角度をとる

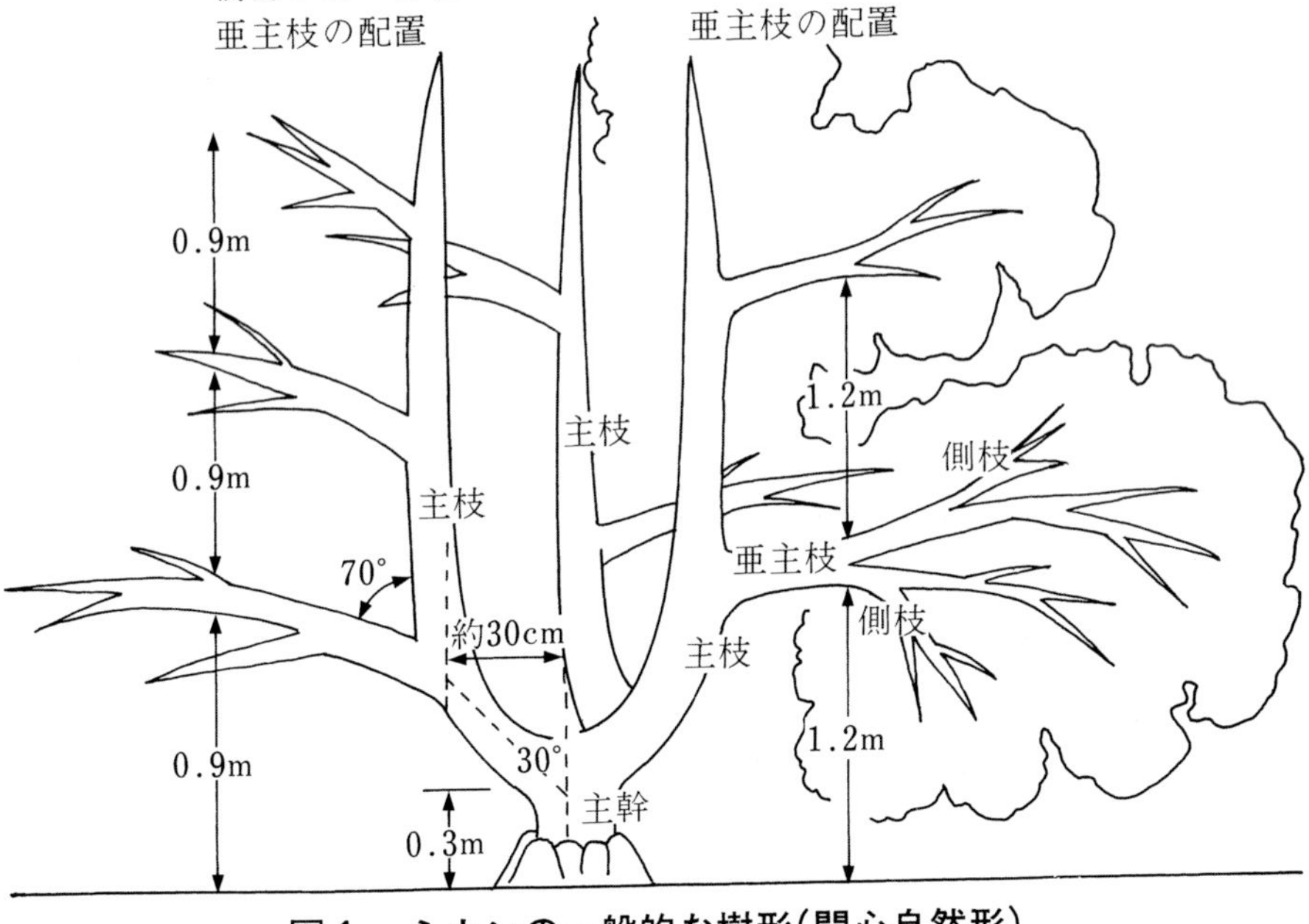

図1　ミカンの一般的な樹形（開心自然形）

図２　主枝には左右に枝を着ける

Ⓐ：第１亜主枝への日当たりを妨げるようになったら切り返して細い枝にきりかえる

Ⓑ：隣の主枝の第１亜主枝への日当たりを妨げるようになったら、Ⓐと同様に切り返しながら使っていく。かなり遅くまで側枝として使える

図３　枝が大きくなるにつれ、間引きせん定で枝を減らす

図４　亜主枝には左右に側枝を着ける

図５　亜主枝の先端は立てない

上の枝との間隔が狭くなり、内部への日当たりが悪くなる。誘引して下げてやるか、下枝に更新する

が、主幹から三〇センチぐらいからは上に真っすぐに立てる。主幹と主枝との角度が開きすぎたり、主枝を斜めに立てると、樹の内部に果実が着かない空間が多くなる。

亜主枝の配置　亜主枝は主枝と七〇度くらいの角度で斜めに伸ばし、隣り合った主枝から伸ばした亜主枝と交差しないようにする。また、それぞれの主枝の上下の亜主枝が重ならないように配置する。主枝と亜主枝との分岐角度が狭く、亜主枝が立ち枝になると、先端がしだいに高くなり、果実が着く部位が高くなって、作業しにくくなる。さらに、上の側枝や亜主枝との間隔が狭くなって、樹内部への日当たりが悪くなる。分岐角度が狭いときは誘引をして開く。

枝の種類と結果習性

ミカンの一年生枝には、果実をならせた枝（果梗枝）、あるいは摘果をした枝（摘果枝）と花が着かなかった枝（発育枝）がある。発育枝には花が着き、果梗枝や摘果枝には花が着かず発育枝が発生する。

一本の樹には果梗枝、摘果枝、発育枝が混在している。発育枝が多い樹では、今年の花は多いが、発育枝の発生が少ないので来年には花が少なくなる。果梗枝や摘果枝が多い樹では、今年の花は少ないが、発育枝の発生が多いので来年には花が多くなる。

発育枝と果梗枝、摘果枝とのバランスがとれている樹では花も着いて、発育枝も発生するから、連年結果をするが、発育枝だけが多い樹、あるいは果梗枝や摘果枝だけが多い樹では、隔年結果になり、なり年と不なり年を繰り返すことになる。

せん定方法と樹勢

切り返しせん定と間引きせん定　枝の途中から切るのが切り返しせん定、枝の基部から切るのが間引きせん定である。切り返しせん定は枝を伸ばす働きが強く、栄養生長をし、間引きせん定は花を着ける働きが強く、生殖生長を助長するせん定になる。

樹齢を経た枝の間引きせん定は、せん定する枝の径が残す枝の径とほぼ同じくらいか、小さい場合は間引きせん定の働きが強い。しかし、せん定する枝の径が残す枝の径より大きい場合は、切り返しせん定の働きが強くなり、せん定する枝の径が残す枝の径より大きければ、大

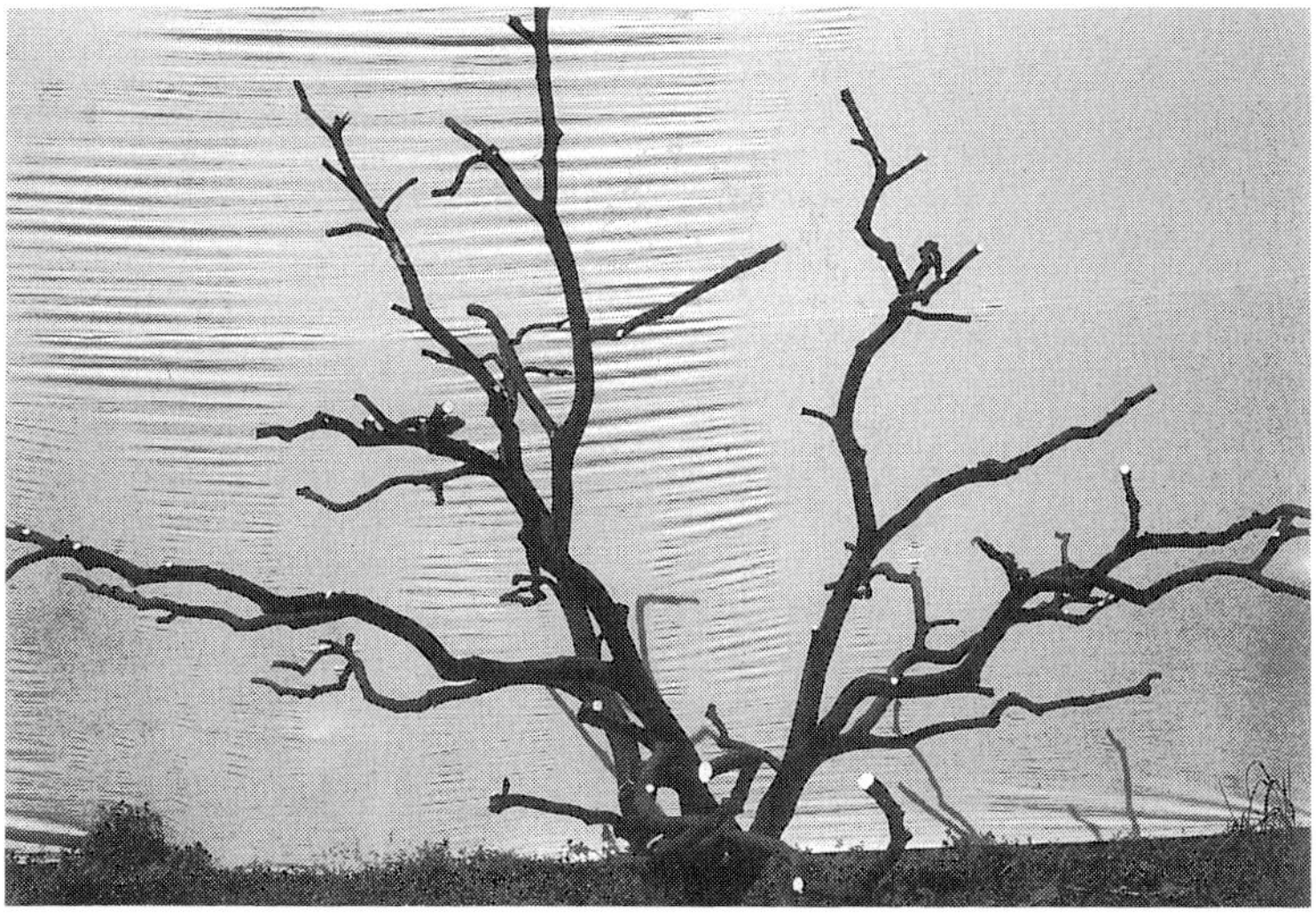

図6　整枝の良い樹と悪い樹

①　立ち枝が少なくよく整枝された樹

大きな枝をせん定する必要はない。側枝ごとに3～4年生の立ち枝を間引き、伸びすぎた枝を切り直す

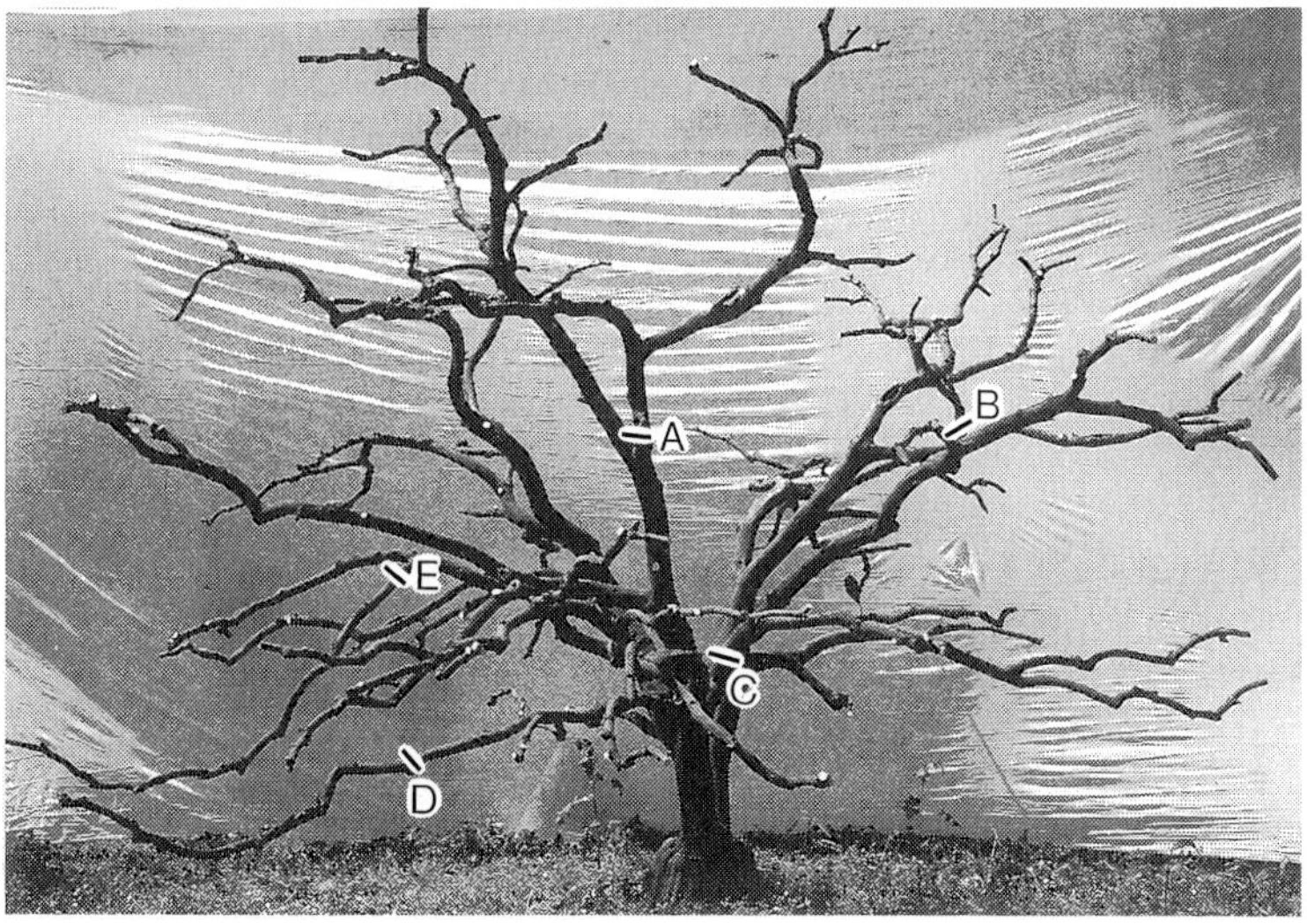

②　立ち枝が多く整枝の悪い樹

A：大きな内向枝は4～5年かけて間引く

B：立ち枝は間引く

C：大きな立ち枝がある。4～5年かけて短縮し、最後には間引く

D：伸びすぎた枝は切り返す

E：下垂枝は間引く

図7　発育枝への着花

図8　果梗枝から伸び出した発育枝

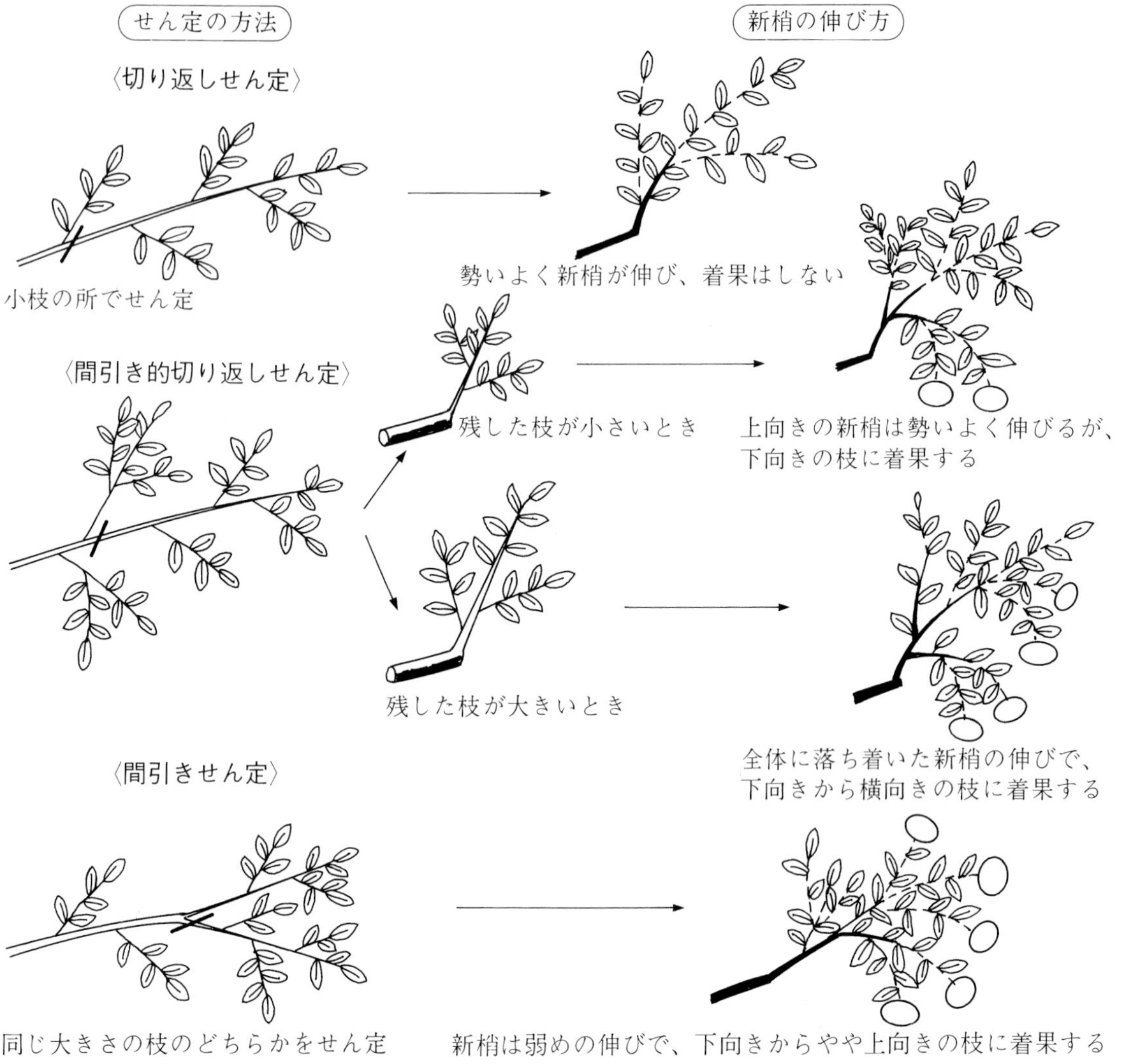
せん定の方法
新梢の伸び方
〈切り返しせん定〉
小枝の所でせん定
勢いよく新梢が伸び、着果はしない
〈間引き的切り返しせん定〉
残した枝が小さいとき
上向きの新梢は勢いよく伸びるが、
下向きの枝に着果する
残した枝が大きいとき
全体に落ち着いた新梢の伸びで、
下向きから横向きの枝に着果する
〈間引きせん定〉
同じ大きさの枝のどちらかをせん定
新梢は弱めの伸びで、下向きからやや上向きの枝に着果する

図9　切り返しせん定と間引きせん定

図11　切り返しせん定の働きが強い間引きせん定
間引く枝の径が残す枝の径より大きい

図10　大きな枝の切り返し
側枝の切り返しが弱かったため、枝の基部に結果枝が少ない。強い切り返しをして基部に枝をつくる

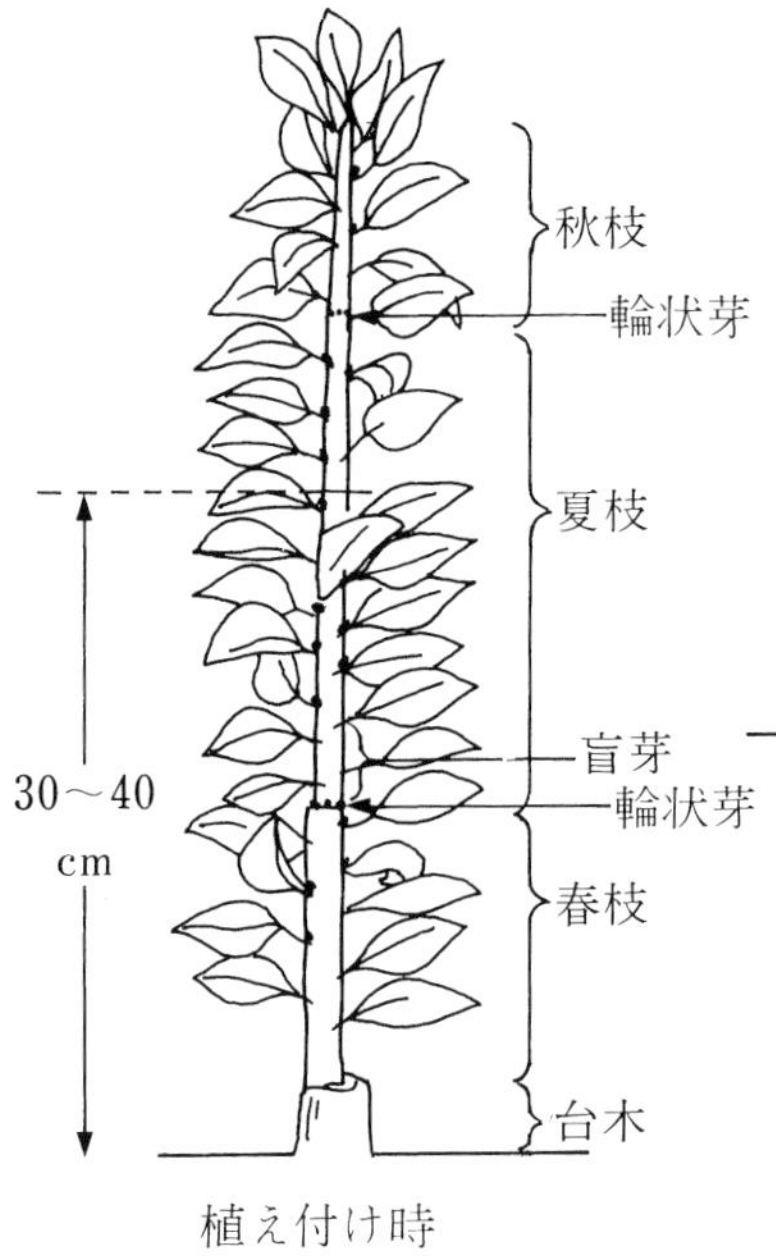

植え付け時

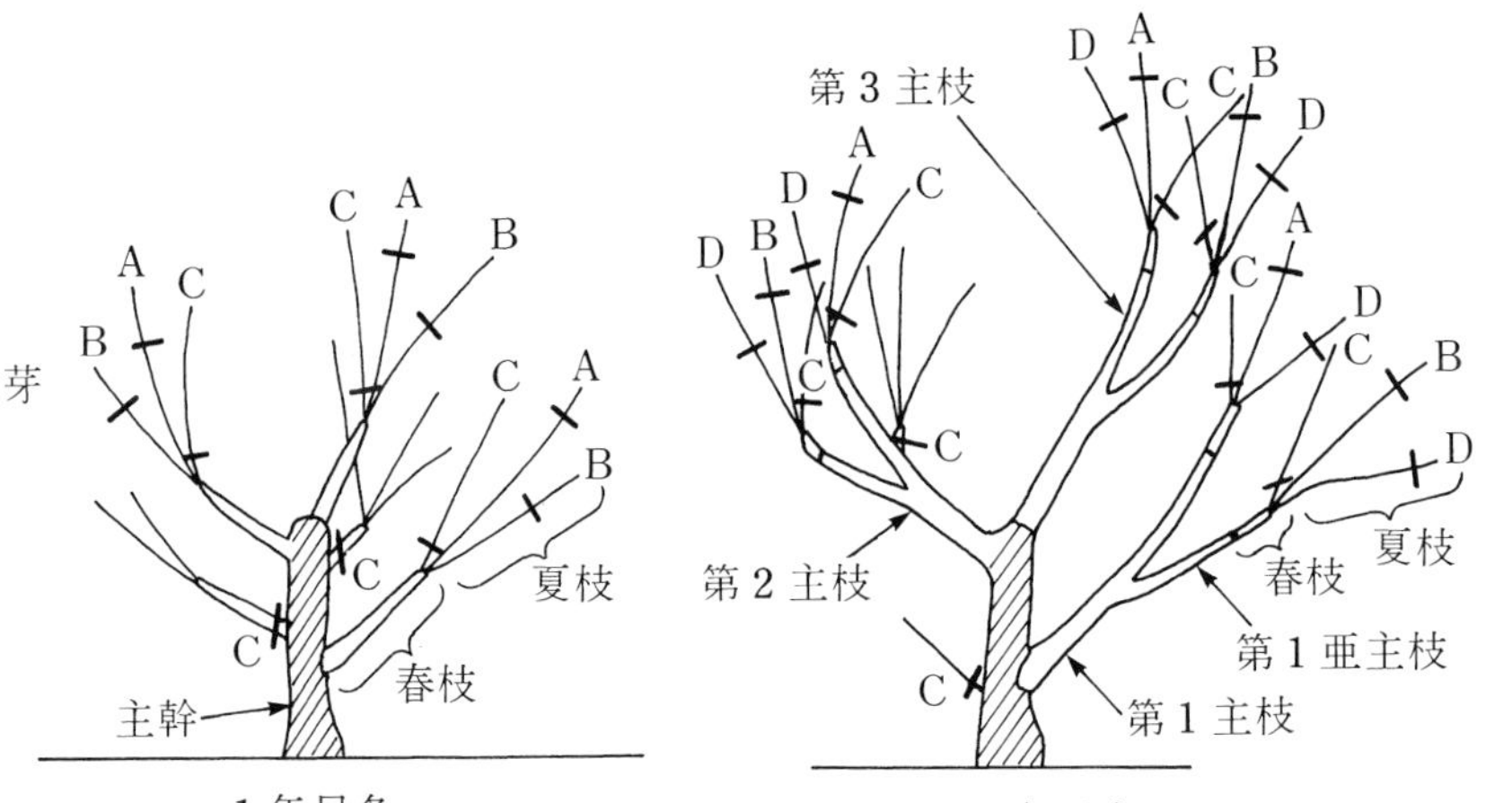

1 年目冬　　2 ～ 3 年目冬

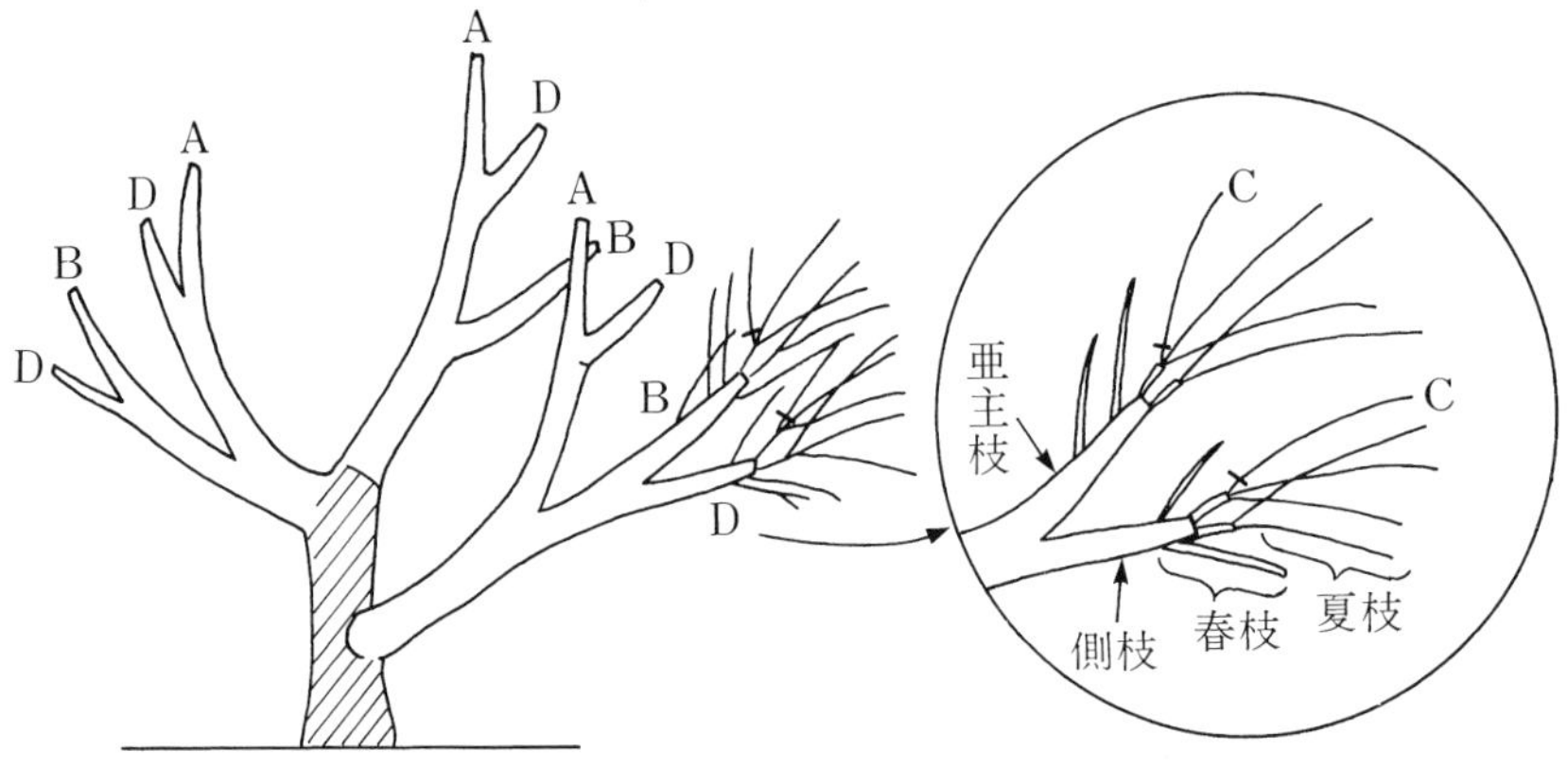

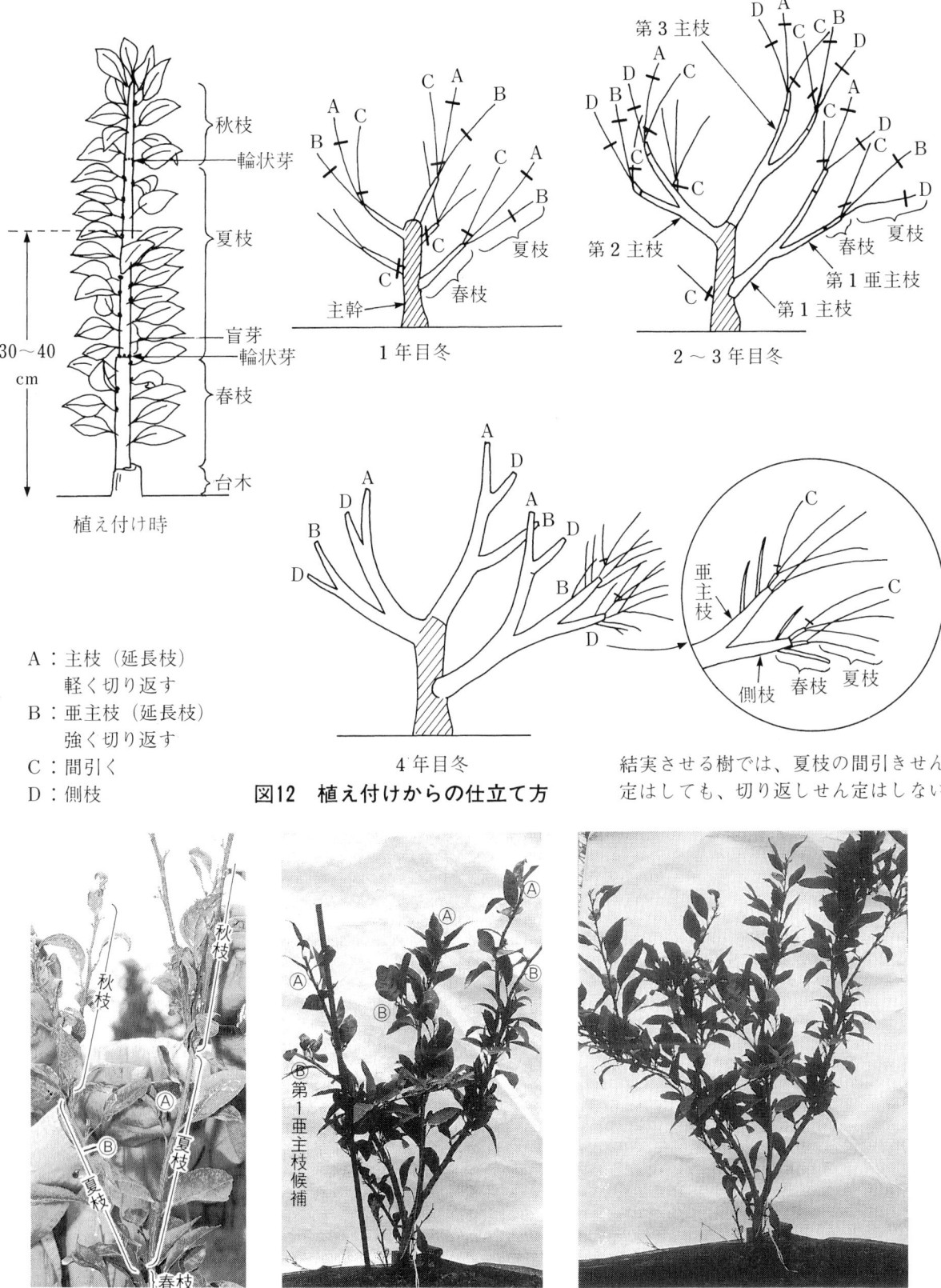

A：主枝（延長枝）
　　軽く切り返す
B：亜主枝（延長枝）
　　強く切り返す
C：間引く
D：側枝

4 年目冬

結実させる樹では、夏枝の間引きせん定はしても、切り返しせん定はしない

図12　植え付けからの仕立て方

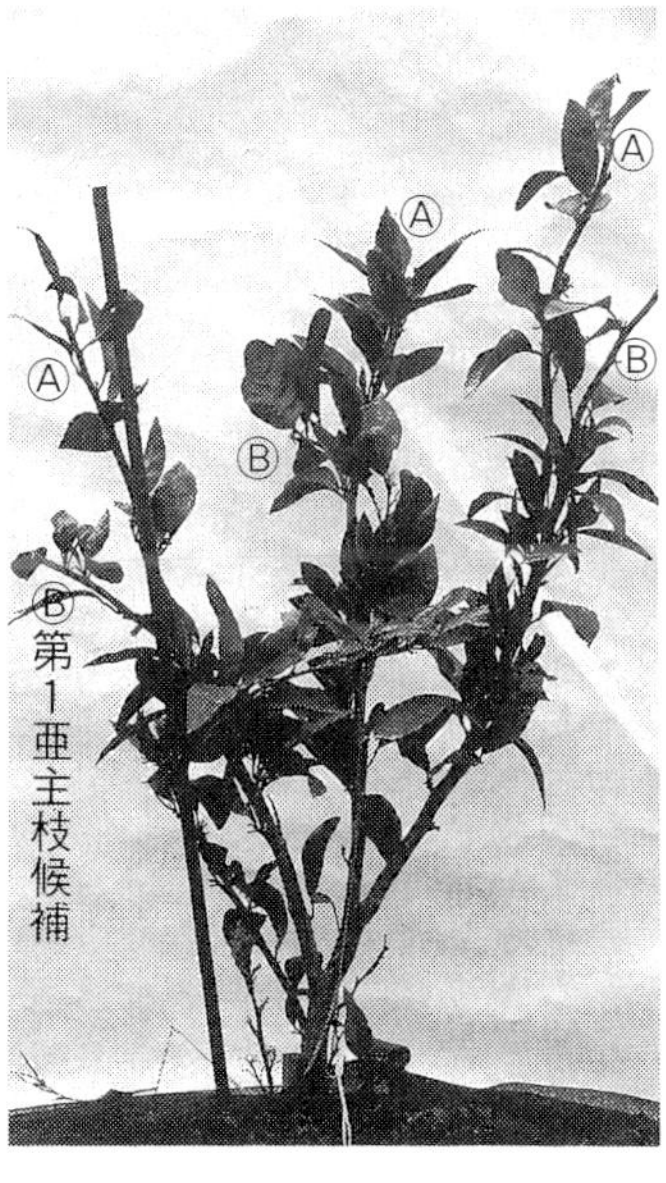

主枝、亜主枝候補枝のせん定
主枝Ⓐは夏枝まで使う。亜主枝候補枝は主枝より短く切り返すⒷ

せん定後
Ⓐは主枝、Ⓑは亜主枝候補枝

せん定前

図13　1 年目冬（2 年生樹）のせん定

きいほど切り返しせん定の働きが強くなる。

強いせん定と弱いせん定　樹全体で切り落とした枝の数が多いと強いせん定になる。

間引きせん定でも切り返しせん定でも、せん定をすれば、枝は若返り、せん定をしない樹より新梢の生育は旺盛になる。これは、せん定で芽の数は減るけれども、根が養水分を吸う力は変わらないので、一芽に配分される養水分が多くなるためである。

一本の枝では、切り返しせん定をする枝が大きいほど強いせん定といわれる。せん定する枝の径が大きくて、残す枝の径が小さい場合は、大きなパイプを通って流れてきた養水分が小さなパイプに流れ込むことになり、個々の芽に配分される養水分は多くなるので、新梢の生育が旺盛になる。

幼木から若木のせん定

植え付け時　苗は接ぎ木部から三〇～四〇センチの位置で切り返しせん定をする。これが主幹の長さになる。

春枝と夏枝の境目は輪状芽といわれ、芽がたくさんある。夏枝の枝元から上の二～三芽は盲芽と称され、芽が弱い。輪状芽や盲芽の所で切り返すと、発芽が遅れたり、伸長が劣るので、春枝が三〇センチ以上伸びている苗木では春枝の輪状芽の下の芽で切り返しせん定をし、春枝が三〇センチ以下のときは、夏枝の盲芽の上の充実した芽が三～四芽ある所で切り返しせん定をする。

二年目　二年目には主枝を決める。主枝は円を三等分する位置にあり、主幹の先端部から二本と主幹の中間から出た枝の三本を選ぶ。先端の二本が強くて、下の一本の主枝は弱いことが多いので、弱い主枝は立てぎみに支柱に誘引する。

夏枝から亜主枝の候補を選ぶ。亜主枝は隣り合う主枝上の枝が交差しない方向に発生している枝を選ぶ。

主枝、亜主枝の先端は切り返しせん定をする。亜主枝は主枝より短くなるように切り返す。主枝、亜主枝の伸長を妨げる枝は間引きせん定をする。結実させ始めるまでは、主枝には亜主枝候補枝、亜主枝候補枝には側枝候補枝を残しながら切り返しせん定をしていく。

結実させる時期からのせん定　結実させ始めるときは(三～四年目)、切り返しせん定から間引きせん定に変える。主枝や亜主枝の先端部の夏枝は二本か三本残し、亜

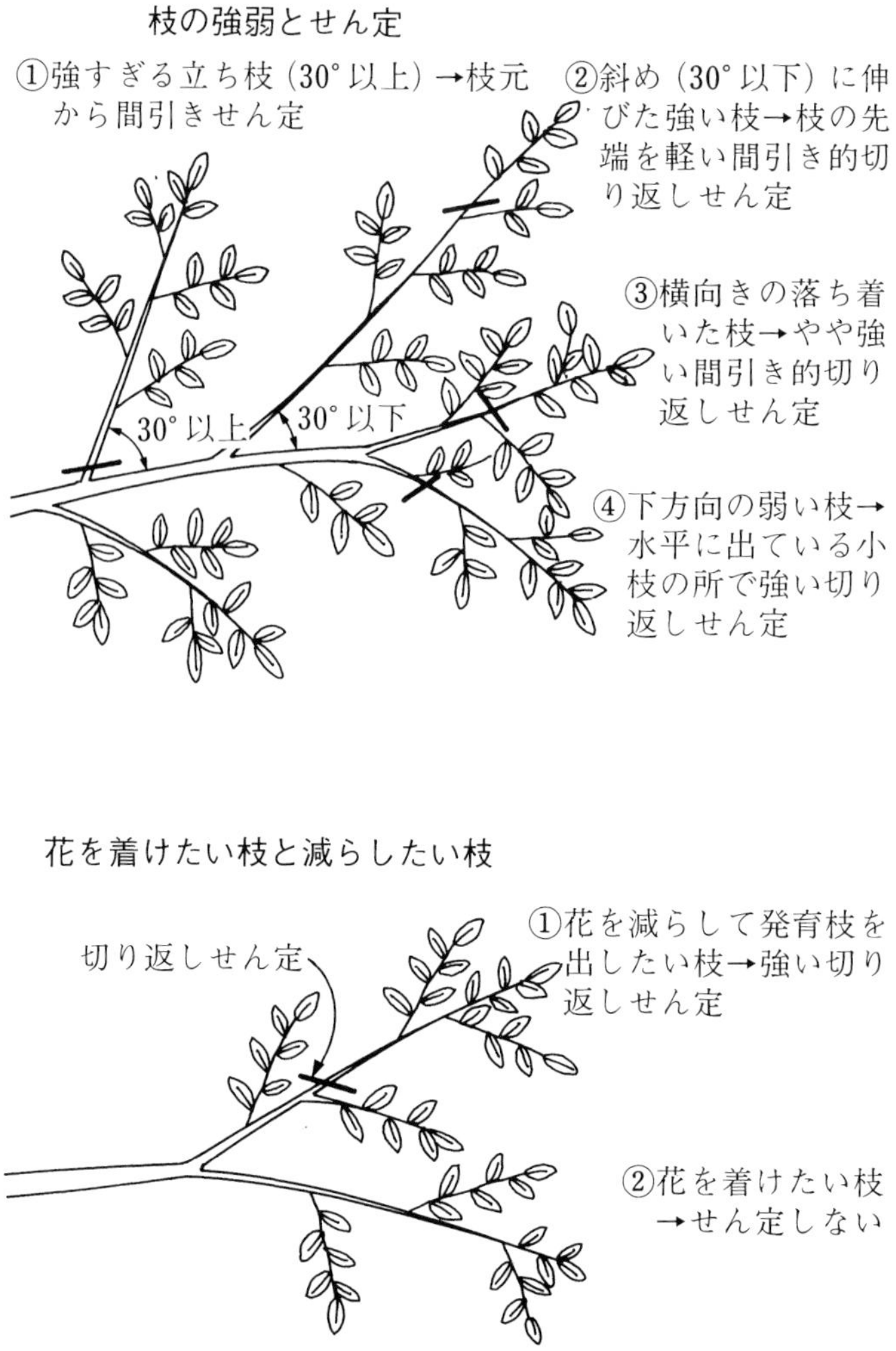

枝の強弱とせん定
①強すぎる立ち枝（30°以上）→枝元から間引きせん定
②斜め（30°以下）に伸びた強い枝→枝の先端を軽い間引き的切り返しせん定
③横向きの落ち着いた枝→やや強い間引き的切り返しせん定
④下方向の弱い枝→水平に出ている小枝の所で強い切り返しせん定
30°以上
30°以下
花を着けたい枝と減らしたい枝
切り返しせん定
①花を減らして発育枝を出したい枝→強い切り返しせん定
②花を着けたい枝→せん定しない

図14　枝の強弱・花の着生とせん定

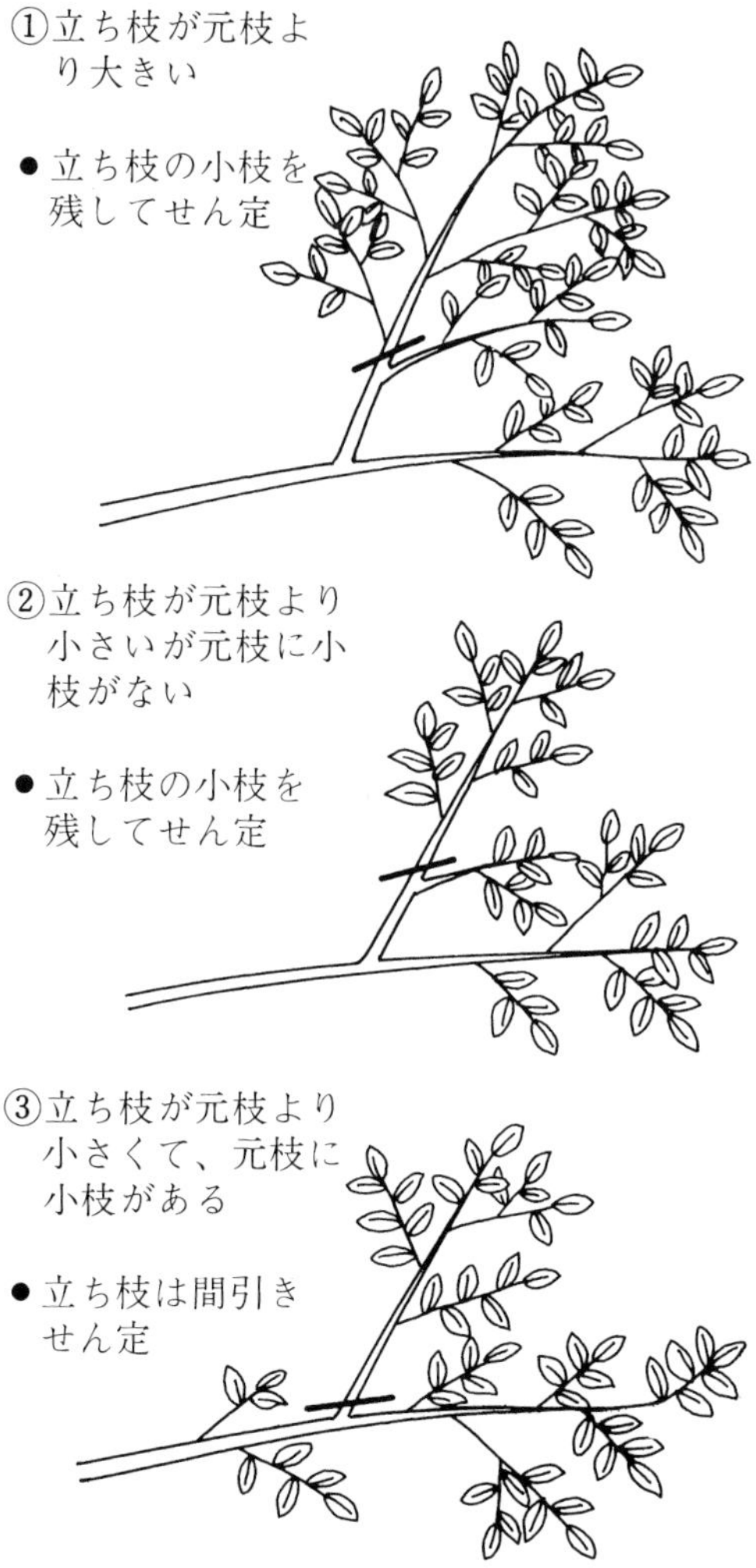

①立ち枝が元枝より大きい
●立ち枝の小枝を残してせん定
②立ち枝が元枝より小さいが元枝に小枝がない
●立ち枝の小枝を残してせん定
③立ち枝が元枝より小さくて、元枝に小枝がある
●立ち枝は間引きせん定

図15　立ち枝の状態とせん定の方法

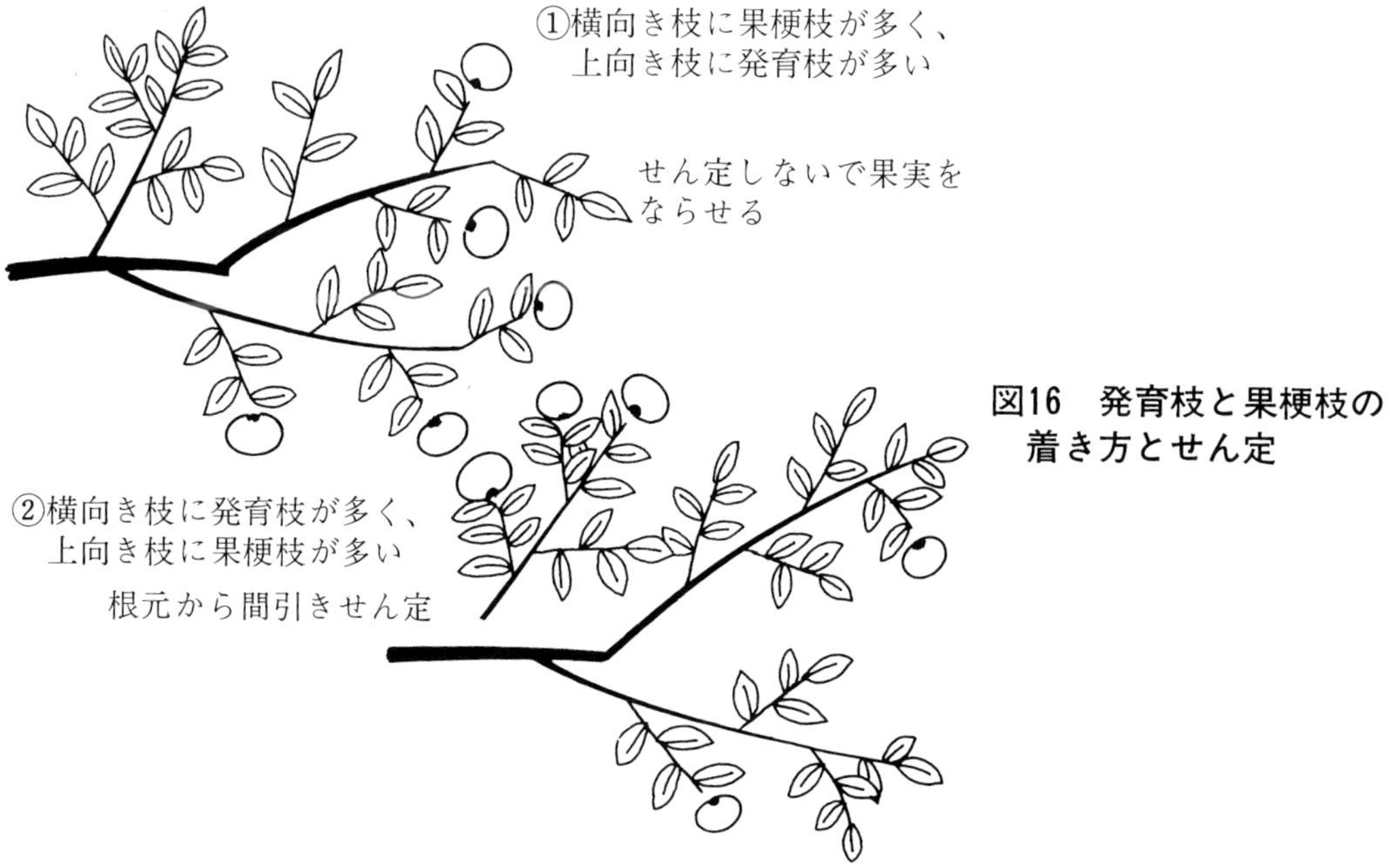

①横向き枝に果梗枝が多く、上向き枝に発育枝が多い
せん定しないで果実をならせる
②横向き枝に発育枝が多く、上向き枝に果梗枝が多い
根元から間引きせん定

図16　発育枝と果梗枝の着き方とせん定

せん定前

競合枝
主枝
競合枝

せん定後

図17　若木の主枝先端のせん定
主枝と競合する立ち枝は間引きせん定する

主枝
亜主枝

図18　亜主枝の立ち枝は間引く（若木）
立ち枝は強勢になり日陰をつくるので早めに間引く

Ⓐ
Ⓑ

図19　亜主枝の先端を横枝にかえる
亜主枝が立ち枝になっていたので間引きⒶ、横枝Ⓑに先端をかえた

図20　予備枝せん定

予備枝せん定は、花が多いと予想される樹の着果を減らして、発育枝の発生を多くして隔年結果を直す手段。せん定時期を早くし、切り返しせん定を多くしたほうが発育枝の発生が多くなる

①春枝を間引きせん定

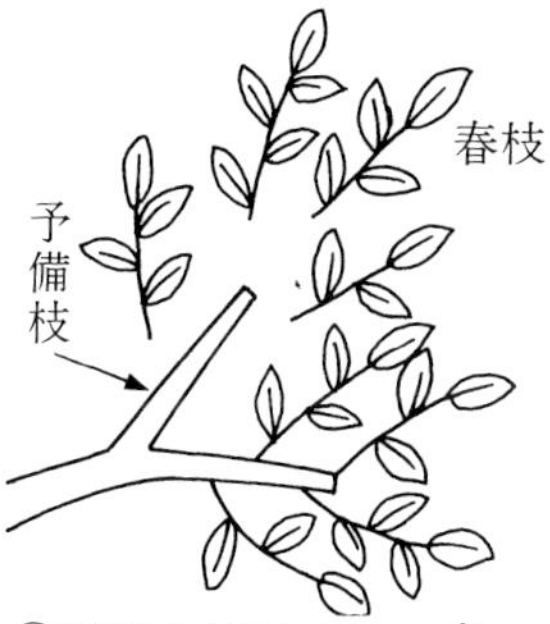

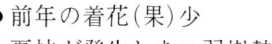

- 前年の着花(果)少
- 夏枝が発生しない弱樹勢樹
- 予備枝の効果は少ない

②夏枝を間引きせん定

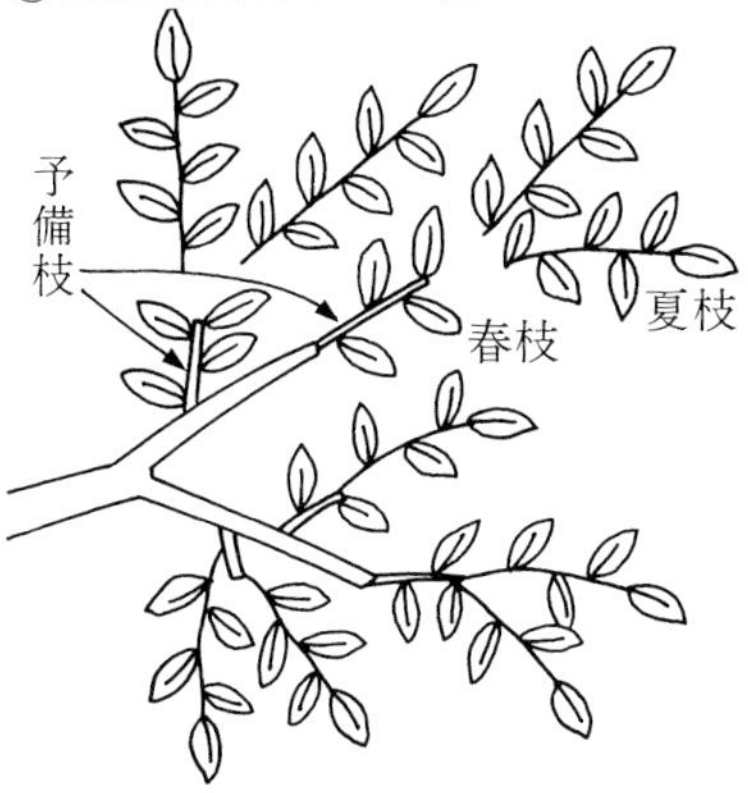

- 前年の着花(果)少
- 夏枝が発生する強樹勢樹
- 予備枝の効果がある

③果梗枝の所で切り返しせん定

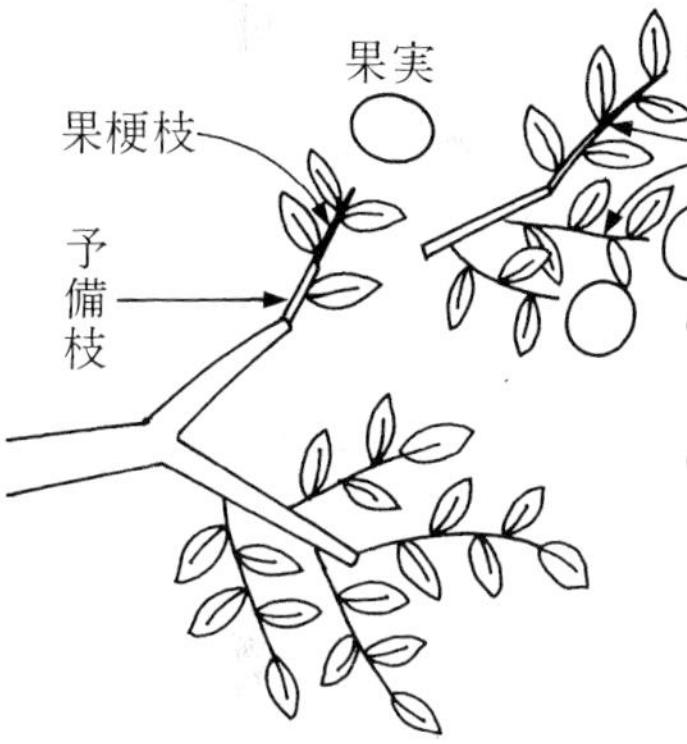

- 着花(果)枝と発育枝の均衡がとれた連年結果樹
- 予備枝の効果はもっとも高い

予備枝から発生した発育枝

予備枝せん定の例
Ⓐ：立ち枝の果梗枝を残して切り返しせん定
Ⓑ：発育枝の多い横枝を間引きせん定
Ⓒ：立ち枝を間引きせん定
Ⓓ：発育枝(春枝)を間引きせん定

主枝上の立ち枝を間引きせん定する。

亜主枝の分岐角度が狭くて立ち枝になっているときは、他に適当な亜主枝候補枝があれば間引く。適当な亜主枝候補枝がないときは、誘引をして先端部を水平にする。誘引ができない場合は、水平な枝の所でせん定をして亜主枝の方向を変える。

成木のせん定

せん定の目的は防除、摘果、収穫などの作業性の向上と樹内部への日当たりをよくし、品質を高めることにある。そのため、せん定は着花の多少を判断し、着花に応じてせん定の程度や方法を変えなければならない。

日当たりをよくする　樹内部への日当たりと作業性を妨げる原因になる枝として、①立ち枝、②枝が多すぎる、③枝が長すぎる、の三つがある。こうした枝ができるだけ少なくなるようにするのが、せん定のねらいになる。

発育枝が七〇％以上ある樹のせん定　春の着花が多すぎると予想されるので切り返しせん定を多くする。また、大きな枝をせん定しても徒長枝は発生しないので、立ち枝や多すぎる側枝は間引きせん定をする。

着花が多いと発育枝の発生が少なくなるので、長すぎる側枝は切り返しせん定をしたり、積極的に発育枝を発生させるため、予備枝せん定をする。

発育枝が五〇～七〇％の樹のせん定　着花も比較的多く、発育枝も発生する。発育枝の多少でせん定を変える。

発育枝が多い側枝では、立ち枝は間引きせん定をし、長すぎる枝は切り返しせん定をする。逆に果梗枝が多い側枝では、立ち枝の間引きせん定だけにとどめる。果梗枝と発育枝数が同じくらいの側枝はせん定をしない。

発育枝が三〇～五〇％の樹のせん定　着花より発育枝が多いと予想される。発育枝がある枝はせん定をしない。着花後に着花した枝にかぶさっている枝の間引きや、着花していない長い枝の切り返しせん定をしてもよい。

発育枝が三〇％以下の樹のせん定　着花は少ない。枝もあまり混んでいないので、無せん定にする。冬には発育枝が多い樹になるので、そのときにせん定をする。

樹形改造

大きな立ち枝が残っている樹、亜主枝の先端が立ち上がっている樹、樹高を下げたいような樹では、樹形改造

せん定前

せん定後

図21　亜主枝、側枝の先端部のせん定

立ち枝は間引きⒶ、長い枝は切り返しせん定Ⓑして三角形にする

図22　成木の主枝先端のせん定

Ⓐ：立ち枝ぎみの側枝は大きくなると主枝と競合するようになる。早めに間引きせん定をして、弱い側枝に更新する

Ⓑ：２～３年前に更新した側枝

図23　長すぎる枝の切り返しせん定

側枝が伸びすぎると下の枝への日当たりが悪くなる。また、先端部にしか緑枝群は着かないのではげ上がってくる

切り返す位置は下枝への日光の当たる程度から、Ⓐ、Ⓑを決める。まずⒶで切り返し、３～４年後にⒷで切り返す

が必要だ。樹形改造は計画的に三、四年かけてする。

着花が多い樹では、強せん定になってもあばれないので三月に行なう。しかし、着花が少ない樹では、新葉が硬化した後の七月に行なったほうがよい。なお、残した枝が日焼けするので、日焼け防止剤を塗布する。

樹勢の強い系統のせん定

樹勢の強い系統には、青島温州、大津四号、久能温州などがある。枝がよく伸びる、枝の節間が長い、下枝の枯れ込みが少ないことなどが特徴である。

同じつくり方をすると、立ち枝の果実は従来の系統より一階級大きくなるので、果実は大きくなりすぎ、外観、品質ともに劣る。果実が大きくなるにしたがって果梗部が下を向くような、弱い枝に結実させるのが、外観と品質が優れた果実をとる秘訣であり、果実は水平枝や下垂枝にならせる。整枝・せん定は間引きせん定が主体になる。そのため、亜主枝や側枝が長くなり、樹冠内部への日当たりが悪くなるので、亜主枝や側枝間隔を広くとる。

せん定が強いと徒長枝が発生するので、軽くする。枝の切り返しの程度も弱くする。植栽距離を十分とらないと生産の安定は難しい。樹形は丸みをおびた形になる。

樹勢の弱い系統のせん定

極早生はほとんどの系統が含まれる。岩崎や日南は極早生の中では樹勢が強いといわれているが、従来の早生系統に比べると弱い。枝は伸びが弱くて、節間が短いので、短い枝が密生する。果実は大きくなりにくい。

せん定は切り返しせん定が主体になる。果実は斜め上向きの枝や水平枝にならせる。下枝にはごく短い新梢しか発生しないので、切り取る。

主枝や亜主枝上の側枝は先端部ほど短くなり、それぞれの枝は、三角形を組み合わせたような樹形になる。

伊予柑のせん定

温州ミカンの有葉花は、発育枝の先端に一花着くのに対して、伊予柑は発育枝に数個の花を着けるので、花が多くなる。立ち枝の充実した発育枝を利用して果実をならせるが、立ち枝が強くなりすぎる前に間引きせん定をする。着花は多いので、強い切り返しせん定を多くし、さらに予備枝せん定をして新梢の発生を促す。

図24　大枝の切り跡から発生した徒長枝を側枝として利用する
立ちぎみで強くなりそうな枝Ⓐは間引き、弱いⒷの枝を側枝に利用する

図25　主枝の短縮
〈横枝の所で切り返しせん定する〉
①でせん定　主枝は一度に短縮できる。残したⒶに対して、せん定跡が大きいのでⒶが弱ることがある
②でせん定　主枝の先端に大きな横枝Ⓑが残るので、いずれ右の写真のように間引かなければならない

〈残した枝の充実後に大枝を間引く〉
写真左の、②でせん定すると、残した小枝Ⓐや、せん定跡から発生した徒長枝Ⓑなどでこのような状態になる。残した小枝が充実したら、大枝を間引く

図26　改造後の樹形
主枝の短縮、主枝先端の大きな横枝のせん定をして樹形を改造した樹。樹高２ｍ

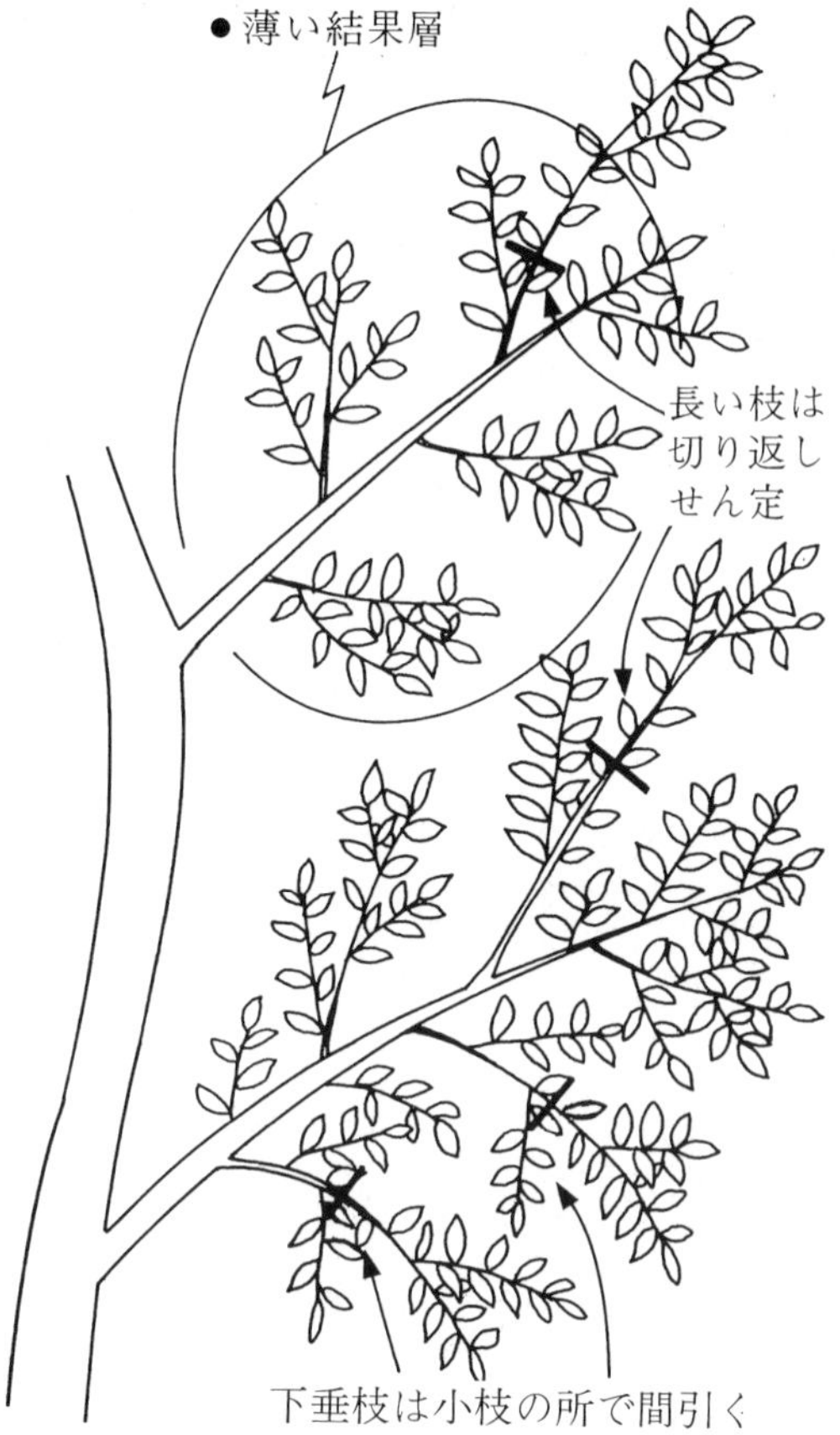
●薄い結果層
長い枝は
切り返し
せん定
下垂枝は小枝の所で間引く

図29　樹勢が弱い系統のせん定

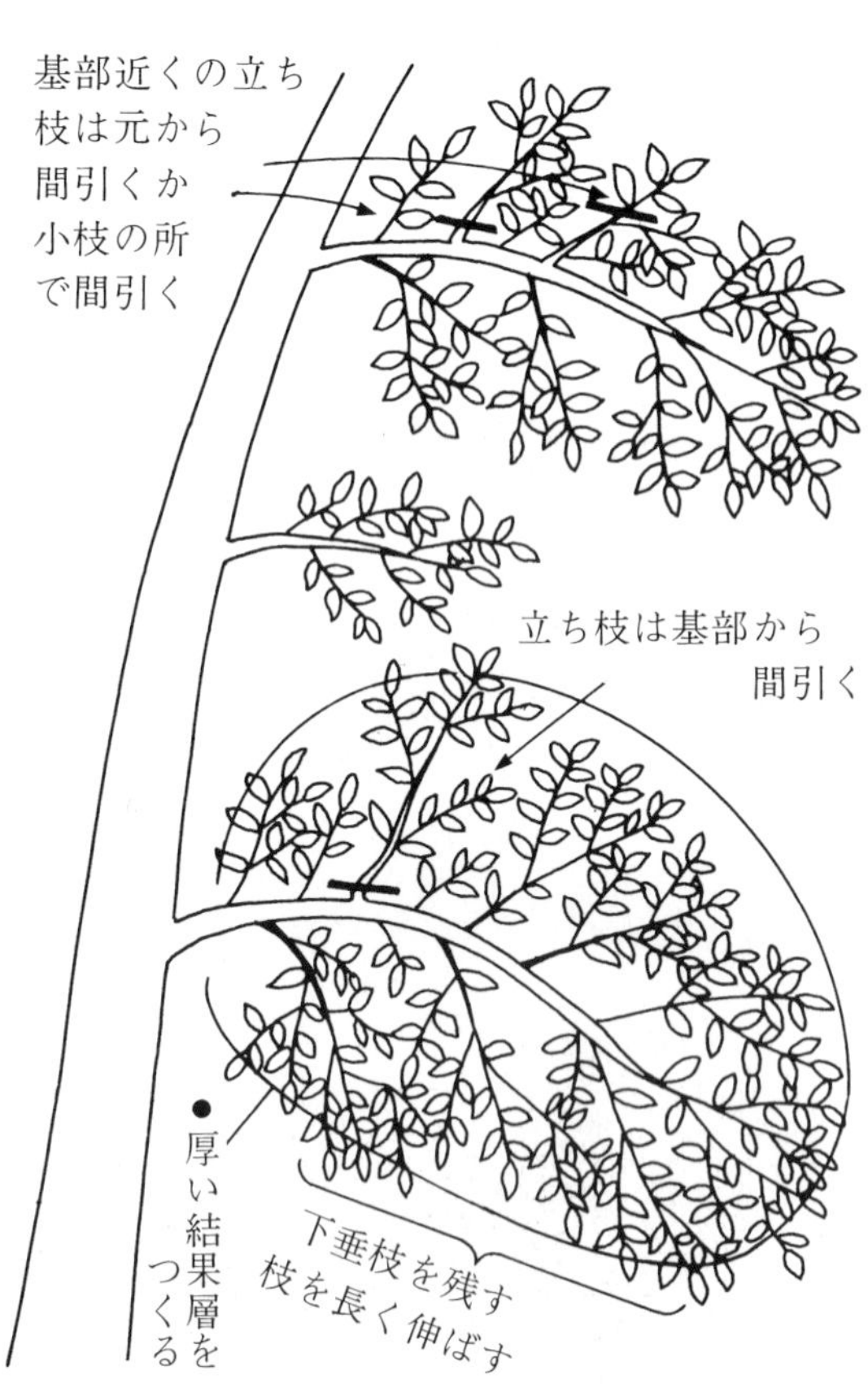
基部近くの立ち
枝は元から
間引くか
小枝の所
で間引く
立ち枝は基部から
間引く
●厚い結果層をつくる
下垂枝を残す
枝を長く伸ばす

図27　大津４号・青島温州（強い系統）のせん定

図30　弱い系統の樹形
主枝、亜主枝、側枝は先端ほど短くし、
三角形を組み合わせた形にする

図28　強い系統は間引きせん定が主体
丸みをおびた樹形になる

図31　伊予柑のせん定

① 長い枝の切り返しせん定

樹勢が弱いので、下枝には短い発育枝が多くなり、弱い花がたくさん着いて、発育枝の発生が少なくなる。立ちぎみの枝まで切り返して、樹勢を維持する

② 大きくなった主枝の間引きせん定

Ⓐ：立ち枝を間引きせん定して、果梗枝の予備枝をつくる

Ⓑ：果梗枝を残して切り返しせん定

Ⓒ：果実をならせる側枝

図32　伊予柑の樹形

極早生より樹勢が弱く節間が短いのでコンパクトな樹形になる。せん定が強すぎ、着花が多いと新葉が少なくなり、樹勢が弱るので注意する。土つくり、適正結果なども大切

リンゴ・普通栽培

塩崎　雄之輔

せん定を始める前に

芽、枝の種類と果実の着き方　リンゴの芽は頂芽、えき芽、潜芽に区別できる。頂芽は枝の先端に着いた芽、えき芽は枝の途中に着いた芽、潜芽はえき芽が枝の肥大にともなって見えなくなった芽（せん定の刺激で発芽する）である。

リンゴは一年生枝である、短果枝、中果枝、長果枝の頂芽に結実させる。えき芽の果実は頂芽より小さいので利用しないが、利用できる大きさになる品種もある。しかしえき芽に結実させれば枝が垂れ下がったり、果実をならせた枝に花芽が形成されないことがあり後で困る。その他の一年生枝には発育枝と徒長枝がある。

栄養生長と生殖生長の均衡　枝葉の生長が旺盛で枝や根をよく肥大させる生長を栄養生長、花芽が分化して育ち、開花、結実し、果実が肥大する一連の生長を生殖生長という。

新梢の生長が弱いと花芽形成が多くなるが、果実が小さく、隔年結果が起こり、また更新のための新しい枝が育たない。

果実を直接着ける結果枝と、樹冠を外方に拡大させたり、古い枝を更新するための強い新梢とが、均衡のとれた状態で一樹の中にできているとよい。

頂部優勢　真っすぐな一本の枝では、先端の芽から伸びる枝がもっとも強い生長をし、それより下の芽から伸びる枝ほど生長が弱くなる。この現象を頂部優勢性という。しかし、斜めに誘引すると頂部優勢が弱くなるし、水平にすると頂部優勢がまったく認められなくなる。

切り方によって変わる生長反応　枝の切り方は間引きせん定と切り返しせん定の二つに分けられる。間引きせん定は枝齢にかかわらず、枝の分岐点で切る場合、切り返しせん定は真っすぐ伸びている枝の途中のどこかで切

図1　完成した開心形樹（13本／10a）

写真上　樹冠上部に斜立した側枝（なり枝）が数本しかなく、ほかは全部徒長枝である。下垂なり枝の発達もよくない。林立した徒長枝をせん除すれば樹冠は著しく薄くなる

写真中　斜立、水平、下垂のなり枝が豊富で、それが立体的に配置されている。樹冠が厚く多収型の樹である

写真下　写真中と同じ樹の結果状況。毎年2000個以上結実する。葉は葉面積測定のため摘み取ってある

る場合をいう。

間引きせん定の刺激は比較的穏やかで、間引いた枝の周囲に直接、間接に影響をおよぼして花芽の増加につながる場合が多い。

一方、切り返しせん定は切ったすぐ下から強い新梢がたくさん発生して栄養生長が強くなり、花芽の形成が遅れる。ただし、その影響はほとんど切り返した枝にとどまる。二つのせん定法の使い分けが大切である。

幼木期の仕立て方（植え付けから四〜五年生）

良苗の選択　弱い苗木は、切り返しても枝の発生数が少なく、主幹からの発生角度も狭く、将来不利益をもたらす。大きさのそろった良苗を植え付ける。長さ一五〇センチ以上で太く、根、とくに細根の豊富な苗がよい。

芯切り返しの高さ　一年生苗木は植え付けたら七〇センチ〜一メートルの高さで切り返す。

二年目以降の芯（主幹延長枝）は、主幹から多くの枝が発生するよう強い枝を選び、四〇〜五〇センチの長さで切り返していく。芯は主枝づくりのために三〜四年目まで切り返すが、その後は最上段の主枝が結実しやすくなるように牽制の役目をもつ。また樹冠拡大をすみやかにするために、芯は切り下げたり、枝を間引いたりして小さくしながら一〇年生ころまで維持する。

多雪地でも一メートル以下に枝をつくり、若木の間これを保護して初期収量を確保する。また、下から枝を着ければ根の張りがよくなって倒れにくい。

主枝候補枝の扱い方　主枝候補枝（準主枝＝主枝にはしないが長年使用する枝も含む）は、その先端や分岐した枝の先端の新梢を適宜切り返し、勢力を強めに保ち外に向けて生長させる。

初期収量を高める枝　主枝候補枝以外でも、主幹から発生している枝は、なるべく多く残して初期収量の増加を図る。それには多少労力がかかるが、三〇度（仰角）くらいに誘引すると枝が落ち着き、間引きする枝が減る。また、樹冠内部まで光線が入る。こうした弱せん定と、十分な光線が結実を早める。

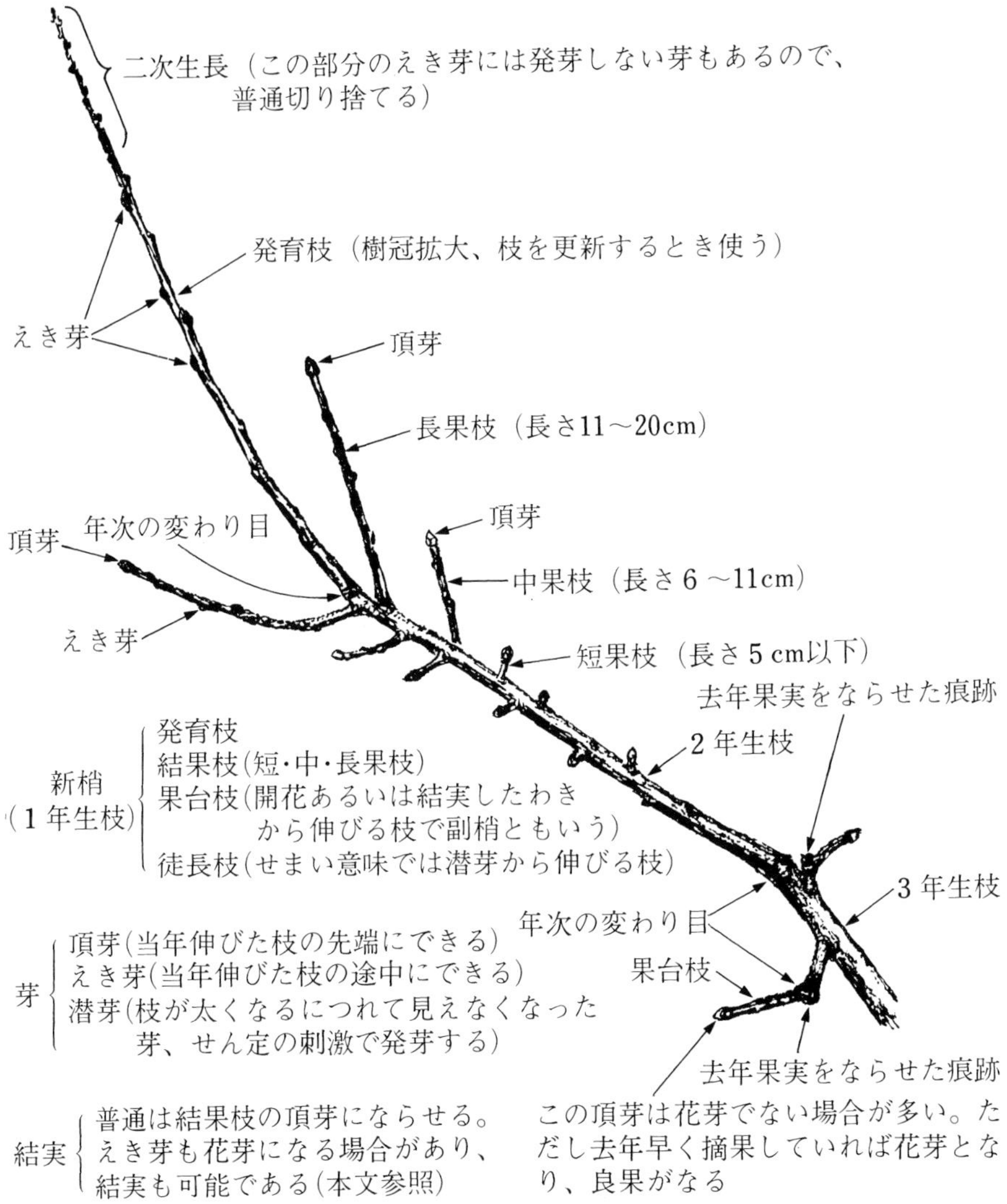
二次生長（この部分のえき芽には発芽しない芽もあるので、普通切り捨てる）
発育枝（樹冠拡大、枝を更新するとき使う）
えき芽
頂芽
長果枝（長さ11～20cm）
頂芽
年次の変わり目
頂芽
中果枝（長さ６～11cm）
えき芽
短果枝（長さ５cm以下）
去年果実をならせた痕跡
2年生枝
新梢（1年生枝）
発育枝
結果枝(短・中・長果枝)
果台枝(開花あるいは結実したわきから伸びる枝で副梢ともいう)
徒長枝(せまい意味では潜芽から伸びる枝)
3年生枝
年次の変わり目
果台枝
芽
頂芽(当年伸びた枝の先端にできる)
えき芽(当年伸びた枝の途中にできる)
潜芽(枝が太くなるにつれて見えなくなった芽、せん定の刺激で発芽する)
去年果実をならせた痕跡
結実
普通は結果枝の頂芽にならせる。えき芽も花芽になる場合があり、結実も可能である(本文参照)
この頂芽は花芽でない場合が多い。ただし去年早く摘果していれば花芽となり、良果がなる

図２　枝・芽の種類

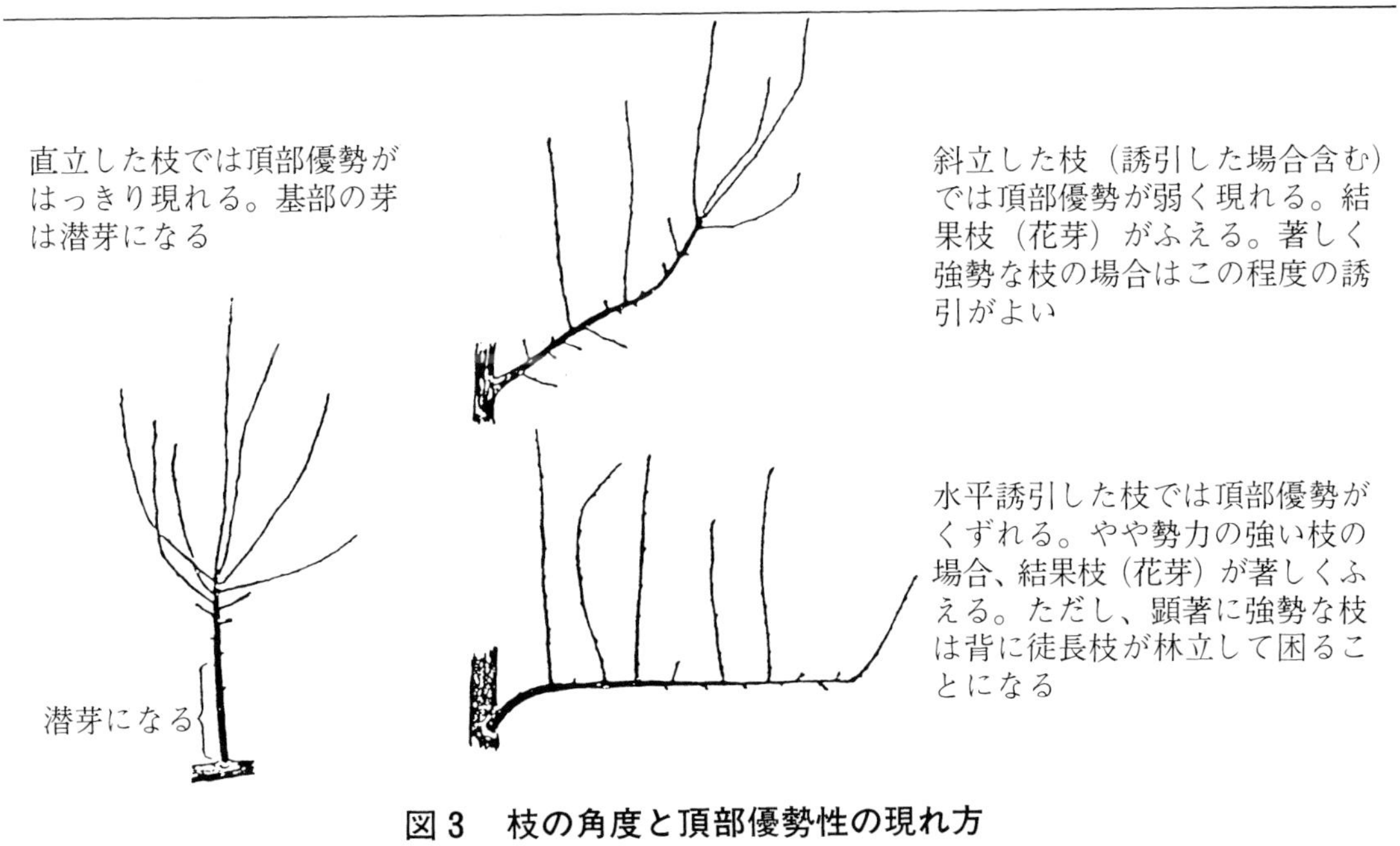
直立した枝では頂部優勢がはっきり現れる。基部の芽は潜芽になる
潜芽になる
斜立した枝（誘引した場合含む）では頂部優勢が弱く現れる。結果枝（花芽）がふえる。著しく強勢な枝の場合はこの程度の誘引がよい
水平誘引した枝では頂部優勢がくずれる。やや勢力の強い枝の場合、結果枝（花芽）が著しくふえる。ただし、顕著に強勢な枝は背に徒長枝が林立して困ることになる

図３　枝の角度と頂部優勢性の現れ方

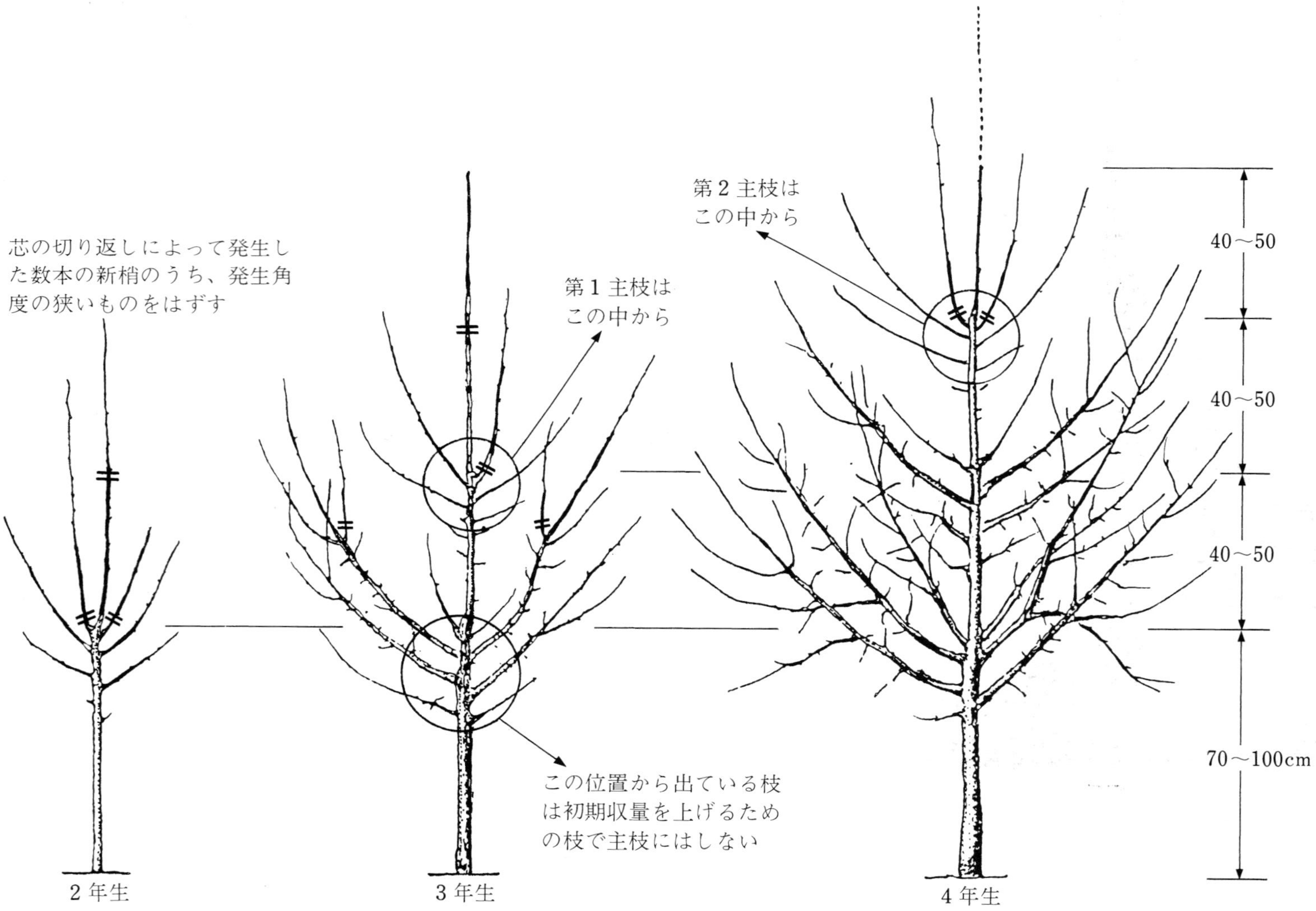

図4　幼木のせん定　主枝候補枝（2段目、3段目）は新梢の先を切り返しながらつくっていく
地上1m以下の枝は初期収量を上げるための枝であるから、弱せん定を心がける

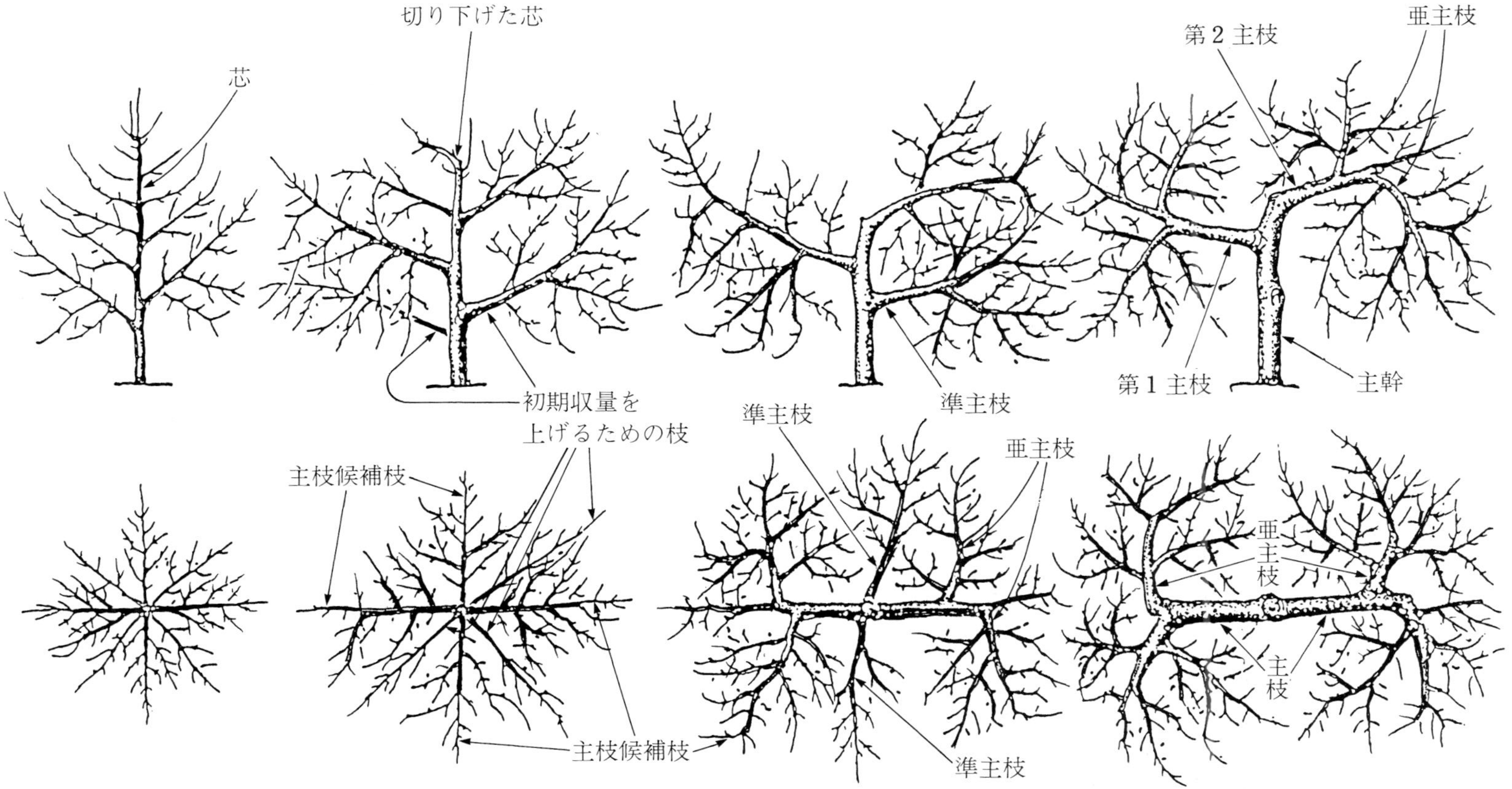

5年生
芯はしっかり立て、主幹から枝の発生を促す

10年生前後
芯の大きさを制限して芯抜きに備える

15〜20年生
主枝はすでに決定し、亜主枝の形成も進められる。下位の準主枝を抜く準備が進む

20年生以降
主枝、亜主枝がはっきりし、これらの骨組み枝には大小のなり枝を着ける

図5 若木から成木までの樹形の移り変わりと骨組み枝のつくり方

図7　よくできている4年生樹(ふじ)
左側の芯より高い枝を除けばよくできている。矢印の位置まで切り下げ、他の枝との均衡をとるか、先端が芯より低くなるように誘引する。切り下げた場合、付近から発生する徒長枝は夏季に整理する
1段目の枝は初期収量を上げるためにつくった枝であり、主枝としないほうがよい

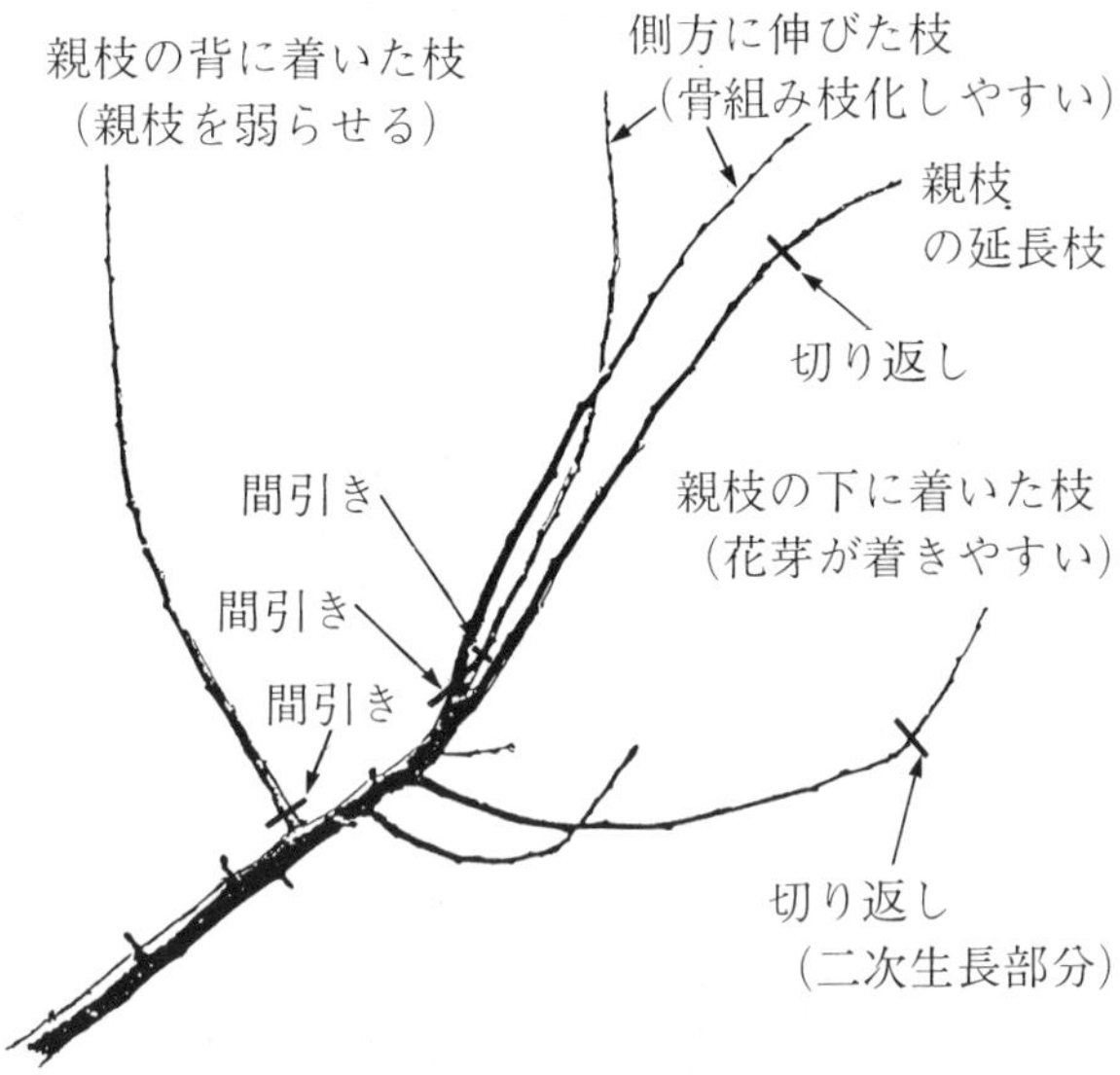

図6　主枝候補枝延長部の切り方

図9　新梢を切り返さなかった王林(3年生)
二次生長した部分は葉が着いていない。これを防ぐには葉が着いていない部分の直下で切り返すとよい。ただし、この樹の場合、下段の枝は主枝にできないので、早く結果させ、主枝候補枝の生長にともなって切る枝である。ほとんどの枝は切らずに誘引して開くとよい

図8　誘引した樹(左)としない樹(右)4年生王林
枝が立ち上がる性質の品種は、誘引すると扱いやすい
主枝候補枝が早くできるばかりでなく、早くから収量を上げることができる
右の樹は今からでも遅くないから誘引するとよい。主幹の角度は45～60度がよい

図10　主枝候補枝を伸ばしすぎた5年生樹(ふじ)

主枝候補枝(⇨)が開張し、花芽もかなり着いているのに、主枝延長部の新梢はハサミ入れをしないだけでなく、二叉、三叉をそのままにしている。これでは芯を小さい枝(➡)にかえても主枝候補枝は下垂して役に立たなくなる。また、候補枝の大きさも不ぞろいである。とくに丸で囲んだ部分は4本も枝分かれさせていることから、ますますこの候補枝が大きく育つ。ただし、候補枝以外の枝は弱せん定に努め早くから結実させるのがよい

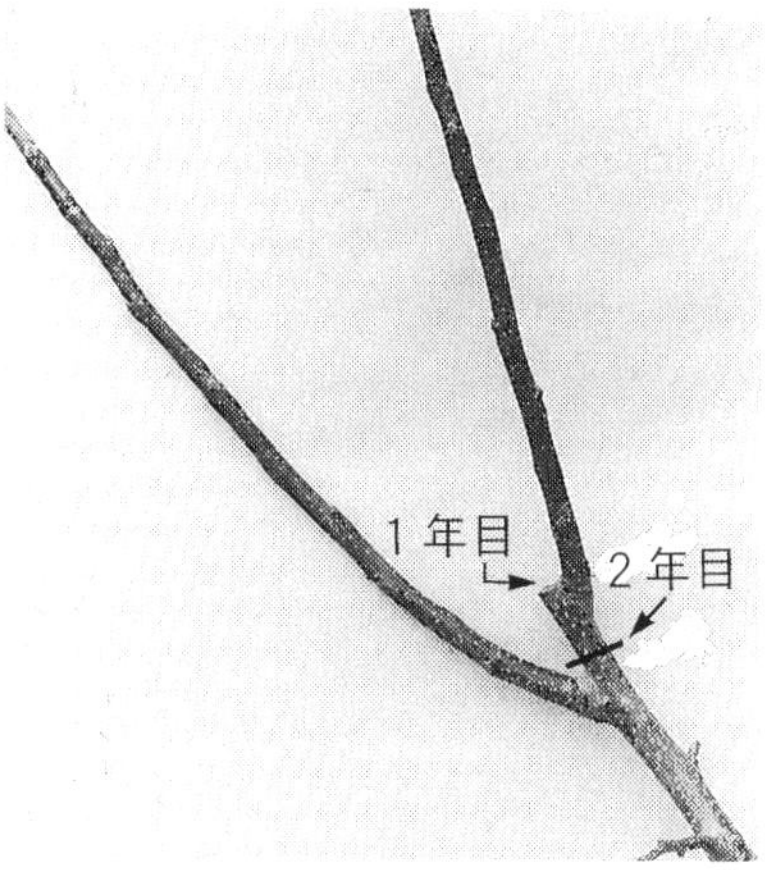

図11　強い枝を開かせるための切り返し

枝を開きたい場合、普通は下芽の直上で切るが、強い枝では下芽よりもう1つ上の芽を残して切り翌年に上の新梢を切る

図12　6年生ふじ

大きく立ち上がった2段目の主枝候補枝をはずしたら(○印)、2段目が物足りなくなった。過大になる枝は新梢の段階でわかるので、早く整理しておくべきである。また芯の抑制が遅すぎた。2段目の枝を主枝候補枝として使えるよう、芯をさらに抑制すべきである

1段目の枝は果実をならせてつぶしていけばよい

図13　6年生つがる

主枝つくりの初期において、つがるは強い切り返しせん定をする必要がある。この樹は切り返しが弱かったので、主枝候補枝が開きすぎてそのうえ小枝が少ない。また主枝候補枝の整理が早すぎる。この樹齢ではもっと主枝候補枝を残しておけるはずである。この主枝はたくさん結実させるとつぶれる。主枝上のすべての新梢は切り返しをする。また主枝上の切り口周辺から発生する徒長枝のうち角度の開いているものはできるだけ残す。下段の枝は主枝の生長の妨げとなる枝だけ切り、ほかは収量を上げるためにできるだけ残す

芯抑制期から芯抜き期のせん定
（四～五年生から一〇年生）

主枝候補枝の扱い方　四～五年目に、主枝候補枝が一〇本以上できているとよい。この中から永久的に使用する二本の主枝に見当をつける。第一主枝は地上から一二〇～一五〇センチの高さで南側に、第二主枝は第一主枝より四〇～五〇センチ高くして北側にできれば理想的である。

さらに主枝と直角方向に、一五～二〇年利用する準主枝を二本見当つける。準主枝は主枝と同じ高さから出さないようにする。

なお理想樹形を求めすぎると、経験の浅い人は強せん定に陥る。無理に形をつくることはつつしみ、なるべく理想の樹形に近づけるという程度に考え、しかも時間をかけてつくり上げるようにする。

主枝、準主枝以外の枝、とくに一メートル以下の枝は初期収量を高めるための枝であるから、少なくとも一回は収穫しないと意味がない。この枝は二次生長部分の切り返しも共枝（同勢力の二又枝）の整理もなるべく行なわず、弱せん定を心がけるが、主枝や準主枝の生長の妨げとなる枝は間引く。

芯の抜き方　芯には上段主枝を落ち着かせる重要な役割があるが、主枝がつぶれてしまう大きさにしてはいけない。主枝は果実生産もし、樹冠拡大もできる勢力の強さをもっていなければならない。

芯の大きさの調節は難しく、経験が浅い場合に失敗が多い。芯抜き前の、主枝延長部の新梢長は六〇センチ以上あるほうがよい。六〇センチ以下だと勢力が弱すぎて樹冠拡大が遅れる。そんなときは、芯を切りつめたり、主枝に着いている新梢の切り返しを強くして栄養生長を促すとよい。逆に、主枝延長部の新梢が一メートルもあるときは芯が小さすぎることになる。この場合は芯の切り返しをしないだけでなく、全体のせん定を弱くして芯を大きくする。

芯は主枝および周辺の枝の落ち着きに合わせて小さくし、主枝が芯より太く、かつ結実するようになるまで待って抜くことが肝要である。

芯抜きの時期は、品種や土壌の肥瘠などに影響されるが、おおよそ一〇年生である。

図14　側枝（なり枝）や若木の主幹から発生した枝の切り方

○印の二又枝（共枝）は原則としてどちらか切る。大きい矢印は間引きせん定、小さい矢印は新梢の切り返し（先刈り）せん定を示す。この枝の切り返しは二次生長部分だけでよい

①側枝（なり枝）…枝先を下げたくない場合は共枝の下を、下げたい場合は上を切る。共枝を１本にするときは新梢の間引きをひかえる。空間に余裕があれば両方残す

②主枝候補枝…共枝の下を間引き、親枝延長部の新梢を½～⅓切り返す。上枝に着いている長・中果枝は蕾切り（頂芽せん定）して勢力を強く維持する

③主枝にしない枝…上下に分かれた共枝は整理しない。大小の矢印の位置で新梢を切る

図15　骨組み枝（亜主枝）の延長部の側枝（せん定前）

側枝は小さいものが多数できてよい状態にある。これを生長にともない順次間引いて残りの側枝を大きく育てる。しかし、大きく育った側枝が骨組み枝のようになったり、あるいは衰弱した場合は更新する

骨組み枝の構成期のせん定（一〇年生から二〇年生）

主枝、亜主枝の長さと本数　主枝の長さは、主幹と成木時の樹冠の縁までの距離の半分がよい。一〇アール当たり二〇本の正方形植えすると、成木時の樹冠の幅が約七メートルになるので、主枝長はその半分の半分で一・七五メートルとなる。亜主枝の長さは、亜主枝の分岐点と樹冠外縁部までの距離の半分がよい。ただし、実際の骨組み枝は角度がついたり曲がったりするので五〇％程度長くなる。おおよそ主枝が二メートル、亜主枝が一メートルを目標の長さとする。

亜主枝は一主枝に二本、一樹で四本、一五～二〇年生の間に確立する。主幹から約一・五メートルの位置に第一亜主枝、それから三〇センチ先に第二亜主枝をつくる。主枝、亜主枝の延長部にも枝を着けるが、その枝は結実によって徐々に下垂する枝を選び衰弱したら更新する。

なお、樹勢を急速に落ち着かせて果実を一斉にならせると、主枝が下垂して樹冠拡大が損なわれる。主枝つくりをしている間は、果実のならせ方にも注意を払いたい。結実が良好で、枝が下垂しやすい品種（つがる、ジョナゴールド）ほど、主枝候補枝は強い切り返しせん定をしながらつくる。それでも結実して下垂するときは主枝延長部を更新する。主枝の上面に発生する徒長枝で斜め上方に強く伸びた枝を、元の主枝にかぶせるように育て、これにかえていく。

主枝に着生させる枝　主枝には立ち枝や強い分岐枝を着けない。少なくとも一五年生くらいまでは、亜主枝をつくらず、大小の側枝（青森県で側枝およびなり枝と呼ぶ枝にあたる）だけにするのがよい。側枝は最初たくさん着け、樹が大きくなるにつれて同じ方向に伸び、間隔が狭い枝を間引いて大きく育てるが、大きくしすぎて骨組み枝化させない。骨組み枝化したり、弱った側枝は間引いて、切り口周辺から発生する新梢（徒長枝）でつくり直す。亜主枝を早くつくったり、骨組み枝をふやすと、準主枝と競合し、準主枝の寿命を短くする。

逆に準主枝に大きな分岐枝を着ければ、主枝の生長を妨げるばかりでなく作業性も損なわれるので、大小の側枝だけ着ける。準主枝は、側枝を年々基部の方から間引いて、一五～二〇年生をめどに切り落とす。

図16　側枝の着け方の良い例と悪い例（陸奥）

写真上　側枝が骨組み枝化してよくない。このように大きくなりすぎたら更新してつくり直したほうがよい。側枝の側方に大きな枝を分岐させていくとこうなる。強い枝をはずし、角度の広い徒長枝を利用して側枝をつくり直す

写真下　小さい側枝が多く、立体的に構成されよい状態にある。骨組み枝から強い側枝をはずすとともに、側枝から側方に強く伸びる枝をはずす

図17　二次生長した新梢の扱い

上の枝　二次生長部分を切り返さなかったので、その部分が裸枝となった

下の枝　二次生長部分を切り返した(大きい矢印)ので、裸枝にならない

主枝候補枝は必ず二次生長部分を切り返す

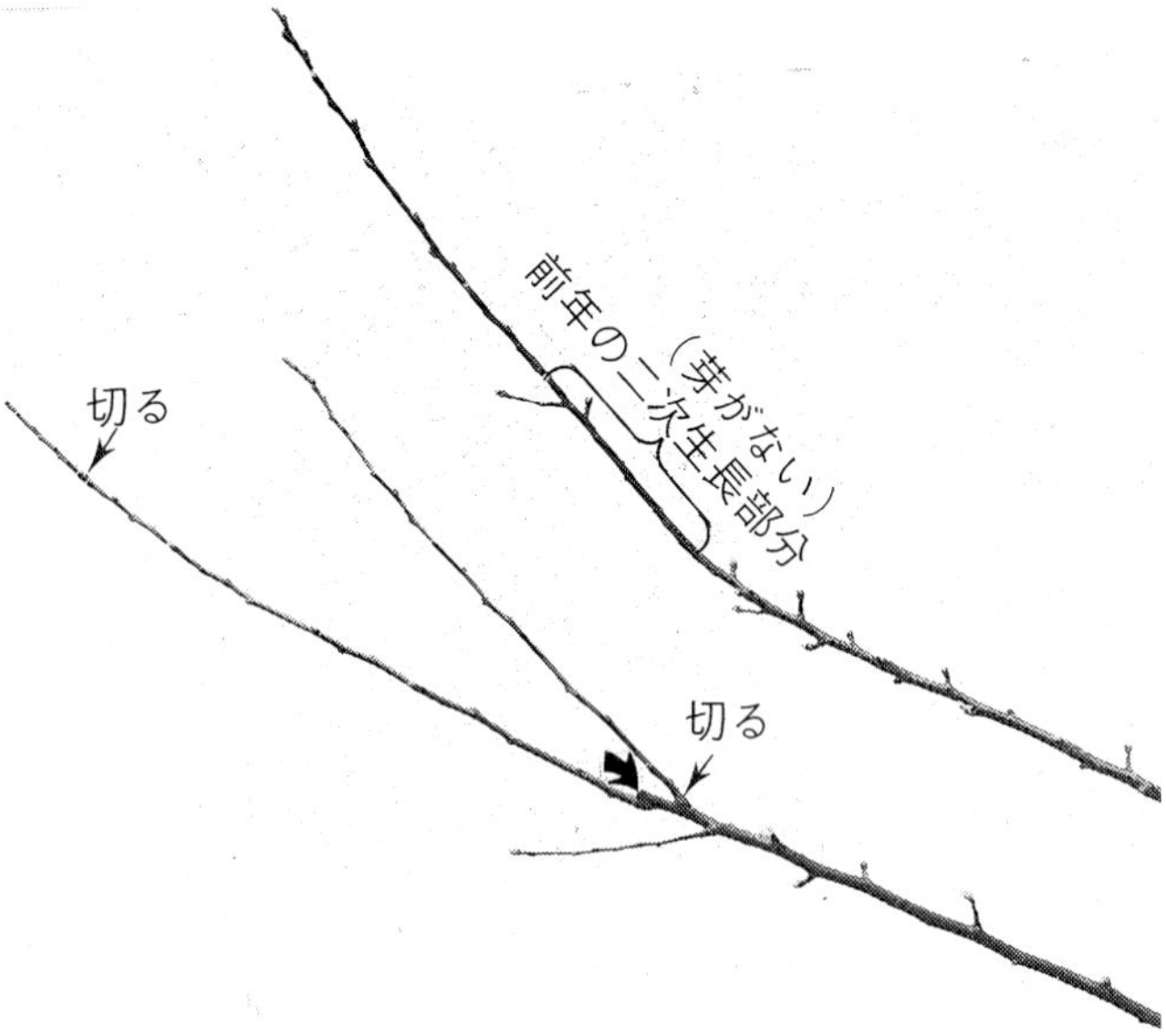

切る
前年の二次生長部分
(芽がない)
切る

図19　下垂枝の切り方

芽を1つずつ吟味しながら、細かい枝単位で切り返し、間引きを行なうと長く利用できる

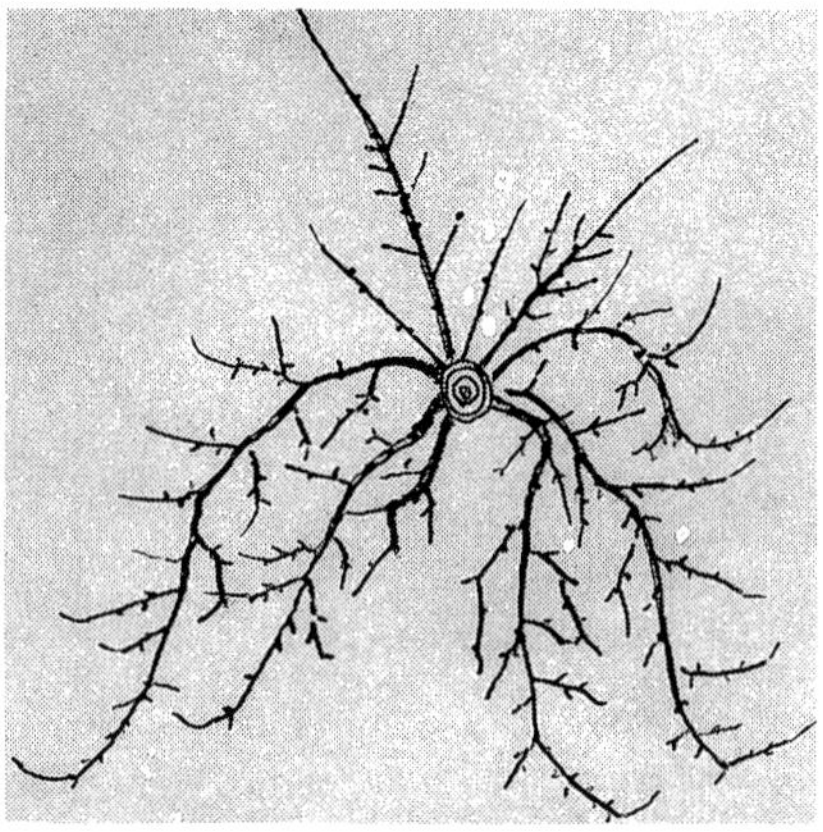

図20　側枝(なり枝)の着け方

主枝、亜主枝の先端から見た図。枝の上面、下面、側面を問わず、柔らかい枝を側枝として着ける。ただし、主枝、亜主枝が水平になったら、下面の枝を間引く

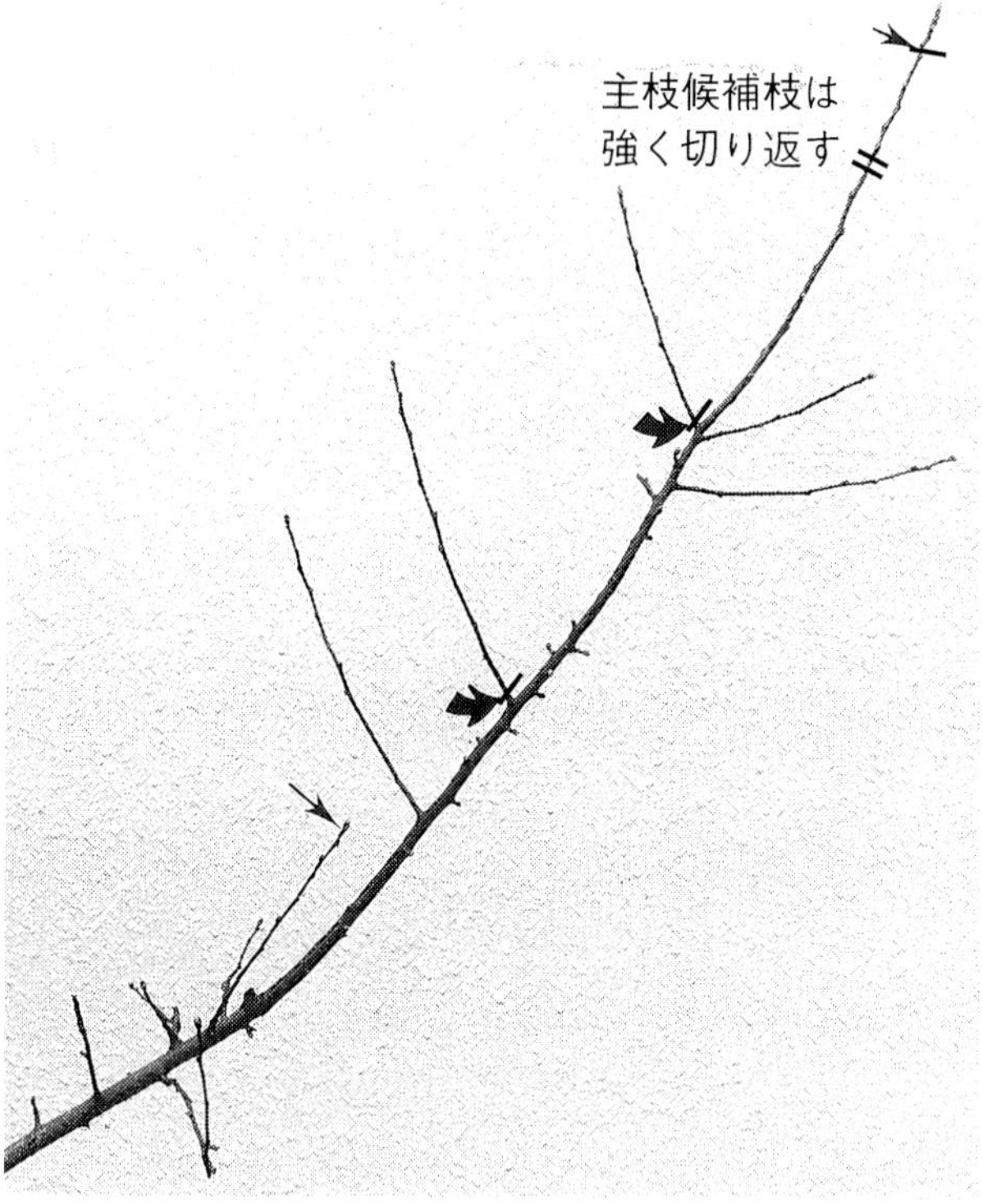

主枝候補枝は
強く切り返す

図18　側枝、あるいは主枝候補枝の切り方

大きい矢印は間引きせん定、小さい矢印は二次生長部分の切り返しせん定を示す

①側枝と主枝候補枝以外の枝…大小の矢印の位置で切る

②主枝候補枝…主枝延長部の新梢を1/3切り返す(//)とともに全部の新梢頂芽(花芽)を切り、勢力を強く保つ

図21　小枝のせん定

ハサミ入れせず果実を2個ならせれば、小玉か中玉がとれ、丸で囲んだ芽は萌芽しない。下の矢印で切り返して果実を1個ならせると大玉になるが、丸で囲んだ芽の萌芽はしない
上の矢印で切り返すと丸で囲んだ芽が短果枝以上か短めの発育枝となり、若返る。親枝の取り扱い方によってハサミ入れの位置を決めればよい

図22　年次変わりで切り返す

新梢を短くおさめておきたいときや、小枝をふやしたいときは年次の変わり目の1cm上で切るとよい。この方法は切り返しせん定にもかかわらず、周辺の新梢生長が比較的穏かである

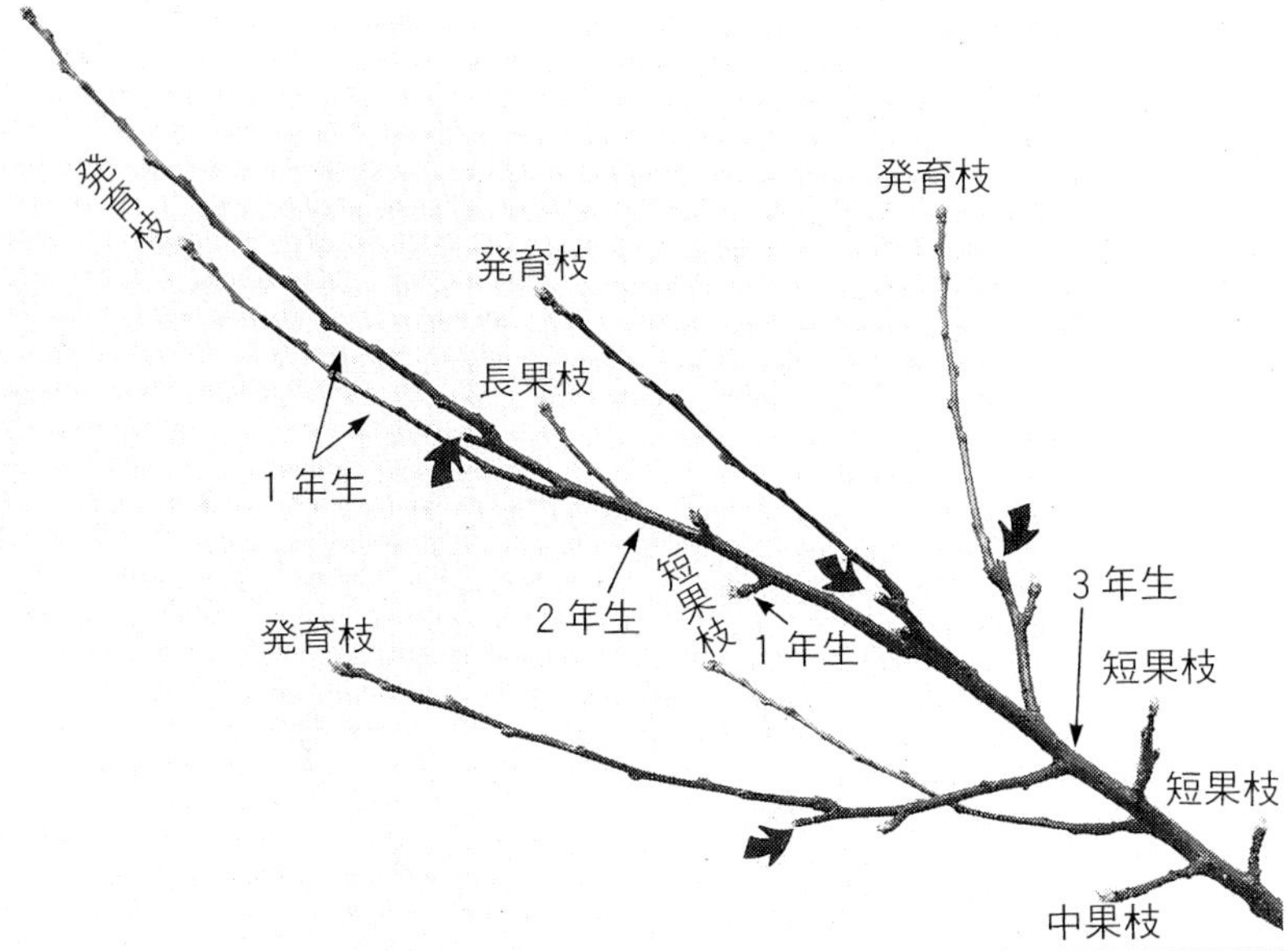

図23　弱った枝の切り返しせん定

1年前に新梢をかなり短く切ったので(太矢印の位置)発育枝がふえ、若返った

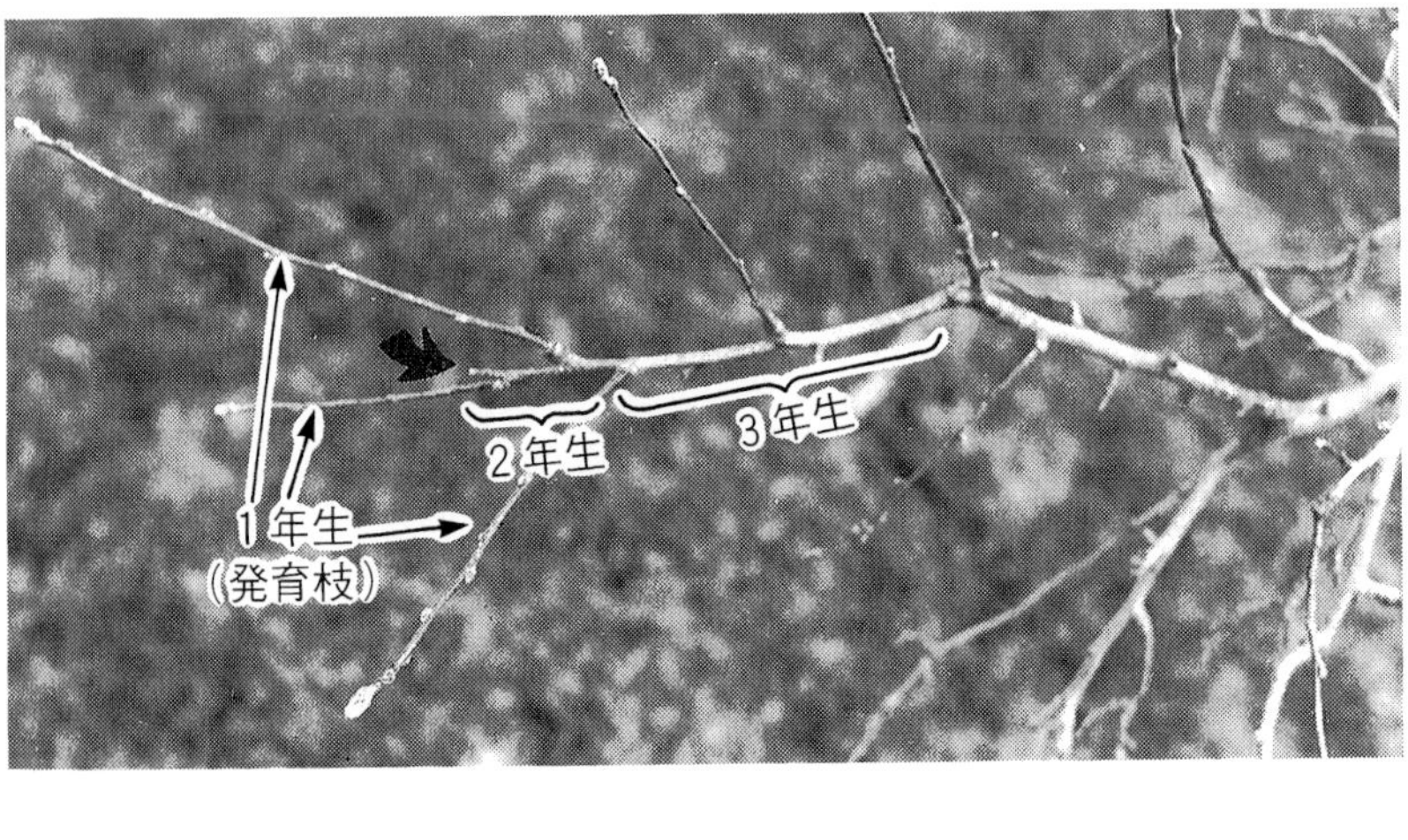

図24　新梢切り返しの失敗

切り返し(矢印)が強すぎたので短果枝ができない

側枝(なり枝)のつくり方と更新方法

側枝は図5に示したように亜主枝ができる前であれば主枝に直接つくるが、亜主枝の構成が始まると亜主枝にもつくり、やがて主枝から間引いてしまう。

側枝のつくり方　直立した強い新梢は花芽が着きにくいうえ、下垂しないので側枝として不適当である。側枝にできるのは、四五度前後の角度で発生し、太く充実したやや長めの新梢である。この新梢は、せん定時に品種や発出角度の程度に応じて先を軽く切り返す。翌年は、この枝の上面と側面に発生する新梢の強いものだけ間引く。こうして側枝をつくっていくが、側枝に着ける小枝(結果枝およびいくつか結果枝が集まった枝)は、果実がなれば下がるような柔らかい枝を選ぶ。それらの小枝は枝の上面、下面、側面に着けるが、側枝が水平にまで下がってきたら下面の小枝をせん除する。要は細かい枝を多く着けることで、側枝の妨げになるような強い枝は毎年間引く。

側枝の延長部は花芽の着生が多いと弱くなりやすいので、新梢が三〇センチ以下の場合、衰弱を防ぐために蕾(頂芽)切りないし五センチ程度切り返す。側枝は適宜切りもどしたり、衰弱した小枝の切り返しや間引きをていねいに行なうことによって、一〇年以上も使える。

側枝の更新　側枝は果実生産を繰り返すことによって下垂するようでなければならないが、下垂して弱くなり、強くせん定しても、小玉や枝のはげ上がりを防ぎきれなくなった場合は更新する。

更新のための枝(予備枝)はあらかじめ準備しておく。側枝が水平になる前に基部付近の側面ないし上面の新梢で、四五度くらいに斜立し、側枝の方向より左右どちらかに二〇度くらいずれているものがよい。

この予備枝は四~五年もたてば大きくなり、斜立の程度も弱まるので、さらにこの枝の予備枝も見当をつけておく。土壌の肥瘠で異なるが、予備枝は枝齢の異なるもの二~三本準備するとよい。大きい側枝を更新するときは基部側の小枝を二~三年かけてはずし、小さくしてから切るとよい。いっぺんに切るとせん定の刺激が強すぎて枝が徒長するからである。

図26は側枝(なり枝)が立体的に配置され、骨組み枝の少ない良例である。

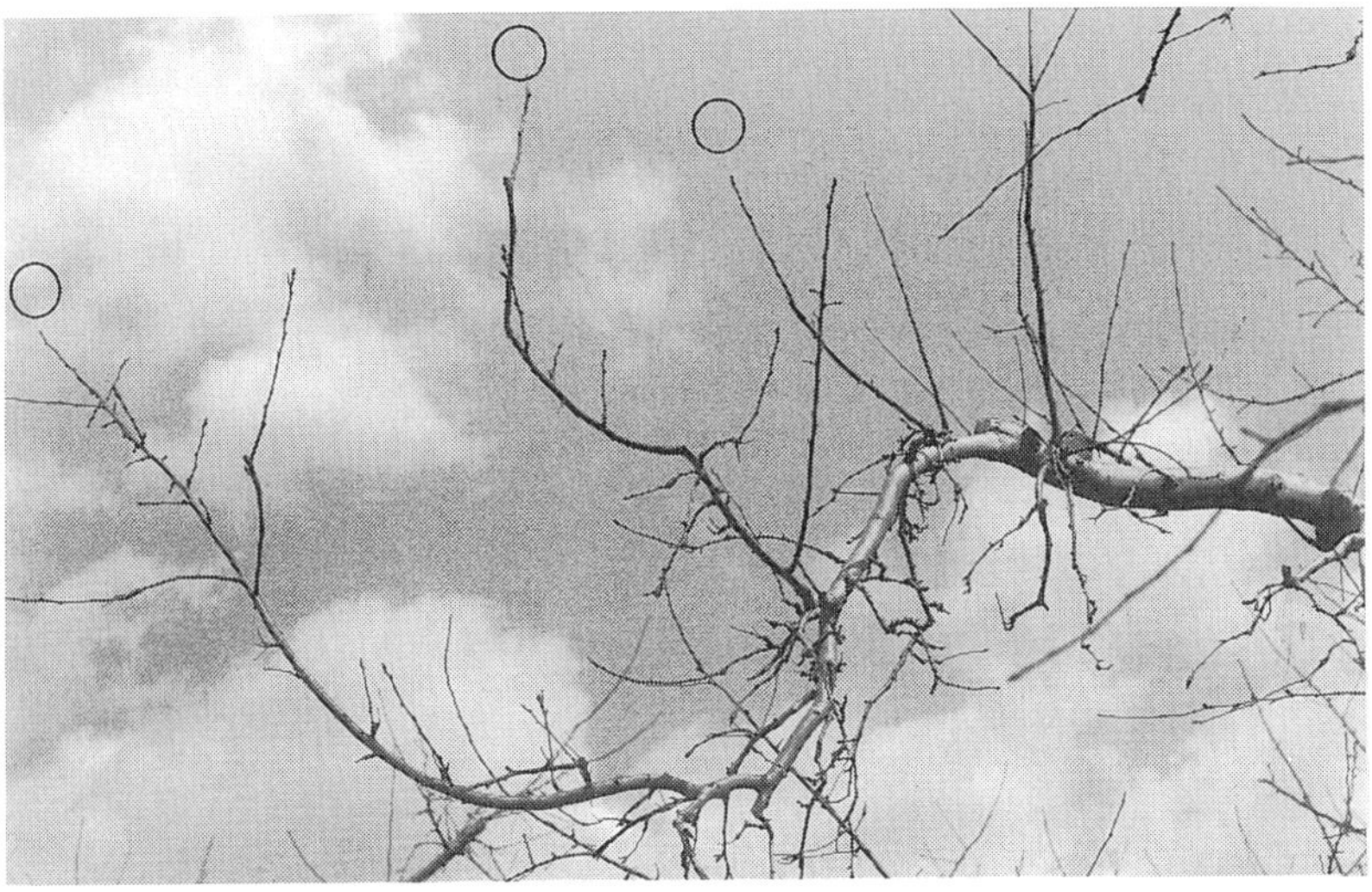

図25　主枝、亜主枝の先端

側枝に着いている小枝がもう少し多いともっとよいが、更新の枝(○印)が次々準備されてよい状態にある

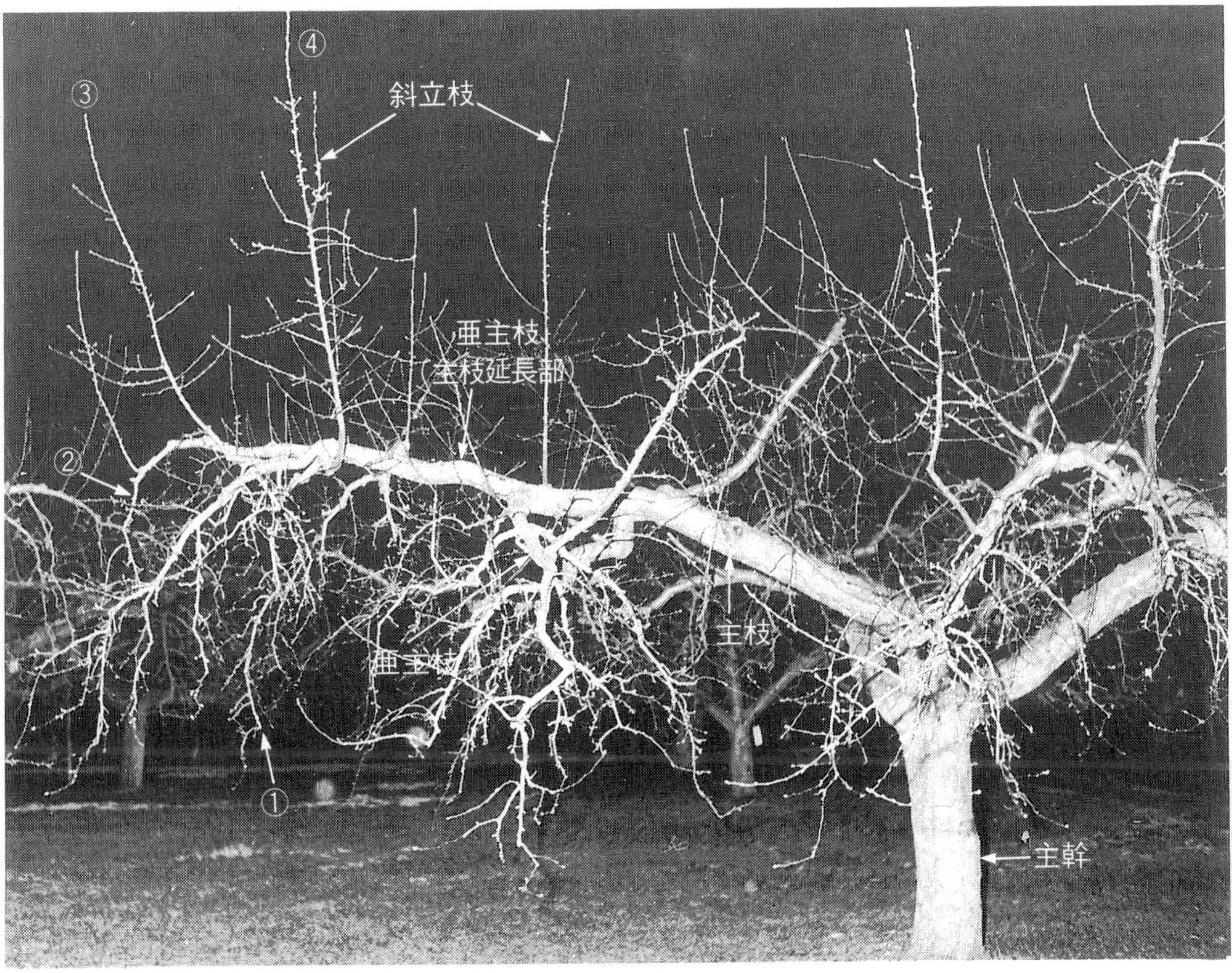

図26　亜主枝が決まりつつあるふじ25年生樹(せん定前)

骨組み枝のような大きな側枝が少なく、小枝(結果枝)がビッシリ着いた側枝が配置され樹冠が厚い。多収型の枝構成である

主枝延長部(亜主枝)の側枝の配置は、3～4段がまえ(①～④)になっていてすぐれている斜立枝は全部果実がなる状態のものばかりである。徒長枝が少ないのもよい

リンゴ・わい化栽培

小池　洋男

わい化栽培の台木と樹形

いままでは、マルバカイドウ台木と組み合わせて中間台木としてM26台木を用いた、スレンダースピンドルブッシュ整枝（細型紡垂形整枝）が多かった。しかし、ふじでは四メートル×一・五～二メートルの栽植密度では樹がおさまらず過繁茂になっている例が多く出ている。今後、ふじでM26台木を使う場合は、五メートル×三～三・五メートル程度の栽植距離をとり、多少大型で底辺の広い主幹形（フリースピンドルブッシュ）に整枝したい。また、最近ではもっとわい化効果の高いM9などの台木を使うようになっている。つがる、王林などの樹勢の弱い品種ではM26台木でも、十分細型紡垂形にできる。

なお、M26台木や中間台木にわい性台木を使った、樹勢の強い樹で従来の栽植密度の園では、間伐によって樹間を広げなければならない。

以下、M9台木（ウイルスフリーの系統を使いたい）を用いた細型紡垂形整枝を中心に述べる。

幼木時代の仕立て方（定植～四年目）

細型紡垂形整枝では、定植後四年間ほどは、主幹を伸ばすとともに徐々に側枝を育成していく時期と考えたい。そうすれば、地表から主幹頂部に向かって配置される側枝の枝齢は若くなり、自然に樹形は円錐形になる。ただし、幼木時代は多少底辺が広めの樹形となっている。

定植時の主幹の切り返し方　分岐角度の広い側枝を発生させることが目的なので、多くの副梢（フェザー）が発生した苗木を植えることが望ましい。定植時には地上八五～一〇〇センチで主幹を切り返す。この切り返しによって、地上五〇～一〇〇センチの主幹上に分岐角度が広くて、主幹より細い小枝（フェザー）を発生させることが目標であり、それは将来結果枝を支える側枝となる。

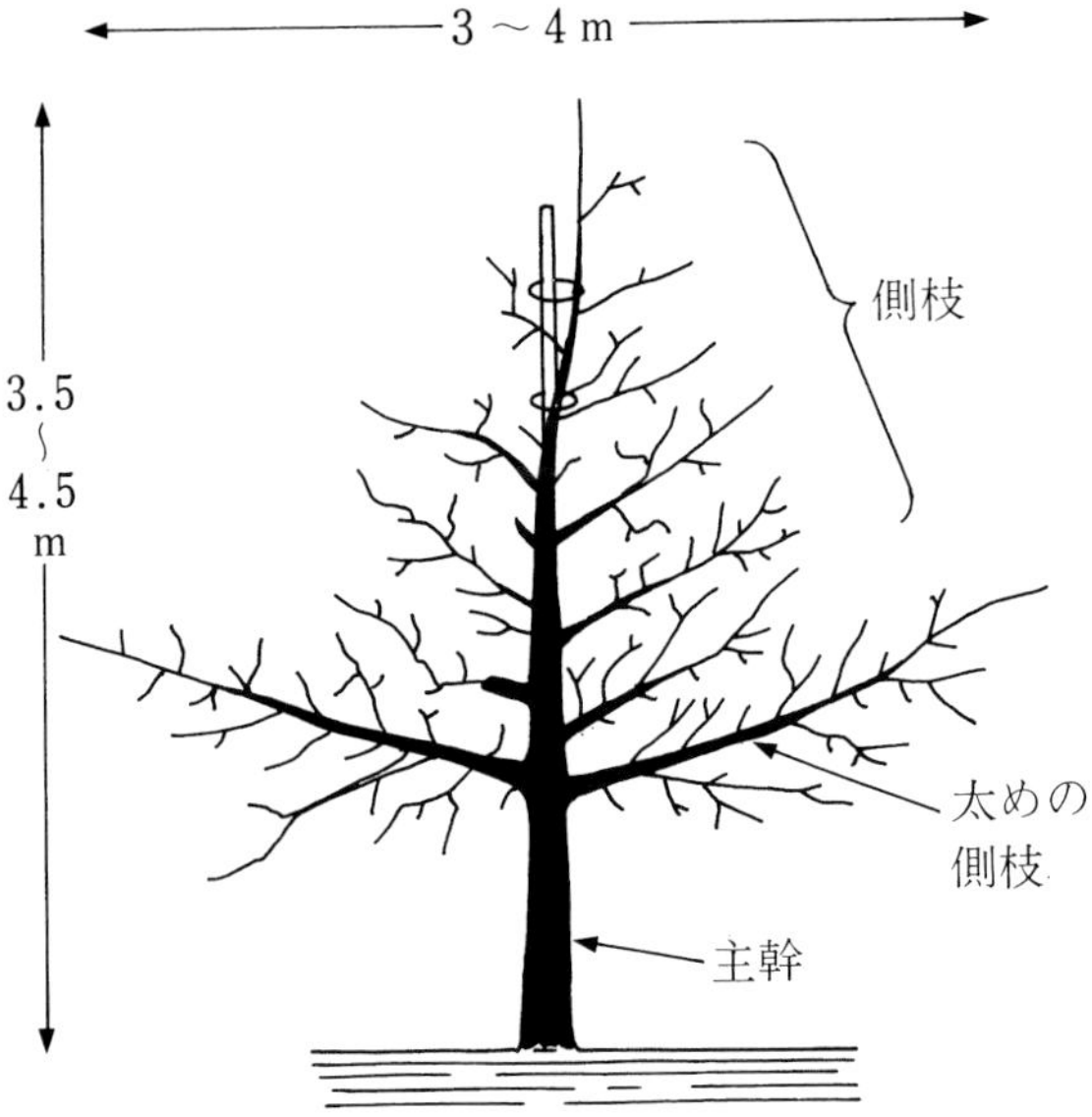
3～4 m
3.5
～
4.5
m
側枝
太めの
側枝
主幹

フリースピンドルブッシュ
地上から１～1.5ｍに太めの側枝を２～３本着ける
M26台木を用いた“ふじ”などの比較的強勢樹に適する

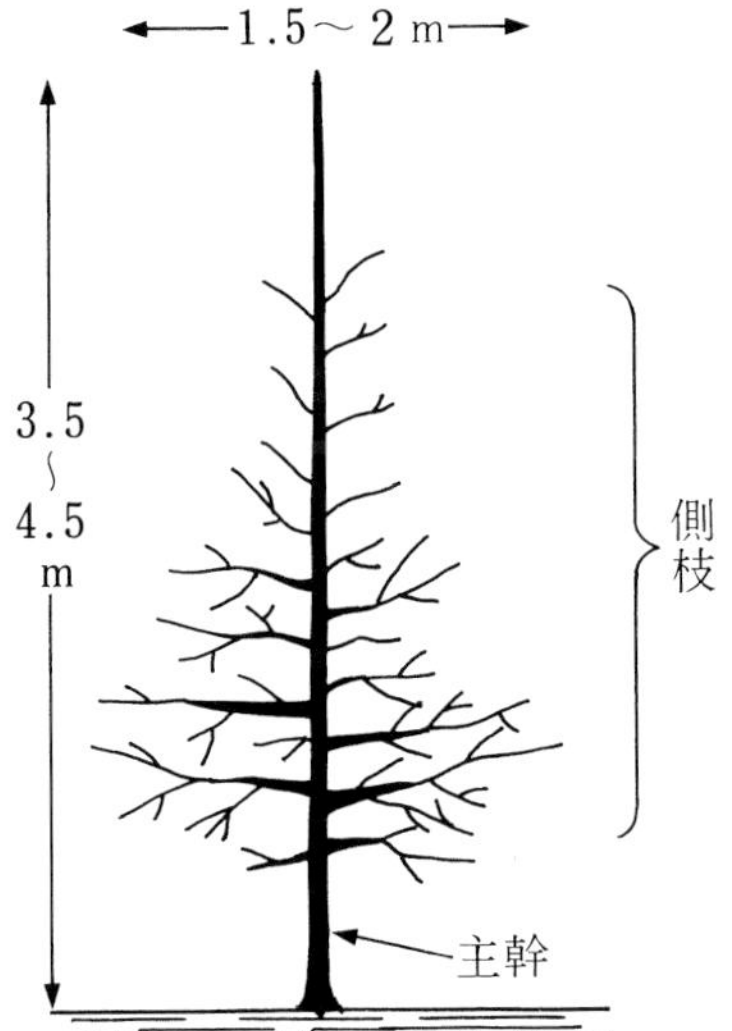
1.5～２ m
3.5
～
4.5
m
側枝
主幹

スレンダースピンドルブッシュ
（細型紡垂形）

Ｍ９台木などを用いた小型樹に適する

図１　フリースピンドルブッシュ整枝とスレンダースピンドルブッシュ整枝

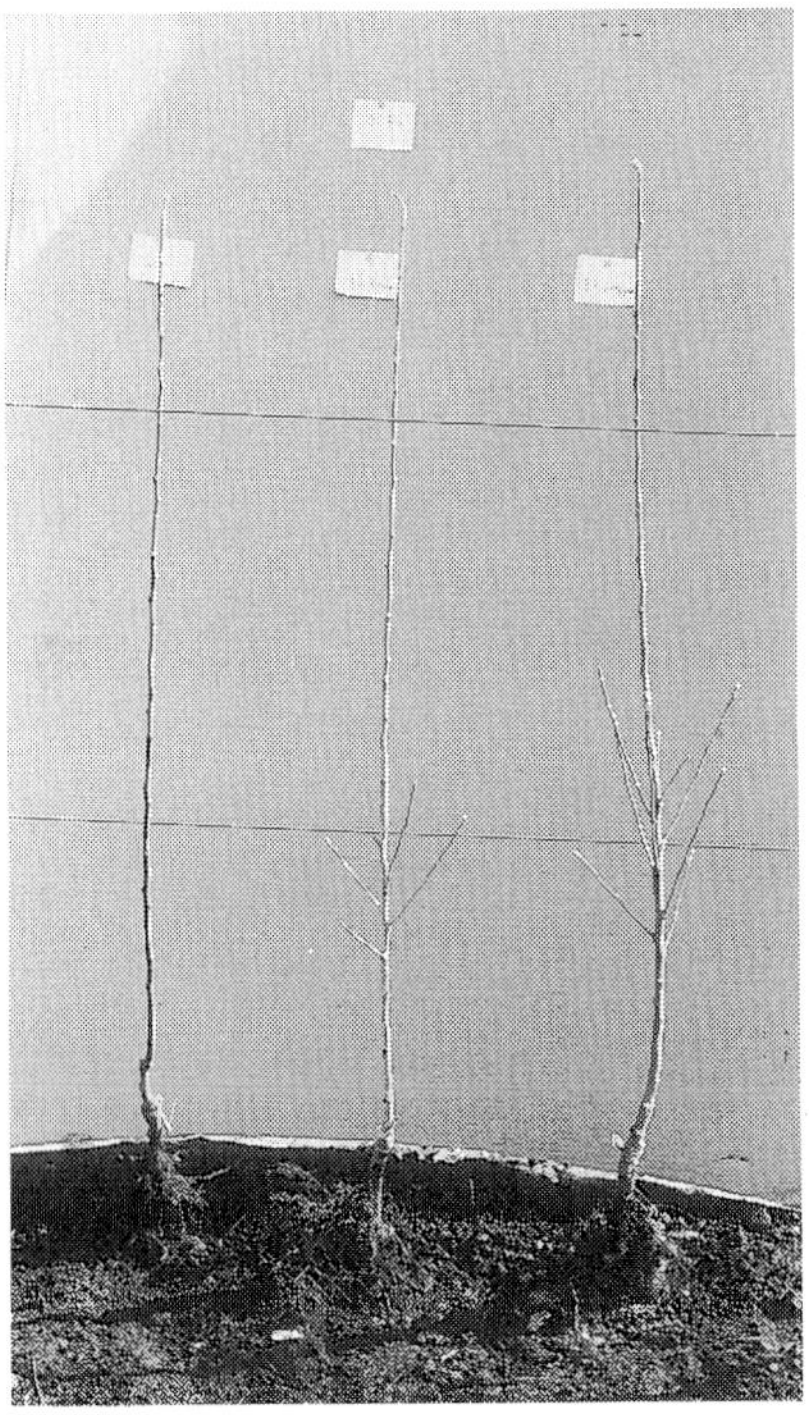

図２　わい性台木を用いた苗木。主幹形整枝は右のようにフェザーが多く発生した苗木が望ましい

１本状の苗木もフェザーの発生した苗木も地上85～100cmで切り返す。フェザーは初期の結実候補枝として使える

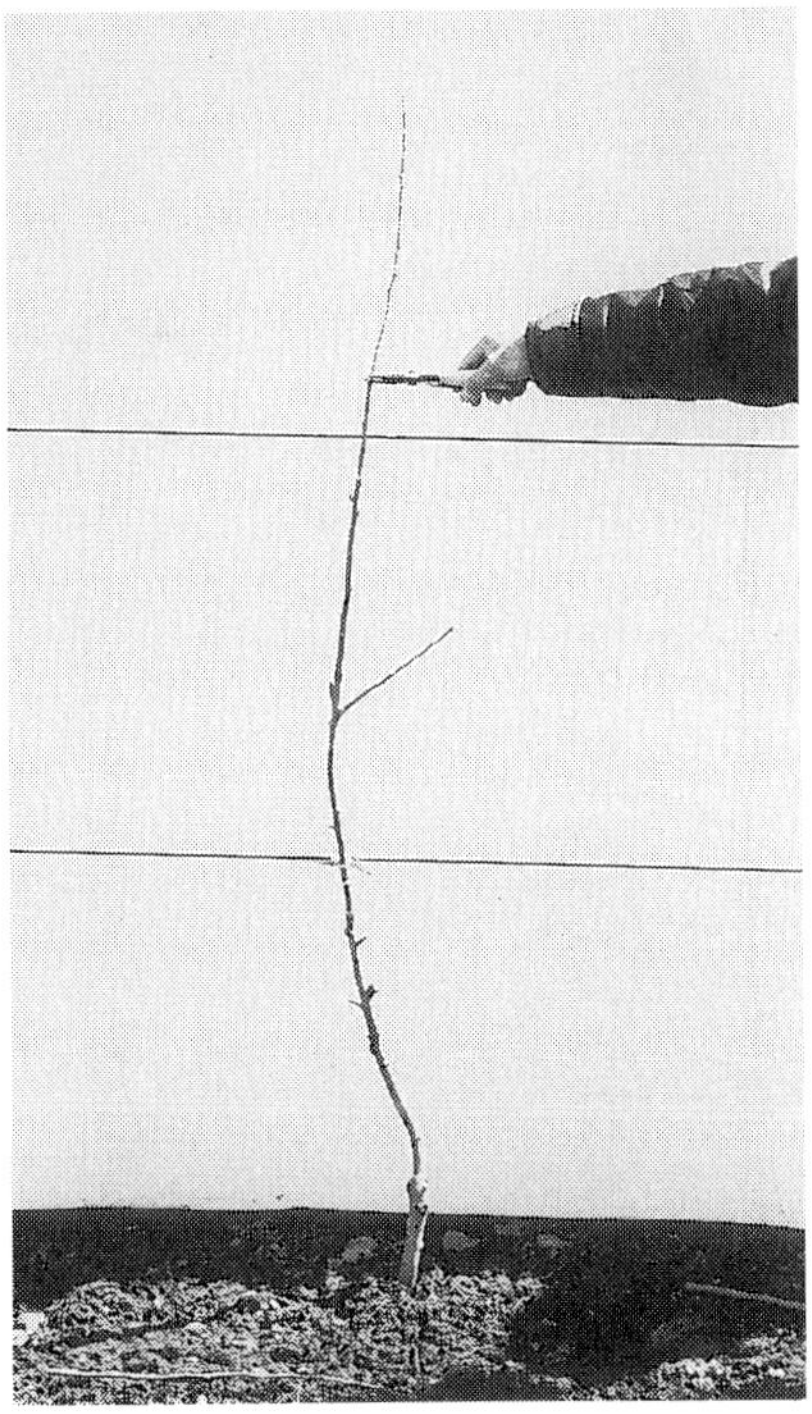

図３　わい性台木を用いた苗木の定植時の切り返し方

地上から85～100cmで切る

切り返し位置が高すぎたり低すぎると、望ましい位置に側枝が発生しにくくなる。

二年目の頂部のせん定　定植時に切り返した主幹頂部から発生する数本の直立傾向の枝から一本を主幹の延長枝として選び、競合枝を切り取る。主幹の延長枝は芽の充実程度、枝ずれによる芽の損傷状況を判断して決める。

主幹の延長枝を選んだ後は、その下部に発生している分岐角度の広い枝の中から主幹の半分以下の太さの、細い枝を残して側枝として水平誘引する。

幼木時代に主幹の切り返しを毎年続けるかどうかは品種でちがう。樹勢が強く、側枝が発生しやすい〝ふじ〟などの品種は、二年目以降は切り返しを行なわないほうが側枝として残すのに適切な、分岐角度の広い細めの枝が発生しやすい。それに対して〝つがる〟〝王林〟〝陽光〟などでは、〝ふじ〟ほど枝の発生が良くないことが多いため、主幹延長枝の充実が悪い場合に三分の一程度切り返しを行なう。その場合、切り返しが強すぎると太い枝が発生しやすいため、その程度は主幹の状態によって調節する。この切り返しは二～三年継続すれば、目標とする樹高に達するため、不要となる。

側枝の先端は切り返さないのが原則だが、樹勢の弱い樹や品種では、弱めの側枝を中心に、結実開始前から軽い切り返しを加えて、枝の発生を促すことが望ましい。

若木時代の仕立て方（四年目～八年目）

幼木時代、水平を目標に誘引した側枝には、結実が始まり、着果数が年々ふえてくる。

この時期のポイントは、円錐形としての樹形のバランスを保つ時期である。主幹に対して太すぎる枝を多く残しすぎて、主幹が弱った樹では、主幹を強めるために太い側枝の間引きを行なって側枝数を制限する。

狭い間隔で多くの側枝を残してある場合も、年々側枝の小枝が多くなり、重なりによる光不足が問題となるため、適当に間引いて側枝数を制限する。残した側枝は水平誘引して、花芽の着く結果枝を多く出すようにする。

成木期のせん定（八年目以降）

この時期のポイント　定植後八年目以降では、高品質果実を多収するために必要な樹冠内への光のとり入れと、適度の枝の伸長が確保できるような、樹勢と樹形を維持

図4　1年生苗木を定植後に適当な位置で切り返す
切り返した部位から4～5芽、強い新梢が発生し、その結果として、下部に分岐角度が広く、初期結実候補枝となりうる小さめの新梢を発生させることに意味がある

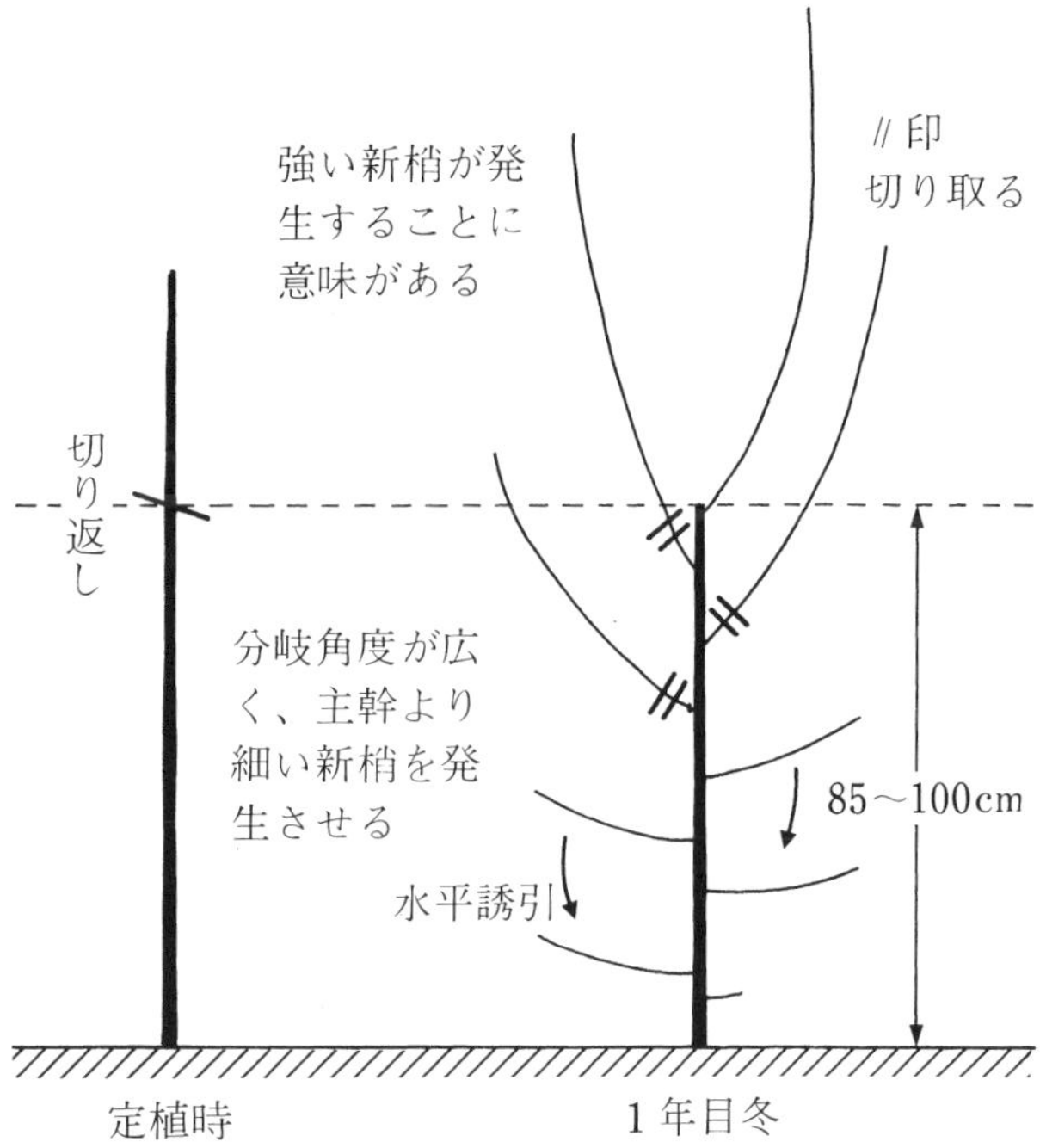

強い新梢が発生することに意味がある
// 印切り取る
切り返し
分岐角度が広く、主幹より細い新梢を発生させる
85～100cm
水平誘引
定植時
1年目冬

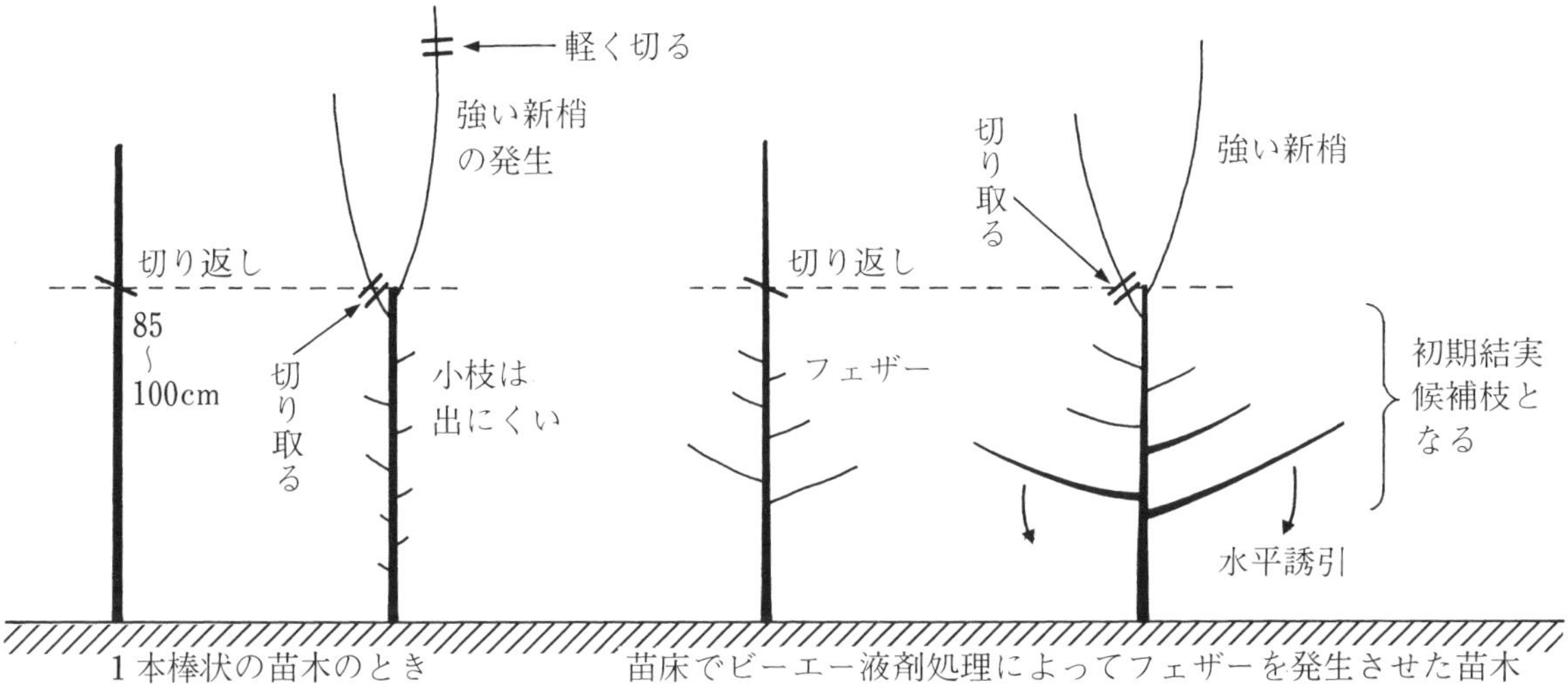

軽く切る
強い新梢の発生
切り返し
85～100cm
切り取る
小枝は出にくい
1本棒状の苗木のとき
切り取る
強い新梢
切り返し
フェザー
初期結実候補枝となる
水平誘引
苗床でビーエー液剤処理によってフェザーを発生させた苗木

図5　つがるなどの分岐性の劣る品種ではフェザーの発生した苗木を利用したい（左：定植時、右：1年目冬）

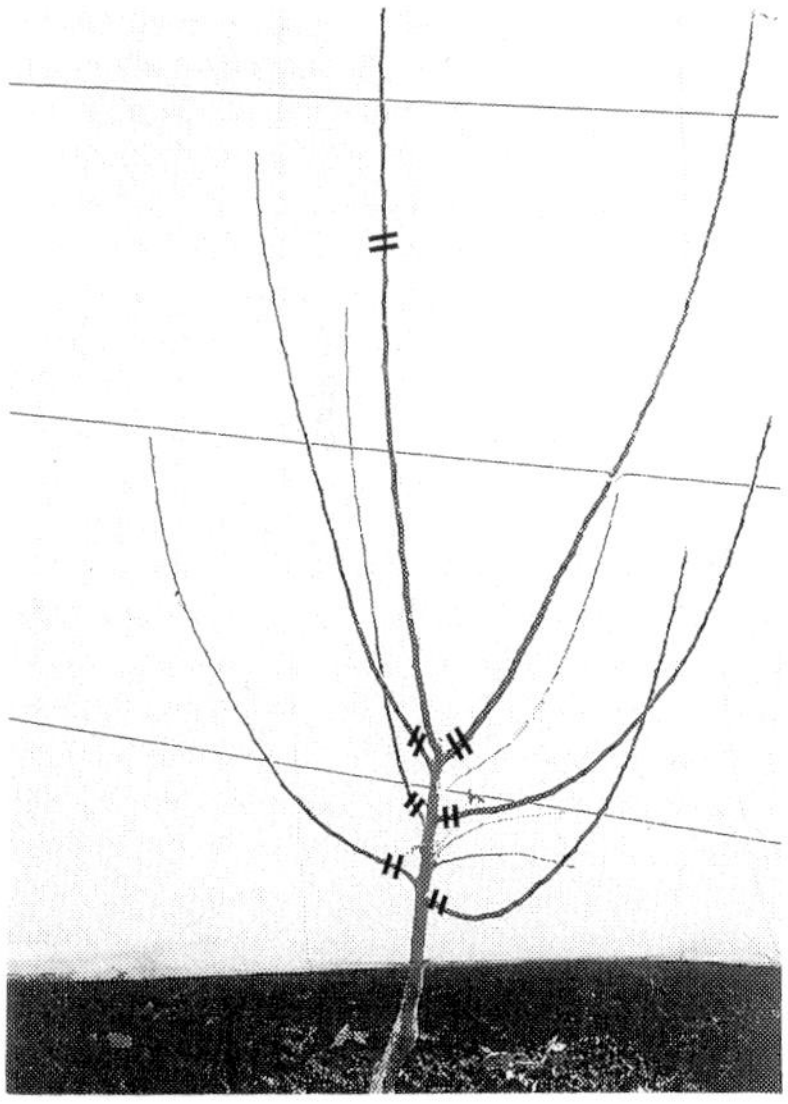

図6　切り返し位置が低すぎた苗木の生育
発生する新梢が大きすぎるため、残せるものが少ない。せん定は主幹延長枝を残して、競合する太い枝を切り取る。残した主幹延長枝は⅓程度を切り取る

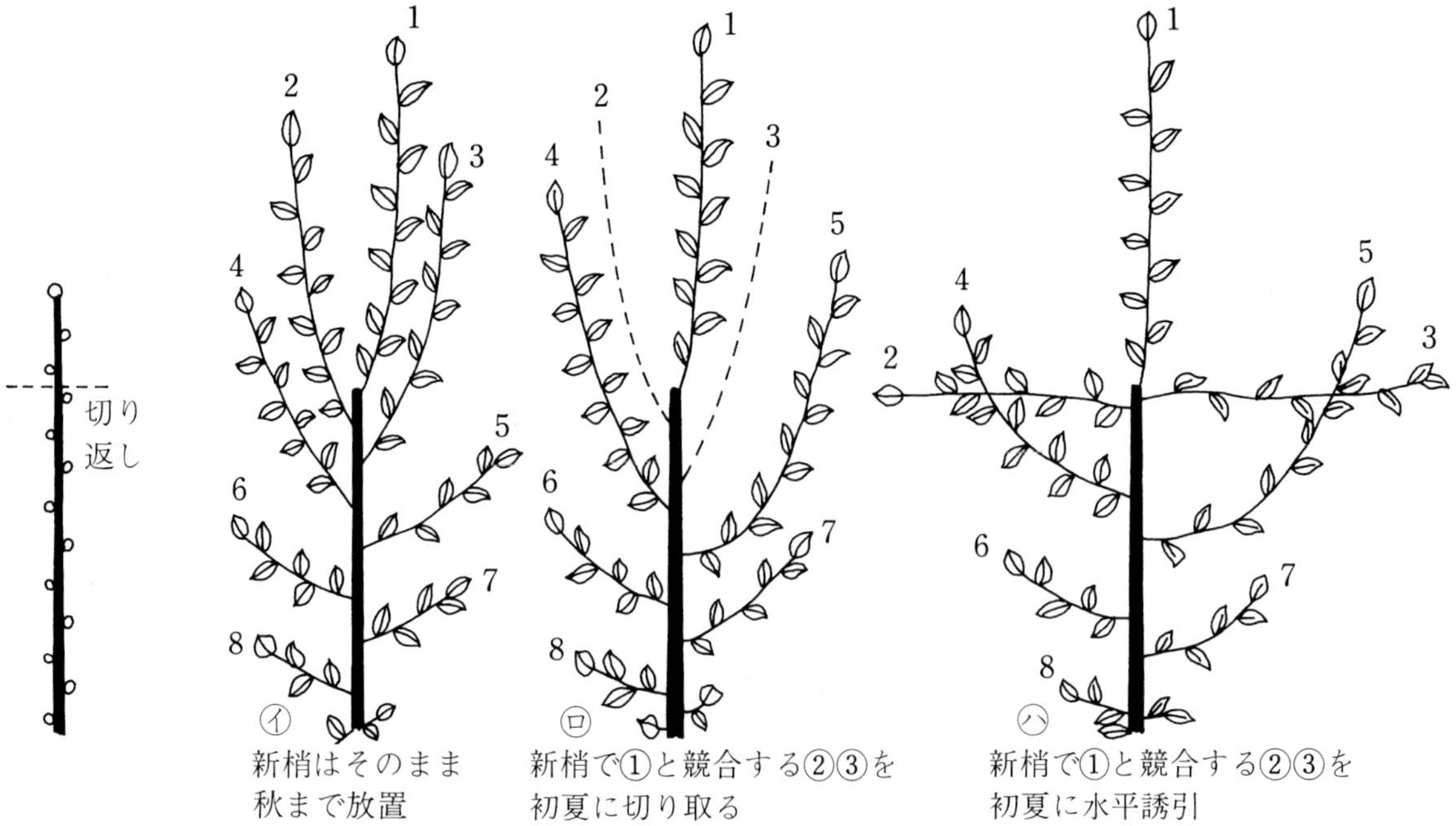

切り
返し
1
2
3
4
5
6
7
8
㋑
新梢はそのまま
秋まで放置
1
2
3
4
5
6
7
8
㋺
新梢で①と競合する②③を
初夏に切り取る
1
2
3
4
5
6
7
8
㋩
新梢で①と競合する②③を
初夏に水平誘引

図7　定植1年目の頂部の新梢の扱い方と生育パターン

㋑の状態に放置すると5～8の新梢の分岐角度が広くなり使える枝となる。

㋺㋩の処理をすると下部の④～⑥の新梢が強くなって使えなくなる。定植後1年目の生育中は頂部を放置しておく

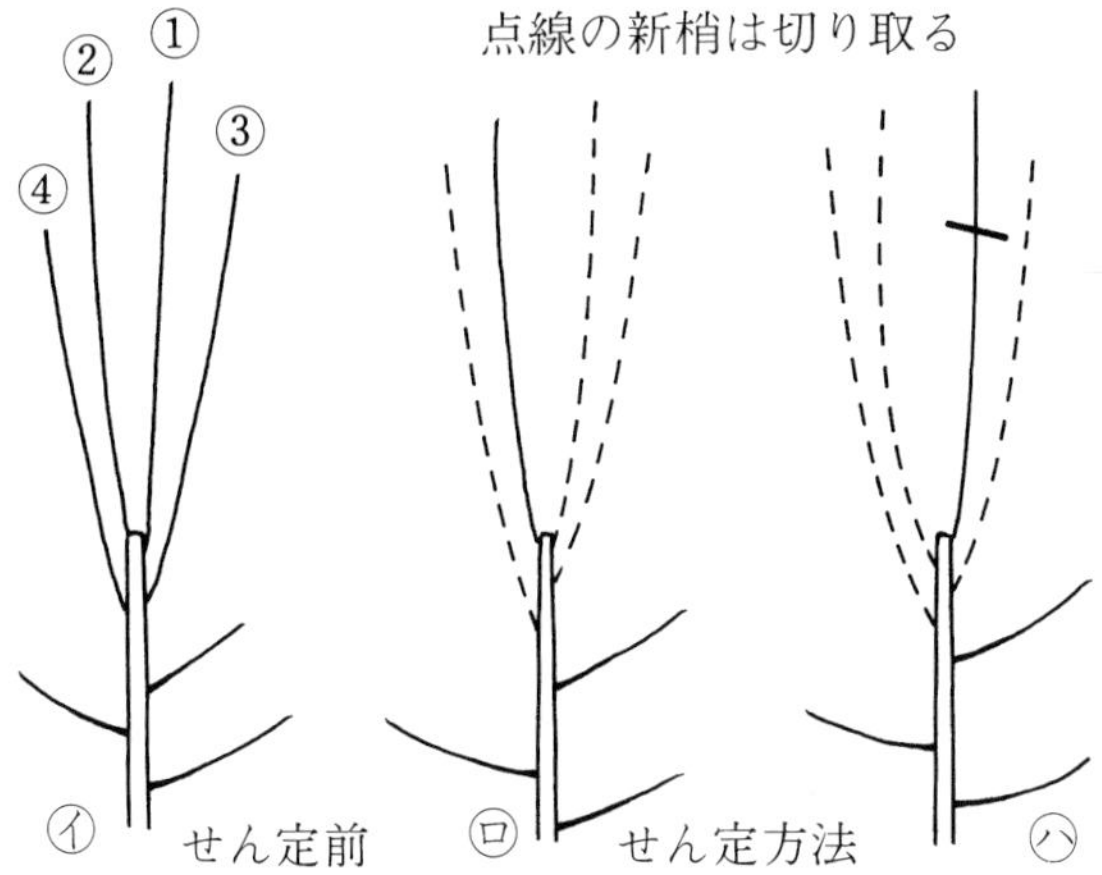

①
②
③
④
点線の新梢は切り取る
㋑
せん定前
㋺
せん定方法
㋩

図8　定植後2年目の主幹延長枝の選択は芽の充実状況で決める

㋺芽の充実の良い主幹延長枝を残した場合、切り返さない
㋩選んだ主幹延長枝の芽の充実が悪い場合は⅓程度切り返す

図9　幼木の結実始め（4年生、ふじ）

果実はできるだけ主幹上をさけ、側枝上に結実させる

せん定前

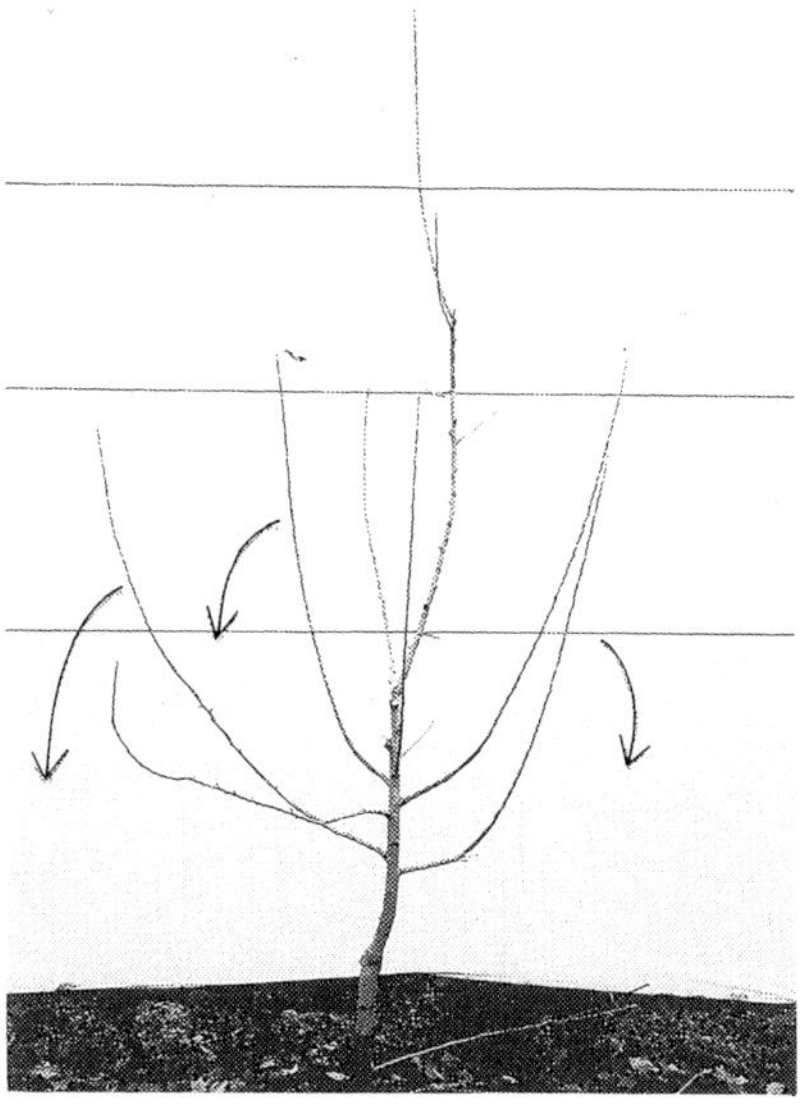

せん定後

図10　幼木のせん定（3年生、ふじ）

主幹延長枝を選び、主幹と競合する太さの側枝を切り取り、残した側枝は水平誘引する。主幹や側枝の先端は切り返さない

図11　若木の“ふじ”（5年生M9－台）

側枝の選択と水平誘引によって望ましい円錐形となりつつある

地表近くの枝、水平な側枝上の徒長枝、頂部付近の直立ぎみの枝を切り取る。弱い小枝で伸ばしたいものは先刈りする

図12　若木の“つがる”（5年生M26台）

側枝の選択と水平誘引によって望ましい円錐形となりつつあるが、樹勢の弱い品種では早めに先端を切りつめたり、側枝の先刈りを行ない、樹勢の維持に努める

先端の下垂した枝は、中間で切りつめ、弱い枝の先端は先刈りする。主幹延長枝は弱くなっているので切り下げる。間引きすべき太枝はない

することが必要となる。先端の弱った側枝の切りつめ、結実部の小枝の先刈り、多すぎる側枝や太すぎる側枝の間引き処理などを、樹勢を判断しながら行なう。

この時期になると、側枝の背面から多くの直立した新梢が発生しやすいため、夏季せん定によって樹冠内に光をとり入れることも重要となる。

頂部のせん定　成木でも強く伸長している頂部を無理に強く切り下げると、頂部付近の側枝が強大化しやすいので、頂部の伸長が弱まってから目標の高さに切り下げる。この判断は難しいが、主幹延長枝の長さが四〇～五〇センチ以下になっていれば、切り下げを行なっても、頂部付近の側枝が強大化する恐れは少ない。

主幹頂部を切り下げる場合、一～二年生の斜立枝を直立の主幹延長枝に代わる枝として残しておくとよい。

側枝の誘引とせん定

誘引で花芽を着ける　樹木は枝を水平や水平以下に誘引すると、栄養生長が弱まり、花芽形成が早まることが知られている。水平誘引した枝の背面に位置する芽から発生する新梢は直立に徒長するが、側面や下部に位置する芽から発生する新梢は伸長が弱まり、中果枝や短果枝になりやすい。この性質を利用して、水平誘引によって側枝先端の伸長を弱めて結実促進を図る。

結実を始めたといっても、側枝の先端を伸ばし続けるわけにはいかない。水平誘引によって先端の伸長を弱め、数年後に中間部まで切りもどして若い枝の再生を図る。

間引きと強い枝の切りもどし　側枝数が多い場合や、強大な側枝がある場合は側枝を間引くことも必要になる。

先端が立ち上がった状態の強い側枝は強大化して主幹を弱めるため好ましくないが、樹形維持のバランス上間引くことができない場合は、側枝全体を誘引して下げ、先端を弱めてから中間部まで切りもどすようにする。

先刈りと弱った側枝の切りもどし　結実の始まった結果枝や側枝は、樹勢や枝の伸長程度を判断しながら、多少強めたい場合に、先端を軽く切る（先刈り）。先刈りは、樹勢の弱い品種や樹でとくに重要となる。先端の弱った結果枝や側枝は、適度に切りもどして、結実部位を主幹に近づけ、側枝上に常に新しい枝の発生を促す。

樹勢の強い樹や枝は切らずに、誘引で勢いを弱め、樹勢の弱った樹や枝は切りもどしや、先刈りで新たな活力

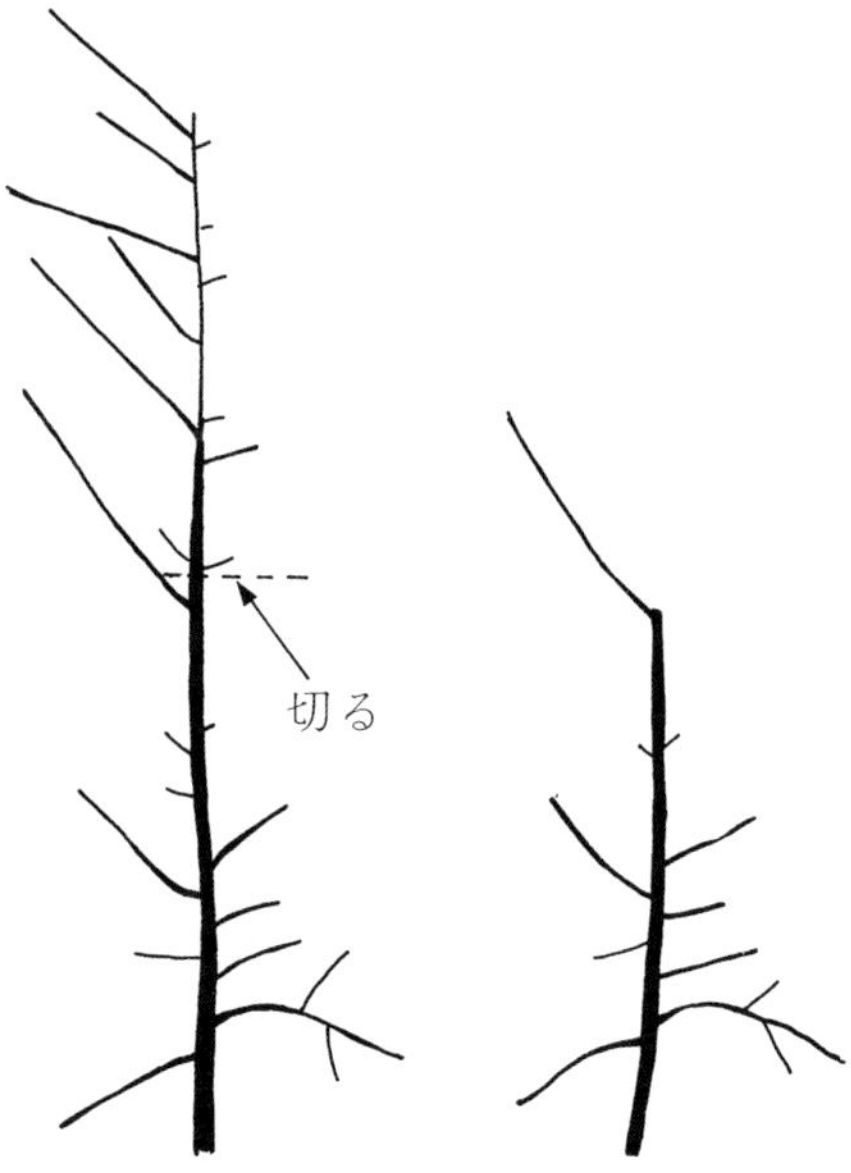

①目標の高さに達したときの切り方
左：点線で切る、右：せん定後の姿（斜立している１～２年枝まで切り下げるのがよい）

②目標の高さに達しないときは主幹に競合する側枝を除く
左：せん定前、右：せん定後

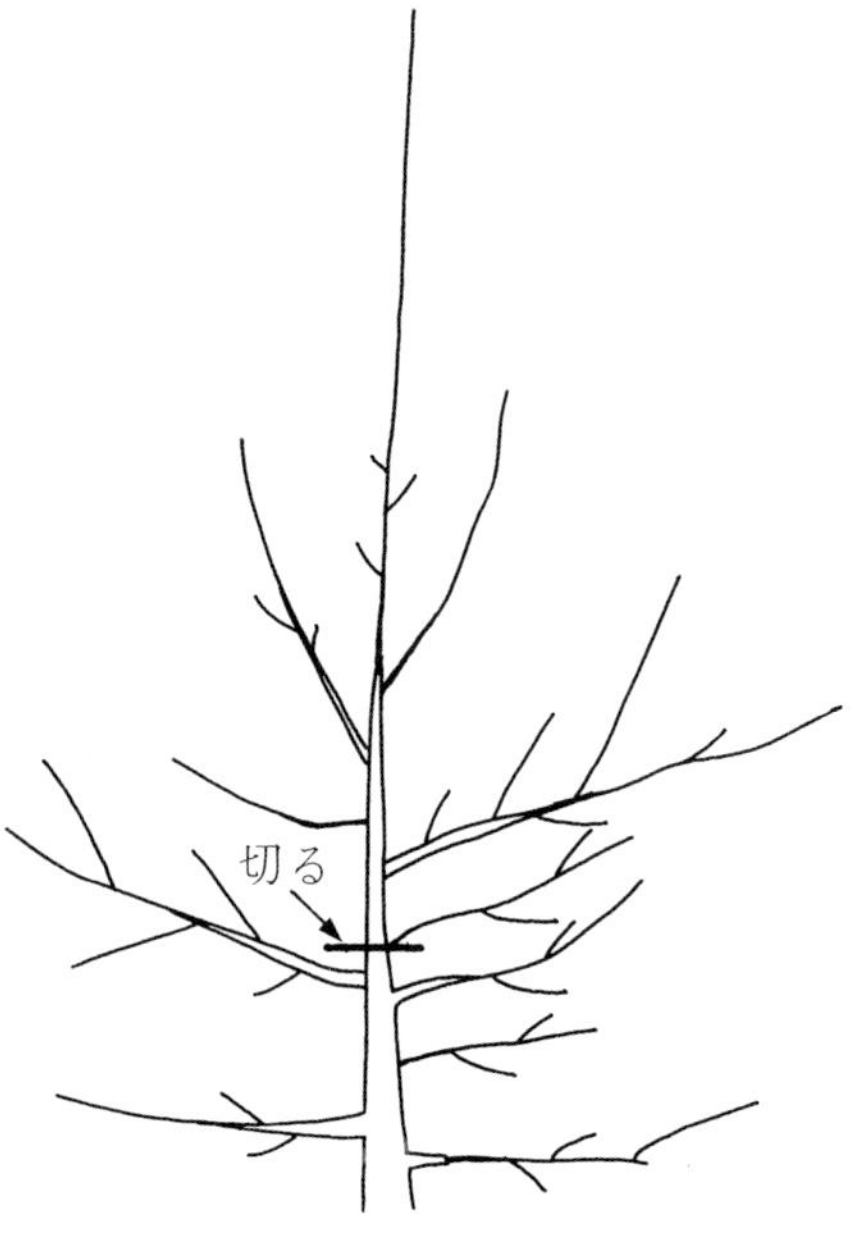

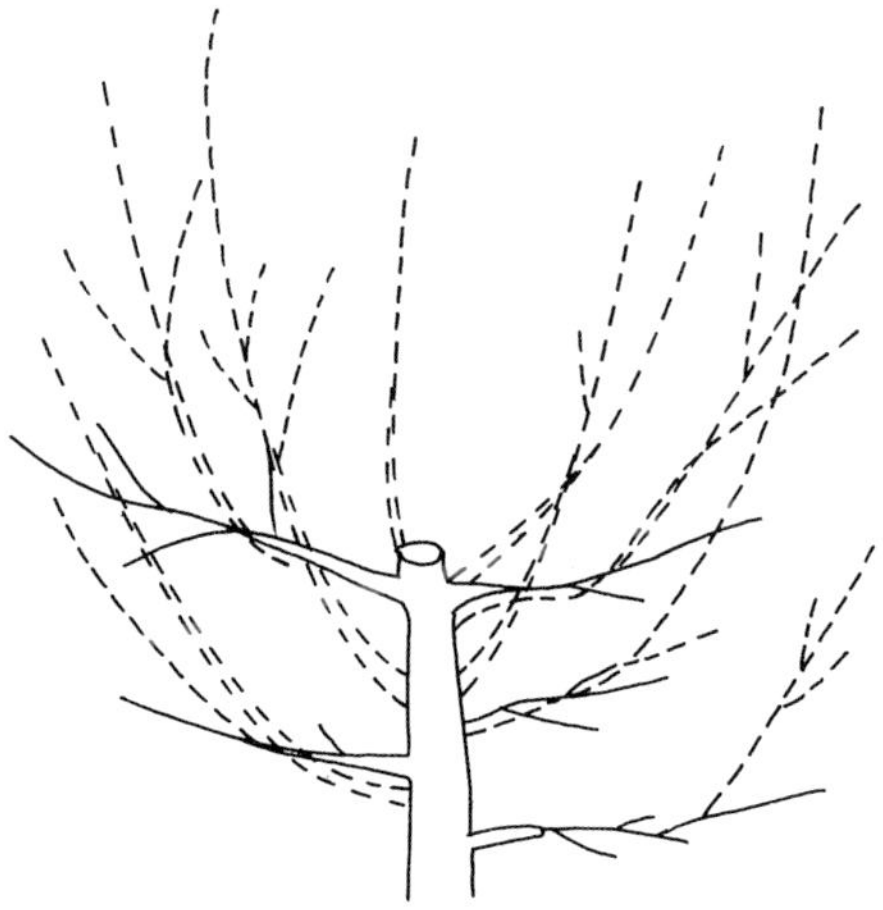

③強い樹勢の頂部を強引に切り下げてはいけない。左図太線で切り下げると、右図点線のような新梢が多発し、そのままにすると強大な側枝となって、下部に日陰をつくる原因となりやすい

図13　成木の頂部のせん定

図16　成木の“つがる”（８年生M26台）

枝の老化しやすい品種では、早めに枝の先端を切る「先刈り処理」を行なうと活力ある樹勢が保てる
先端の弱った枝は切り返す。水平な側枝上の徒長枝は切り取る。頂部付近の直立ぎみの枝は切り取る。弱い枝の先刈りをする

図14　望ましい樹形(細型の円錐形)に育った15年生のＭ９－台木樹“ふじ”

図15　Ｍ９－台木の成木“ふじ”の夏季せん定

７月ごろになると、枝が多くなり、水平の側枝上に発生する徒長枝を切り取る夏季せん定を８月下旬までに２回に分けて行なうと花芽形成や果実品質向上に有効

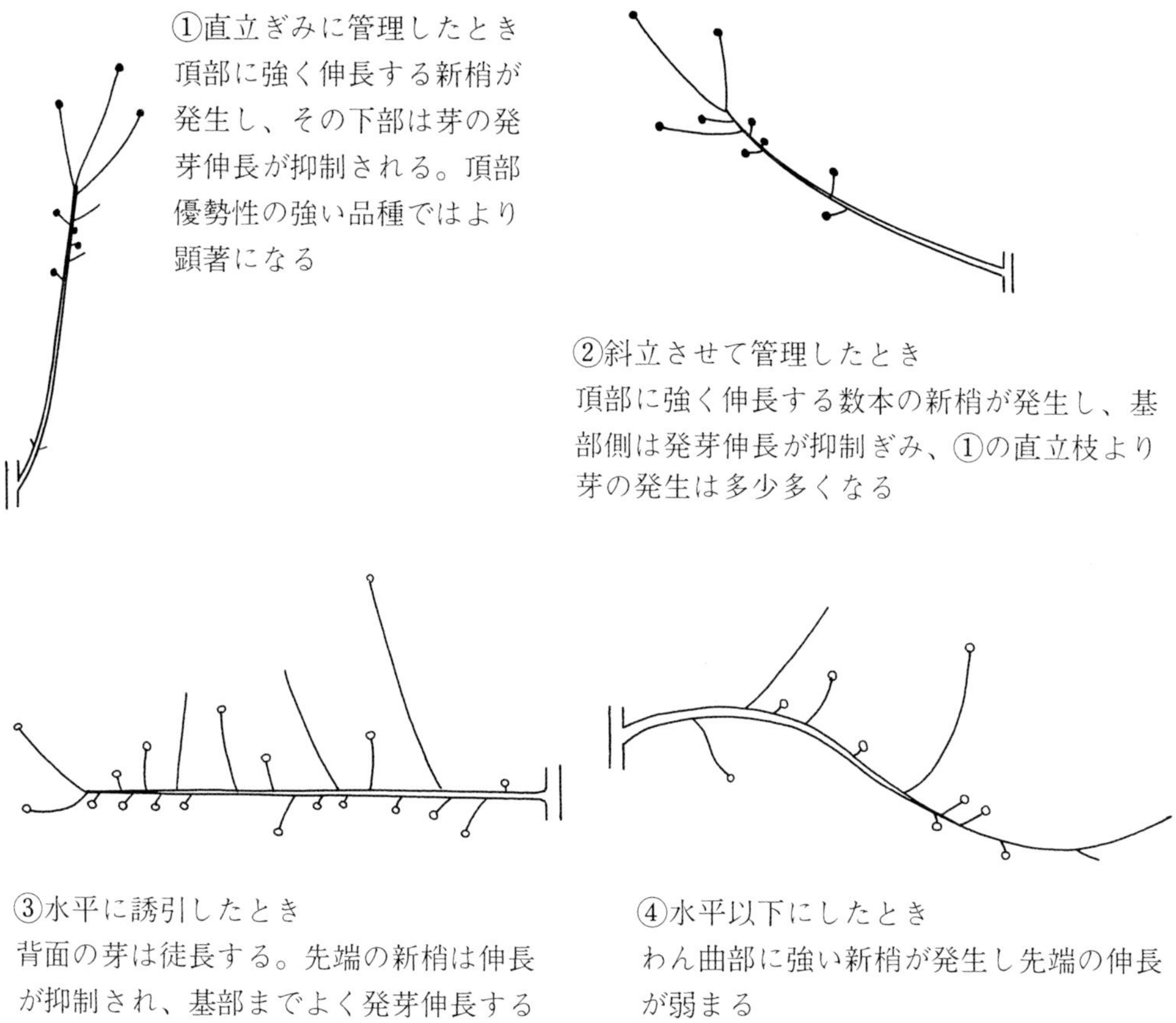
①直立ぎみに管理したとき
頂部に強く伸長する新梢が発生し、その下部は芽の発芽伸長が抑制される。頂部優勢性の強い品種ではより顕著になる
②斜立させて管理したとき
頂部に強く伸長する数本の新梢が発生し、基部側は発芽伸長が抑制ぎみ、①の直立枝より芽の発生は多少多くなる
③水平に誘引したとき
背面の芽は徒長する。先端の新梢は伸長が抑制され、基部までよく発芽伸長する
④水平以下にしたとき
わん曲部に強い新梢が発生し先端の伸長が弱まる

図17　1年生側枝の角度と新梢の生長

図18　水平誘引した側枝の2年目の花の着生(つがる)

水平誘引した側枝上に、短果枝が多く着生し、花芽となる。この枝では徒長枝の先端も花芽となっているが、樹勢が強いと徒長枝は長く伸びて先端に花芽が着かない。先刈りはしてない

新梢
芽傷

図19　芽傷を利用した新梢の発生促進

主幹上に枝の発生が悪いときは、芽傷を処理すれば新梢が発生する。ビーエー液剤の50～100倍液を5月下旬～6月中旬、生育停止芽に散布しても同様に新梢が伸長する

ある枝の発生を促すことが、せん定の基本である。

夏季せん定の方法

わい性台木樹では、水平の側枝上に徒長的な新梢が発生しやすく、必要に応じて樹冠内部に光をとり入れるために夏季せん定によって徒長枝を切り取る。水平な側枝の背面から発生する徒長枝の切除が基本であり、新梢の先端を切ったり、側枝の先端の新梢を切り取ることはさける。〝ふじ〟は、新梢が停止する七月上旬～中旬と、着色管理を兼ねて八月下旬に行なうことが一般的である。

ふじ以外の品種では、樹勢が強く、徒長枝が多発したときに、七月上旬と収穫前の着色管理時の二回程度に分けて行なう。一回でよいこともある。

夏季せん定の時期が遅れるほど、またその程度が強くなるほど、根や幹の肥大抑制効果が大きく、翌年の貯蔵養分の減少につながる。したがって、樹勢によって時期と程度を判断して行ない、樹勢の弱い樹には用いない。

M26台木ふじの仕立て方

M26台木を用いた〝ふじ〟を広めの間隔に植えた場合のフリースピンドルブッシュ整枝では、側枝の扱いが基本的に異なる。地上から一メートル前後の主幹上に、やや太めの側枝を三本ほど残し、水平を目標に、やや先端が斜立する状態に誘引することによって主幹が弱まり、底辺の広い主幹形樹形を形成するわけである。その他は細型紡垂形と同様に行なえばよい。

密植で過繁茂になっているふじの間伐

四×一・五～二メートルの栽植距離で過繁茂になっているM26台木のふじは、間伐を行なって、栽植距離を広げる。そして、地上から一・五メートル前後の位置に三本程度の太い側枝を育てて、頂部を弱めれば、数年で樹高を切り下げることができる。間伐直後は樹冠上部に強い側枝の多いことが普通なので、この側枝を年数をかけて間引き、底辺の広い三角形状の樹形に改める。

主幹の下部に残した太めの側枝は、作業のじゃまにならないよう、列に直角方向に発生するすべての太枝を切り取って、平面の樹形（パルメット整枝と呼ぶ）にすることも、強樹勢樹を間伐した園の樹形改善の一方法である。

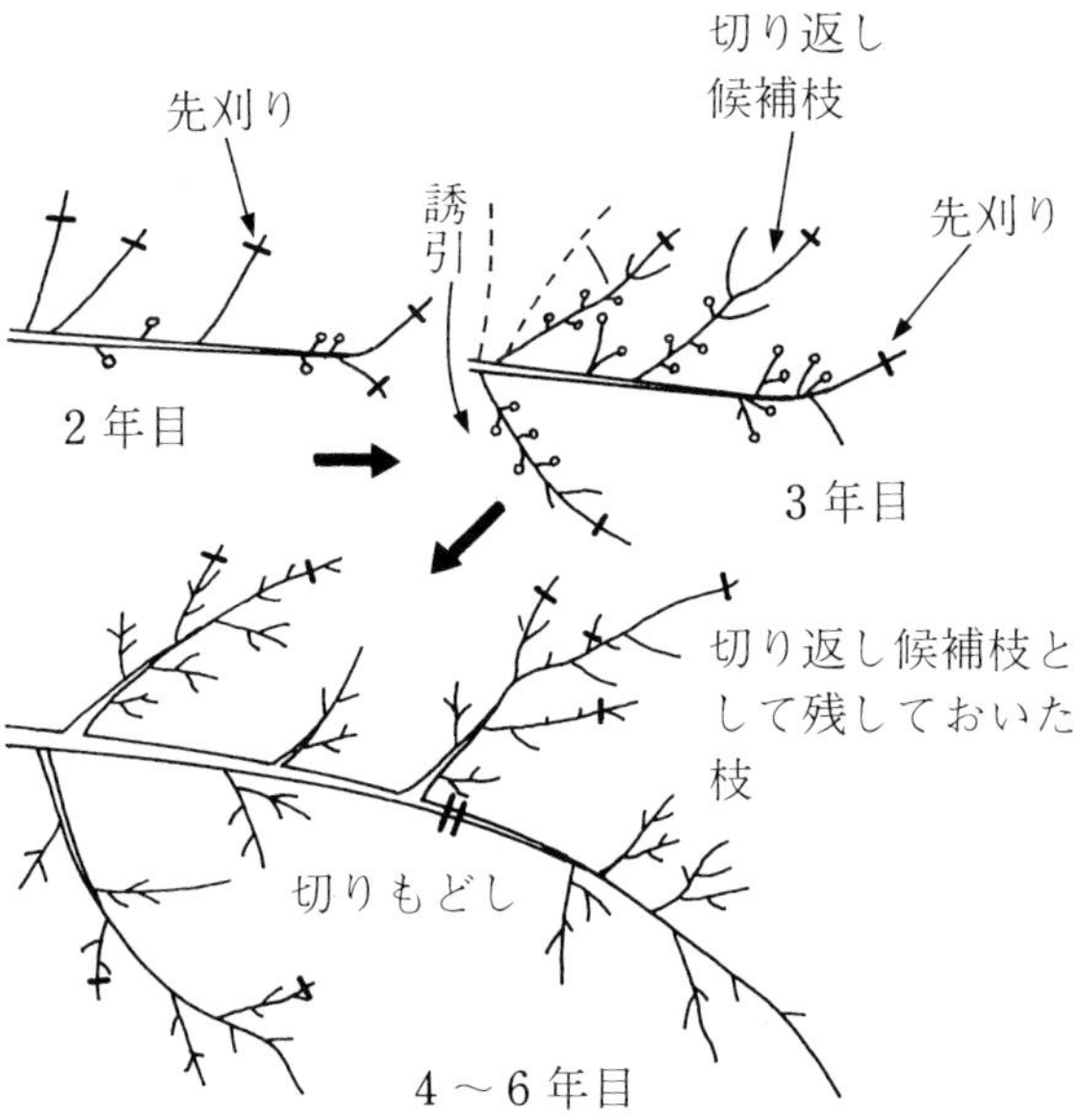
先刈り
切り返し
候補枝
誘引
先刈り
2年目
3年目
切り返し候補枝として残しておいた枝
切りもどし
4～6年目

①結実後数年して下垂した側枝
先端が下垂したら切りもどして若返りを図る

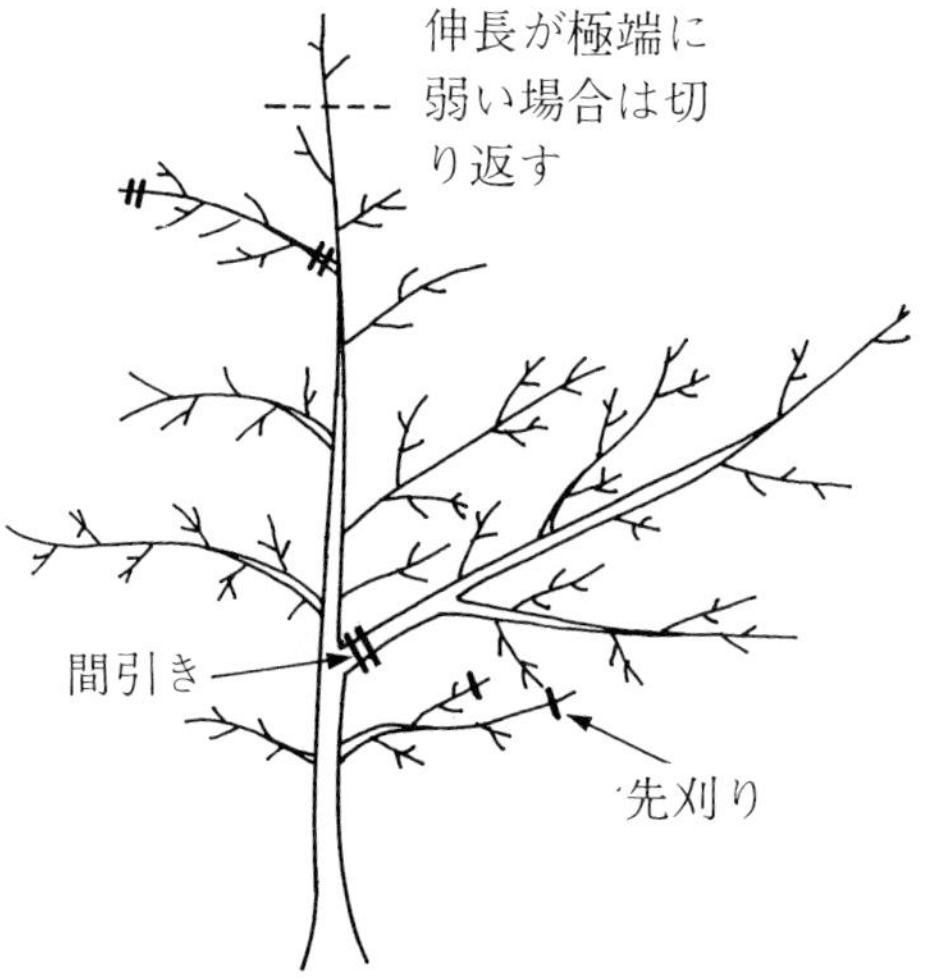
伸長が極端に弱い場合は切り返す
間引き
先刈り

②強大な側枝の間引き（若木）
主幹を負かすような側枝はつくりたくない。必要に応じて切る

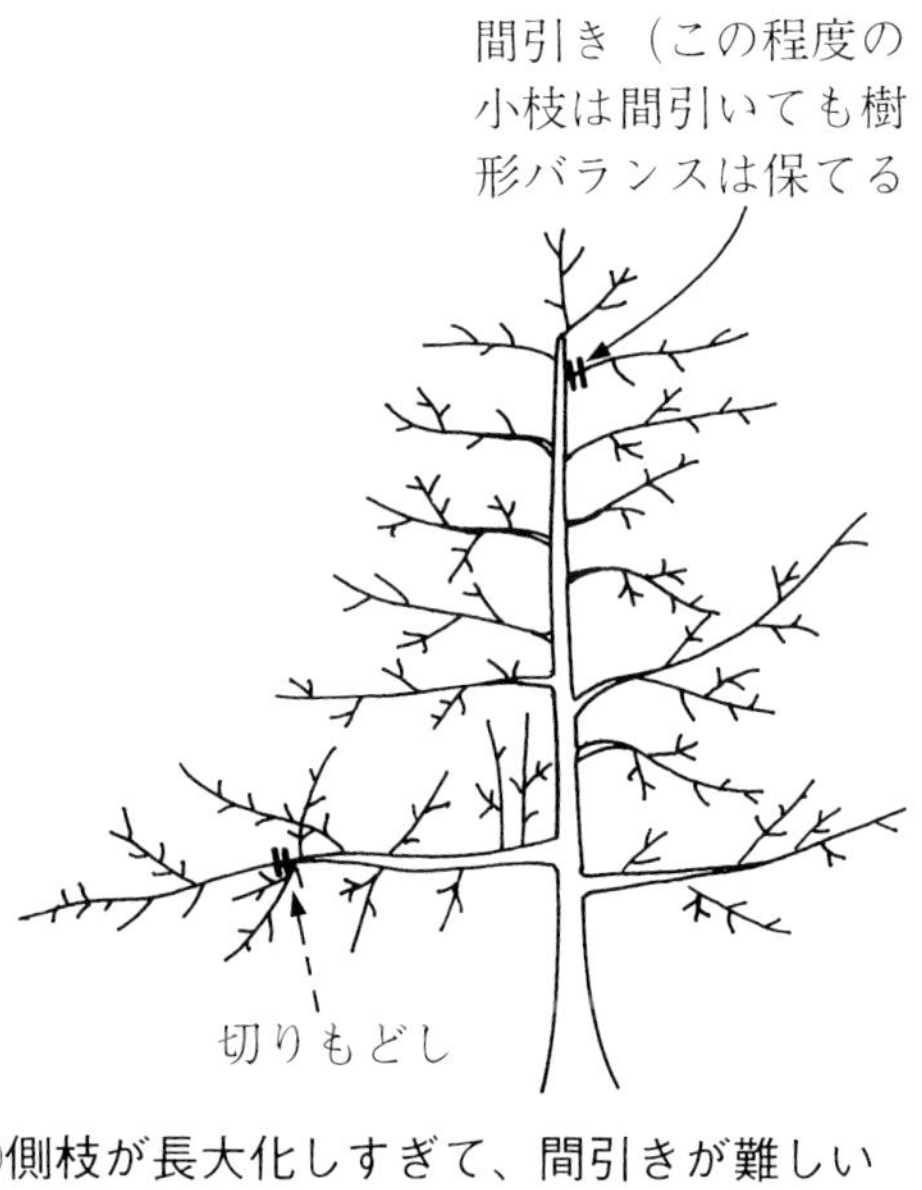
間引き（この程度の小枝は間引いても樹形バランスは保てる
切りもどし

③側枝が長大化しすぎて、間引きが難しい
（成木のふじ、M26台木）
斜立したものは全体を引き下げて、先端を弱らせてから切りもどす
切りもどすときはできるかぎり、花芽が着いている枝を残すようにしたい
左位置の太枝を間引くと、樹形のバランスが悪くなり、減収も大きい

図20　側枝の扱い方

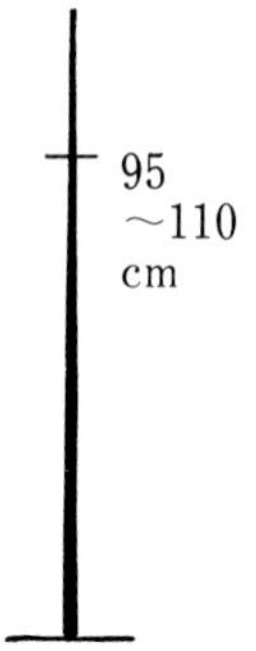

①定植時のせん定　95～110cmで切る（強い苗木は長めに）

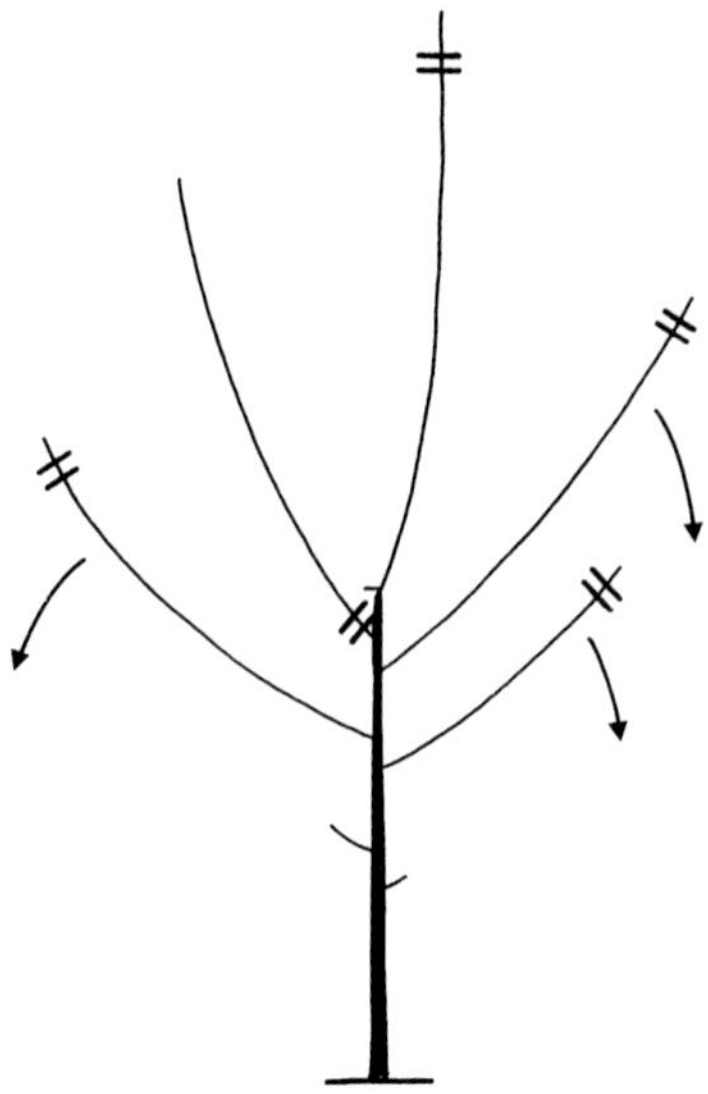

②１年目冬　分岐角度が広めな３本の太めの側枝を残して切り下げる（先端は斜立ぎみ）

③２年目冬　残した太めの側枝は直立させず、引き下げる（先端は斜立ぎみ）

④３～４年目以降のせん定
太めの側枝によって、主幹は弱まり、低樹高になる。直立した枝を切り取る。不要な新梢も切り取る

図21　フリースピンドルブッシュに仕立てる方法（M26台ふじの仕立て方）

図22　フリースピンドルブッシュ整枝樹の並木植えにおける骨組み枝の配置

３本の太めの側枝は列に直角のものを切り取る。交差をさけて配枝する

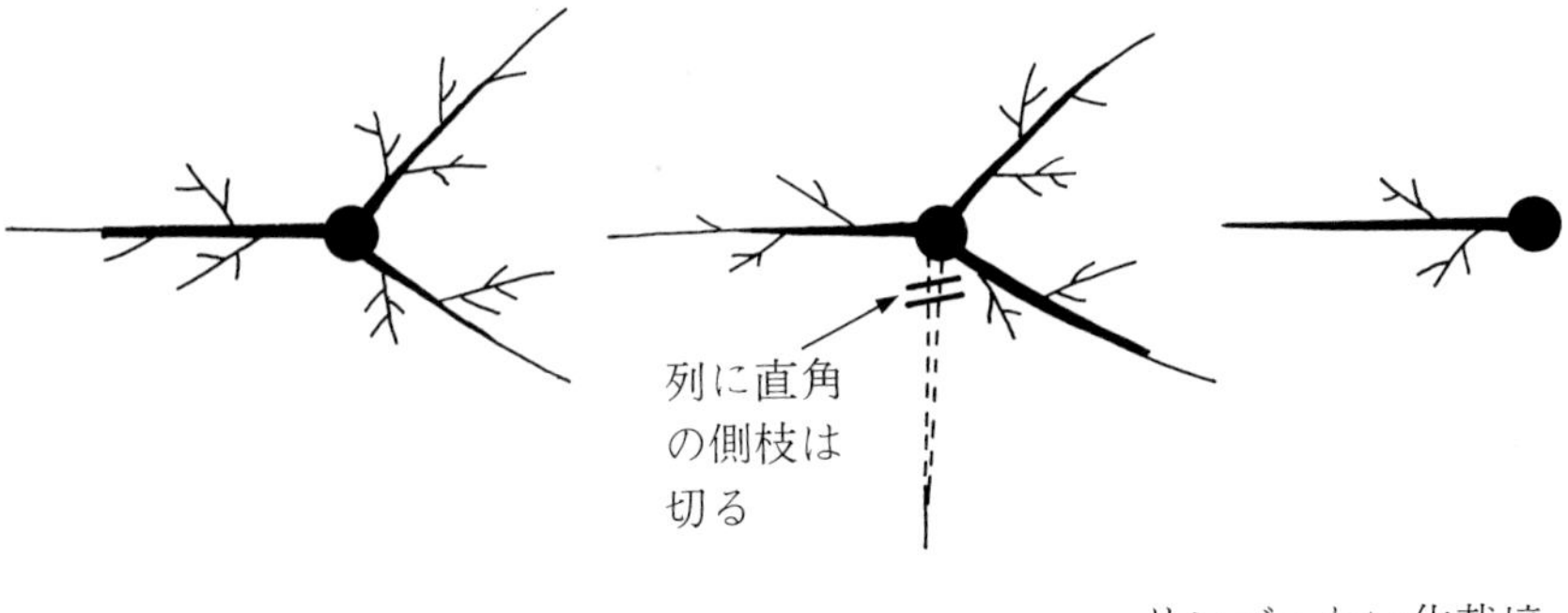

図23　15年生のM26台木“ふじ”
強勢すぎて4×1.5m程度の栽植条件では過繁茂となり、樹冠下部の枝は光線不足で衰弱し、上部の側枝は強い切り返しで強大化する

図24　4×1.5～2mに植えたM26台木の“ふじ”のような過繁茂園を間伐した場合の整枝
①間伐なし　強い側枝の切りつめで、樹勢は強まり、結実減り、樹高高まる
②間伐　側枝はゆったり伸長し、花芽が多く着く。光もよく入り、着色も良くなる

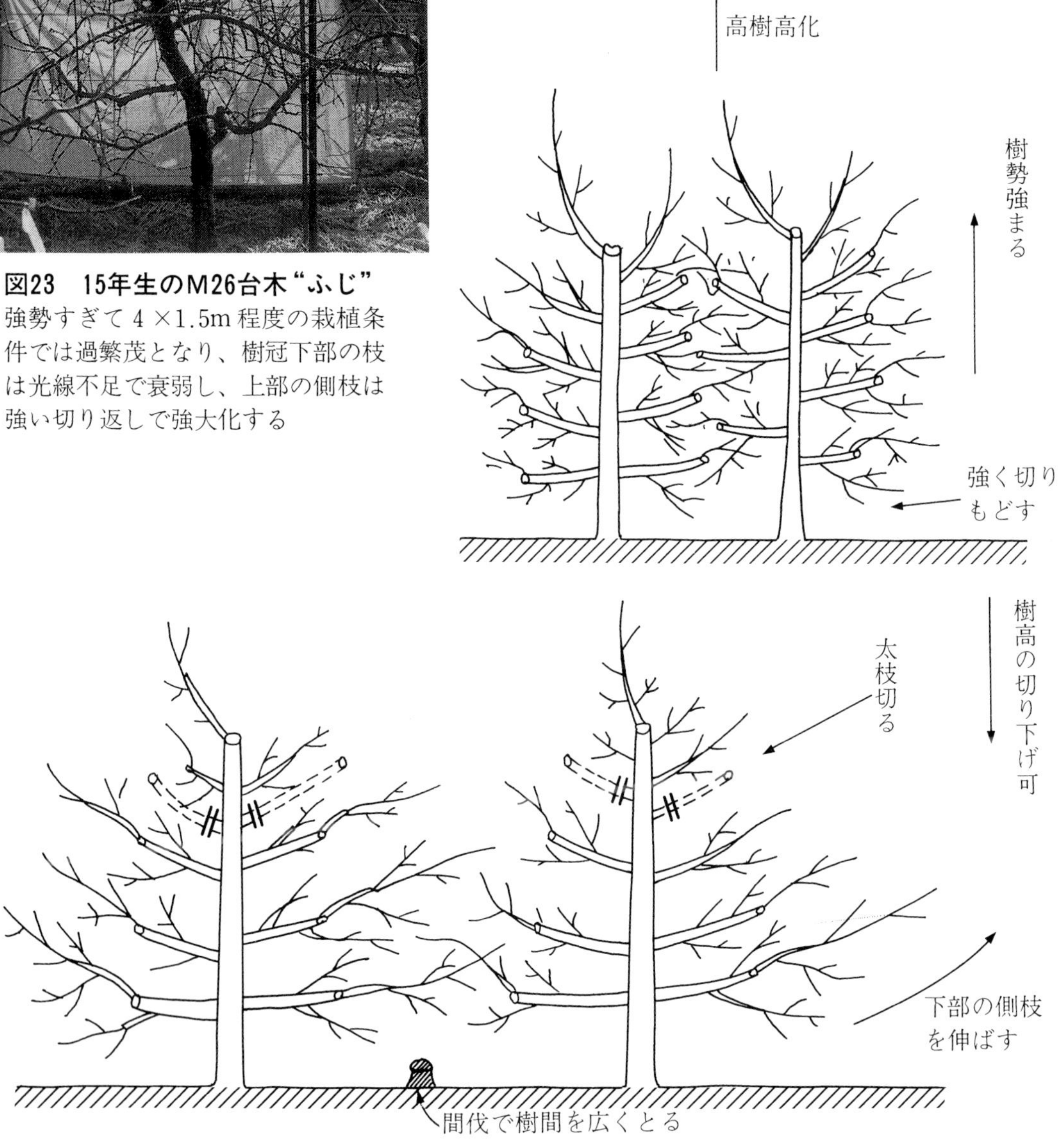
高樹高化
樹勢強まる
強く切りもどす
樹高の切り下げ可
太枝切る
下部の側枝を伸ばす
間伐で樹間を広くとる

ブドウ

高橋　国昭

ブドウ栽培の目的は、高品質な果実をできるだけ多く収穫することにあるが、それを実現しているような樹はそれなりの生育の姿をしており、好適樹相と呼んでいる。したがって、すべての管理作業は好適樹相にするために行なうわけであり、整枝・せん定も例外ではない。

世界における整枝やせん定の方法は千差万別といってよいほど種類が多い。しかし、高温多雨のわが国では棚仕立てがほとんどで、しかも自然形整枝法が大部分を占めているので、X字型自然形整枝を中心に解説し、あとで平行形整枝法についてもふれたい。

どんな枝に果実がなるか

ブドウの果実は新しく出た枝（新梢、この枝に結実させるので、結果枝でもある）になる。新梢が出る枝を結果母枝といい、前年の新梢（結果枝）である。ブドウでは、ほとんどの芽には花が含まれているので、せん定のときに花芽の有無について気をつかう必要はほとんどない。べと病などで早期に落葉し、樹勢が極端に衰弱した場合など、まれに花のない新梢が発生することがある。

好適樹相とは

高品質多収を実現するためには、単位土地面積当たりの光合成生産を高め、果実への分配を多くすることである。そのためには、新梢がまんべんなく発生することと同時に、新梢の生育がそれにふさわしいものでなければならない。

そのような新梢の姿は次のようにいえる。健全な芽↓発芽が早く新梢の初期生長が旺盛↓開花一〇日前ごろから生長が鈍る↓結実が良い↓開花後一カ月以内に生長を停止する↓それ以後成熟期まで光合成産物は果実へ分配され無駄な生長が見られない。しかも、葉の緑は成熟期まで濃い↓収穫後二次生長せず落葉直前になって黄葉し

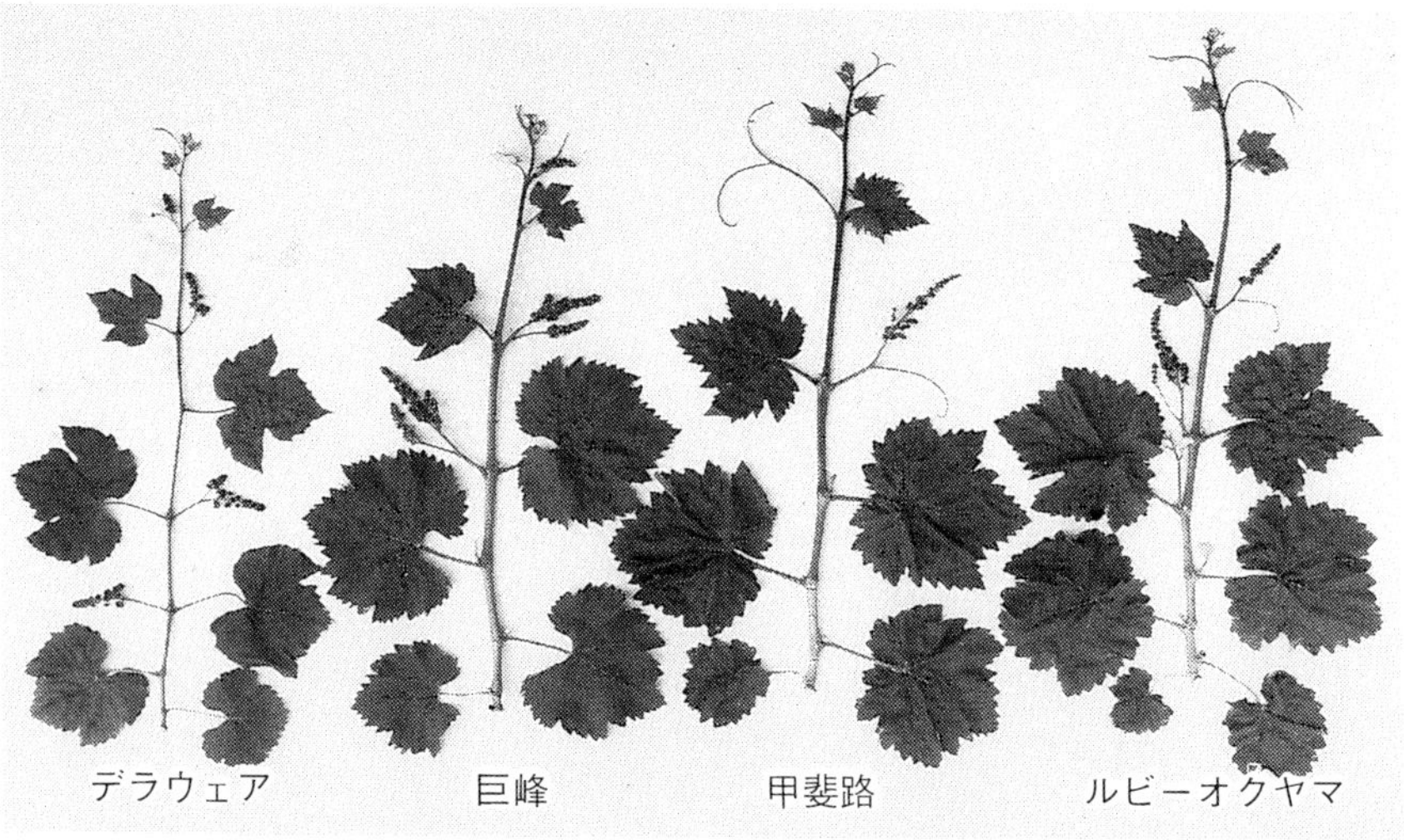
デラウェア
巨峰
甲斐路
ルビーオクヤマ

図1　開花前の結果枝(新梢)　普通は3～4節目に最初の花穂が着く。同じ品種なら花穂の数が多いほど、そして花穂が大きいほど栄養状態はよいと考えてよい

主芽
副芽
副芽

図2　健全なえき芽の発芽(巨峰)
普通は主芽だけが発芽し、副芽は晩霜などで芽が障害を受けたときに出る。しかし、巨峰系の品種では通常でも副芽が発芽しやすい

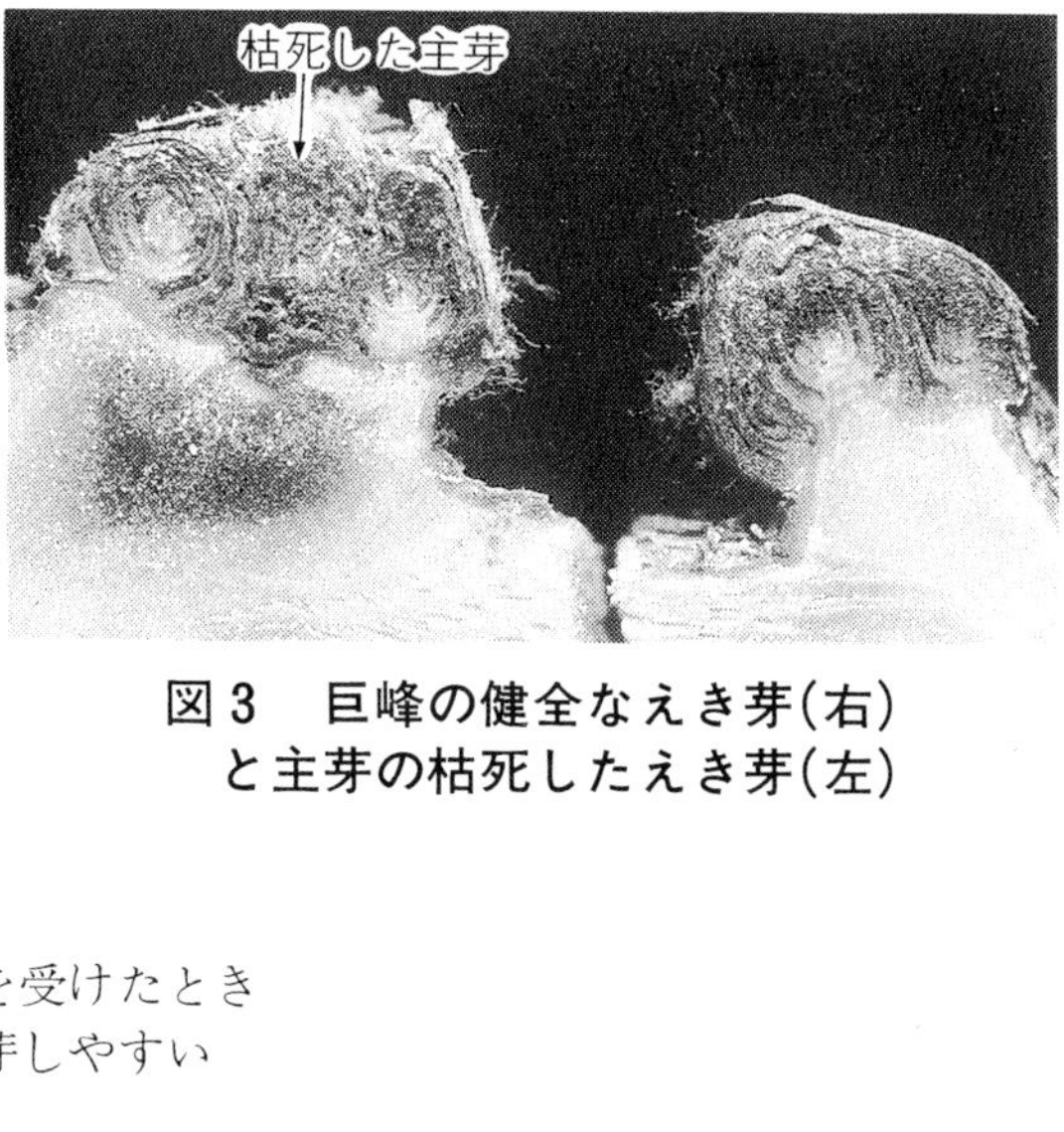
枯死した主芽

図3　巨峰の健全なえき芽(右)と主芽の枯死したえき芽(左)

図4　二次伸長した巨峰のえき芽の主芽が枯死した結果母枝の発芽状態

自然に落葉する。

結果母枝の選び方

どんな芽がよいか　一般には、芽そのものを吟味する必要はないが、巨峰系品種では新梢の生長によっては、えき芽の主芽が枯死している場合がある。生長が旺盛で長大な結果母枝に多いが、順調に生長したものには少なく二次生長したものの一次生長部分の芽に多く見られる。したがって、せん定のときには二次生長部分を残すようにしたほうがよい。

どんな伸び方をするのがよいか　せん定がよかったか悪かったかの判断は、基本的には結果枝（新梢）の生育が、好ましい樹相に近かったかどうかで行なう。

どんな枝を残すのがよいか　結果母枝だけの質についていうならば、一メートル程度で生長を停止し、節間はつまりぎみで基部は太いが先細りであり、節で左右に少し曲がり電光型に伸びていて、登熟のよいものがよいとされている。

これはとりもなおさず好適樹相の枝の姿である。好適樹相の成木園では、そのような結果母枝がほとんどを占めるので、せん定のときに結果母枝を選ぶ必要はほとんどない。

しかし、幼木や若木あるいは強勢樹の場合は、そのような結果母枝しか残さないようにすると、切り落とす枝の量が多くなり、強せん定になってしまうので、長大な結果母枝も上手に利用しなければならない。

数メートル以上に伸びた、長大な結果母枝であっても、順調に生育した枝であれば発芽率は高い。

しかし、二次生長した枝は一次生長部分の発芽率が低いので、他によい枝があれば残さない。また、順調に生育したものでも長大な枝は、手頃な枝よりも発芽が遅いので、幼木や若木では副梢（新梢の葉えきから伸びた枝）も積極的に使うのがよい。

ただし、長大な結果母枝でも早期落葉したものは、えき芽の主芽の多くが枯死していることがあるので、他によい枝があれば残さないほうがよい（図10参照）。

ハウスと露地では枝の形がちがう　ハウス栽培と露地栽培では、結果母枝の生長が少しちがう。

ハウス栽培では、風がないのと高温のため節間が長く長大になる。同じ感覚でせん定すると、ハウスのほうが

図5　デラウェアの作型別結果枝の好ましい状態

4月18日のもので、左から超早期加温栽培、早期加温栽培、普通加温栽培、無加温栽培の結果枝である。いずれも好ましい状態であり、作型が異なっても好ましい生育の姿は似ている

せん定がよかったか悪かったかの判断は、基本的には結果枝の生育が好ましい樹相に近かったかどうかで行なう

図6　巨峰の作型別結果枝の好ましい状態

いずれも6月13日のもので、左から早期加温栽培、普通加温栽培、無加温栽培、露地栽培の結果枝である。露地栽培はやや強いが、その他のものは理想に近い。このように、作型が変わっても好適樹相の結果枝の姿はよく似ている

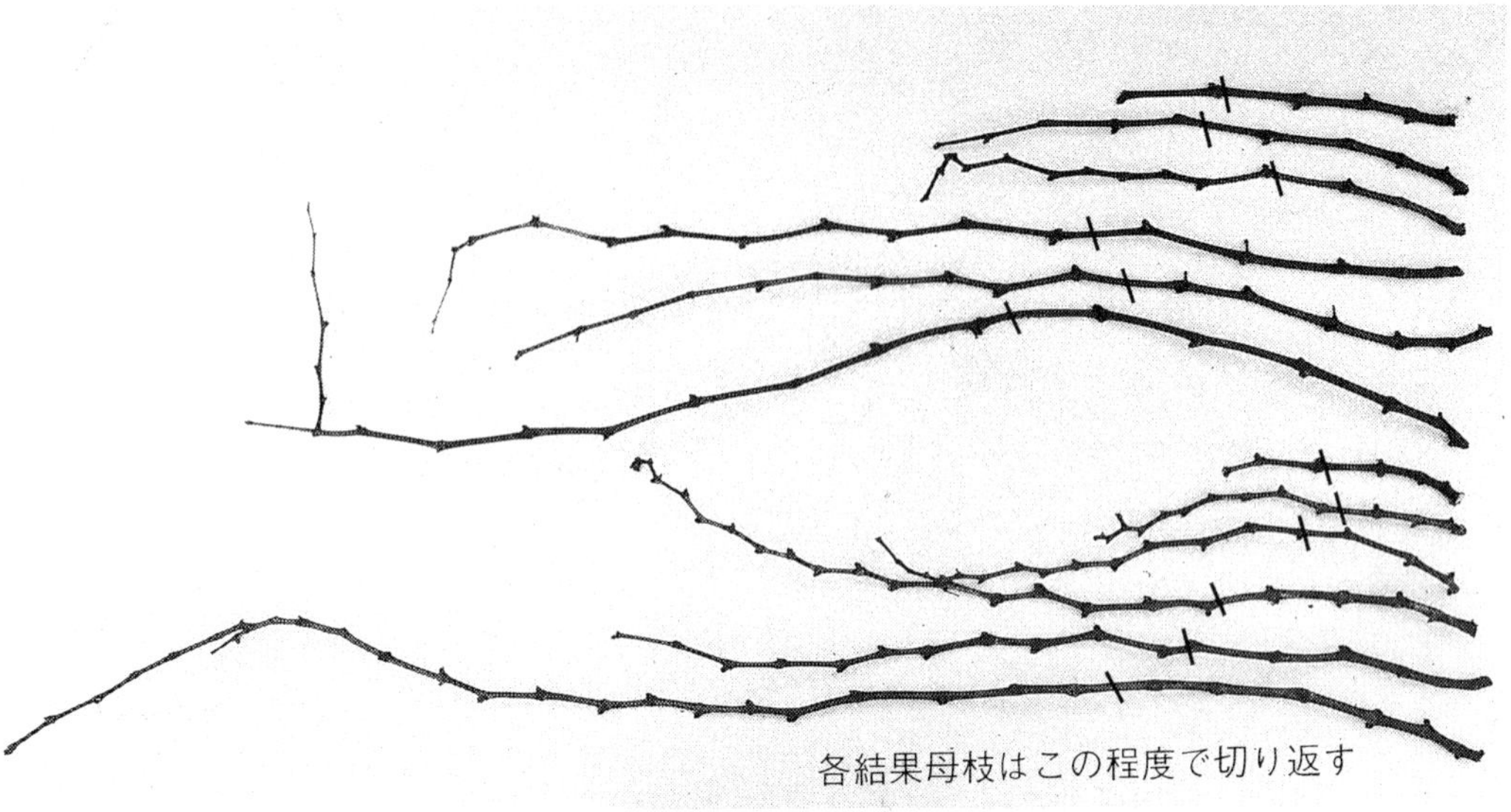
各結果母枝はこの程度で切り返す

図7　もっとも使いやすい巨峰の結果母枝　上段の６本がハウスで長さが36～151cm、芽数は登熟したものだけで５～13芽。下段の６本は露地で長さは27～160cm、登熟した芽の数は４～26芽である。このような結果母枝は４～10芽くらい残せばよい

図8　デラウェアにおける長大な結果母枝の発芽　上が42芽中41芽発芽し、下は28芽すべてが発芽している。このように順調に生育した枝なら長さや太さに関係なくよく発芽する

図9　巨峰の長大な結果母枝の発芽
中央部の長大な結果母枝は、発芽が明らかに遅く、出ない芽もある。しかし、樹勢が強すぎ残さなければならないときは、樹液が動き出してから芽傷を入れるなどして発芽を促す

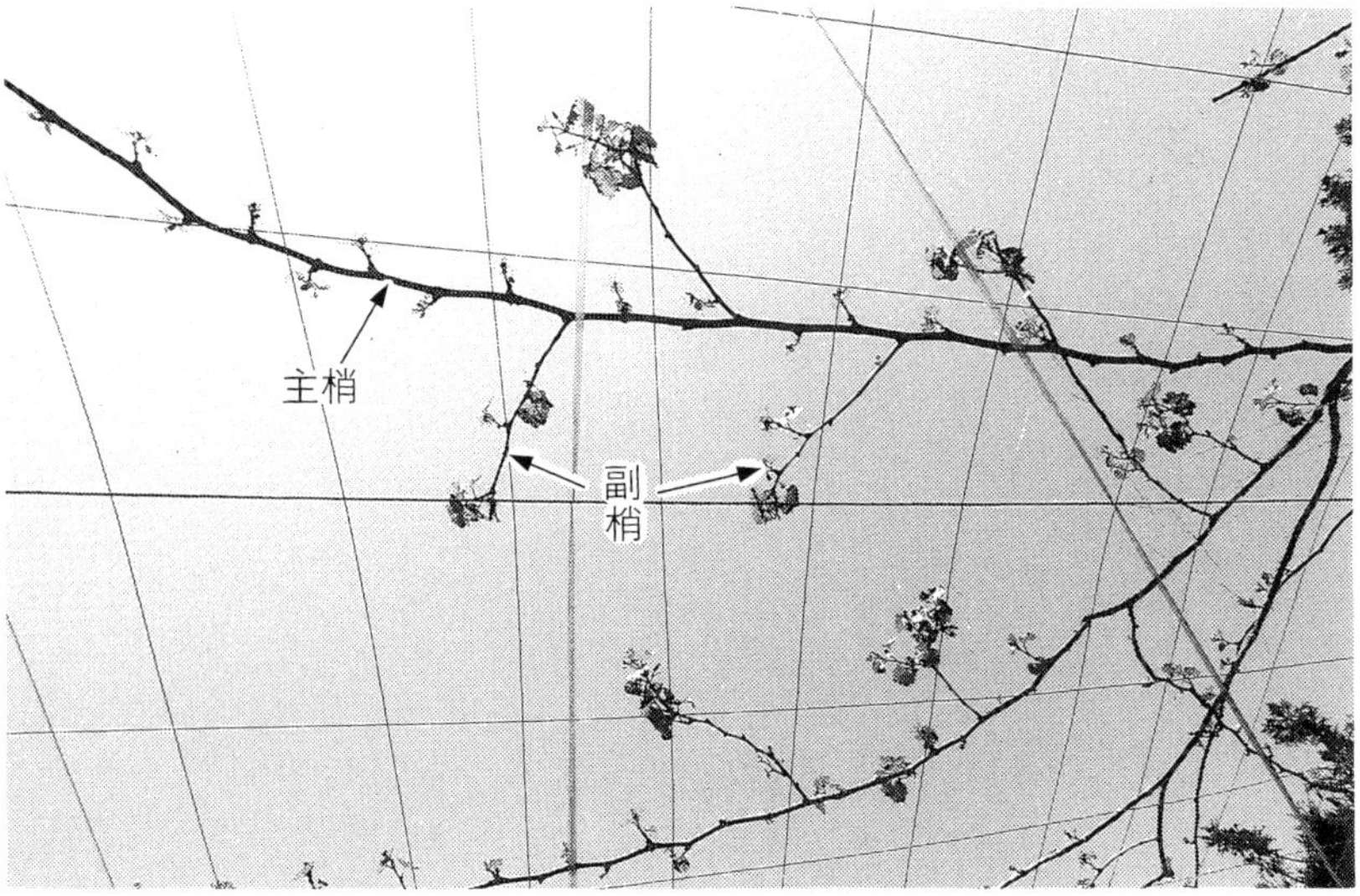

図10　2年生巨峰の長大な枝の主梢と副梢の発芽

順調に生長した長大枝は、主梢の発芽もよい。しかし、副梢のほうが発芽が早く、結実もよい場合が多いので、長大な枝を残すときは、副梢を積極的に残す

図11　巨峰の二次生長枝の発芽

先端部の二次生長部分は芽がよく出ているが、基部の一次生長部分の発芽はよくない。このような枝を出さないためには、摘芯や夏季せん定で伸ばさないようにするか、生長抑制剤を使用する

図12　芽傷による発芽促進

長大な結果母枝で発芽が悪いときには、芽の先5㎜くらいの所に木質部に達する傷をつける。時期は樹液が動き出してからがよい

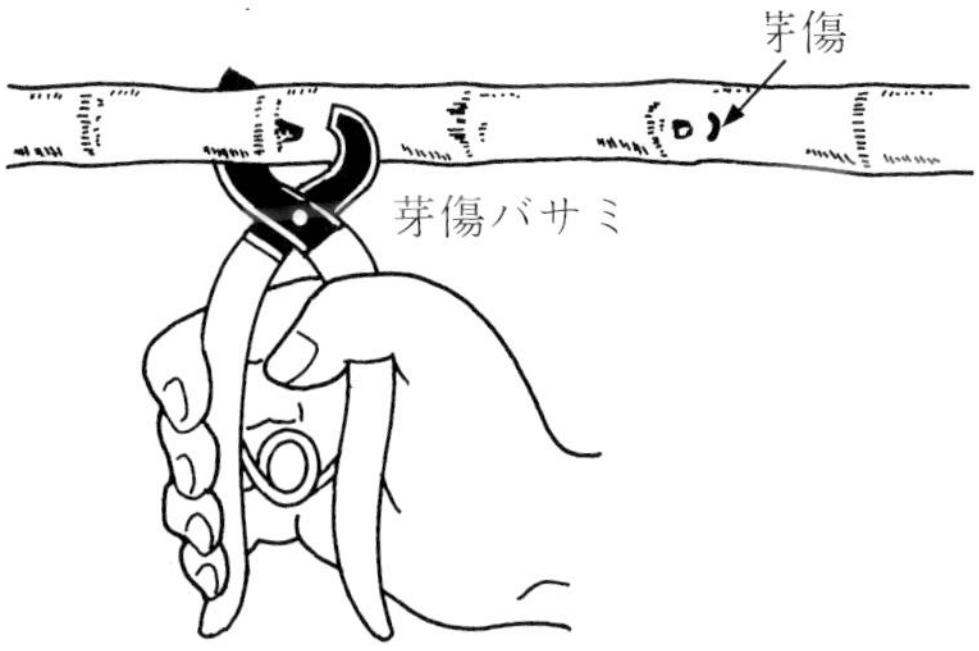

図13　芽傷をつけると長大な枝の芽が出やすい

多くの枝を落とすことになり、強せん定になる。したがって、露地とハウスの両方を栽培する場合には、ハウスから始めるときは、露地になったら強めにし、露地から始めたらハウスのせん定は弱めにするよう気をつける。

せん定の強さと生育

高品質多収のためもっとも重要なのは、好適樹相を実現することであるが、そのためには、樹勢を調節することがもっとも手っとり早い。樹勢の調節には、土壌や水管理および施肥による方法もあるが、せん定によるのがもっとも効果的で早い。それは、樹勢の強いものは芽を多く残し(弱せん定)、弱いものは少なく残す(強せん定)ことによって容易に実現できる。

せん定の強さと翌年の新梢生長　せん定を強くすればするほど、翌年の新梢の生長は旺盛になる。したがって、結果枝は太く長くなる。

せん定の強さと翌年の新梢のそろい　結果母枝を長く残すと先端から長大な新梢が伸び、枝元の芽ほど貧弱になり、新梢のそろいが悪くなる、と考えている人が多いようだ。だから、長大な結果母枝を、数芽残すだけでせん定したりする。しかし、実際は逆であって、長大な結果母枝ほど長く残したほうが新梢はよくそろう。芽数が五〇以上もあるような長大な結果母枝は三〇芽くらい残してせん定するのがよい。そして貧弱な結果母枝ほど短くなるように切り落とす。

せん定の強さと翌年の生育　強せん定すると、新梢一本当たりの生長は旺盛になるが、節間が長いので葉のふえ方が遅いうえ、花穂は小さく数も少ない。樹全体で見ると、葉面積の確保が遅れるうえに結実が悪いため、品質は劣り収量も上がらない。植え付け後二〜四年目の幼木や若木は、極めて樹勢が強いことが多いので、思いきって弱くせん定する必要がある。

実際のせん定では、その年の樹勢が好ましいものであったとすれば、前年と同じようにせん定すればよい。もしも樹勢が強くなっていれば、弱くせん定するし、弱くなったとすれば強くせん定する。その感覚を会得するには、実地に行なう以外に方法がない。

作型でせん定の強さを変える　露地栽培や無加温栽培から早期加温栽培や超早期加温栽培に移行するときは、やや強くせん定する。そうしないと、樹勢の極端な衰弱

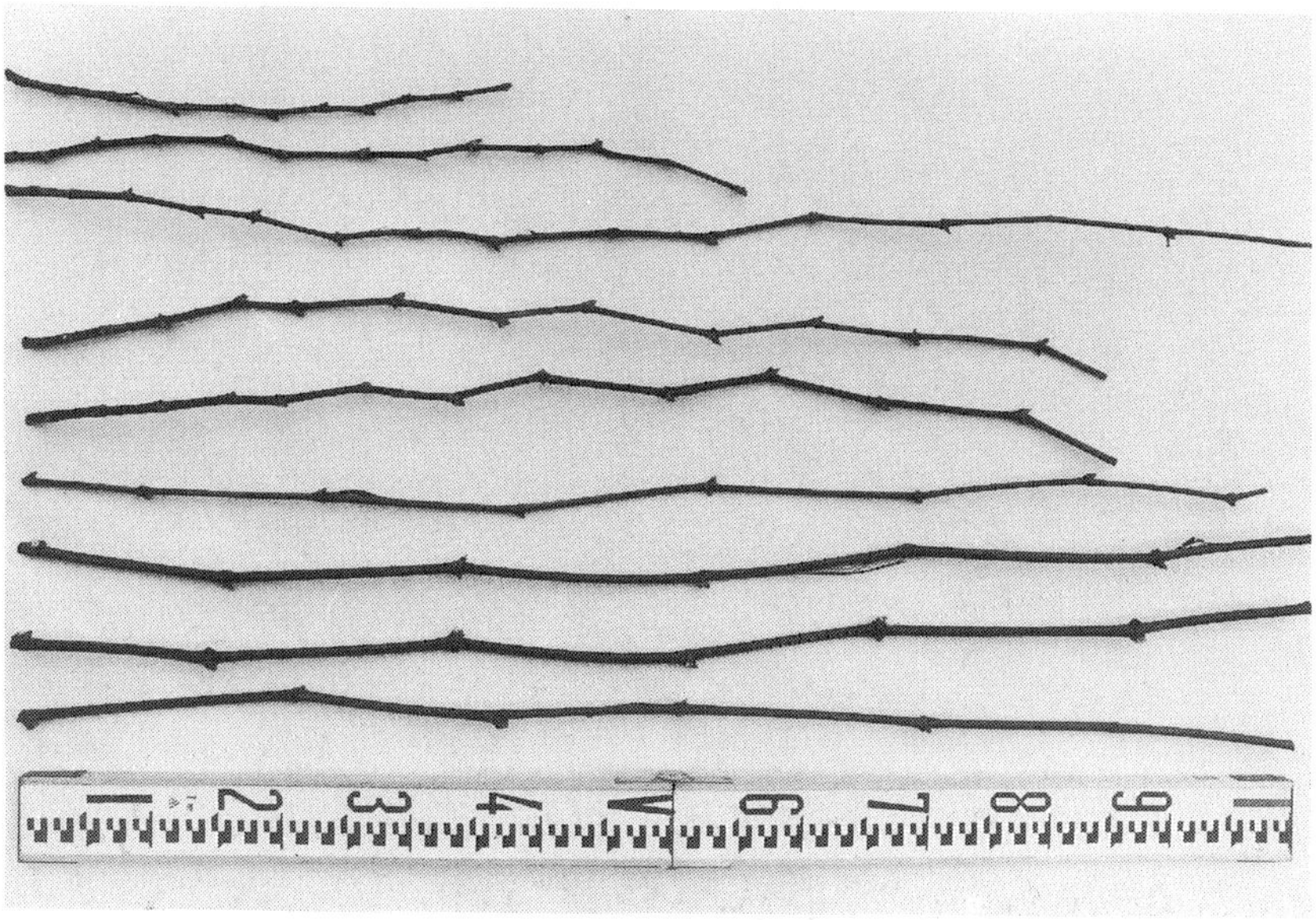

図14　デラウェアの露地栽培（上5本）とハウス栽培（下4本）の結果母枝

露地栽培の芽数は上から11、12、15、12、12芽であるが、ハウスはいずれも6芽であり、同じ長さを残すとハウスは露地の半分の芽しかないことになる。スケールは1 m

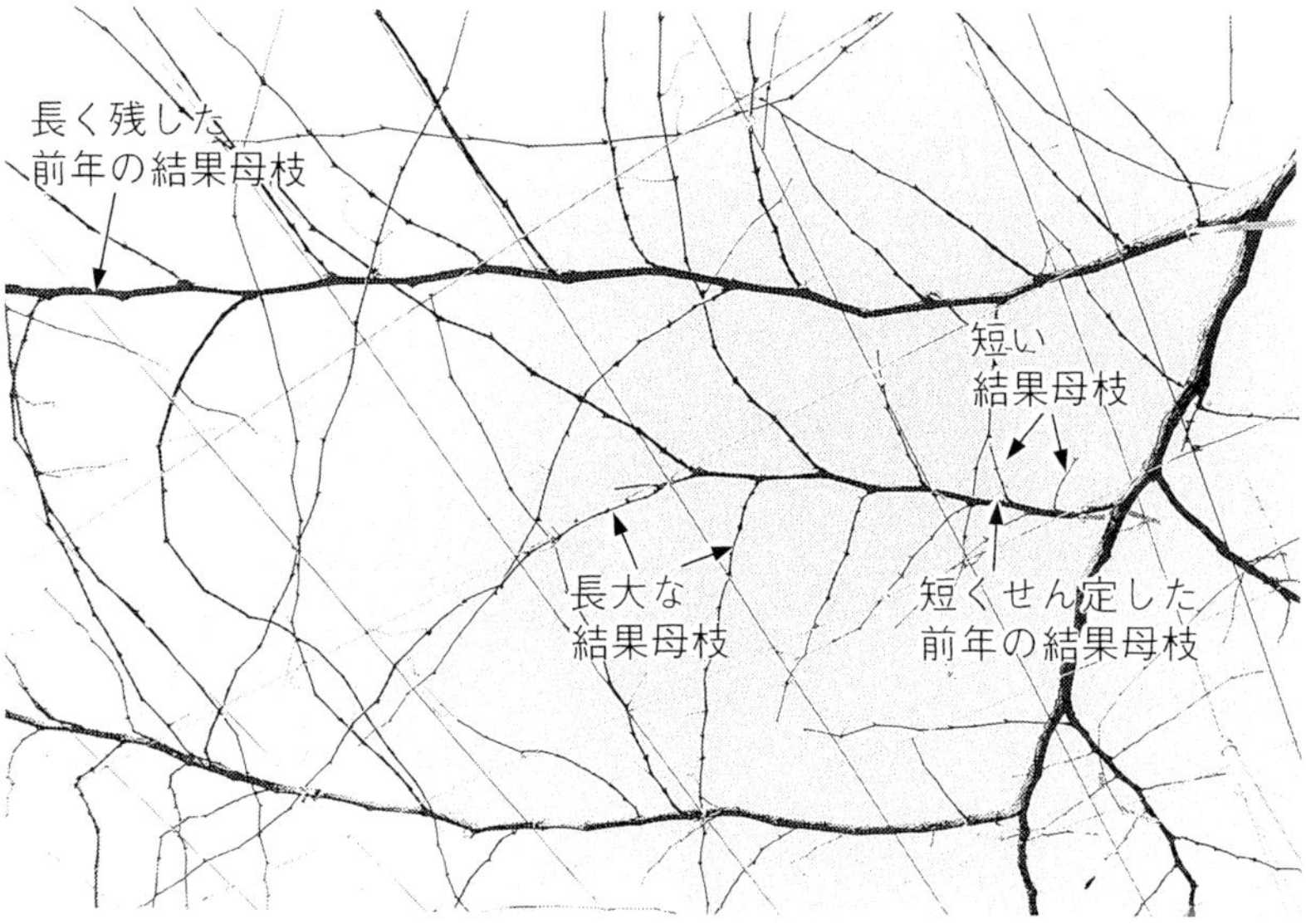

図15　結果母枝の長さと新梢の生長

短くせん定すると頂芽優勢性が強く出て、先端の新梢はよく伸びるが基部は伸びない。それに比べて、無せん定や30芽残した結果母枝はよくそろっている

図16　鉢栽培のデラウェアの芽数

芽数を1、2、4、8、16の五段階に変えたところ、せん定が強いほど発芽は遅れ、生育初期の展葉数が少ないので、葉面積の増加は大幅に遅れる

をまねく恐れがある。反対に、早い作型から遅い作型へ移行するときには、普通の強さのせん定にする。

炭酸ガスの施用や補光などの技術を実用化したところでは、作型ごとのせん定程度の加減はあまり必要がないようである。

どれだけ芽を残すか　適度な棚の明るさは葉面積指数で三程度である。平均一メートルの新梢なら一〇アール当たり一万五〇〇〇本（一平方メートル当たり一五本）前後が必要であり、普通それより一〇～二〇％多い芽を残せばよい。

枝の切り方の基本

間引きか切り返しか　同じ芽数を残しても、せん定のやり方で翌年の樹勢に与える影響はちがう。結果母枝を短く残すかわりに数を多く残す切り返し中心のせん定と、残す枝数を少なくするかわりに結果母枝を長く残す間引き中心のせん定を比べると、翌年の新梢の生長は切り返し中心のせん定のほうが旺盛になり、間引き中心のせん定のほうは伸びにくい。したがって、樹勢の強い樹は間引きせん定を主体に行ない、衰弱樹は切り返しせん定を主体に行なうとよい。

枯れ込みを防ぐ枝の切り方　結果母枝のせん定では、芽と芽の中間で切るのが普通である。しかし、主枝や亜主枝では芽と芽の間で切ると枯れ込みが入りやすいので芽の下の節の位置で切り、次の節から出る芽を先端の新梢にする。このような切り方を犠牲芽せん定という。

太い枝の切り方は図19、20のように行なう。

X字型自然形整枝の樹形

樹形の考え方　樹形としては、好ましい結果母枝を棚面にまんべんなく配置できるように結果母枝を残すことである。

X字型自然形整枝は、樹冠の拡大が早く、少し密植すると五年目には成園並みの収量が得られる。また、樹勢が調節しやすく収量も多い。

反面、樹形が複雑なので初心者にはやや難しく、先端の枝が弱る「負け枝」という現象が起きやすいなどの欠点がある。しかし、樹形はかなり自由に変えることができ、棚面が空いてもすぐ埋められるので、あまり神経質になる必要はない。

図17　間引きと切り返し
左は結果母枝を途中まで切り返しせん定。右は基部から間引きせん定

図18　枝の切る位置
左は節間で切るところで、結果母枝の切り方。右は犠牲芽せん定で主枝や亜主枝の先端の切り方

ここで
切る

図19　よくない切り方
古い枝は分岐部できれいに切り落としておかないと、枯れ込みが入り、残した枝が衰弱しやすい。切り口には木工ボンドなどを塗って乾燥を防ぐとゆ合しやすい

ここで切る

図20　追い出し枝はポリエチレンのひもでしばる
前の年のせん定後、左側の枝の基部をポリエチレンのひもでしばっておいたので太っていない。こうしておくと切り口が小さいのでゆ合は早い。針金では食い込んだときに切りにくい。ビニールは伸びるので使えない

図21　太い古枝の切り方

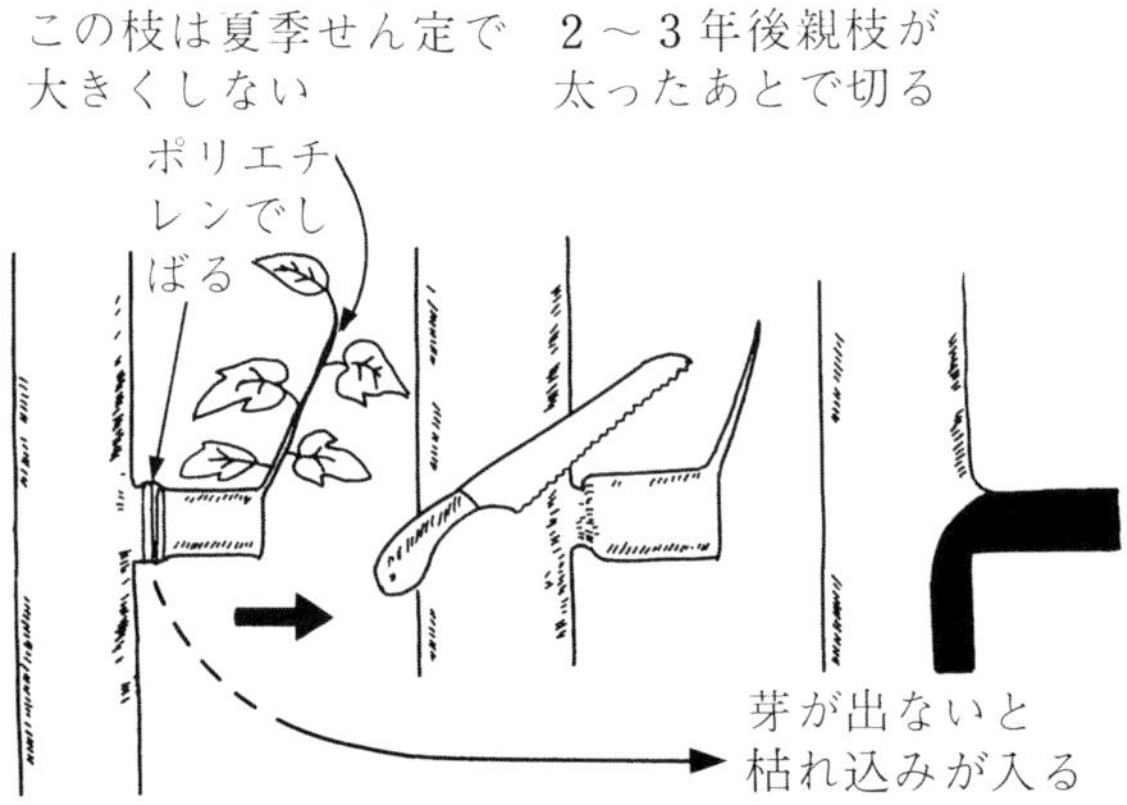
芽を残して切り、
この枝は夏季せん定で
大きくしない
2～3年後親枝が
太ったあとで切る
ポリエチレンでしばる
芽が出ないと
枯れ込みが入る

平坦地のX字型自然形整枝　①主枝に順序をつける。苗木の先端から出た枝の延長枝が第一主枝であり、棚下五〇センチで第一主枝から枝分かれしたのが第二主枝である。そして、第一、二主枝の枝分かれの部分から、一～一・五メートルの位置から枝分かれさせたのが第三、四主枝となる。

②各々の主枝が占有する棚面上の面積の比率を第一主枝五、第二、三主枝それぞれ三、第四主枝を二程度に維持する。

③傾斜がある場合は、第一、二主枝を傾斜の上方へ向けるが、第一主枝をもっとも傾斜のきつい方へ向ける。

④主幹から第三主枝の分岐点までの長さは、第四主枝までの長さより短くとる。

⑤第一亜主枝までの距離は、第一主枝でもっとも短く、第二、第三、第四主枝になるほど長くとる。

⑥第一亜主枝の発生方向は、各主枝とも同じ側にし、第二、三亜主枝は交互にとる。

⑦若木の間は追い出し枝を積極的に利用し、樹齢を経るにつれ幹に近いものから切り捨てて、主枝の先にある枝を返して空間を埋める。

傾斜地での樹形　傾斜の程度が七～八度までなら、X字型自然形整枝とし、第一、二主枝は傾斜の上方へ配置する。また、第一主枝は傾斜の一番きつい方角へ向ける。傾斜がもっときついところでは、V字型にするのがよい。

植え付けからの整枝・せん定

早くからならせるためのポイント　ブドウは植え付け翌年の新梢にも花が着きやすいから、一年目からせん定後に芽を多く残せるような栽培が必要だ。そのためには、植え付けた年に枝を思いきり伸ばすことだ。植え穴を肥沃にすることと、充実した苗木を短く切って植えることが大切である。また、夏季に副梢や副々梢を含め新梢管理を徹底することである。そうすれば、二年目に一樹当たり一〇キロ以上の収量を上げることは容易である。

また、二年目から単位面積当たりの収量を上げるには、植え付け本数を多くすることが大切である。目安は、肥沃地なら一〇アール当たり四〇～五〇本、やせ地なら八〇～一〇〇本植え付ける。

植え付け一年目　植え付け一年目は、図26のようにその年の生長の程度によって異なるが、主枝を決めること

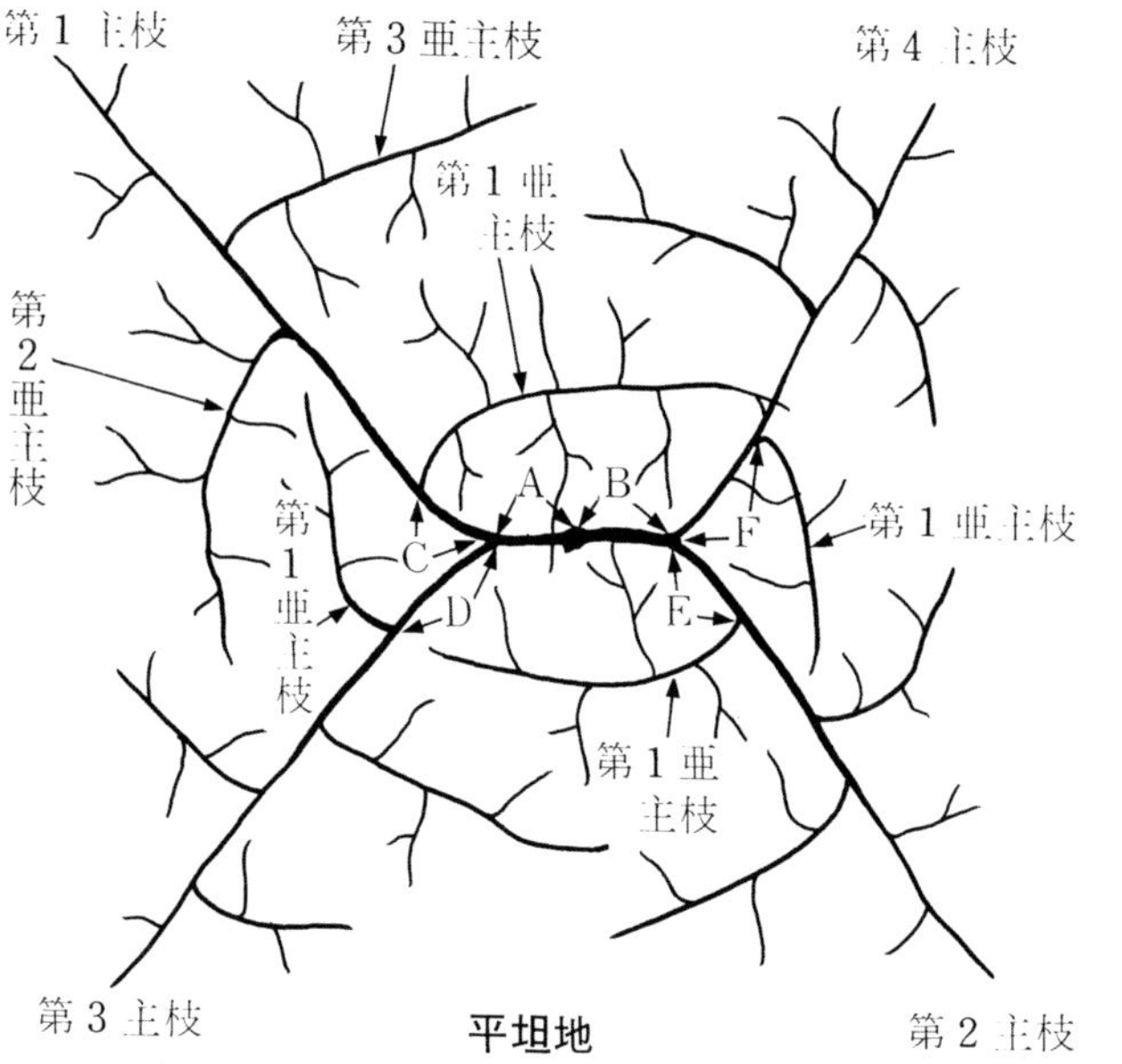
第１主枝
第３亜主枝
第４主枝
第１亜主枝
第２亜主枝
第１亜主枝
A
B
C
D
E
F
第１亜主枝
第１亜主枝
第３主枝
第２主枝
平坦地

平坦地におけるＸ字型自然形整枝で負け枝をつくらないためのポイントは、分岐部までの長さをＡ＜Ｂ、Ｃ＜Ｄ≦Ｅ＜Ｆとする

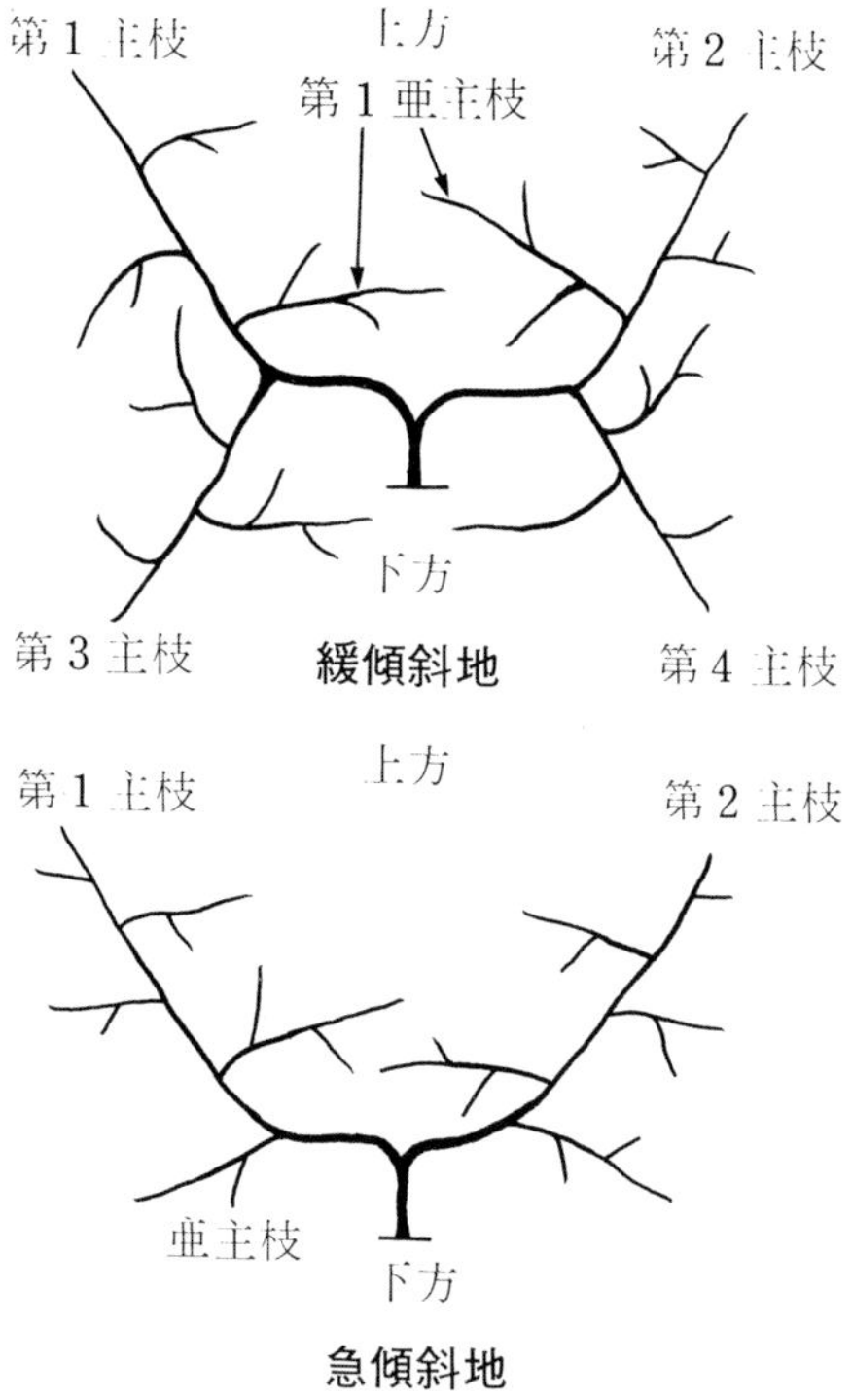
第１主枝
上方
第２主枝
第１亜主枝
下方
第３主枝
緩傾斜地
第４主枝
上方
第１主枝
第２主枝
亜主枝
下方
急傾斜地

図22　地形と自然形整枝

図23　Ｘ字型自然形整枝のデラウェアの成木

このようになると樹勢は落ち着いており毎年同じようなせん定で、高品質な果実がたくさんとれる

③
②
④
①

図24　主枝の勢力差がこの程度であればよい

①　第１主枝、②　第２主枝、③　第３主枝、④　第４主枝である

が中心になる。

二～三年生樹のせん定　この期間には四本の主枝と亜主枝の一部をつくるようにする。X字型自然形整枝の完成した樹形を頭の中に描きながらせん定する。

将来負け枝ができないよう考えて、主枝や亜主枝の太さや発生位置を吟味して決める。しかし、あまり形にとらわれるとせん定が強くなるので、とくに強勢樹では、弱くせん定するように心がける。

四～五年生樹のせん定　この時期に四本の主枝と、一～二本の亜主枝が決まる。したがって、それらを選びながら要らなくなった追い出し枝を整理する。

間伐予定樹のせん定、追い出し枝の整理、負け枝をつくらないせん定、主枝、亜主枝の先端部のせん定、などは図解ページ参照。

成木のせん定　七～八年たてば、樹形が決まるので形を気にすることは少なくなる。しかし、主幹付近や第一亜主枝の基部付近などが、混んでくることがある。また、側枝が大きくなって亜主枝と競合するようになったりする。時どきは、樹形を見直しながらせん定する。

間伐と縮伐

樹冠がふれあったら間伐　初期収量を多くするため、密植するのが普通になっているので、樹冠の拡大にともなって間伐しなければならない。間伐の適期を逃すと棚面が過繁茂になり、果実品質が低下するなど、密植の害が出る。

若木では、樹冠の先端がふれあったら間伐を始める。間伐後には棚面がずいぶん空いたように見えるが、樹勢が旺盛なので一年で埋まってしまう。

縮伐と縮伐樹のせん定　また、植え付け当初に予想したよりも樹勢が強くて、永久予定樹を間伐しなければならないことがある。一本まるまる間伐すると、樹冠が広がっているだけあって棚面に広い空きができるので、まず縮伐するのがよい。棚の空き具合を観察して、主枝一本を切るか、二本を切るかなどの判断をする。

縮伐すると、強せん定したことになるので、残った樹のせん定は弱めにし、落とした枝の方の根を切っておくのがよい。

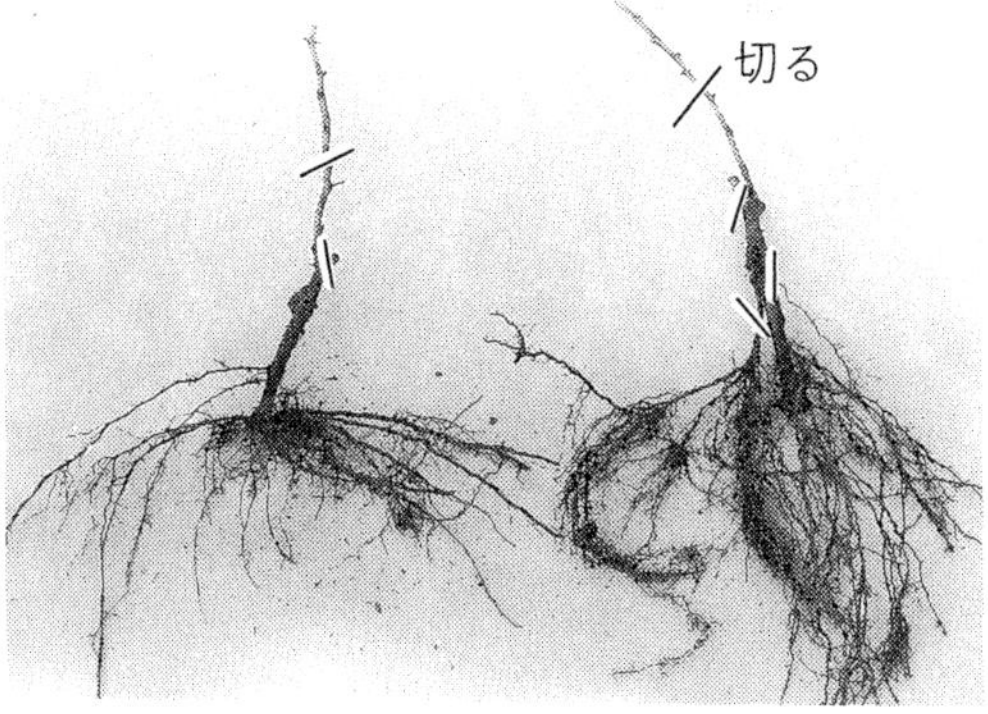
切る

図25　苗木の選び方と切り方
苗木には必ずウイルスフリーの証明付きのものを選ぶ。やや細めで硬く育った根の多い苗を選ぶ。しっかりした芽を3芽ほど残せばよい。根は接ぎ木部より上から出たものだけを切り除く

図26　1年生樹の生育とせん定
（フは副梢、数字は主枝番号）

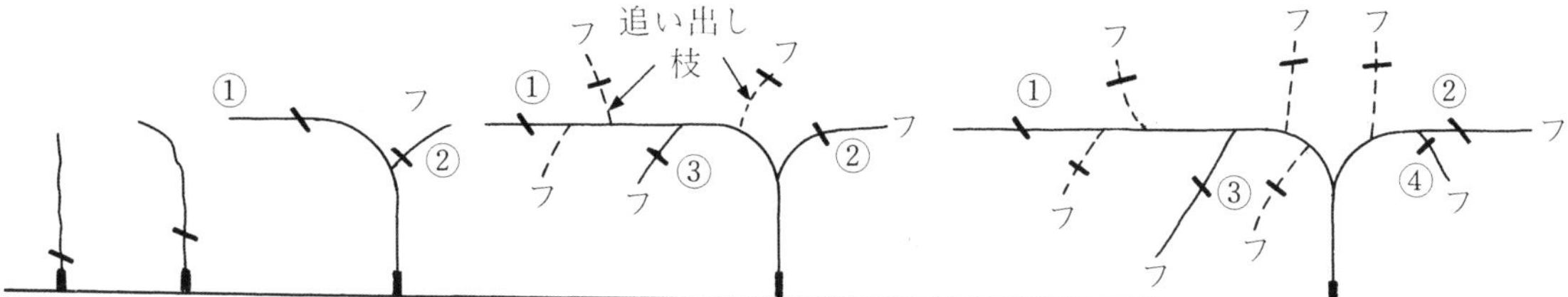
追い出し枝
フ
①
②
③
④

①新梢が棚上1m程度より短い場合は、数芽まで切りもどして再出発する

②棚上で1m以上残せるなら、第2主枝を残す

③生長が旺盛で棚上3m以上残せるなら、第2、第3主枝、場合によっては第4主枝まで取った上に追い出し枝を2～3本残すことができる。第2や第3主枝は第1主枝より細いものを選ぶ。追い出し枝も同じで、主枝の太さに近いようなものは間引き、残した枝は長く切り基部をポリエチレンでしばっておく。各枝は30cmは離すようにする

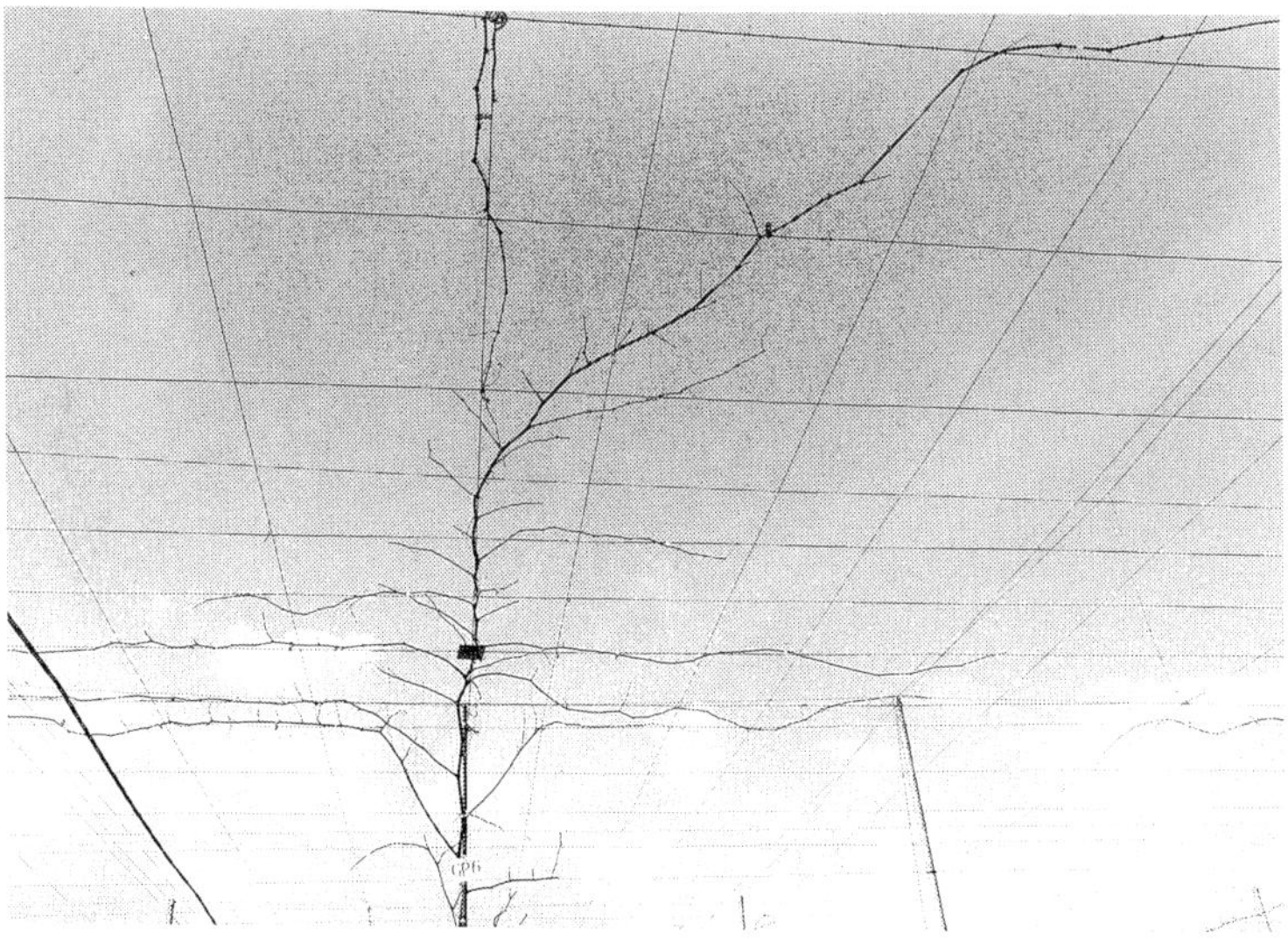

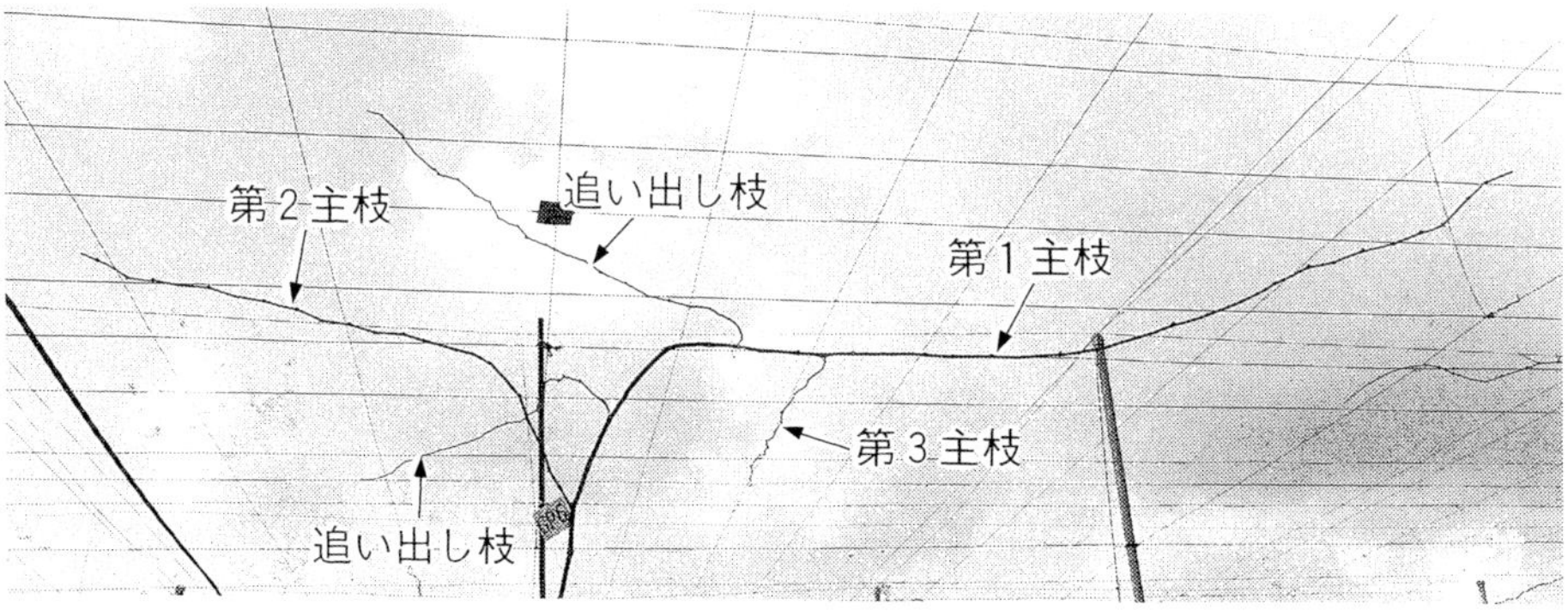
第2主枝
追い出し枝
第1主枝
第3主枝
追い出し枝

図27　生育がややよい1年生デラウェアのせん定前後
第1、2、3主枝候補と2本の追い出し枝を残した。追い出し枝の基部はポリエチレンのひもでしばってある。この状態で、長さにして60～70％残したことになる

平行型短梢せん定

この整枝法の特徴　一・八～二メートルの間隔で主枝を平行に配置するもので、主枝を左右に一本ずつ配置するもの、左右二本ずつのもの、四本ずつのものなどがある。それぞれ一文字整枝、H字型整枝、双方四分枝整枝などと呼ばれている。主として岡山県を主体に関西のキャンベル・アーリーやマスカット・ベリーA、ピオーネの種なし栽培などで行なわれている。利点は、主枝の長さが決まっているので樹形が乱れない、毎年同じ所を一～二芽で切る短梢せん定なので、せん定が容易であるなどである。しかし、樹勢に応じたせん定ができないので、花ぶるいしやすい品種では結実確保に苦労しやすい。

また、結果母枝の発芽が不良であったり、発芽した芽が強風などで欠けると、そこの部分が空くことになる。とくに、主枝にすべく残した枝から発芽した新梢は折らないよう、堅くなるまでの管理には細心の注意が必要である。展葉数枚から開花期ころの強風は、新梢を欠く原因になりやすいのでこの整枝法は強風地帯ではさけたい。

以下、H字型整枝法について解説する。

植え付け一年目　樹形の完成の早さは新梢の伸びに比例するので、植え付けた年から旺盛に伸ばす管理が必要である。また、しっかりした支柱を立て新梢の生長にともなって誘引をこまめに行ない、棚に到達したら誘引棒などを用いて真っすぐに伸ばすことが大切である。

第二主枝をとる方法はX字型自然形整枝と同じで、棚下五〇センチ前後から発生した副梢を反対側に伸ばす。第一主枝の伸びがよいときには幹から九〇センチ～一メートル離れた位置の副梢を第三主枝として伸ばす。

冬季のせん定では、七月下旬ころまでに伸びた位置を目標に全体の伸張量の五〇～六〇％まで切り返す。

二年目　第一、第二主枝の延長枝は五〇％くらいに切り返す。第三、第四主枝もH字型に配置して同程度に切る。二年生枝の部分は発生した結果母枝の基部一～二芽残して切ればよい。

三年目以後　主枝が目標の長さになるまで延長枝を残し、到達したらそこで毎年切り返す足踏みせん定する。二年生以上の枝では結果母枝の芽を一～二残して切る。側枝に欠損が生じた場合には、前後の側枝の結果母枝を長く切って誘引する。

図28　水田転換園の２年生巨峰のせん定後

大変樹勢が強く、10m近く伸びた結果母枝がかなりあったので、思いきって弱せん定した。これでも、残した結果母枝の長さはせん定前の60%くらいで、芽数では1150のうち53%が残った。極端に樹勢が強い場合は、結果母枝が重なってもよいから、思いきって多くしかも長く残すことが大切

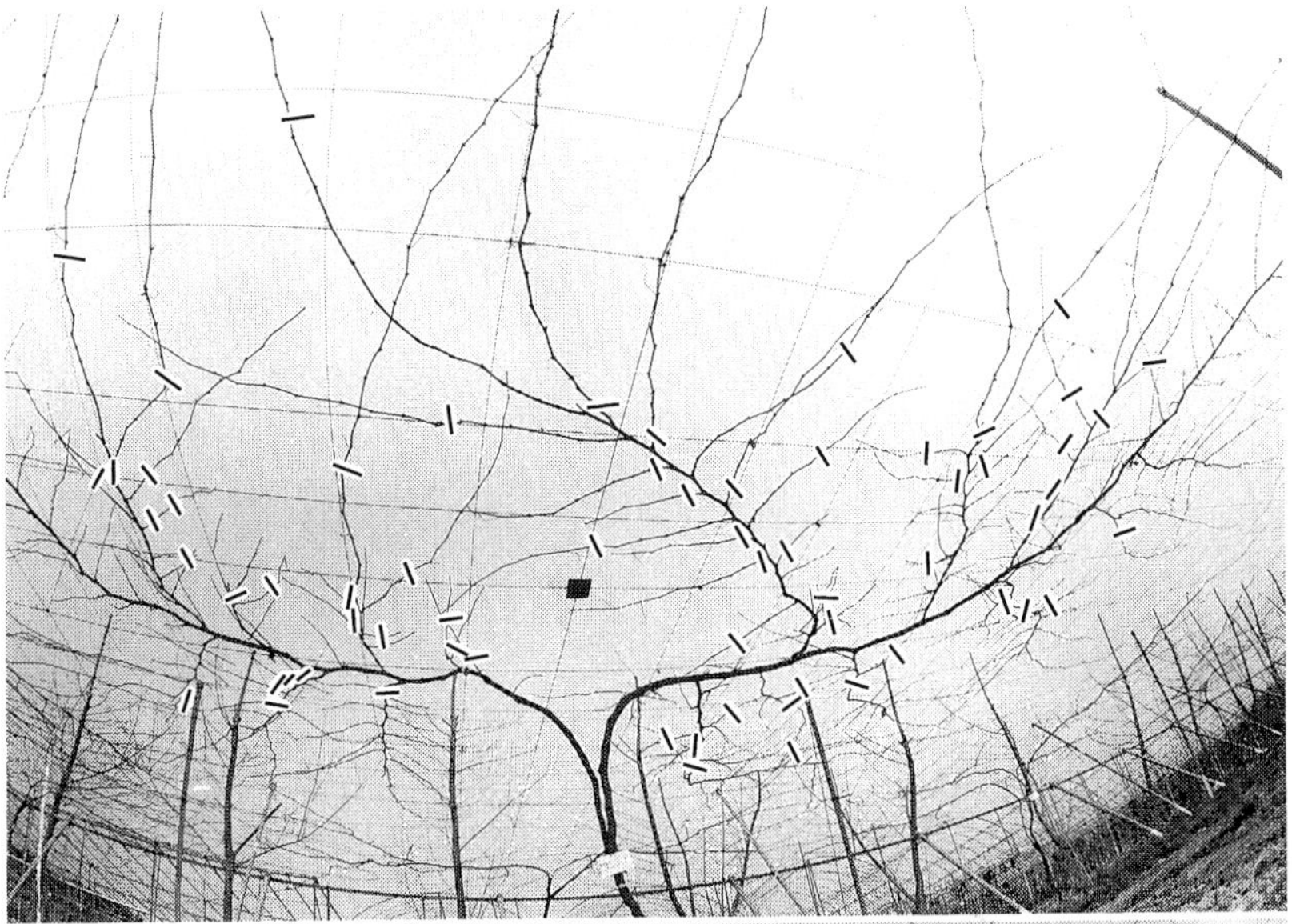

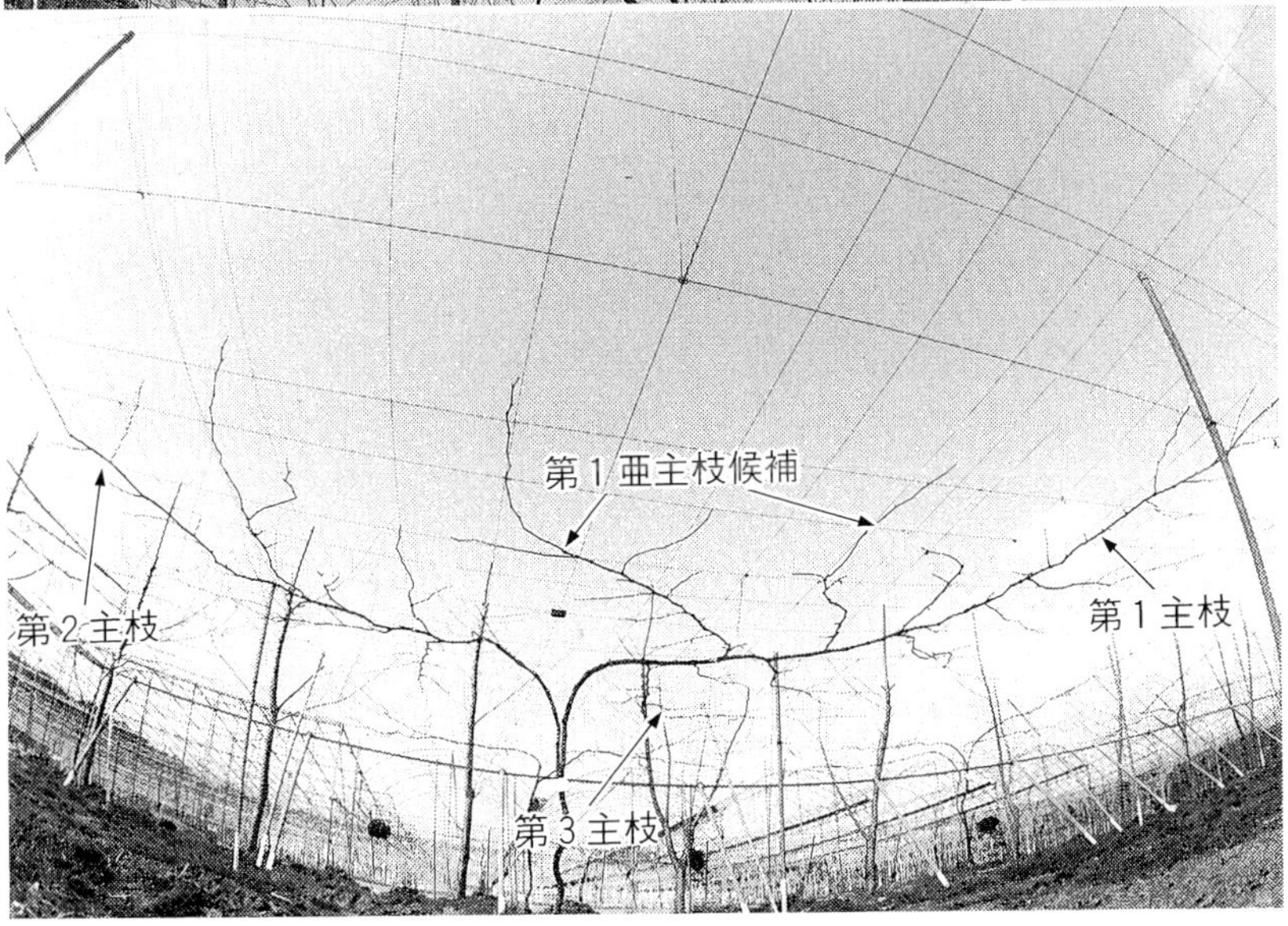
第１亜主枝候補
第２主枝
第１主枝
第３主枝

図29　樹勢が中庸な４年生デラウェアのせん定前後

４本の主枝が決まり、第１、第２主枝の第１亜主枝と第２亜主枝の候補が決まった状態

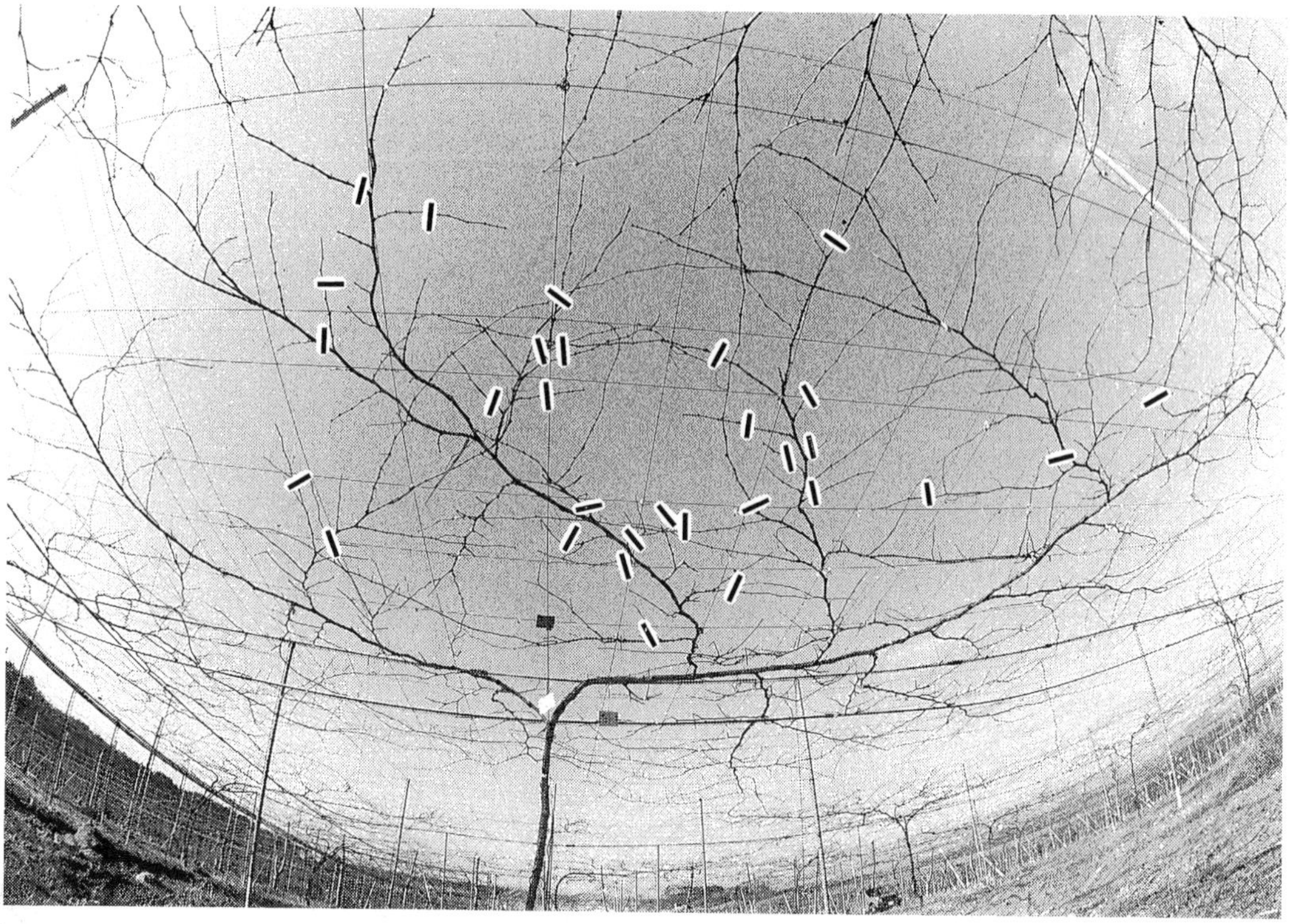

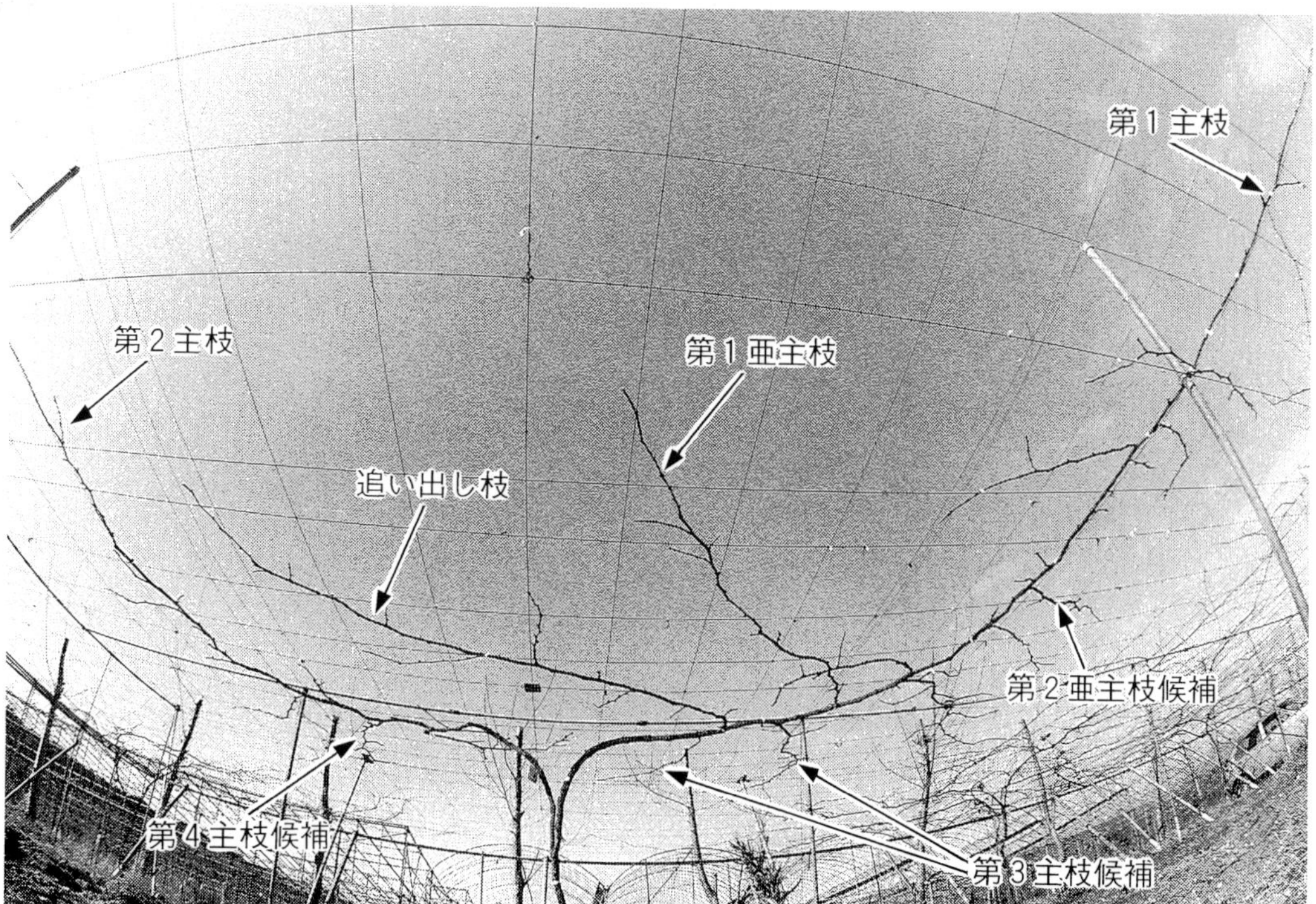
第１主枝
第２主枝
第１亜主枝
追い出し枝
第２亜主枝候補
第４主枝候補
第３主枝候補

図30　樹勢がやや弱い５年生デラウェアのせん定前後
樹勢が強くないので、追い出し枝を整理できない状態

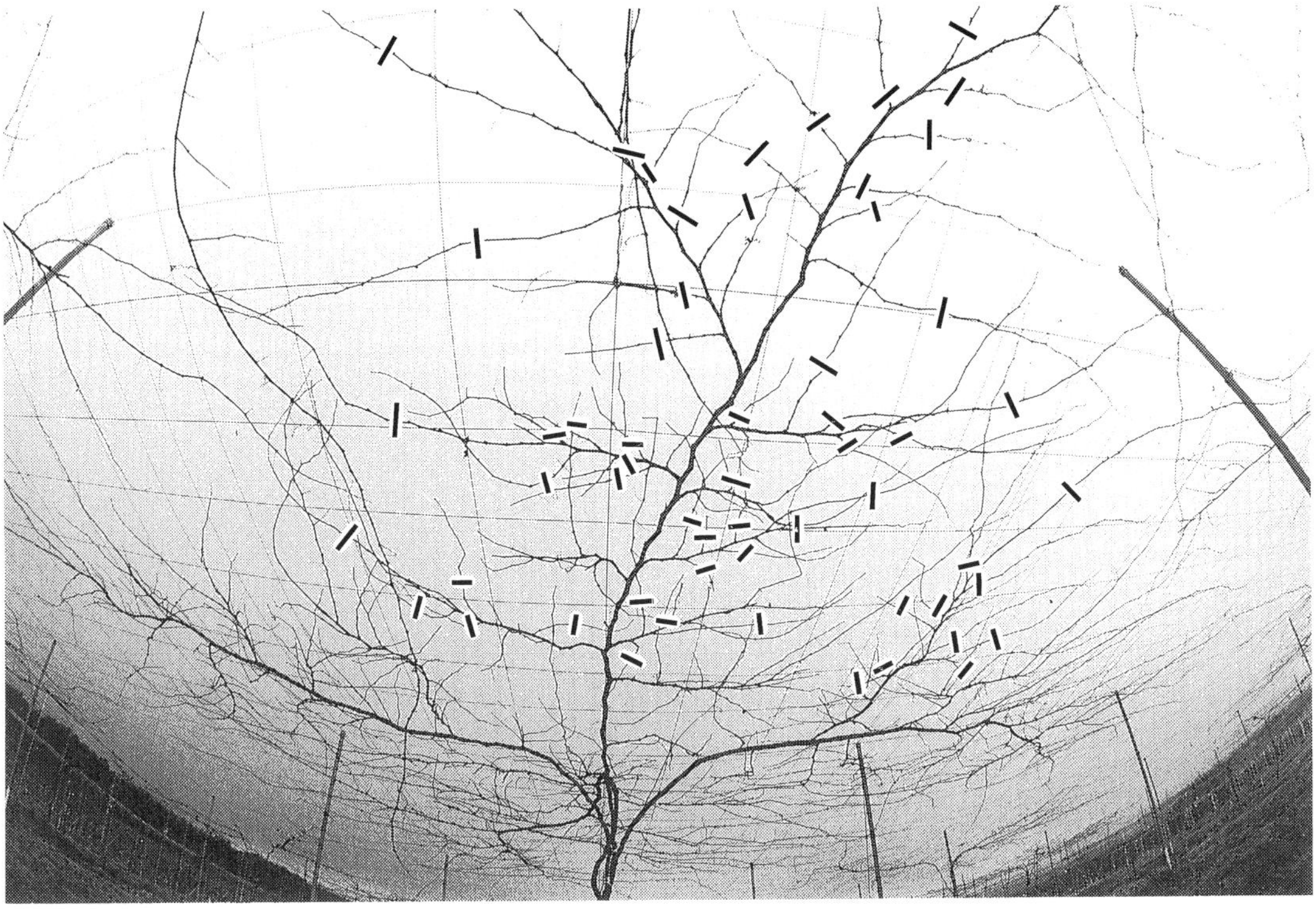

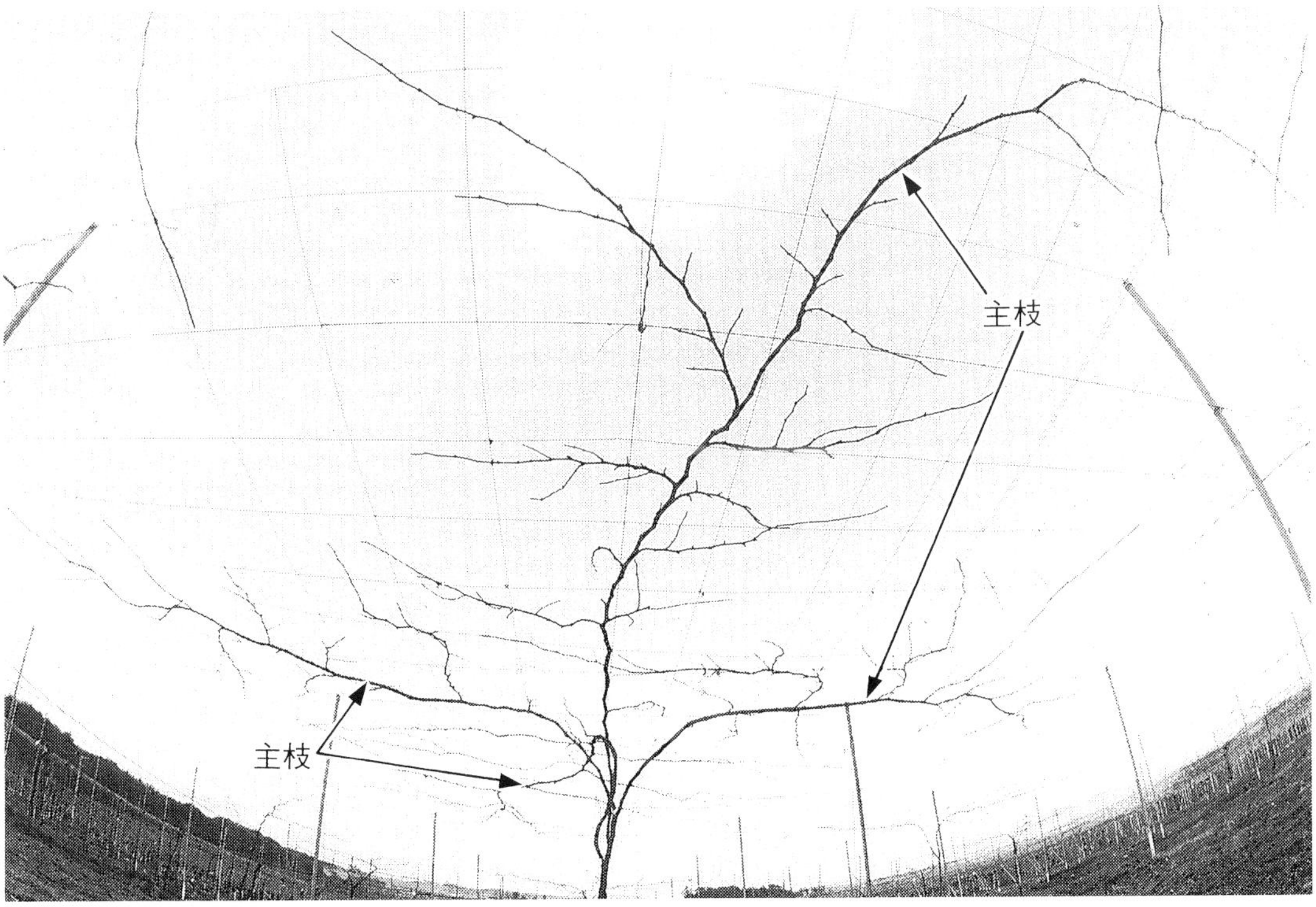

図31　樹勢が中庸な４年生デラウェアの間伐予定樹のせん定前後
間伐予定樹なので、初めから主枝を４本残して栽培していた。負け枝になってもかまわないので、できるだけ棚面をふさぐようなせん定をする

図32　樹勢がやや旺盛な7年生デラウェアの追い出し枝の整理
樹勢が強いと棚面に空きができても、先の方から
亜主枝や側枝を返せば容易にふさぐことができる

図33　三又枝はもっとも悪い

Ⓑと©の枝の間隔が狭いので、Ⓐが弱る。またⒹも近すぎるので©とⒺを残しⒷとⒹは切り落とす

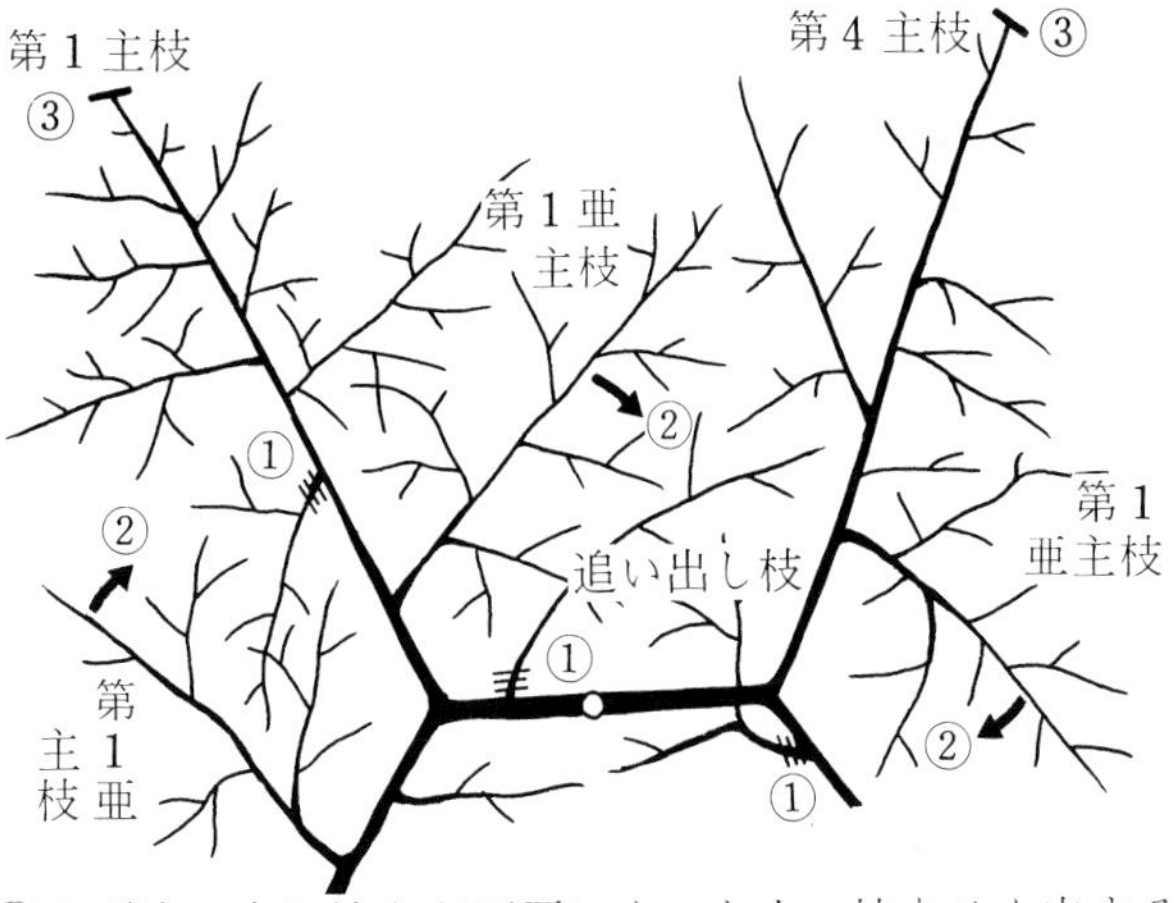

①まず追い出し枝など不要になった太い枝をせん定する
②次いで、空いた所へ亜主枝や側枝を移動させて空間を埋める
③第1主枝の先端から元へ向かって細かいせん定をし、第2、第3、第4主枝とすすめる

図34　せん定の手順と枝の切り方

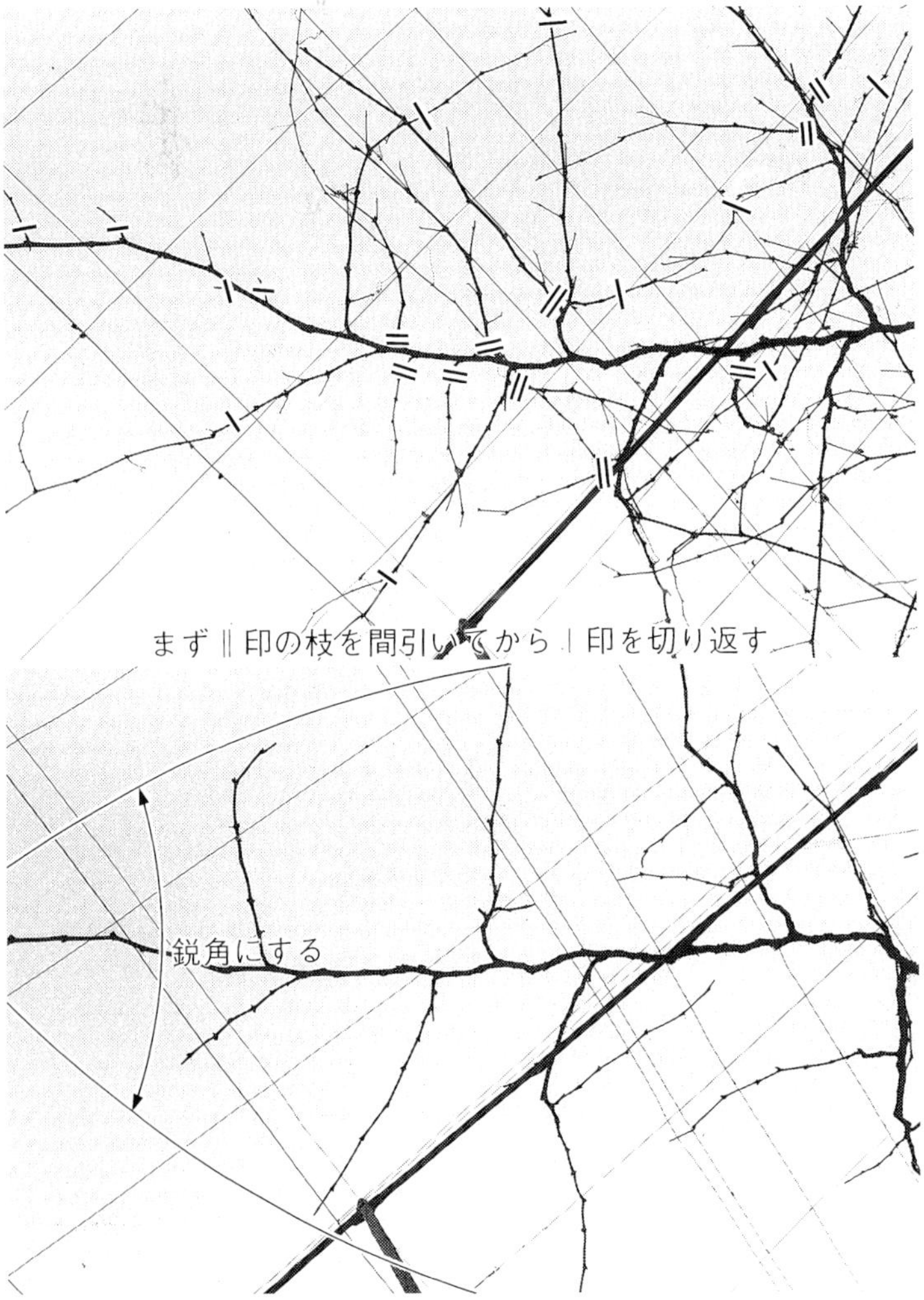

図35　主枝先端部のせん定

先端の結果母枝は太いものを使い強く切る。そして、適度な間隔をおいて左右交互に結果母枝や側枝を配置し、先端を頂点とする鋭角三角形になるようにする。こうすれば、先端が負け枝になることは少ない。また、新梢の生育がそろいやすい

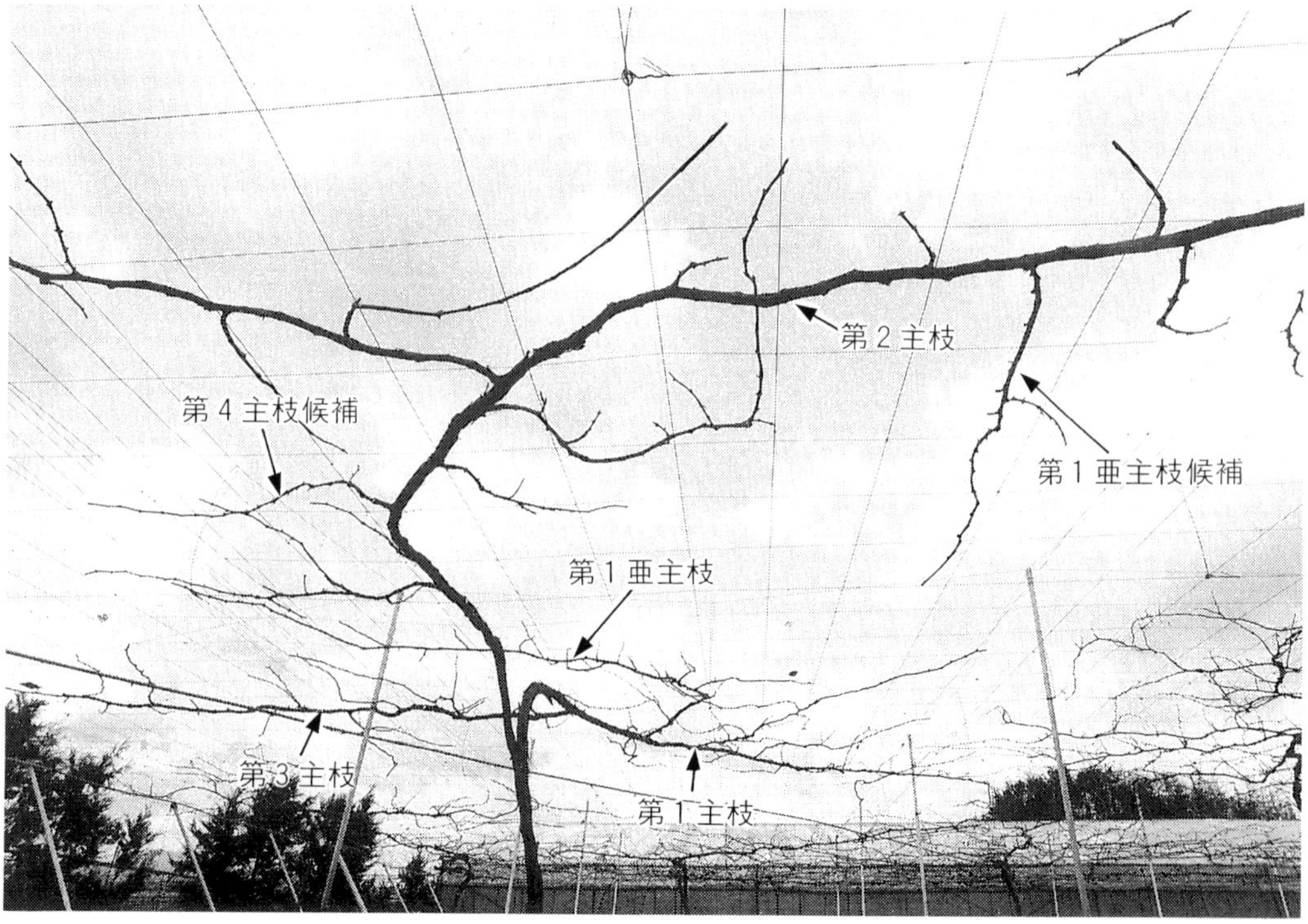
第2主枝
第4主枝候補
第1亜主枝候補
第1亜主枝
第3主枝
第1主枝

図36　右上がりのやや緩い傾斜園の10年生巨峰のせん定前後
間伐を終わって10アールの植え付け本数が8本になったときで、せん定後の樹間は少し空いた状態。このころでは、まだ整理する枝があるので、幹や主枝の基部付近の側枝を整理してからせん定する

第２亜主枝
第４主枝
第２主枝
第３主枝
第1亜主枝
第１主枝

図37　図36と同じ巨峰樹の12年生で幹近くのせん定前後

第２亜主枝
第２主枝

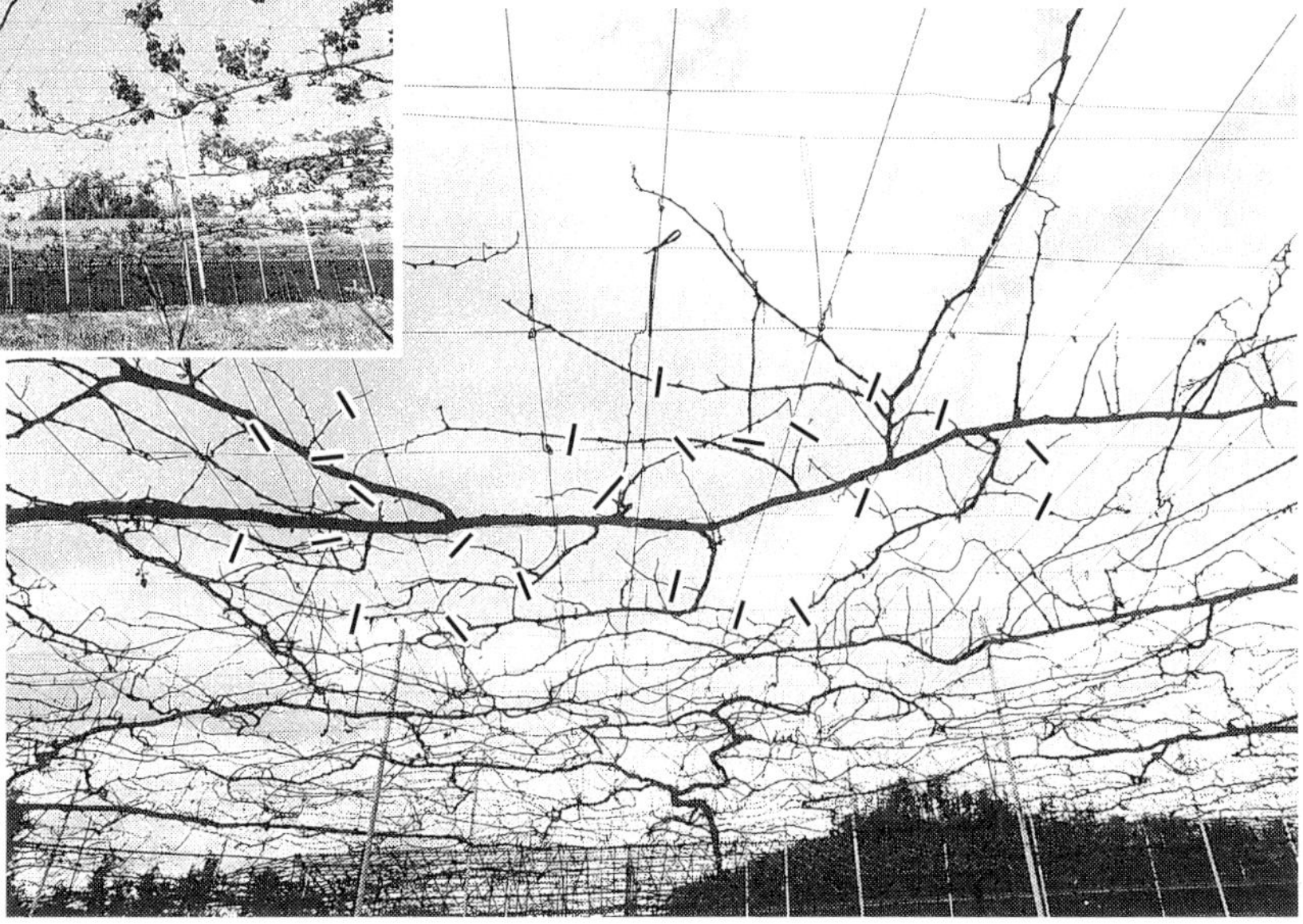

図38　図37と同じ巨峰樹の主枝先端部のせん定前後

樹間は完全に埋まりこれ以後は樹形の変更は必要ない。それでも、主枝基部付近の側枝などは整理する必要がある

図39　17年生デラウェアの発芽状態
こうなると、前年どおりのせん定を繰り返せばよい。ほとんどの結果母枝は３～５芽でせん定してある

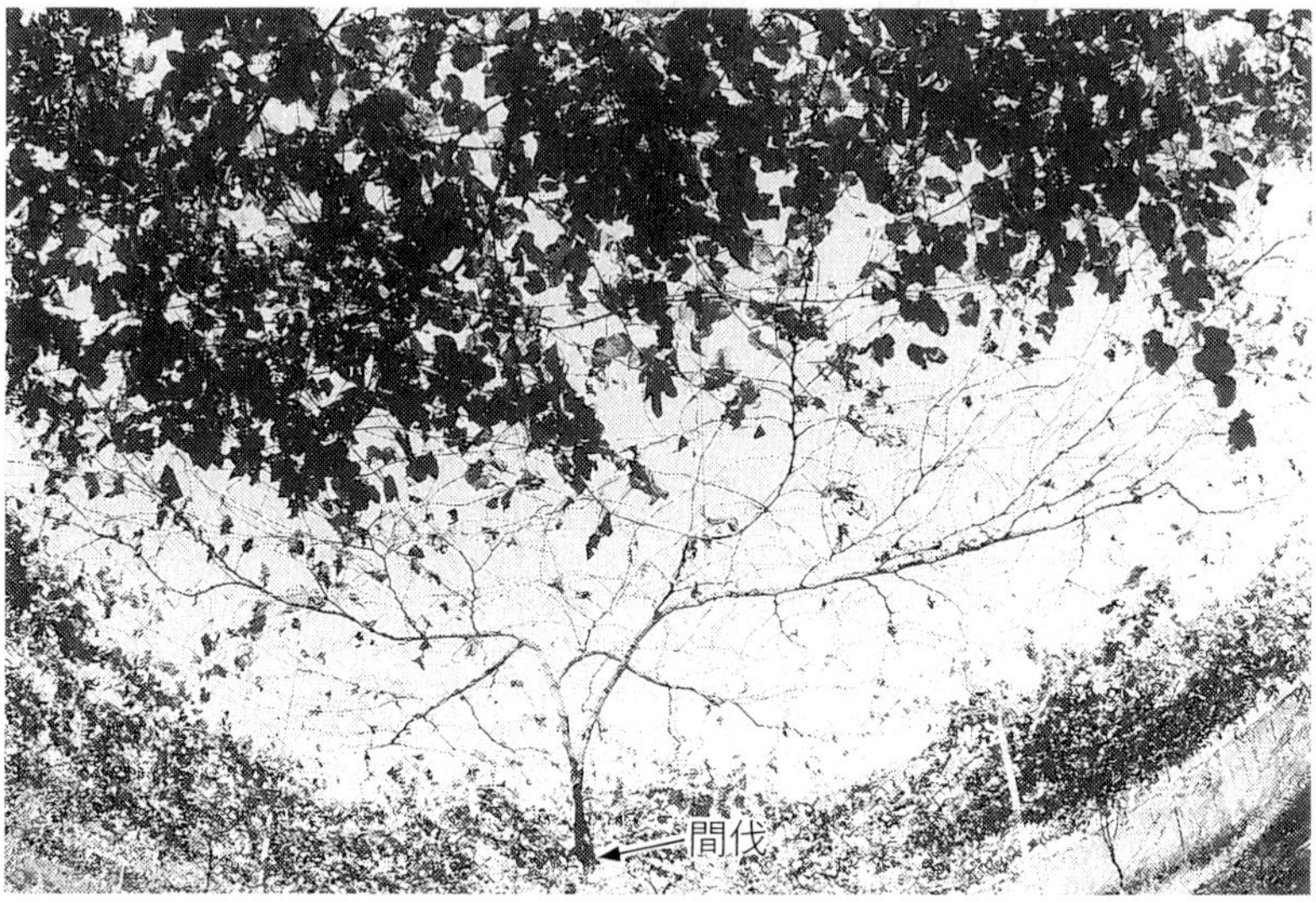

図40　間伐した状態
間伐や縮伐は収穫直後に行なうのがよい。そうすれば残った樹に光がよく当たり、充実がよくなる

図42　断根した状態
片枝だけ残した樹の切り落とした側を断根した

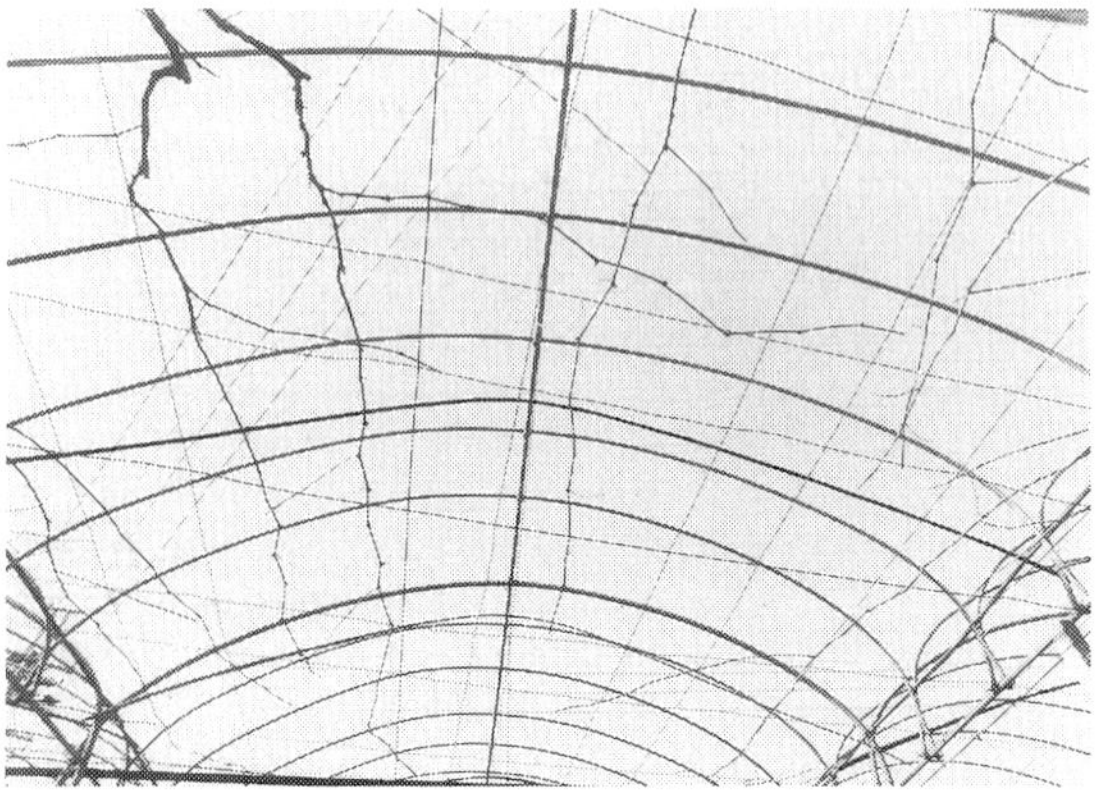

図41　間伐後のせん定
間伐や縮伐をすると、棚面に空きができるので、隣接樹の長く伸びた結果母枝を長く残して埋める。樹形が多少ゆがんでも収量を確保するために、埋めることに専念し、樹形は翌年に直す

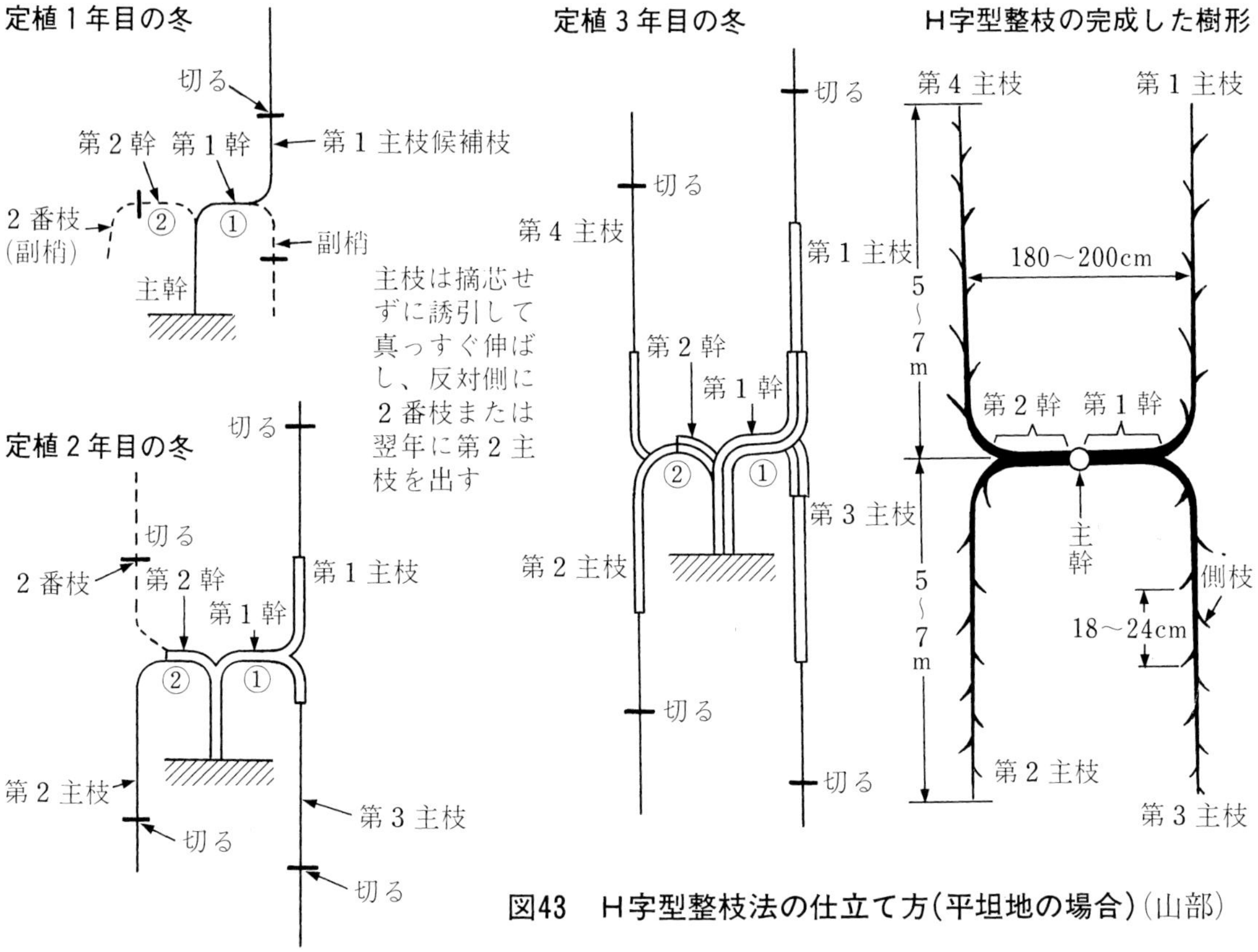
定植1年目の冬
切る
第2幹 第1幹
第1主枝候補枝
2番枝
(副梢)
①
②
副梢
主幹
主枝は摘芯せずに誘引して真っすぐ伸ばし、反対側に2番枝または翌年に第2主枝を出す
定植2年目の冬
切る
2番枝
第2幹
第1幹
第1主枝
第2主枝
第3主枝
定植3年目の冬
第4主枝
第2幹
第1幹
第1主枝
第3主枝
第2主枝
H字型整枝の完成した樹形
第4主枝
第1主枝
180～200cm
5～7m
第2幹 第1幹
主幹
側枝
18～24cm
第2主枝
第3主枝

図43　H字型整枝法の仕立て方(平坦地の場合)(山部)

図44　完成した
H字型整枝法

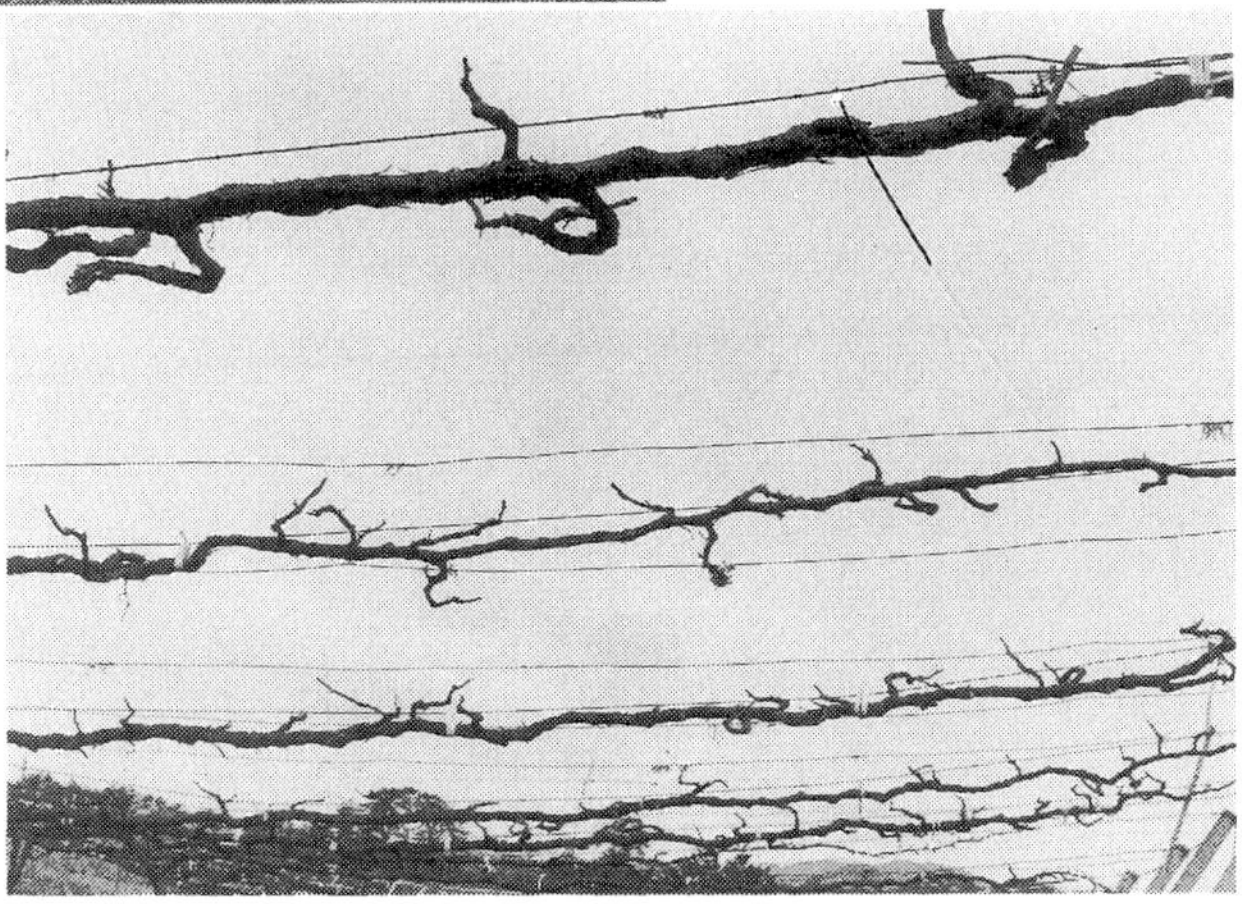

図45　風の強い地方
の短梢せん定

春先の強風で結果枝が飛ばされ欠損したため、隣接する側枝を長くとって穴を埋めている

ナシ

廣田 隆一郎

結果習性と果実のならせ方

ナシの結果習性は図1に示した。新梢の先端が花芽になった頂花芽と、葉えきの葉が花芽になったえき花芽がある。数ミリから二~三センチ伸びて頂花芽を着けた枝を短果枝と呼び、主に果実をならせる。しかし、幸水などは短果枝を維持しにくいので、主に長果枝のえき花芽に結実させる。

新梢は、果実生産に役立つものを発育枝、長大でせん定時に切ってしまうものを徒長枝と呼ぶ。発育枝が落葉後にえき花芽を着けていれば長果枝、えき花芽がなくても利用されれば予備枝と呼ぶ。また、花芽に含まれている副芽（葉芽）から伸びた新梢は短く伸び、短果枝になるものと、利用価値のない枝になってしまうものがある。

発育枝は、できるだけ早く一メートルくらいに伸ばし、確実に伸長を止めると、充実した花芽を着ける。止め葉を確実に出して、頂芽が充実して花芽になれば、徐々に基部に向かってえき花芽ができる。

主に長果枝に結実させる幸水では、花芽のない発育枝を短く（二〇~三〇センチ）切り返して（これを予備枝と呼ぶ）、翌年充実したえき花芽の着いた長果枝を発生させる工夫をしている。

せん定の時期と枝の切り方

せん定の時期とねらい　冬の休眠中に整枝・せん定するのが中心であるが、発芽してからの除芽、新梢誘引、夏の徒長枝抜き、秋の枝抜きなど、生育中のせん定が極めて重要である。

除芽　除芽は図5のように行なう。除芽をていねいに行なえば、徒長枝の発生が少なくなるので、夏（六月）の徒長枝抜きは不要になる。とくに、この時期の枝抜きは樹勢を弱め、果実の発育にもよくないので、行なわな

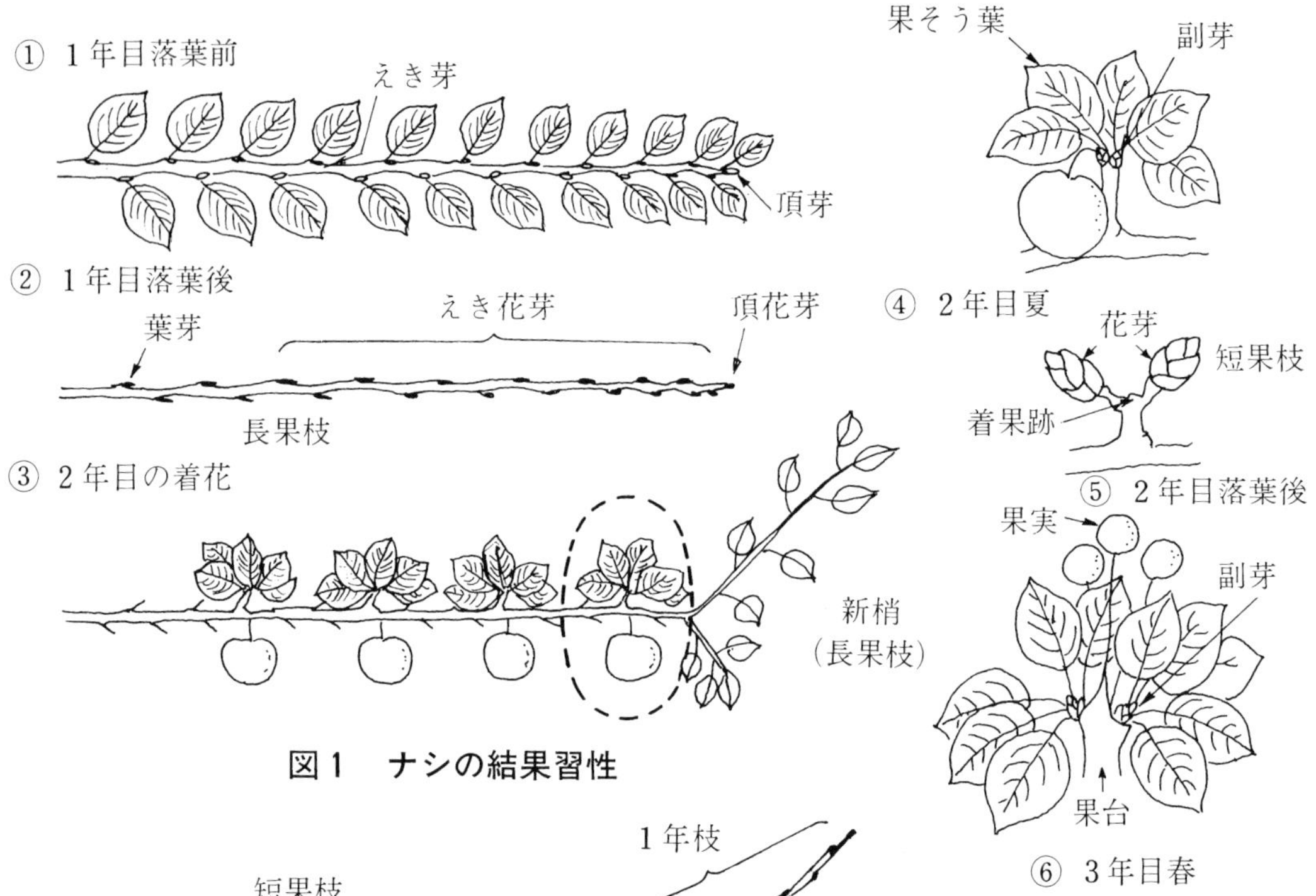
① 1年目落葉前
えき芽
頂芽
② 1年目落葉後
葉芽
えき花芽
頂花芽
長果枝
③ 2年目の着花
新梢
（長果枝）
果そう葉
副芽
④ 2年目夏
花芽
短果枝
着果跡
⑤ 2年目落葉後
果実
副芽
果台
⑥ 3年目春

図1　ナシの結果習性

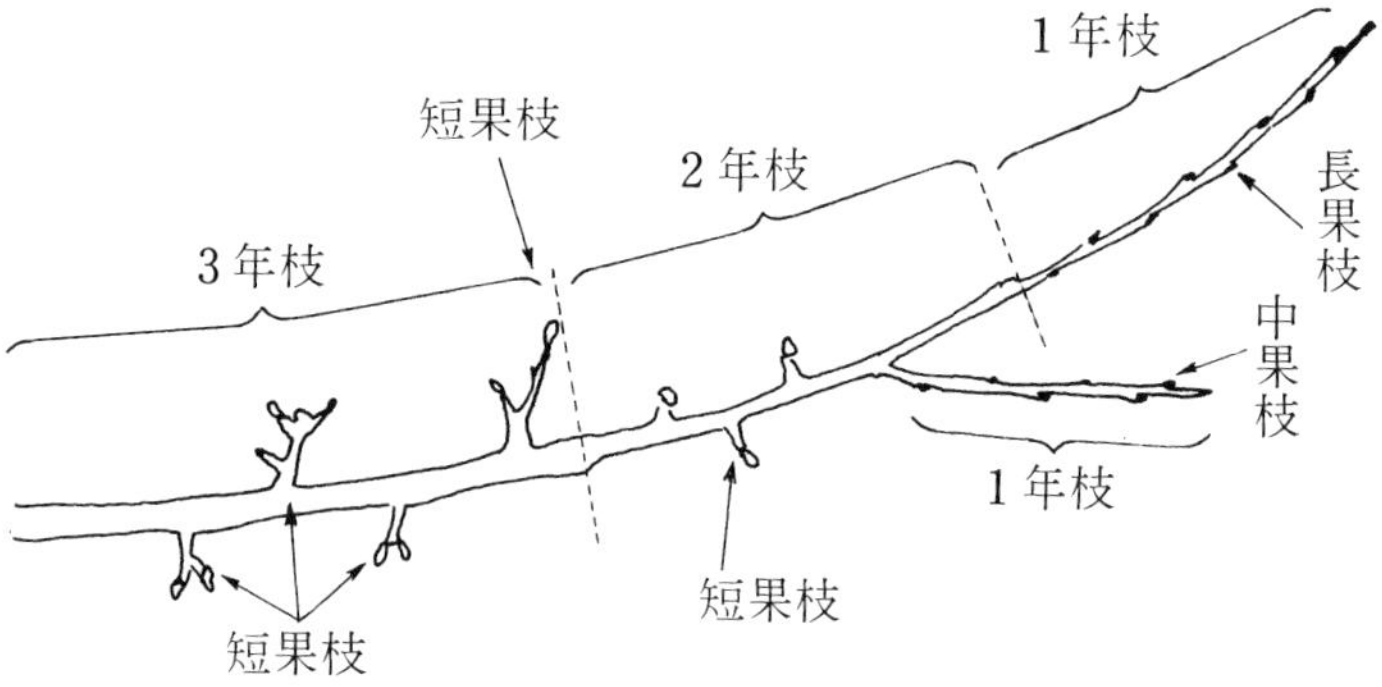
1年枝
短果枝
2年枝
3年枝
長果枝
中果枝
1年枝
短果枝
短果枝

図2　冬のナシの枝

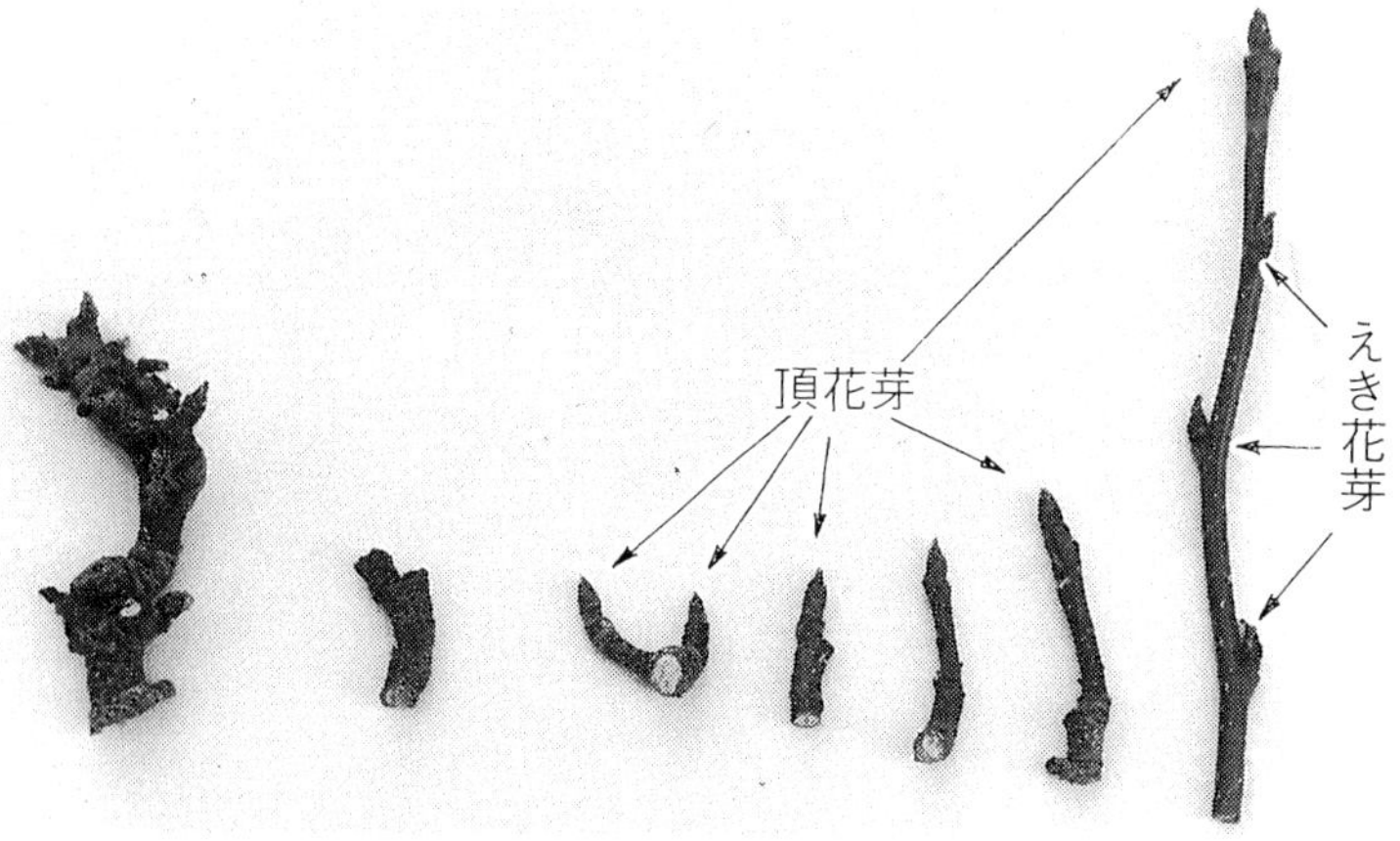
頂花芽
えき花芽

図3　ナシの芽、枝のタイプ
左からショウガ芽(×)、盲芽(×)、2年目短果枝(○使いやすいほうを残す)、1年目短果枝(○)、二次果枝(×)、二次果枝(×)、長果枝(○)

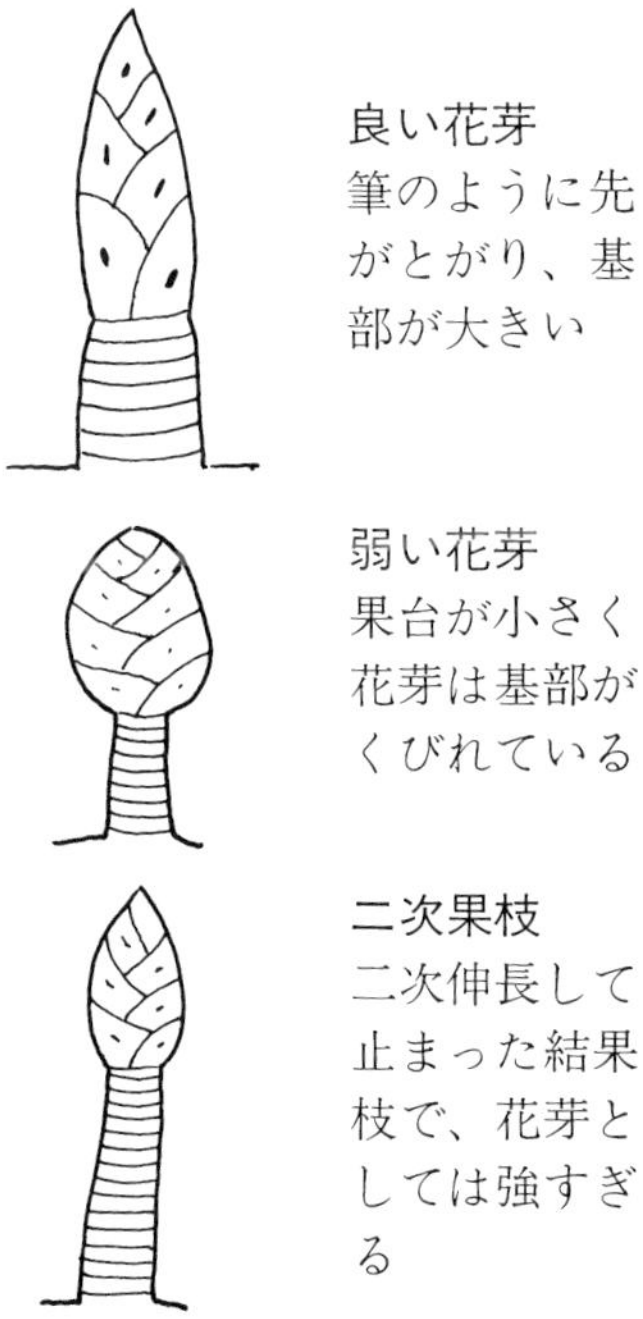
良い花芽
筆のように先がとがり、基部が大きい
弱い花芽
果台が小さく花芽は基部がくびれている
二次果枝
二次伸長して止まった結果枝で、花芽としては強すぎる

図4　ナシの短果枝の良否

いようにしたい。

切り返しと間引き　枝の切り方には二通りある。一つは枝の切り返しで、主に一年生枝とか長くなった側枝を途中で切る方法である。もう一つは枝の間隔を保つために枝を元から切り除く間引きである。

間引いた跡からまた新梢を発生させたいときは、枝の上側の組織は残さず、斜めにノコを入れて、枝の下側の、いわゆる〝しわ〟を残して、太い枝の横あるいは下側から新梢を発生させることもある。

大枝の切り方　主枝とか亜主枝のような大枝を切るときには、枝先から小分けして切り、基部は、下側からノコ目を枝の三分の一程度入れてから切ると、枝が裂けにくい。また、切り口は大きくなっても、切り取った枝の組織が残らないようにしたほうがゆ合が早い。大きな切り口はペースト状の殺菌剤を塗布するか、テープなどで保護して、枯れ込みを少なくする。

樹形と植え付け密度の考え方

どんな樹形がよいか　棚の高さは一・八メートルにほぼ固定されているので、主幹は七〇～九〇センチがよい。主枝は三本、一主枝当たり一～二本の亜主枝を着け、その両側に三五～四〇センチくらいの間隔で側枝や長果枝を配置する。四本主枝では間隔が狭すぎ、亜主枝がとりにくい。

植え付け密度と間伐　植え付けは四～五メートル間隔がよい。四メートル植えの場合には一〇アール六二本から まず三三本に間伐し、最終的に一六本程度にする。五メートル植えの場合には当初、四〇本から二〇本に間伐する。

七～一〇年で間伐する樹は主枝数が多くなってもよいし、亜主枝のような太い枝を一主枝当たり五～六本残して、早くから収量の多い樹につくる。

新植からの仕立て方

植え付け時　主幹の高さを決めたら、その近くの充実した葉芽の二芽上で切る。切り返した部位から二芽は図12のように除去する（犠牲芽）。

一～二年目　植え付け一年目の冬には、その年に伸びた新梢で、あまり間隔の離れていないものを主枝として三本選び、支柱を副えて誘引する。そのときに、新梢を

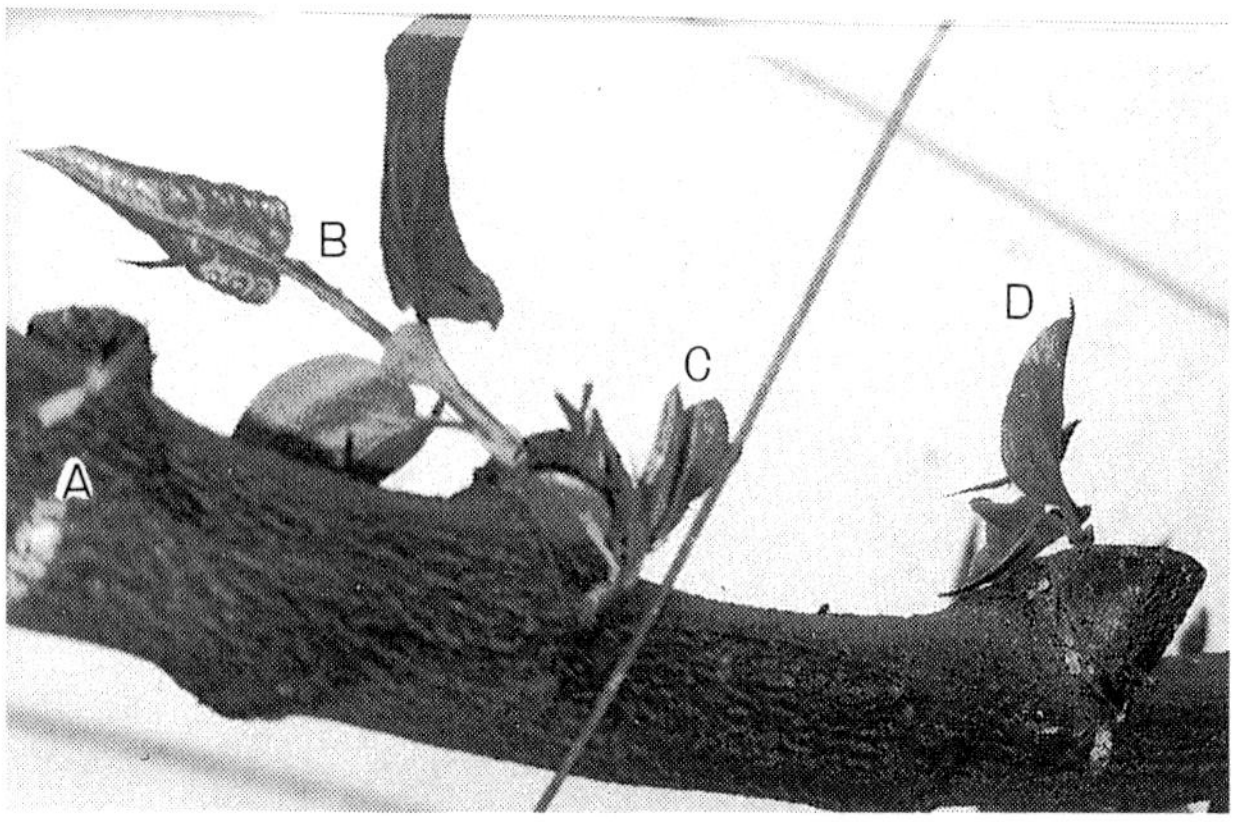
A
B
C
D

図５　除芽は早めに行なう

A：このような赤い芽のときに手で軽く押して除芽

B：この時期になると枝を除いた跡に穴があく。放置すれば徒長枝になるのでハサミで除去

C：この時期でも少し遅いが手で除去してもよい。横向きの芽でもあるから必ずしも除かなくてもよい

D：上から出ている芽は必ず除去する

①　悪い切り方

先端の芽から先に枝を長く残すと、枯れ込むことが多い

②　よい切り方

先端の芽のすぐ先で切り返す。新梢の伸びがよく、枝の枯れ込みは少ない

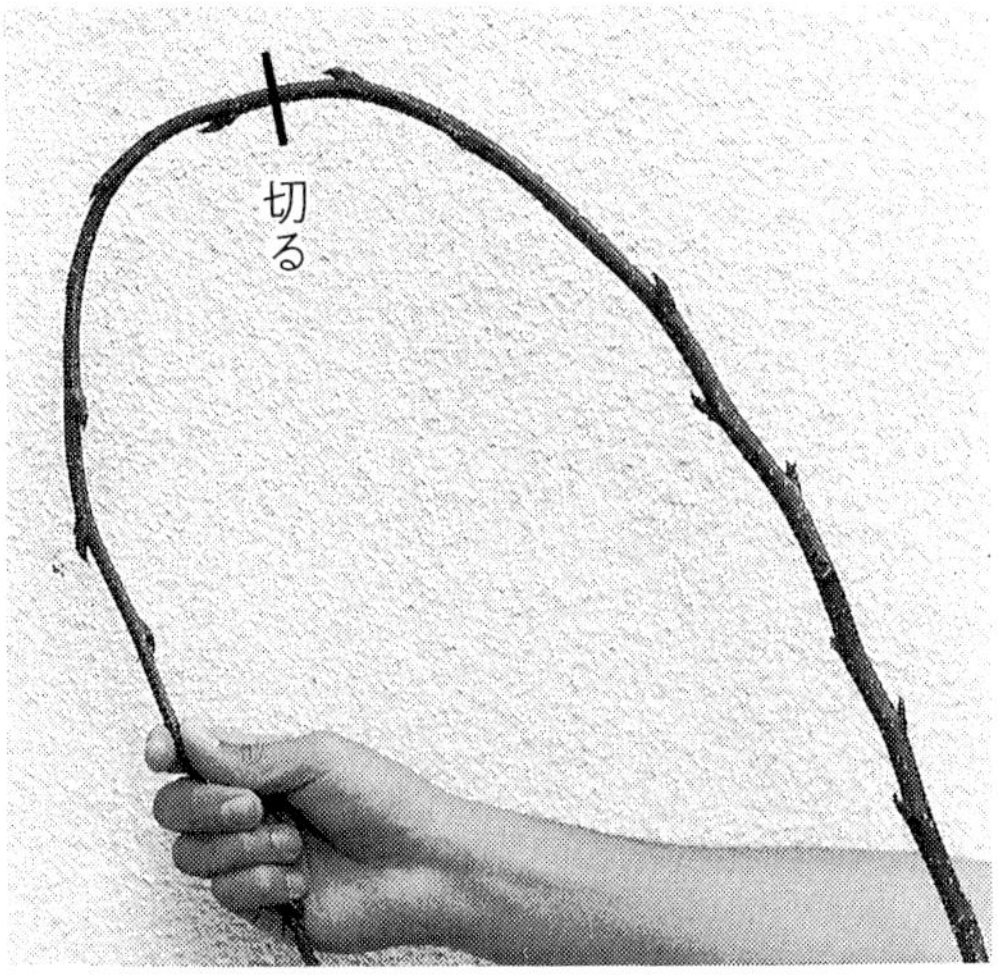
切る

図６　発育枝の切り返し方

③　二十世紀、豊水などの切る位置の決め方

軽く折り曲げたときに頂点になる芽を残して切り返す

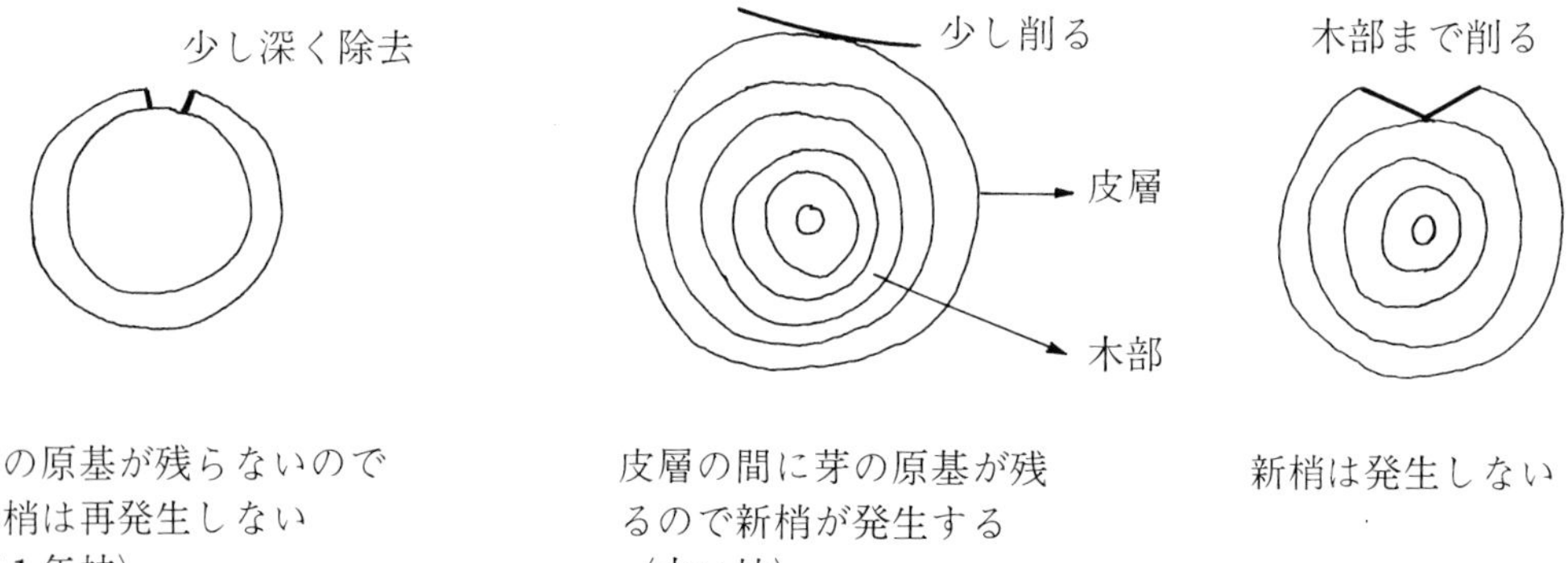
少し深く除去
少し削る
皮層
木部
木部まで削る

芽の原基が残らないので新梢は再発生しない〈１年枝〉

皮層の間に芽の原基が残るので新梢が発生する〈古い枝〉

新梢は発生しない

図７　枝の基部を残さないように切り取る

少し横にねじり、裂けないようにひもで固定してから誘引する。強い新梢は広い角度、弱い新梢は狭い角度に調節して、新梢の伸びをそろえる。

それ以外の新梢は元から間引く。残した三本の新梢は先端を軽く折り曲げて、頂点になる部分の芽で切り返す。

二年目の冬には、前年同様に主枝延長枝は先端部の充実部で切り返す。それ以外の新梢はほとんど間引くが、ごく細くて弱い新梢は強大になりにくいので残してもよい。

三年目　三年生樹になると、強大化しない枝は残しているので、主幹部とか三年枝部分の短果枝は開花する。永久樹には結実させないが、間伐予定樹には一五～二〇果程度は結実させてもよい。なお、永久樹は、受粉しなければ自然の結果数は極端に少ないので、摘蕾する必要はない。

三年目の冬も主枝延長枝の扱いは二年目と同じであるが、大きくなった主枝には、えき花芽の着いた長果枝を少しは残してよい。また、主枝は棚の平面に誘引するが、先端の一年枝部分はそえ竹を当てて、新梢がよく伸びるようにする。

四年目　四年目の生育期には新梢が多く伸びるので、六月には強大化しそうな枝を中心に棚に誘引しておく。こうすると、新梢の強大化が抑えられ、主枝、亜主枝候補枝の生長をよくするとともに、結果枝として残せる枝も多くなる。

冬には、主幹から二メートル程度の位置で、主枝の横か斜め下から発生した新梢を第一亜主枝候補として残す。先端の切り返しは主枝と同じようにする。

主枝上の新梢は、主枝延長枝と競合するような強い枝などは間引くが、主枝の伸長の障害にならないような枝はできるだけ多く残す。

四年目には、永久樹であっても二〇～三〇果程度は結果させる。

五年目以降　ほぼ樹形はでき上がるが、第二亜主枝は急いで決める必要はない。

新梢の発生本数が多くなり、徒長枝も多くなるので、前年同様六月ころの新梢誘引が大切な作業である。

樹形完成前は、主枝に二～三年枝を残しその枝に長果枝を着けるので、主枝には亜主枝と亜主枝にはしないが、結果部をつくる枝（側枝）とで構成し、果実をならせな

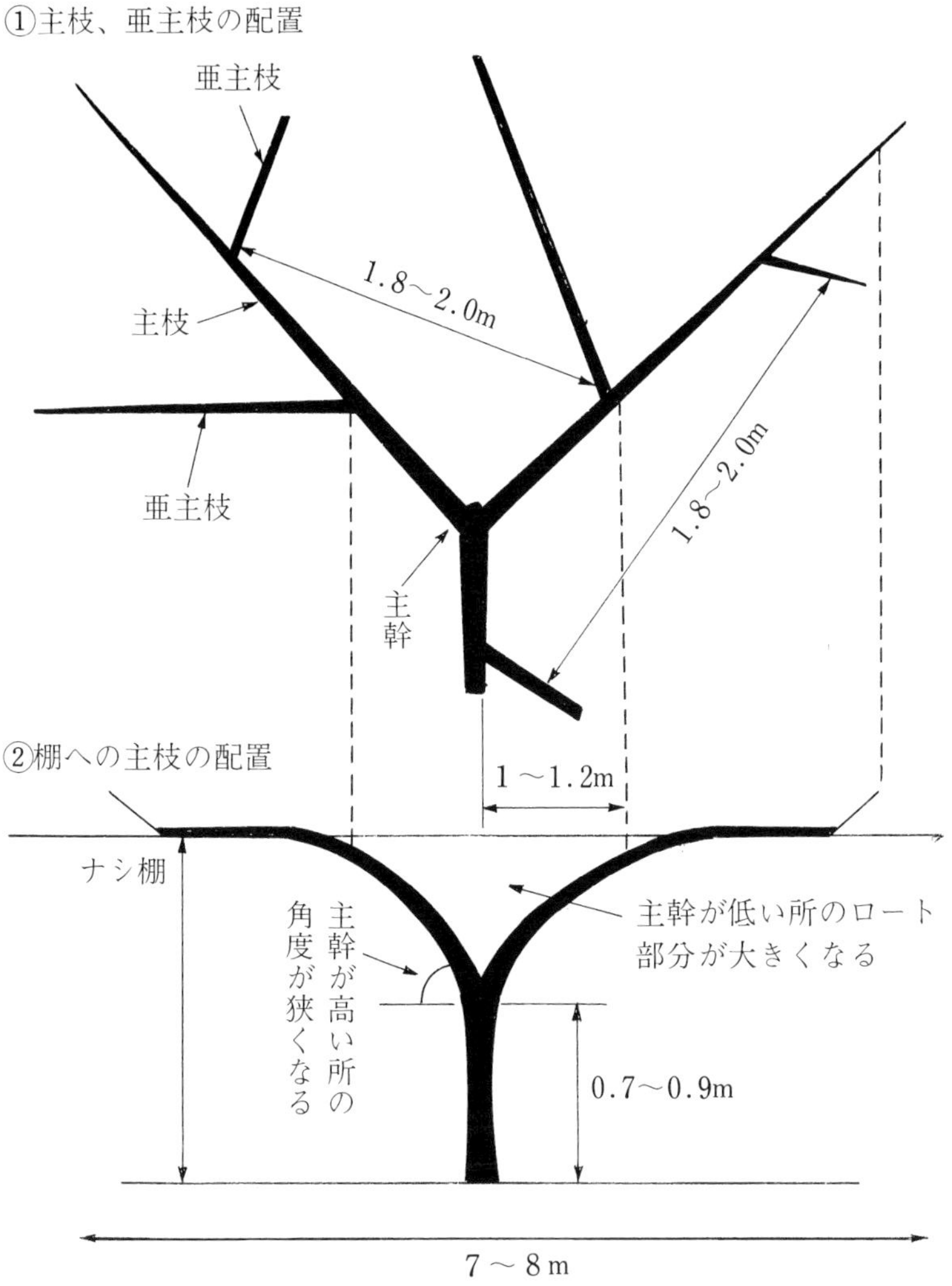
①主枝、亜主枝の配置
亜主枝
1.8〜2.0m
主枝
亜主枝
1.8〜2.0m
主幹
②棚への主枝の配置
1〜1.2m
ナシ棚
主幹が高い所の角度が狭くなる
主幹が低い所のロート部分が大きくなる
0.7〜0.9m
7〜8m

図8　ナシののぞましい樹形

主幹は70〜90cmがよい
主幹が高い：棚についた先が弱く、主幹、主枝の生育が遅れ、樹冠の拡大が遅い
主幹が低い：主幹、主枝の生育がよく、樹冠拡大は早いが、作業性が悪く、ロート部の果実品質が悪い

B
B
A
A
A

図9　完成した樹形

この程度の明るさが理想　A：主枝　　B：亜主枝

図10　間伐樹の樹形

主幹の上部から伸び出した新梢5〜6本を残して主枝として利用し、早期に結果させる

がら樹形をつくっていくことになる。したがって、主枝に着ける側枝は、早く更新することを条件に、できるだけ多く残すようにしたほうがよい。

　こうして、七年目ごろから間伐に入る時期になり、樹形がほぼでき上がる。

秋の枝抜き

　図15のような枝を秋に抜く。時期は、樹勢回復と養分貯蔵に徒長枝の葉にも働いてもらうことも考えて、収穫後一カ月目くらいを目安にする。

　秋の徒長枝抜きは、樹勢を弱めるので毎年続けるのではなく、二年か三年続けたら、二年くらいはしないとか、枝の伸び具合を見ながら行なう。

　また、西南暖地ほど枝葉の過繁茂が問題にならない所では、秋の枝抜きは必要ない。

　葉のある間の枝抜きは、樹勢調節のために行なうもので、基本管理にもどすための技術と考えたい。

主枝、亜主枝の先端部の扱い

　主枝、亜主枝の先端は樹冠を拡大・延長する部分で、延長枝とも呼ばれ、樹の骨格になる枝である。

　棚面で枝が波うたないようにするためには、先端の芽は充実した横芽を残して切り返す。

　できれば、先端から二芽目になる芽は、上（内）芽ではなく下（外）芽のほうが、先端の新梢より強く伸びる心配はない。

　また、主枝先端のそえ竹をして、必ず側枝、結果枝の先端よりも高くなるように誘引することが大切である。

　延長枝も樹勢によっていろいろな伸び方をするので、それに合わせたせん定をしなければならない。

延長枝に葉芽しかない場合　伸びた一年枝の、充実した所で切り返す。葉芽が枝から三〇度くらいの角度をもっている芽が充実している。基部とか先端部の枝に平行で小さな芽の所は充実していない。

　伸長力の強い若木では一年枝の半分から三分の二程度と長く残すが、六～七年生樹になると、五～七芽程度残るように切るのが普通である。

延長枝にえき花芽が着いた場合　一メートル以上伸びた枝で、基部近くに横芽で葉芽があれば、そこまで切り返す。全部が花芽になった場合には、葉芽で伸びた枝よ

図11　苗木を植え付けた状態

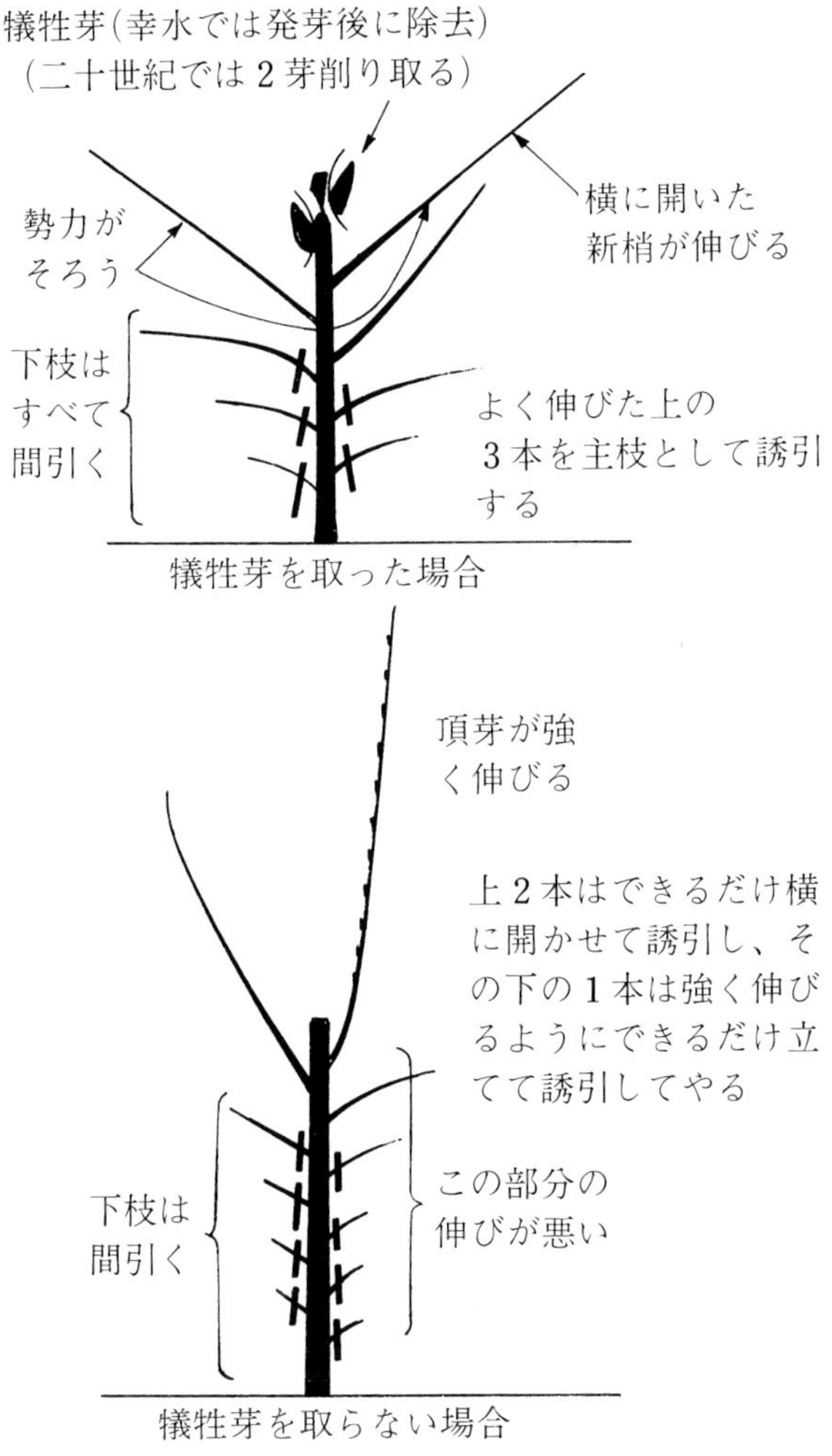

犠牲芽(幸水では発芽後に除去)
(二十世紀では2芽削り取る)
横に開いた
新梢が伸びる
勢力が
そろう
下枝は
すべて
間引く
よく伸びた上の
3本を主枝として誘引
する
犠牲芽を取った場合
頂芽が強
く伸びる
上2本はできるだけ横
に開かせて誘引し、そ
の下の1本は強く伸び
るようにできるだけ立
てて誘引してやる
この部分の
伸びが悪い
下枝は
間引く
犠牲芽を取らない場合

図12　犠牲芽の有無と新梢の伸び(1年目冬)

図13　1年目冬の誘引
1年目によく伸びた苗は主枝を決める。強い枝は低く誘引し、弱い枝は高く誘引する

図14　主枝3本がよくそろった幼木(3年生)

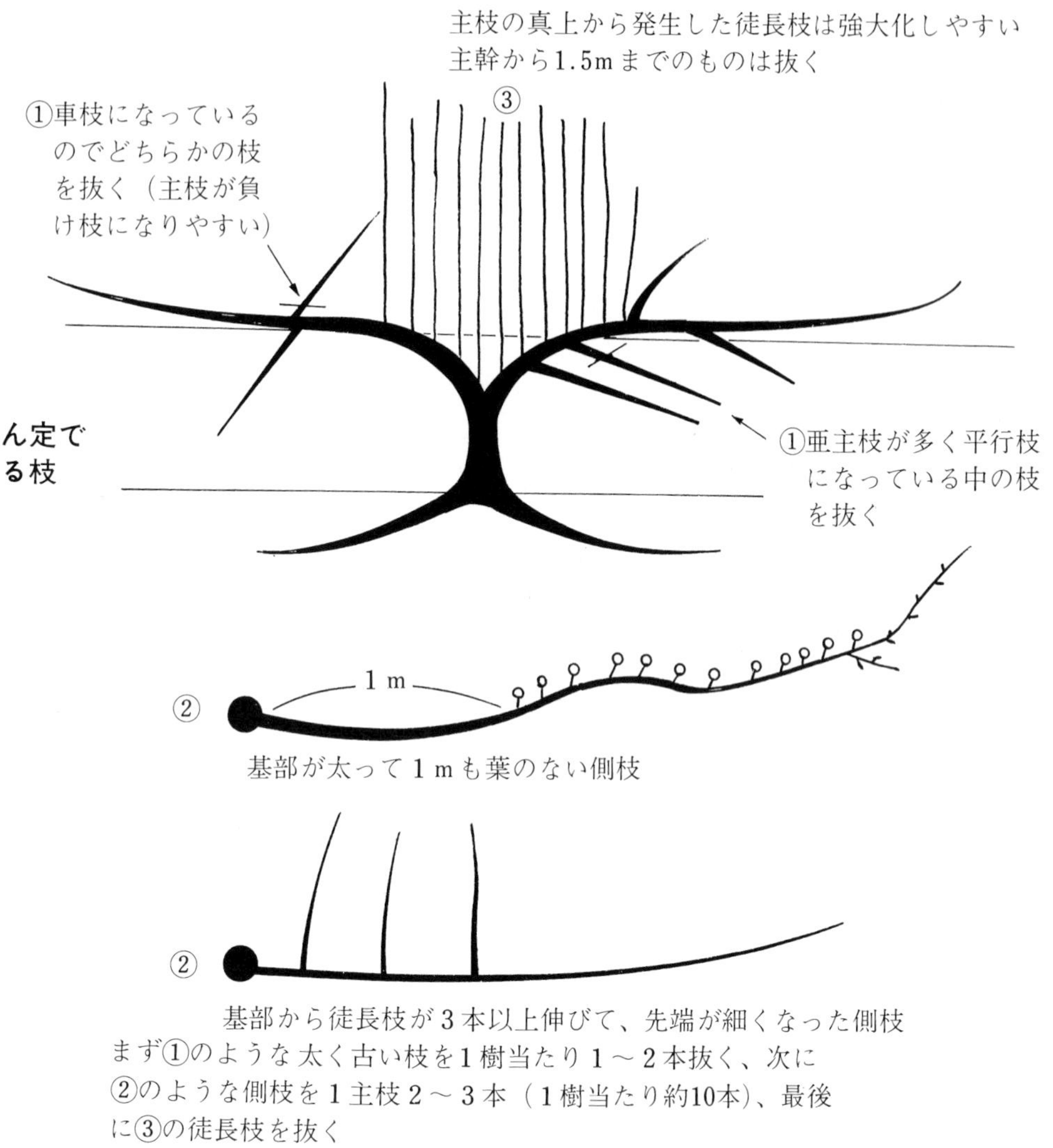
主枝の真上から発生した徒長枝は強大化しやすい
主幹から1.5mまでのものは抜く
③
①車枝になっているのでどちらかの枝を抜く（主枝が負け枝になりやすい）
①亜主枝が多く平行枝になっている中の枝を抜く
②
1 m
基部が太って1mも葉のない側枝
②
基部から徒長枝が3本以上伸びて、先端が細くなった側枝
まず①のような太く古い枝を1樹当たり1～2本抜く、次に②のような側枝を1主枝2～3本（1樹当たり約10本)、最後に③の徒長枝を抜く

図15　秋せん定で枝抜きする枝

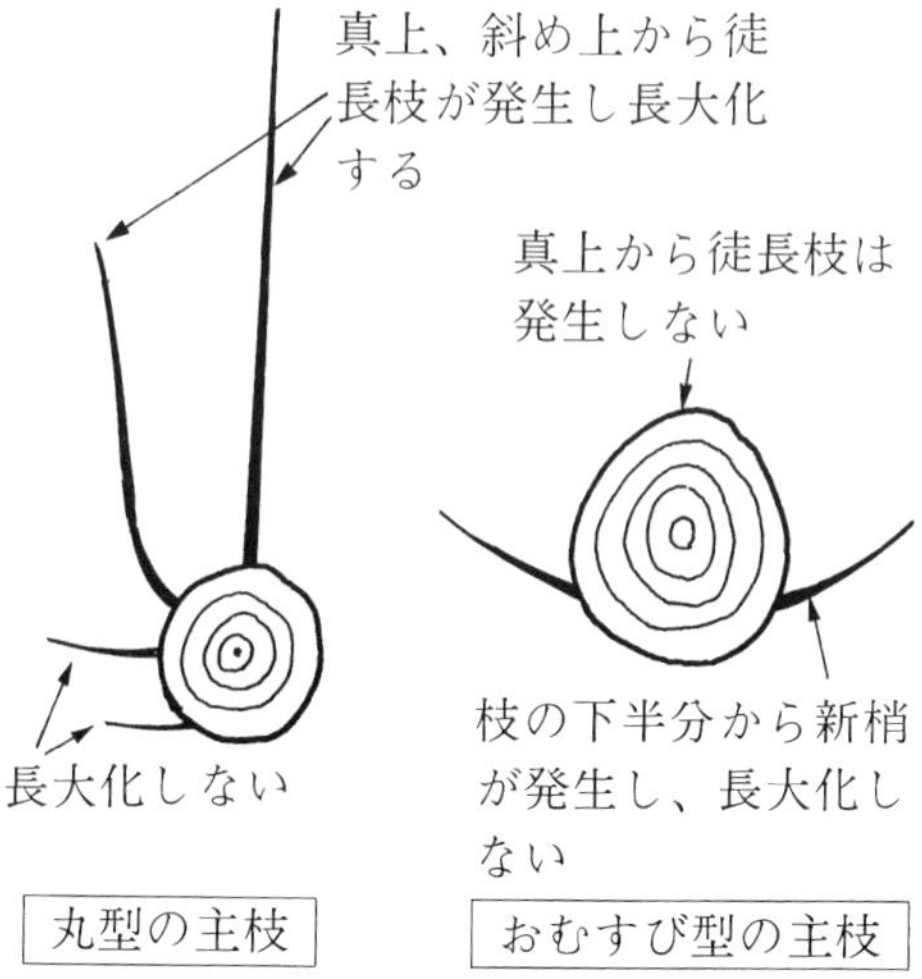
真上、斜め上から徒長枝が発生し長大化する
長大化しない
丸型の主枝
真上から徒長枝は発生しない
枝の下半分から新梢が発生し、長大化しない
おむすび型の主枝

図16　主枝の断面をおむすび型に

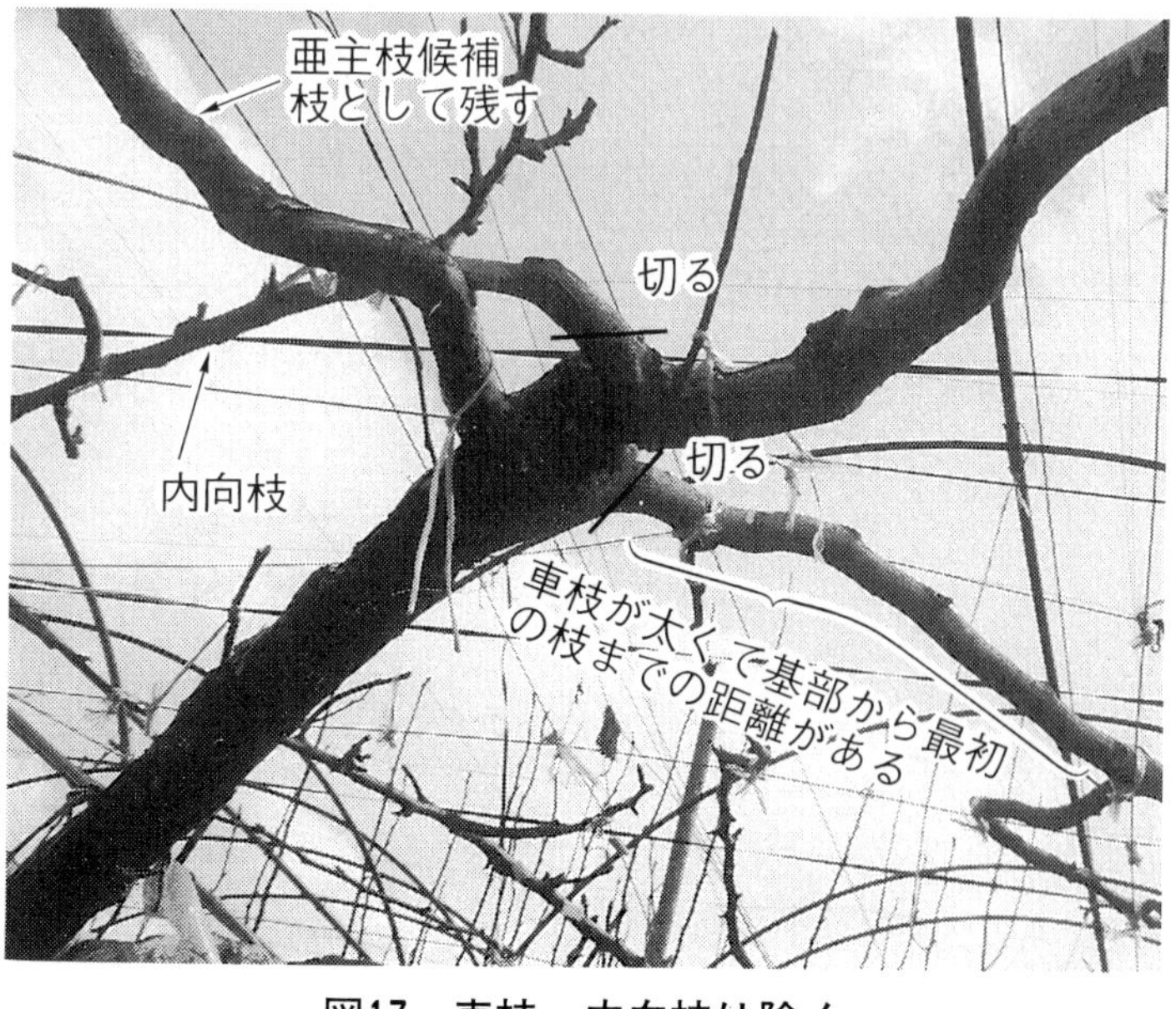
亜主枝候補枝として残す
切る
内向枝
切る
車枝が太くて基部から最初の枝までの距離がある

図17　車枝、内向枝は除く

せん定前

図18　せん定前と後（幸水）

主枝の先端(A)はこの程度の強さがほしい。誘引竹の効果がないので主枝が棚から離れて弓なりになっている(B)

せん定後　誘引竹の上下を逆にして、枝に結びつけて誘引したら多少はよくなった。主枝上の側枝(C)はこの程度の間隔で残したい

A：主枝　　B：第１亜主枝

り二〜三芽強めに切り返す。

一メートル以下しか伸びなかった場合には、もっと強く切り返す。この場合には先端の芽が強く伸び出すように、上芽を用いてもよい。

延長枝が短果枝または小枝になった場合　これらの枝の基部近くの強い芽までもどって強く切り返すか、二〜三年手前から発生した徒長枝または、発育枝を用いて更新する。

延長枝がさらに弱くなった場合　基部直径が一センチ以上、長さ一メートル以上、できるだけ枝の横から伸び出した枝に更新する。更新枝は、半分以下まで強く切り返す。

いままでの主枝先端部に相当する部分は側枝的扱いにして、主枝更新枝が大きくなるまで利用する。

側枝と結果枝の配置

主枝、亜主枝に側枝を着けるが、幸水など長果枝に果実をならす場合は、側枝は結果枝ということになる。また、二十世紀のように短果枝を利用する場合は、側枝に着いた短果枝に果実をならすことになる。

増収を目標に側枝を多く残せば結果数はふえ、収量は確実に多くなる。しかし、果実の大小のバラつき、品質のバラつきは大きくなる。一方、品質を重視して側枝数、花芽数を減らしすぎるようなせん定を行なうと、結果数は少なくなり、徒長枝が多発して過繁茂になり、果実品質も悪くなる。

側枝の片側に一七〜二〇センチの葉の層ができるので、葉が重なり合わないようにするには、一メートルの長さに三本しかおけない。したがって、これを目安に側枝を配置するとよい。

側枝が古くなると、基部に芽がなくなりムダな空間が多くなる。一年生(長果枝)、二〜三年生、四年生以上の側枝を交互に配置して、芽数のムラをなくす。

〈幸水〉

結果枝の条件　幸水は長果枝利用が中心になっているが、幸水だから長果枝利用と固定した考えをもつ必要はなく、短果枝を着けた二年枝が多ければ、それを用いてもなんら支障はないし、むしろ良い結果が得られる。

幸水の長果枝基部の直径は一センチから一・五センチ

図20　主枝先端部の誘引

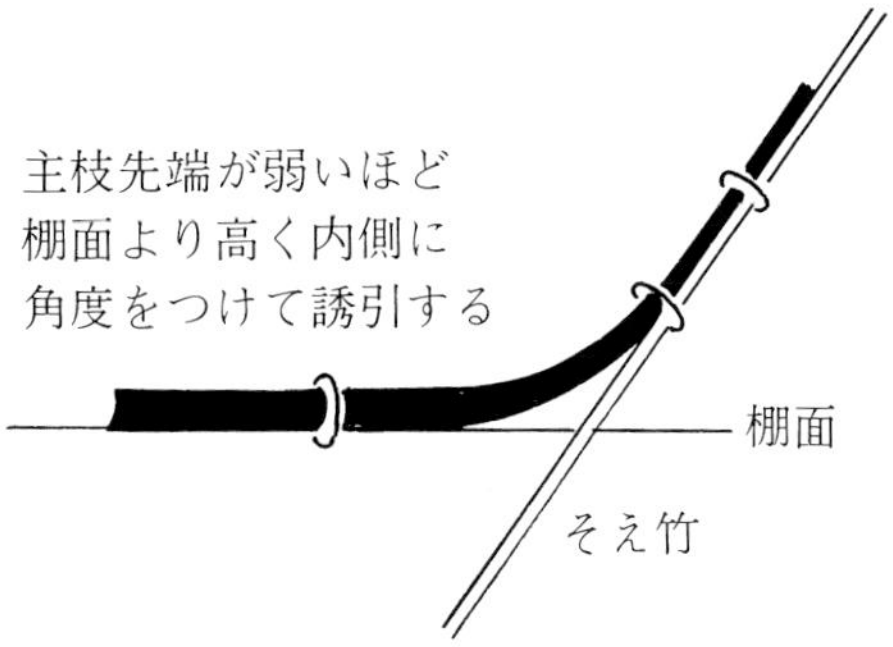
主枝先端が弱いほど
棚面より高く内側に
角度をつけて誘引する
棚面
そえ竹

図19　成木の主枝先端は強く伸ばす(左：せん定前、右：せん定後)
主枝の先端を強く保つために、1年枝を2～3芽で強く切り返し、棚面よりも30cmは高くしている。3～4年後に強い新梢が伸び出したら、その枝に先端を更新する

この枝に更新する
切る

図21　弱くなった主枝先端部の更新

図22　幸水の新梢の切り返し

A：やや徒長ぎみで、先端部が三角で縦じわがある。芽が小さい先端4芽は切る

B：よく充実している長果枝
先端1～2芽を除去

C：先端だけ花芽になった新梢で結果枝には不向き。基部の充実した葉芽まで切り返して発育枝を発生させる予備枝に利用する

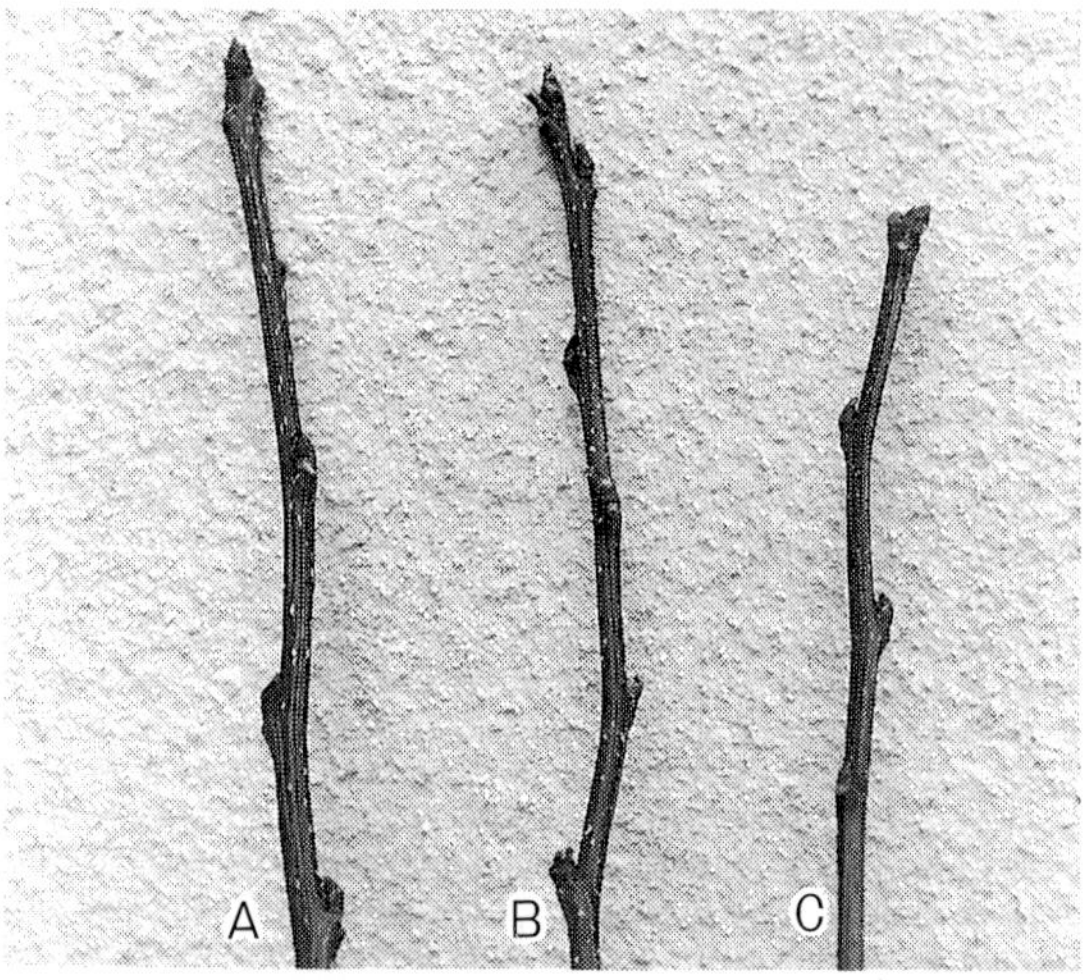
A
B
C

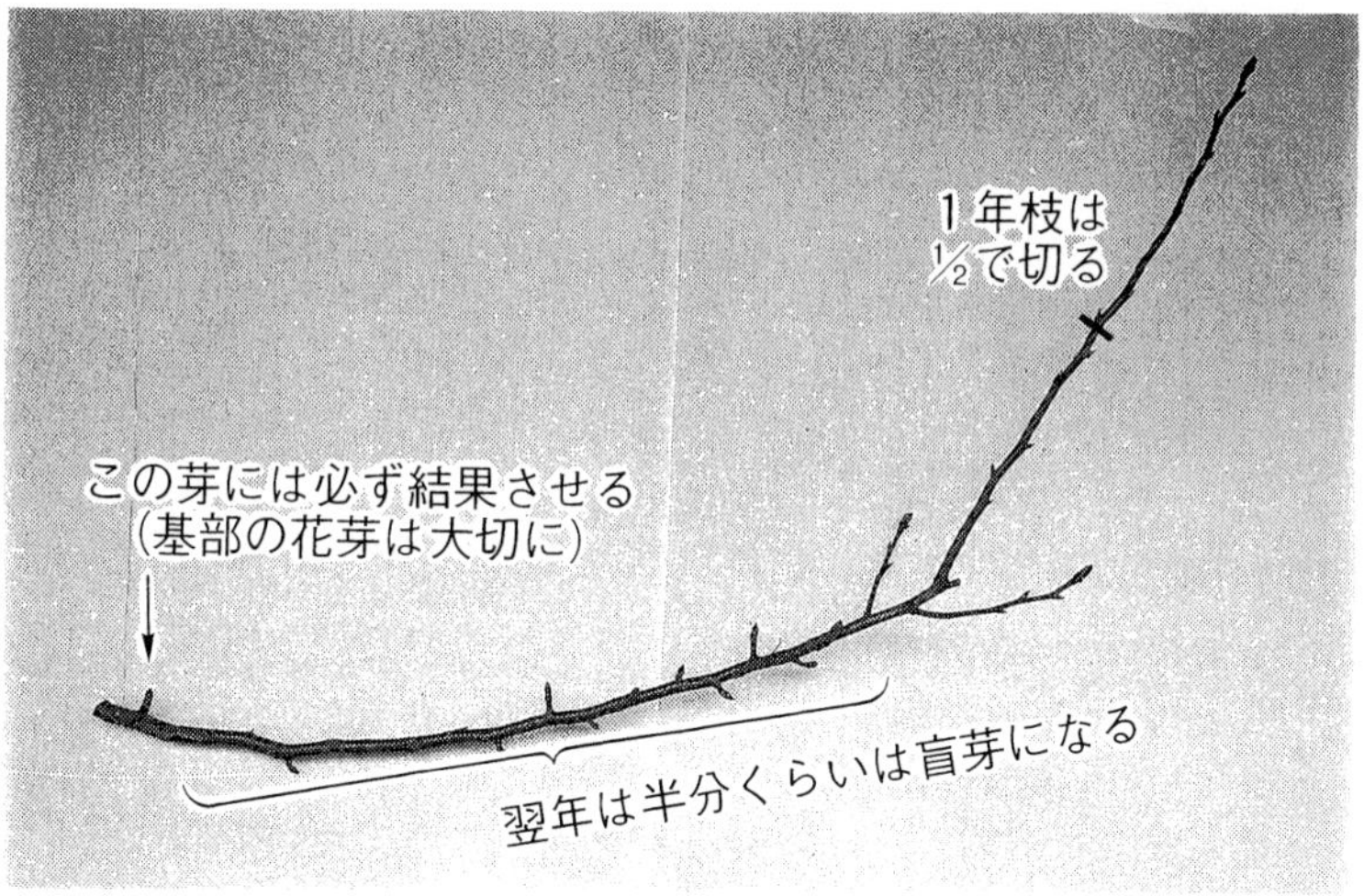
1年枝は
½で切る
この芽には必ず結果させる
(基部の花芽は大切に)
翌年は半分くらいは盲芽になる

図23　短果枝になった2年目の枝のせん定

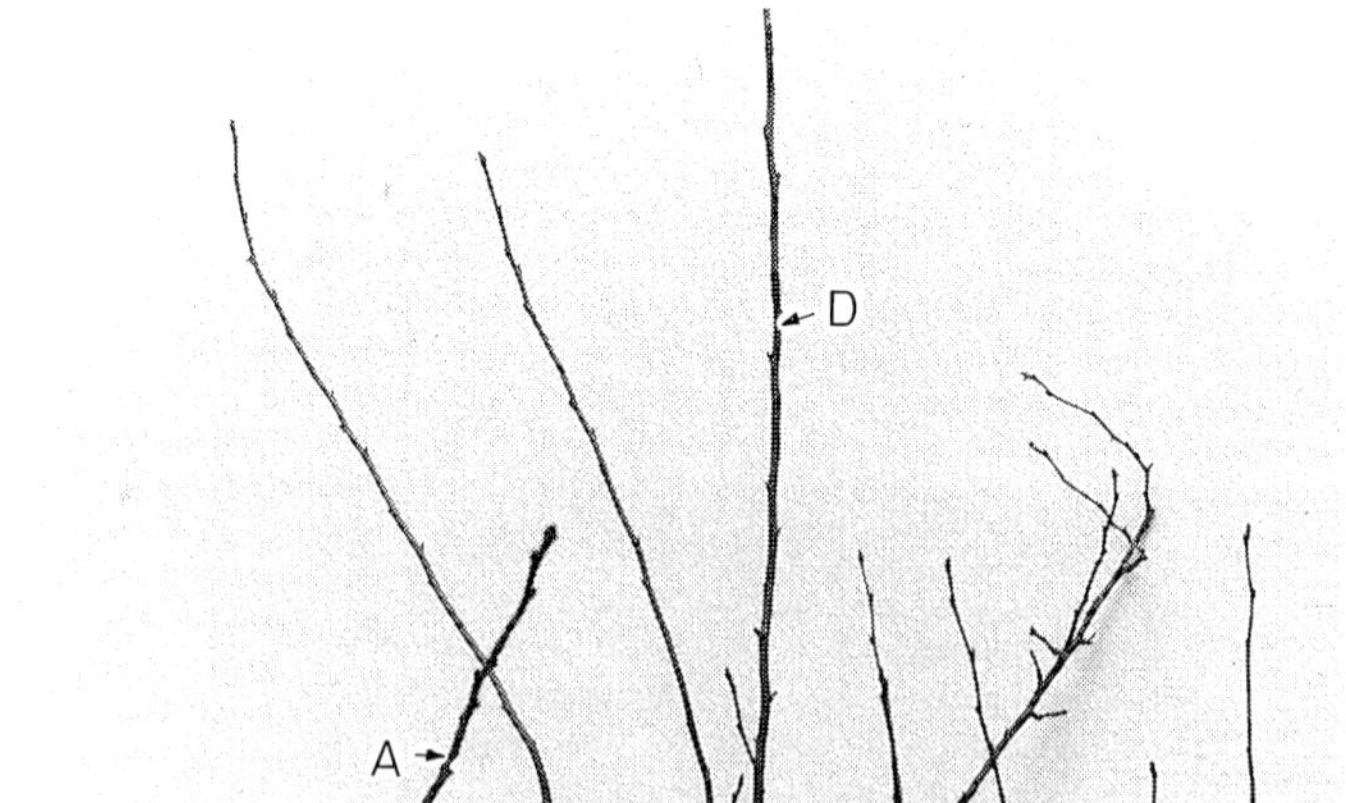
D
A
B
E
C

図25　幸水の二叉になった側枝のせん定

Aは間引き、Bの枝は基部で切り返し(／)、Cの枝を利用する。そのときに基部が太くなっているので、来年更新するならばD、E両方の枝を用いてもよいが、来年も利用したければDの長果枝だけ残して、Eは切る(⁄)
(側枝基部からの新梢発生を期待)

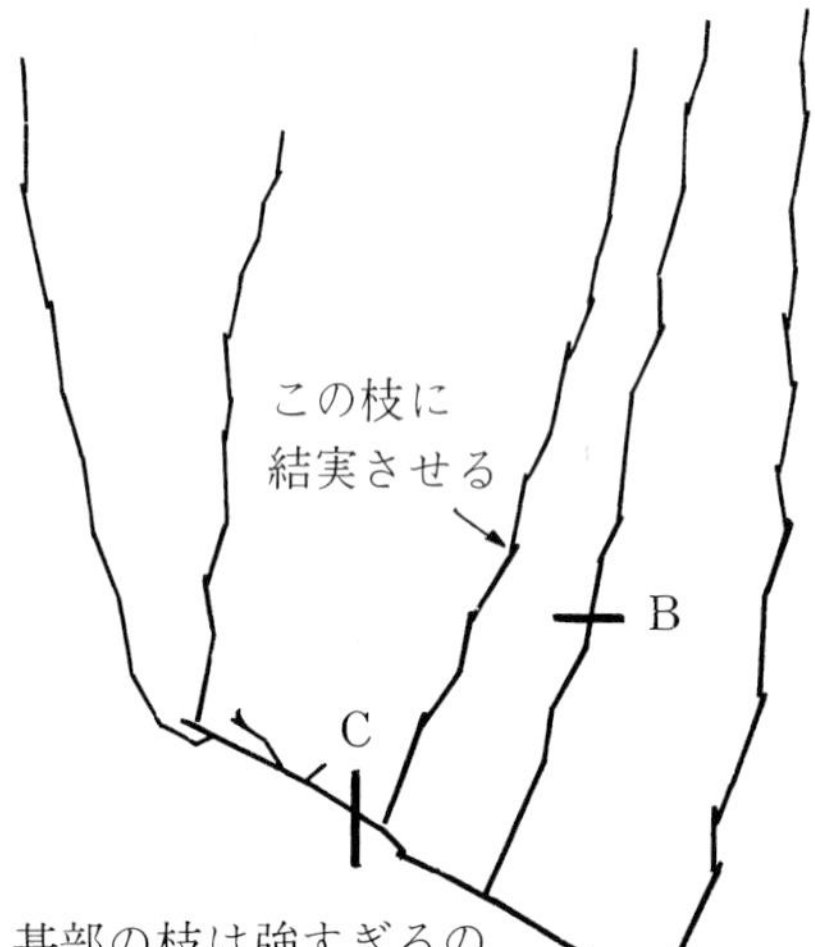
この枝に
結実させる
B
C
A
基部の枝は強すぎるのでAでせん除。Bで切り返して予備枝にし、Cで切って結実させる

図24　徒長枝がクシの歯状に発生した側枝(幸水)

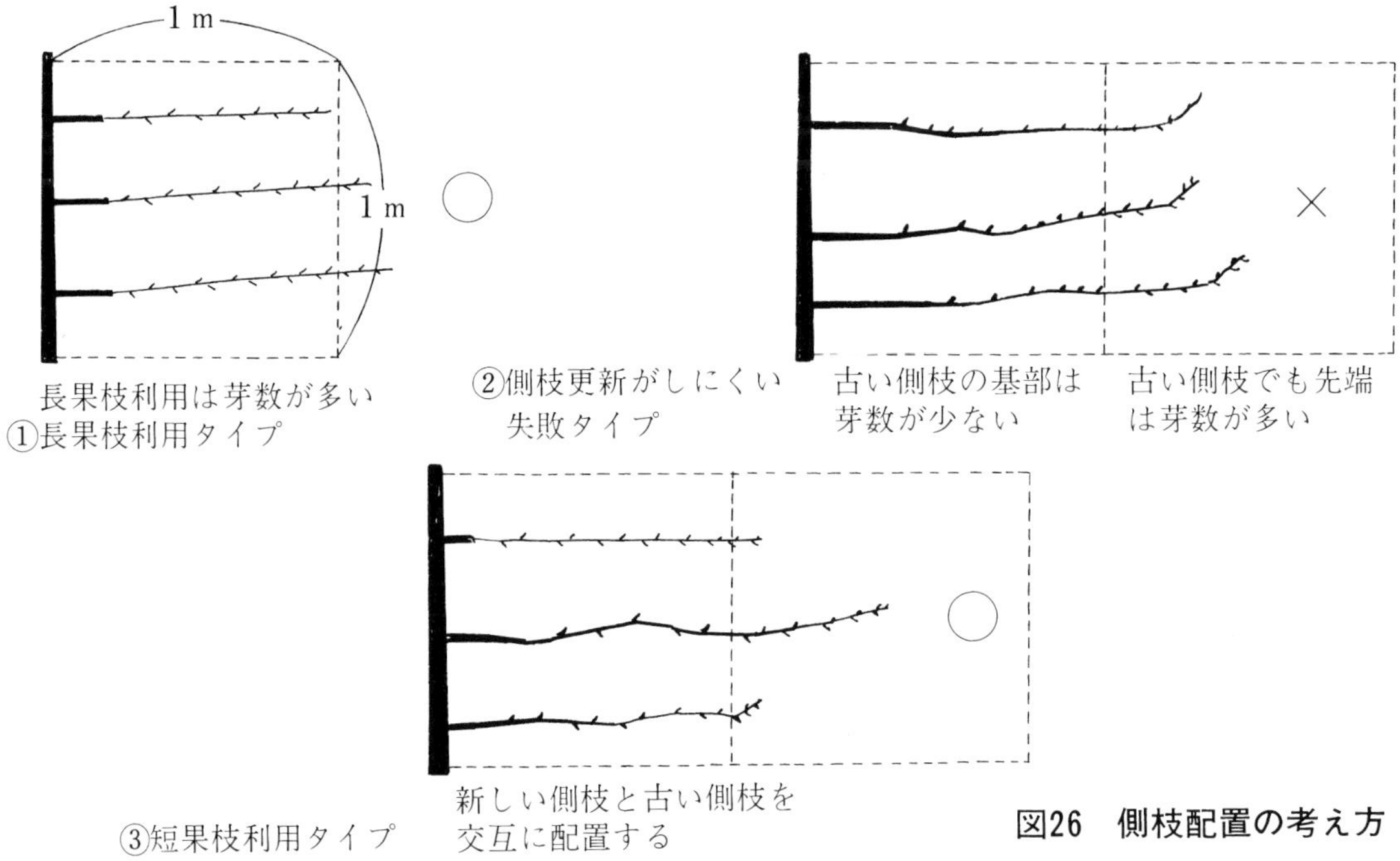
1 m
1 m
長果枝利用は芽数が多い
①長果枝利用タイプ
②側枝更新がしにくい
失敗タイプ
古い側枝の基部は
芽数が少ない
古い側枝でも先端
は芽数が多い
新しい側枝と古い側枝を
交互に配置する
③短果枝利用タイプ

図26　側枝配置の考え方

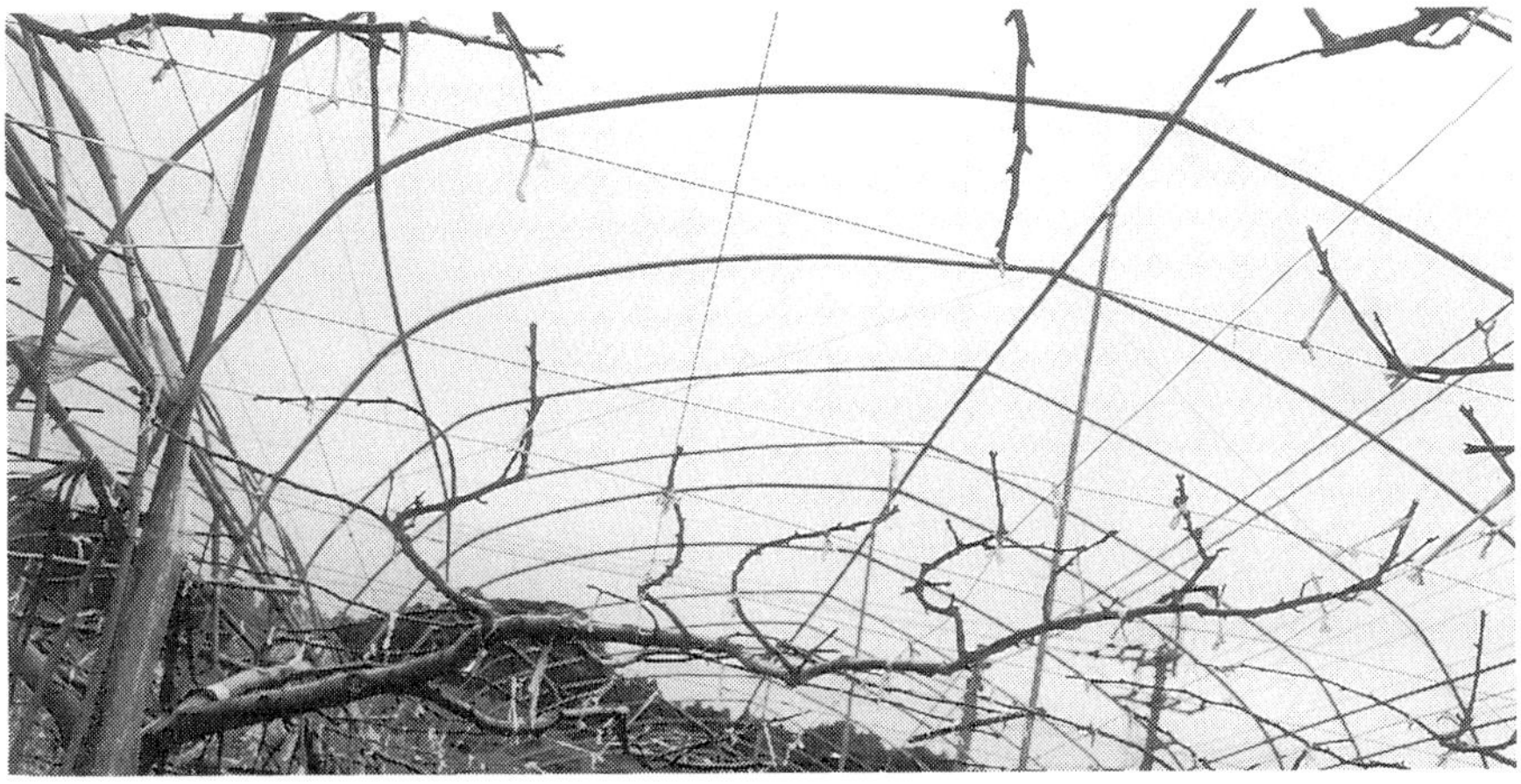

図27　適正な側枝配置
芽数のバラつきがないよう配置する。側枝の先端は必ず立てる

古い枝には芽がない

図28　枝が太く長くなっても芽数は増加しない
若い枝には5㎝間隔で芽があるが、古い枝には芽がない。古い枝が多くなると、葉数、新梢数が減少する。こんな側枝は枝元から切って更新する

ほどで、長さは八〇センチから一二〇センチ程度。理想的には基部直径に長さを掛けた値が一〇〇から一一〇程度の強さで、芽数が二〇芽前後、六個結果させられる枝がよい。長果枝は枝先二〜三芽を切り返して結実させる。

この長果枝は、二年目の冬には先端一〜二芽が伸び出して発育枝になるが、ほかは短果枝になる枝と、徒長枝が何本も伸び出してクシの歯状になった枝とに分かれる。

なお、幸水の一年枝でえき花芽が着いていない枝が残されるのは、主枝、亜主枝の先端だけと考えてよい。

短果枝を着けた二年目の枝　先端の発育枝を半分残して切り返し、結果枝に結果させると、三年目の冬には、結果させた部分の半分ぐらいは芽が劣化して盲芽になるが、切り返した発育枝に短果枝が着く。普通は二年しか利用しないので、この段階で更新する。しかし、基部近くに徒長枝があれば、もう一年使ってもよい。その場合は、枝先の発育枝の先端を一〜二芽切り返して使う。そして、徒長枝は完全な芽を二芽残して切り返し、予備枝として利用する。翌年は、予備枝から発生した発育枝を長果枝として利用できるので更新する。

クシの歯状に新梢が伸び出した二年目の枝　基部に近い新梢を予備枝扱いにして、その先に長果枝を一本残す。翌年は予備枝の位置までもどって更新してしまう。

もうひとつは、予備枝を残さずに二本とも長果枝として使い、翌年は基部の枝一本だけにして、短果枝を用いる方法がある。

側枝の更新　側枝の基部直径は三センチ以内で、基部から葉の発生位置までの長さ（いわゆるはげ上がり）が短い側枝がよい。年数を経て、太さが三センチ以上になり、基部が灰色ではげ上がりが長い側枝の果実は大きさ、品質ともバラつきやすい。こうした古くなった側枝は更新する。

予備枝で長果枝をつくる　幸水の一年枝には花芽が着きにくいので、徒長枝を予備枝として、そこから一メートルくらいの花芽の着いた発育枝を育て、これを翌年長果枝として利用する。この方法は図29に示した。

〈二十世紀〉

長果枝は利用しない　二十世紀の一年枝は時に応じて、中果枝程度の枝には結果させるが、長果枝として利用されることはほとんどない。したがって、二十世紀の一年

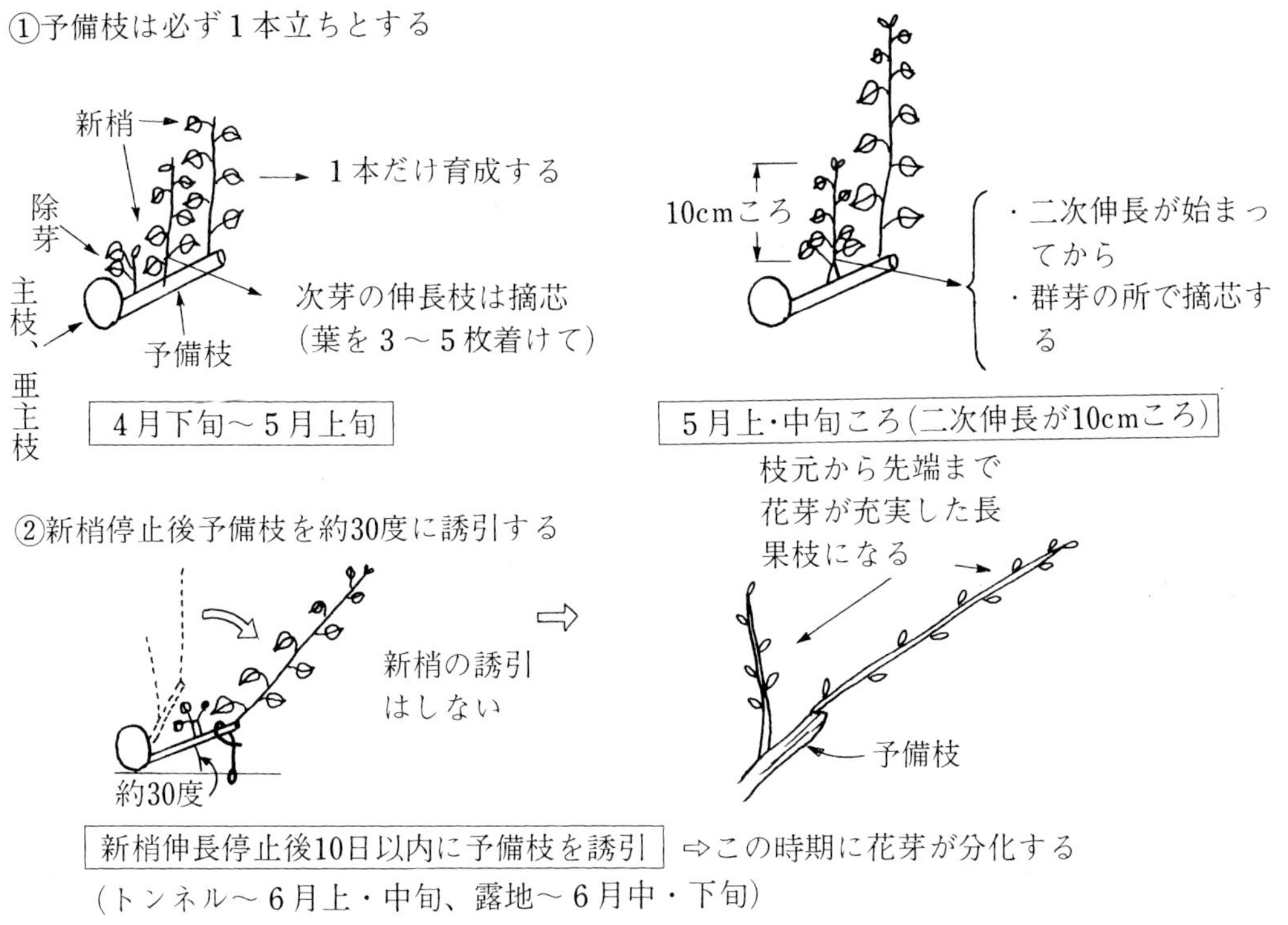
①予備枝は必ず1本立ちとする
新梢
1本だけ育成する
除芽
主枝、亜主枝
次芽の伸長枝は摘芯
(葉を3～5枚着けて)
予備枝
4月下旬～5月上旬
10cmころ
・二次伸長が始まってから
・群芽の所で摘芯する
5月上・中旬ころ(二次伸長が10cmころ)
枝元から先端まで
花芽が充実した長
果枝になる
②新梢停止後予備枝を約30度に誘引する
新梢の誘引
はしない
予備枝
約30度
新梢伸長停止後10日以内に予備枝を誘引
⇨この時期に花芽が分化する
(トンネル～6月上・中旬、露地～6月中・下旬)

図29　予備枝の育成

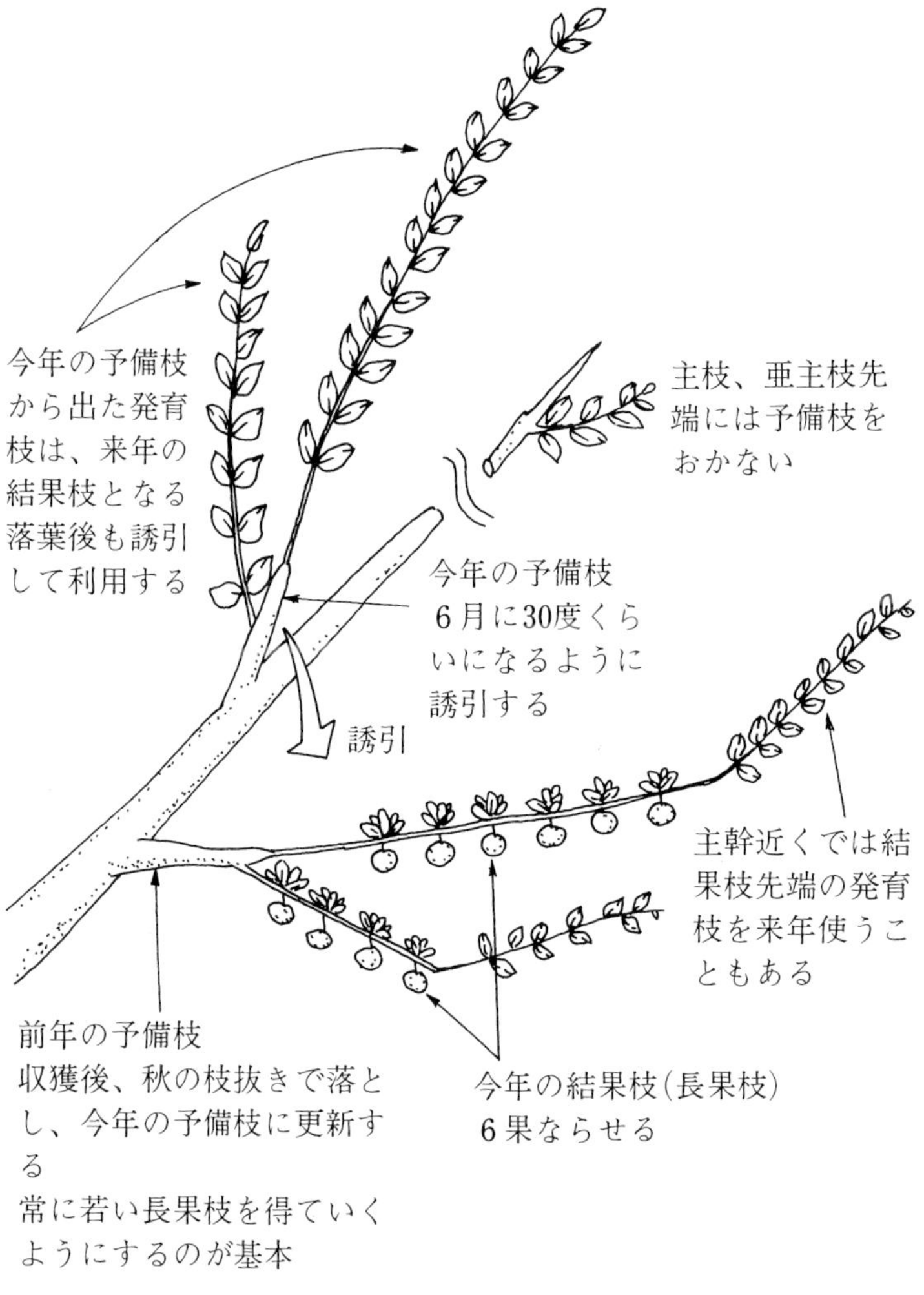
今年の予備枝
から出た発育
枝は、来年の
結果枝となる
落葉後も誘引
して利用する
主枝、亜主枝先
端には予備枝を
おかない
今年の予備枝
6月に30度くら
いになるように
誘引する
誘引
主幹近くでは結
果枝先端の発育
枝を来年使うこ
ともある
前年の予備枝
収獲後、秋の枝抜きで落とし、今年の予備枝に更新する
常に若い長果枝を得ていくようにするのが基本
今年の結果枝(長果枝)
6果ならせる

図30　予備枝は立てておく

図31　予備枝を用意して来年の長果枝を確実にとる

枝は、えき花芽の有無にかかわらず、枝の発生位置、発生角度がよければ残されるが、これは短果枝を着けるための予備枝であり、葉枝である。幸水と同じように短く切って発育枝を伸ばす方法もある。幸水では予備枝と呼ばれるが、二十世紀では発育枝の伸長を待つ、「マチ枝」と呼ばれている。

太枝から直接伸び出した枝と、マチ枝から発生した枝では、マチ枝から伸び出したほうの枝が強大化しにくい性質をもっているので長く使える。

年数に応じて先端一年枝を切り返す　一年枝の先端を充実部で切り返す。充実・不充実の判断は、枝の基部と先端を握って軽く力を入れて、曲がった所の頂点で切るように心がければ簡単である。たいていの場合には二二～二五芽の新梢の先端、四～五芽を落とすようになる。

二年目以降の先端の一年枝は、原則として前年の半分の芽数を残す長さで切れば間違いない。一年枝のときに二〇芽残ったとすれば次年の先端枝は一〇芽、その次は五芽残り、四年目には二～三芽になる（図32）。

側枝更新の目安　側枝の基部があまり大きくならずに、短果枝が維持できていれば五年、六年までは先端を二～三芽で止めて側枝を維持する。たいていの場合には側枝の基部が大きくなったり、基部の短果枝が伸び出したりしてはげ上がりが多くなるので、五年目ころから、手前の強い芽までもどり、更新にとりかかる。

二十世紀の側枝で一年短く切り返したらよい発育枝が伸び出したので、次の年には長く使う。逆に、少し弱ったので次は強く切り返すといった方法とか、定見なく空間におさまるように強く切りつめて利用すると、短果枝の質がそろいにくく、枝のはげ上がりも大きくなるのでよくない。

側枝基部が大きくなって、はげ上がり部分が五〇センチ以上になったり、徒長枝が三本以上発生したような側枝は、迷わず切る決断が必要である。

短果枝は、盲芽の整理程度にして、葉枝確保を図る。

〈豊水〉

豊水は短果枝、えき花芽ともに多く、枝数の多い品種である。小枝が極めて発生しやすく、側枝の維持は難しいが、更新はしやすい品種である。強い長果枝に結実させると変形果が多くなったり、縦溝果が多くなるので、

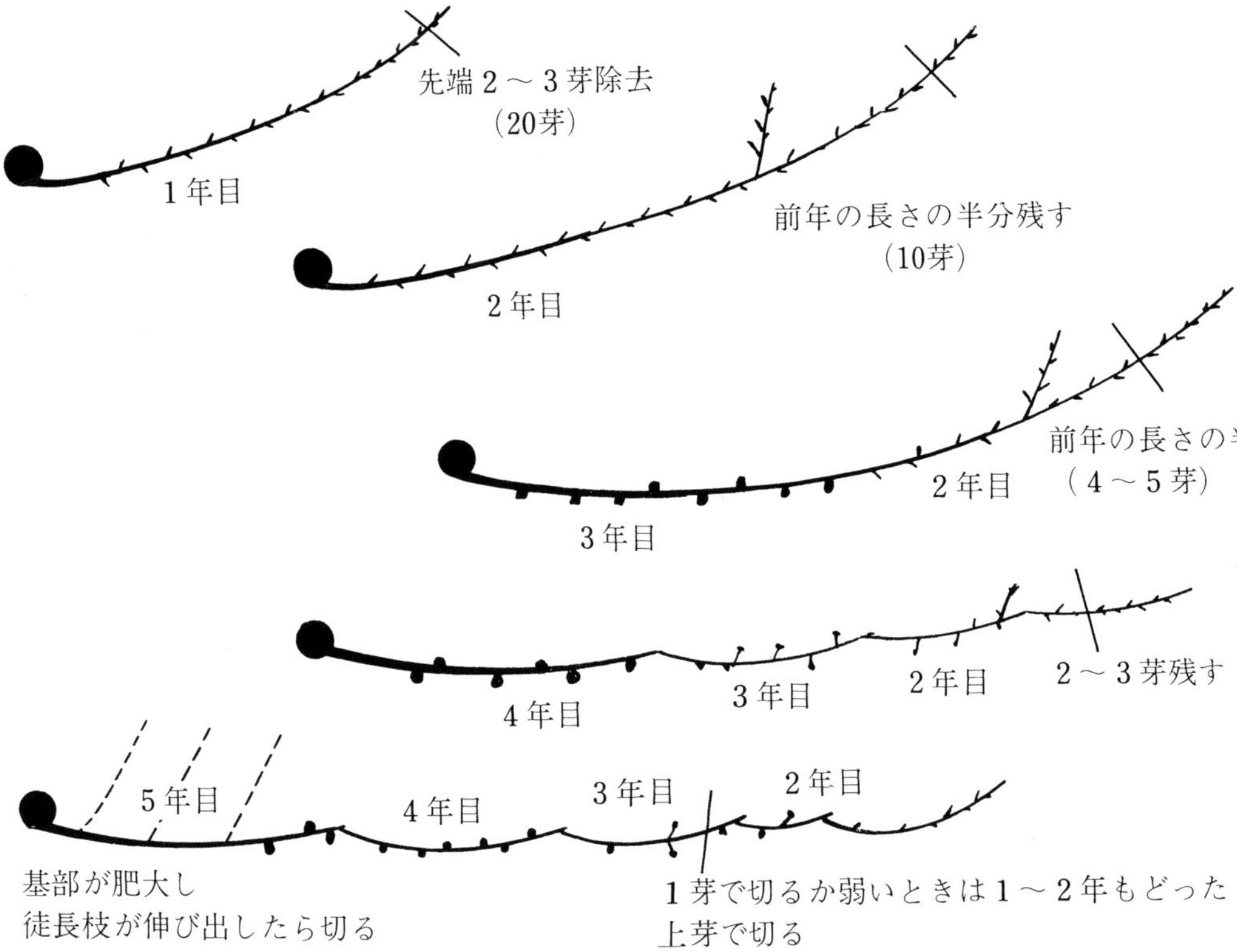
先端２～３芽除去
（20芽）
１年目
前年の長さの半分残す
（10芽）
２年目
前年の長さの半分
（４～５芽）
２年目
３年目
２～３芽残す
４年目
３年目
２年目
５年目
４年目
３年目
２年目
基部が肥大し
徒長枝が伸び出したら切る
１芽で切るか弱いときは１～２年もどった
上芽で切る

図32　二十世紀の側枝の扱い

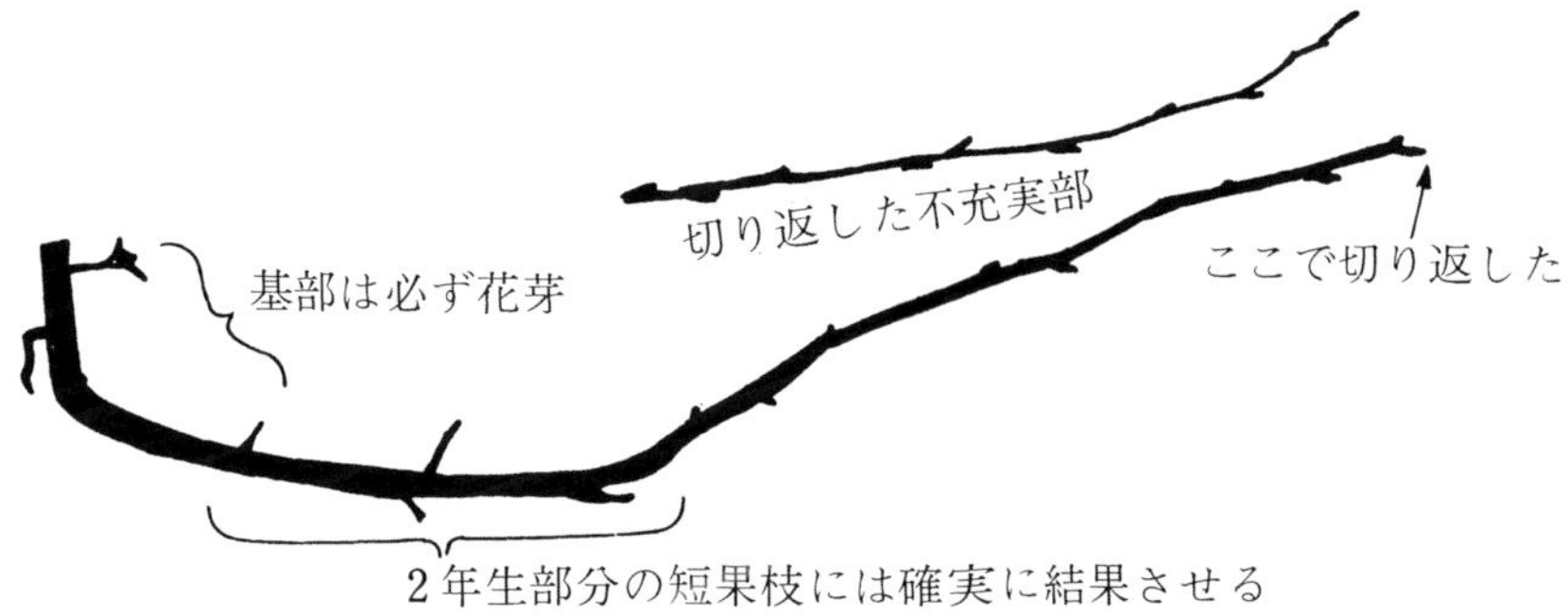
切り返した不充実部
基部は必ず花芽
ここで切り返した
２年生部分の短果枝には確実に結果させる

短果枝

図33　豊水の側枝の扱い
豊水の側枝の基部には必ず短果枝を着けて結実させる。また、基部に小枝や葉芽があったら除去する

主に短果枝に結果させる。

枝の取り扱いは幸水と二十世紀の中間と考えておけばよいが、必ず守ってほしいのは、二十世紀のところで述べたように、一年枝は曲げて充実部で切り返すことである。

豊水の場合には新梢の長さの半分が残ることはまれで、たいてい三分の二は切り落とすことになる。不充実部で切り返すと、必ず先端の発育枝が弱く伸びて、基部から強い徒長枝が伸び出してしまう。

それに加えて、予備枝から長果枝ができるだけでなく短果枝も着くので、その短果枝には必ず一～二個結果させる。

側枝、結果枝の誘引

枝の位置と誘引方向　主枝、あるいは亜主枝の長さを三等分して、先端に近い部分の側枝、長果枝は、主枝との角度を小さく、先端に向けて誘引する。

中ほどにある側枝、長果枝は主枝と直角になるように誘引する。

三等分したうちの元のほうは、主幹部に近い枝ほど、大きく強くなるので、主幹に向けて返し枝になるように誘引する。

以上のように誘引方向に差をつけるのは、先端は養水分の流れを強くして強化し、主幹部は逆に弱くして生育全体をそろえようとする方法である。主枝の中ほどから先のほうは誰が誘引してもそれほどちがわないが、基部の扱いによって収量・品質に大きな差ができる。

誘引のやり方　誘引するときは、側枝あるいは結果枝の基部は動かないように固定し、結果部分は、棚の縦線と横線の二カ所と交差するように誘引結束する。そうすれば、長果枝や側枝が弓なりになることはない。

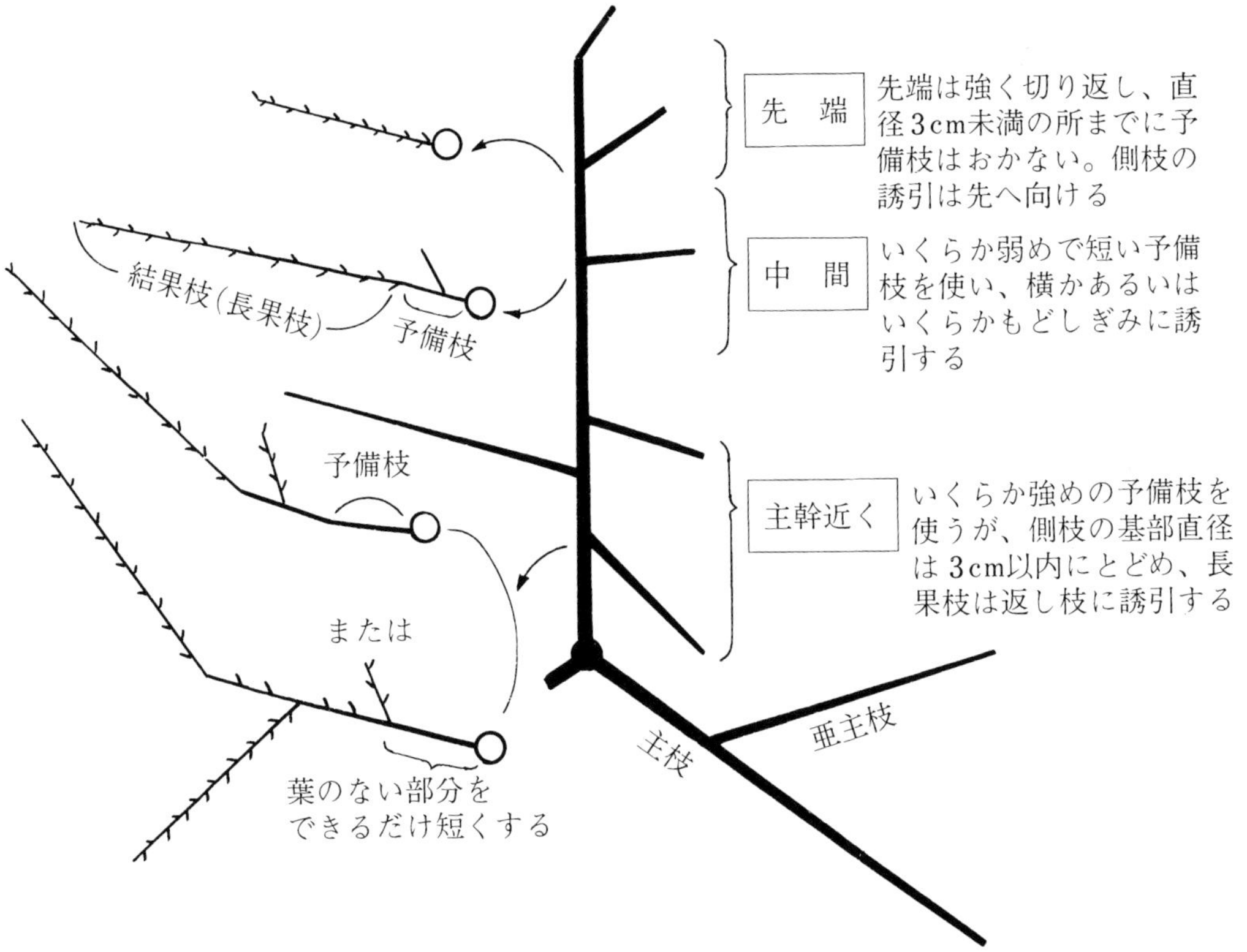
先端
先端は強く切り返し、直径3cm未満の所までに予備枝はおかない。側枝の誘引は先へ向ける
中　間
いくらか弱めで短い予備枝を使い、横かあるいはいくらかもどしぎみに誘引する
主幹近く
いくらか強めの予備枝を使うが、側枝の基部直径は3cm以内にとどめ、長果枝は返し枝に誘引する
結果枝(長果枝)
予備枝
予備枝
または
葉のない部分をできるだけ短くする
主枝
亜主枝

図34　側枝、結果枝の発生位置と切り方・誘引方法

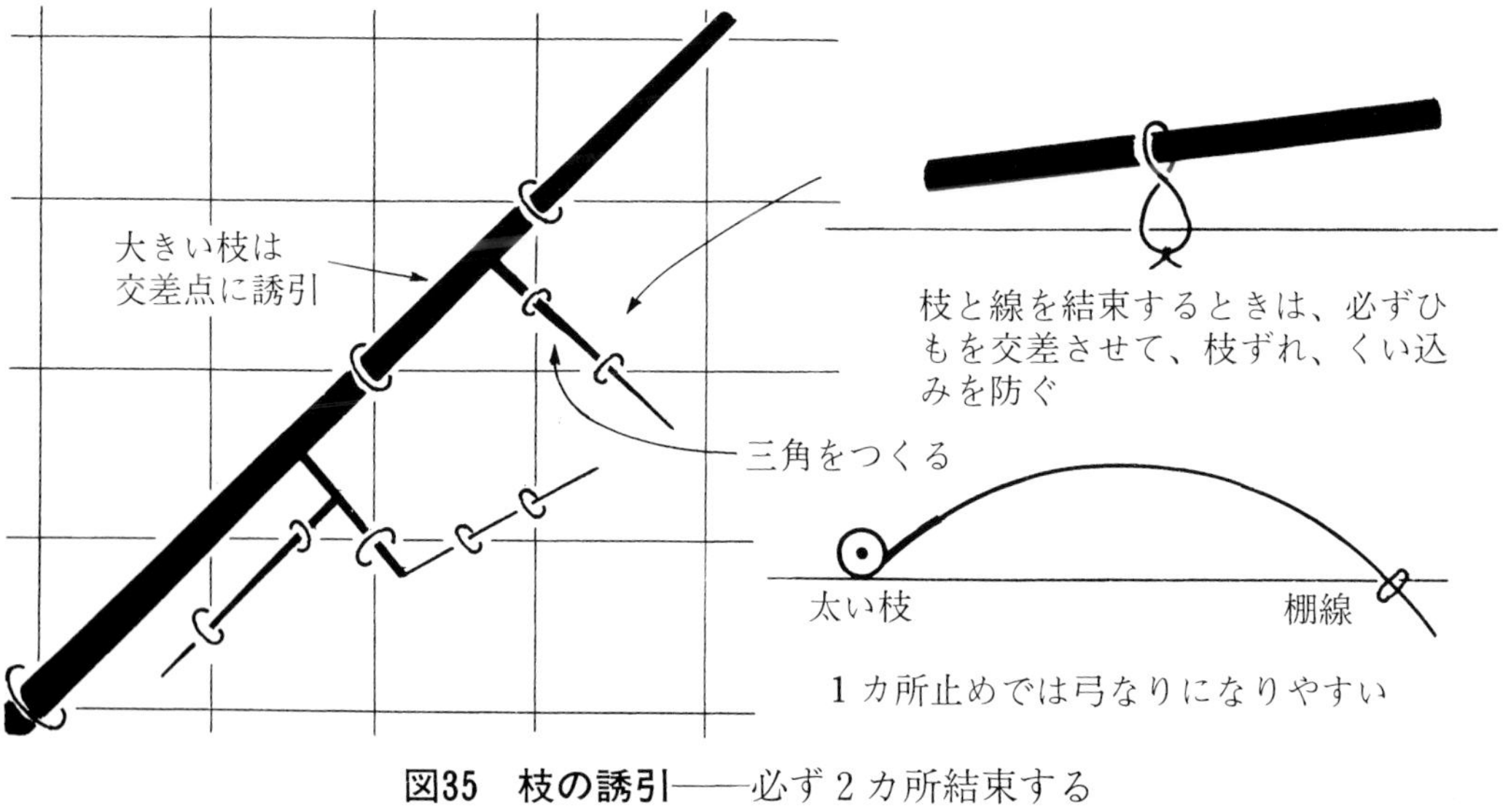
大きい枝は
交差点に誘引
三角をつくる
枝と線を結束するときは、必ずひもを交差させて、枝ずれ、くい込みを防ぐ
太い枝
棚線
1カ所止めでは弓なりになりやすい

図35　枝の誘引――必ず2カ所結束する

西洋ナシ

奥山　仁六

整枝・せん定のポイント

結果習性と花芽の着き方　西洋ナシは、リンゴと同じく三年枝に結果枝が着生し開花結実する。つまり、本年発生した新梢のえき芽が翌年伸長し、その頂芽が花芽となる。花芽の着き方は、品種によって異なるが、発育枝のえき芽に着きやすいのは、バートレットやウインター・ネリスなどで、ラ・フランスやフレミッシュ・ビューティー、グルモルソーはほとんどえき芽を着けない。

生育の特徴と枝の伸ばし方　若木時の生育特性としては、極めて旺盛で頂部優勢性が強く、そのため、先端の枝ほど伸びやすく徒長枝の発生も多い。また、旺盛に伸びた枝ほど先端の方には充実した芽を着けるが、基部の芽は、ほとんど発芽しにくいことから、基部がはげ上がりやすいので、切りつめの程度を強くする必要がある。

枝の分岐角度が狭いと裂開しやすく、発生位置が悪いと、すぐ強大になりやすいので、主枝から亜主枝などを分岐させるときには、側面から発生させた枝を使う。

品種と枝の性質

枝の発生や伸長は品種によって異なり、ラ・フランスでは、枝が硬く直立した角度の狭い枝が発生しやすいことから、フトコロの狭い樹形になりやすいので、比較的発生角度が広く開いた枝を用いる。ウインター・ネリスは、非常に硬く繊細で、下垂しやすいことから、主枝候補枝の育成に難点があるが、シルバーベルやパッス・クラサンは、太くて充実した枝が開いた角度で発生することから、扱いやすい性質をもっている。

立ち木仕立てと棚仕立て

西洋ナシは、「日本ナシ」より「リンゴ」に近い性質をもっているので、立ち木仕立てが一般的である。

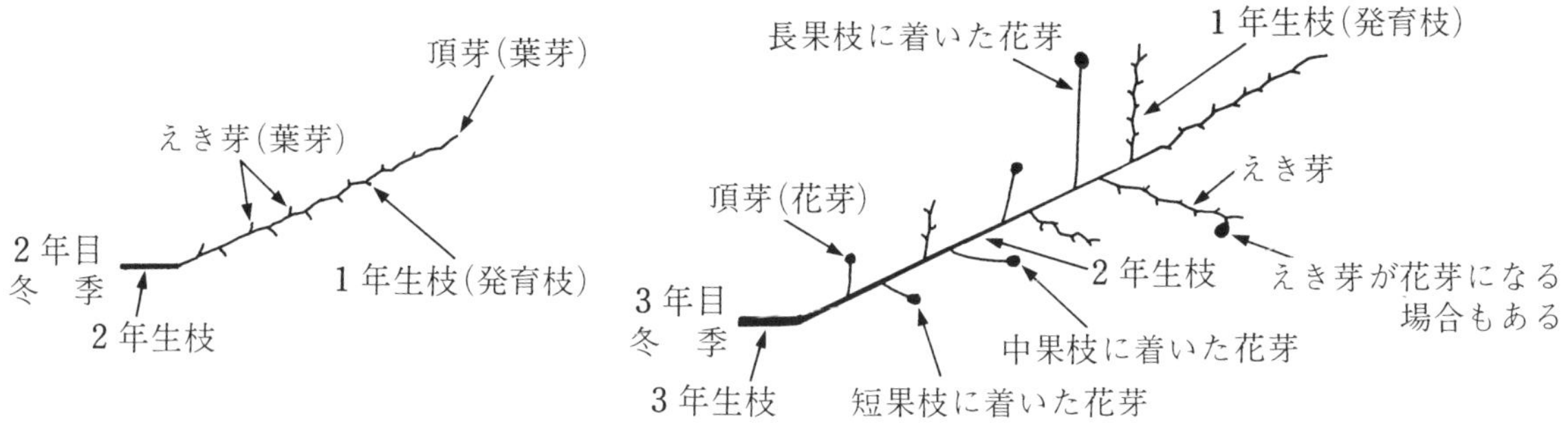
頂芽(葉芽)
えき芽(葉芽)
2年目
冬　季
1年生枝(発育枝)
2年生枝
長果枝に着いた花芽
1年生枝(発育枝)
えき芽
頂芽(花芽)
2年生枝
えき芽が花芽になる場合もある
3年目
冬　季
中果枝に着いた花芽
3年生枝
短果枝に着いた花芽

図1　西洋ナシの結果習性

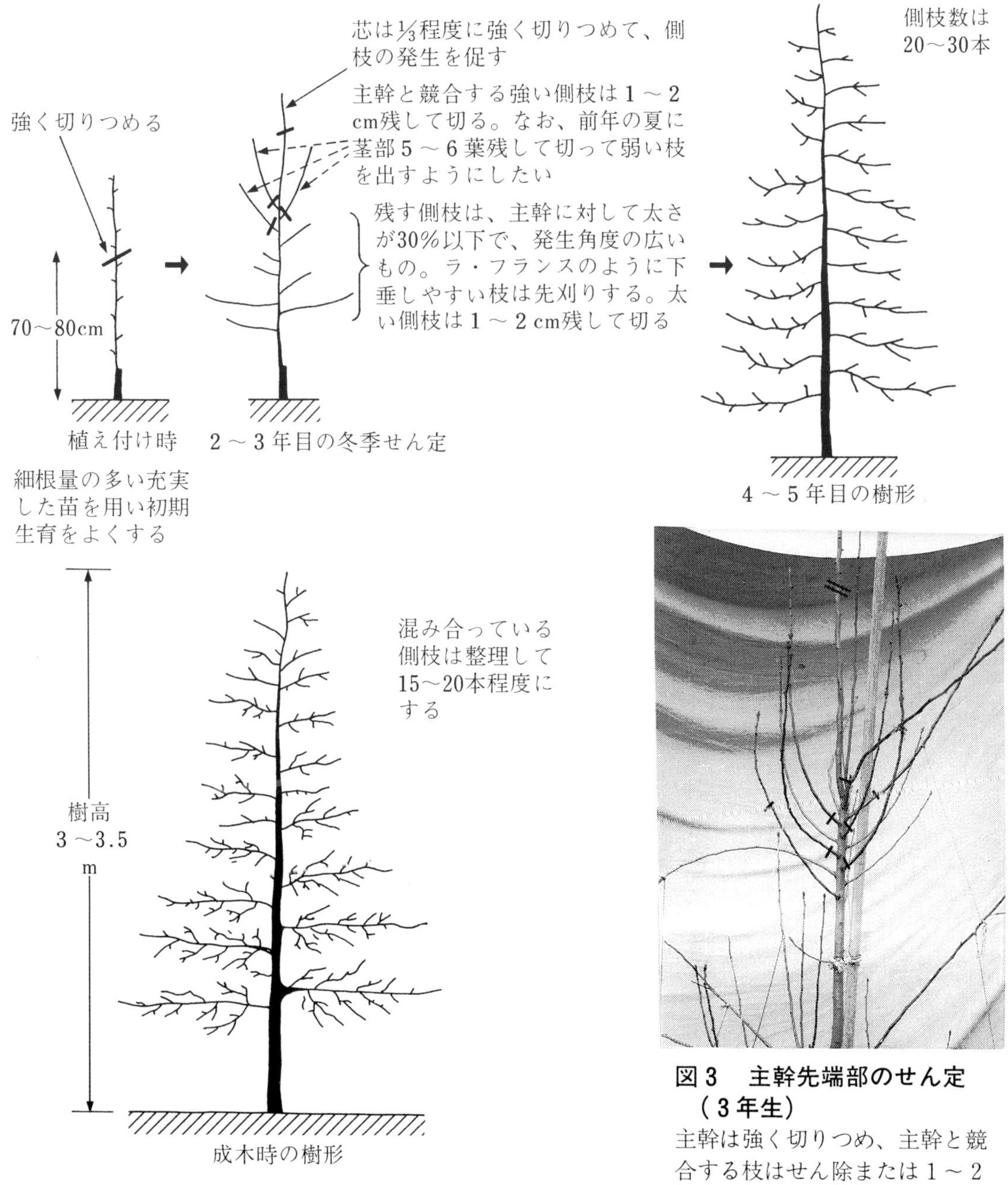
芯は⅓程度に強く切りつめて、側枝の発生を促す
主幹と競合する強い側枝は1～2cm残して切る。なお、前年の夏に茎部5～6葉残して切って弱い枝を出すようにしたい
強く切りつめる
残す側枝は、主幹に対して太さが30%以下で、発生角度の広いもの。ラ・フランスのように下垂しやすい枝は先刈りする。太い側枝は1～2cm残して切る
側枝数は
20～30本
70～80cm
植え付け時
2～3年目の冬季せん定
4～5年目の樹形
細根量の多い充実した苗を用い初期生育をよくする
混み合っている側枝は整理して15～20本程度にする
樹高
3～3.5
m
成木時の樹形

図2　主幹形仕立て

図3　主幹先端部のせん定（3年生）

主幹は強く切りつめ、主幹と競合する枝はせん除または1～2cm残して切る

立ち木仕立ては、立体的に結実するので平面的な棚仕立てよりも収量は多くなるが、幼木時の強せん定（骨格構成のため）などで樹間の広がりが狭くなり、そのため初期収量が棚仕立てよりも少なくなることから、栽植本数を多くしその欠点を補う。一方、棚仕立ては、棚を作るのに多額の費用を要するが、風の強い所や、マリゲリット・マリーラのような大果になる品種の栽培に適する。

主幹形の仕立て方

早期多収をねらった密植栽培では、主幹形が適し、植え付け本数を少なく樹を大きくして栽培する方法には開心形がよく、その中間的な樹形が変則主幹形となる。

主幹形の仕立て方　西洋ナシにおいても、わい性台木によるわい化栽培がなされ、主幹形に整枝されている。現在、一般的に使用されている台木はヤマナシ、マメナシ類の台木が使用されている。この仕立ては、主枝や亜主枝などの骨格枝をつくらないで、結果部位である側枝を幹に直接着けるため、密植ができることから早期多収となる。仕立て方は図2のように行なうが、側枝はできるだけ単純化し、切り返しをしながら発育枝の発生を促し若さを保つことがポイントである。

また、側枝の誘引は花芽の着生を促すうえで極めて重要な管理なので、春から六月にかけて徹底して行なう。

夏季せん定と管理　西洋ナシの特徴として、強く伸びた枝をそのままにしていくと頂部優勢性が強く、基部の芽がほとんど発芽しなくなったり、花芽の着きが悪くなるので、夏季せん定で手直しを行なう。

①　主幹から発生した側枝を冬季せん定で強く切りつめると、強く伸びて花芽の着生が遅れるので、側枝が発生したら夏季せん定して切りつめて、弱い副梢（二次伸長枝）を発生させるとよい（図5）。夏季せん定の時期は、切りつめた後に副梢が発生する、六月上旬に行なう。

②　幼木では、主幹の延長枝に対して強すぎる新梢は五〜六葉残して夏季せん定する（図2）。

③　側枝の誘引は、花芽の着生と結実の安定を図るうえに大切なので、立っている側枝は誘引する。誘引の角度は水平ないし三〇度を目安に、図4のように春先の早い時期に行なう。

棚仕立ての方法（図10参照）

図4　若木の側枝の誘引（主幹形、4年生樹）
立っている側枝を水平〜30°程度まで誘引し、花芽着生を促す

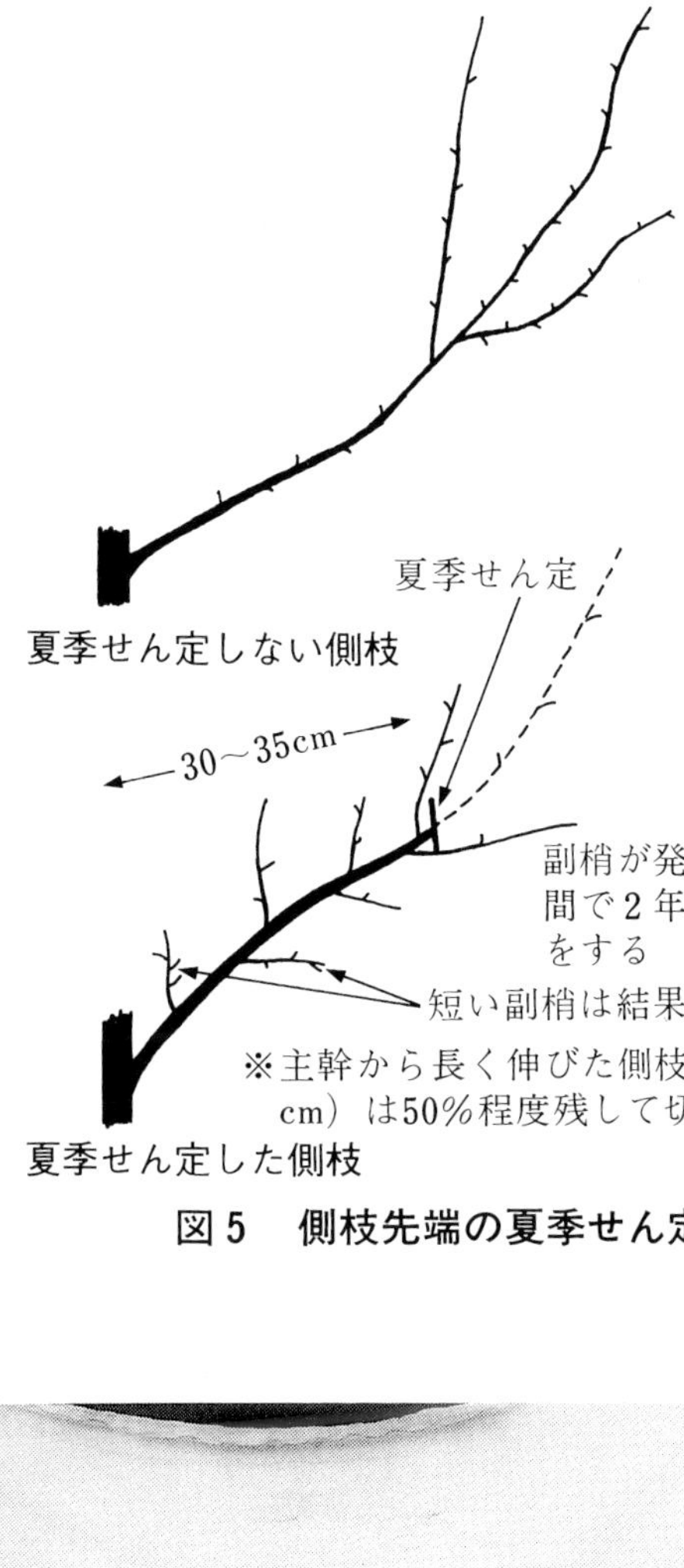
夏季せん定しない側枝
夏季せん定
30〜35cm
副梢が発生して1年間で2年間分の伸びをする
短い副梢は結果枝になる
※主幹から長く伸びた側枝（60〜70cm）は50%程度残して切りつめる
夏季せん定した側枝

図5　側枝先端の夏季せん定

せん定前

せん定後

図6　夏季せん定による徒長枝の整理(ラ・フランス、6年生樹)
延長枝で競合したり、途中から伸びた強い徒長枝は夏季せん定で整理する

図7　若木のせん定(主幹形、ラ・フランス、6年生樹)

せん定前　徒長的な枝の発生が少なくなり、中～短果枝がようやく着いてきた、樹勢安定初期の若木

せん定後　この時期には樹形の完成を急いで、主枝候補枝の整理を早めて強せん定となり、初期収量を遅らせている傾向が多いので、無理のない枝の整理を行なう

また、発育枝の先端を軽く切り返して、花芽の着生を促す

図8　側枝の発生角度と主幹形の仕立て方

悪い仕立て方　（ラ・フランス、6年生）側枝が直立し、結果枝の着生が悪い。このような樹姿になるとせん定だけでの樹形の改善が困難なので、側枝の誘引を徹底し、樹勢を落ち着かせてから、樹形を改善する

良い仕立て方　（ラ・フランス、6年生）側枝の発生角度が広く樹冠内部まで光が入るため、樹全体的に結果枝の着きがよい。徒長枝が結果枝の整理程度の軽いせん定でよい。（／）印はせん定した所

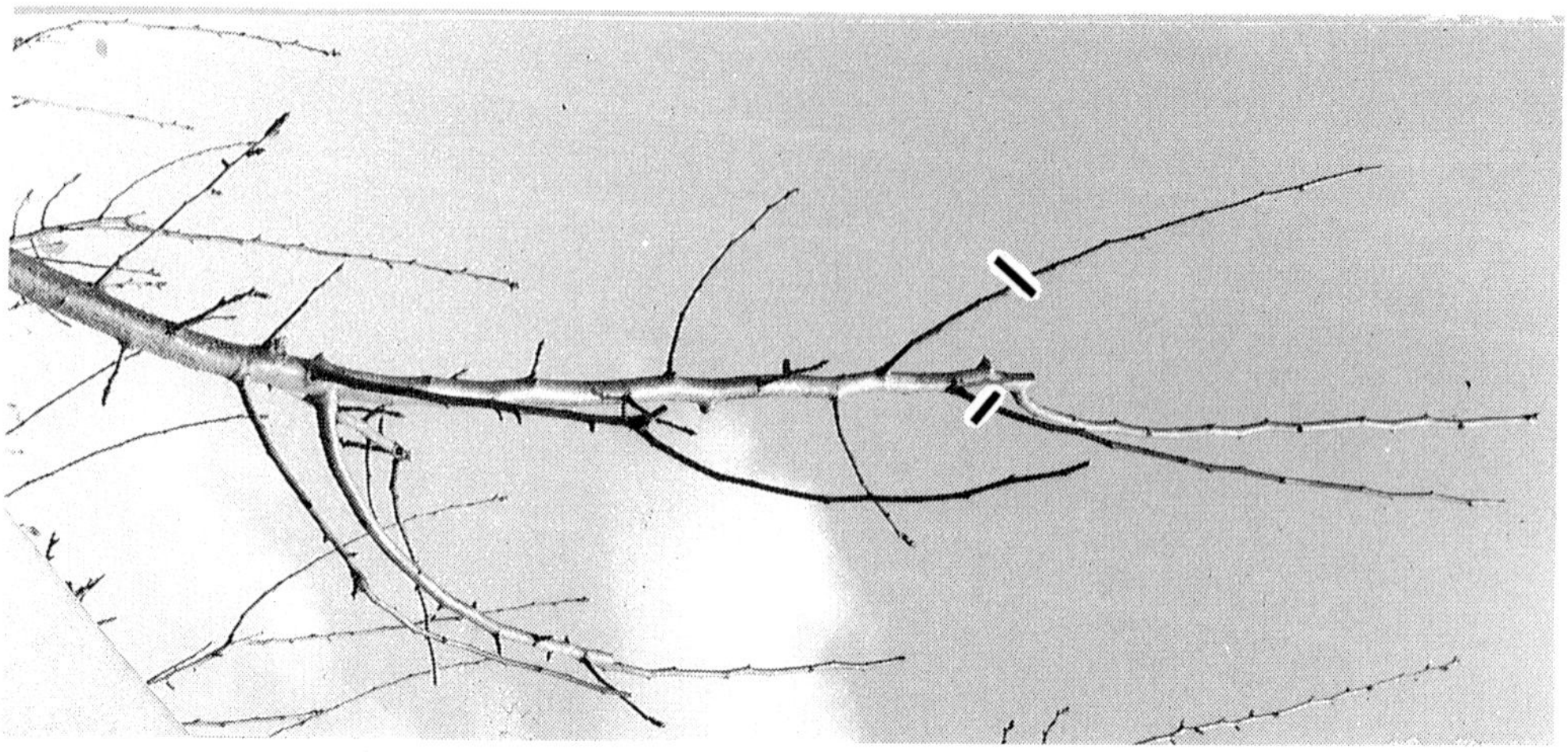

強勢樹　強すぎて、結果枝の着生が少ない側枝。先端の競合枝を間引く程度の弱小せん定

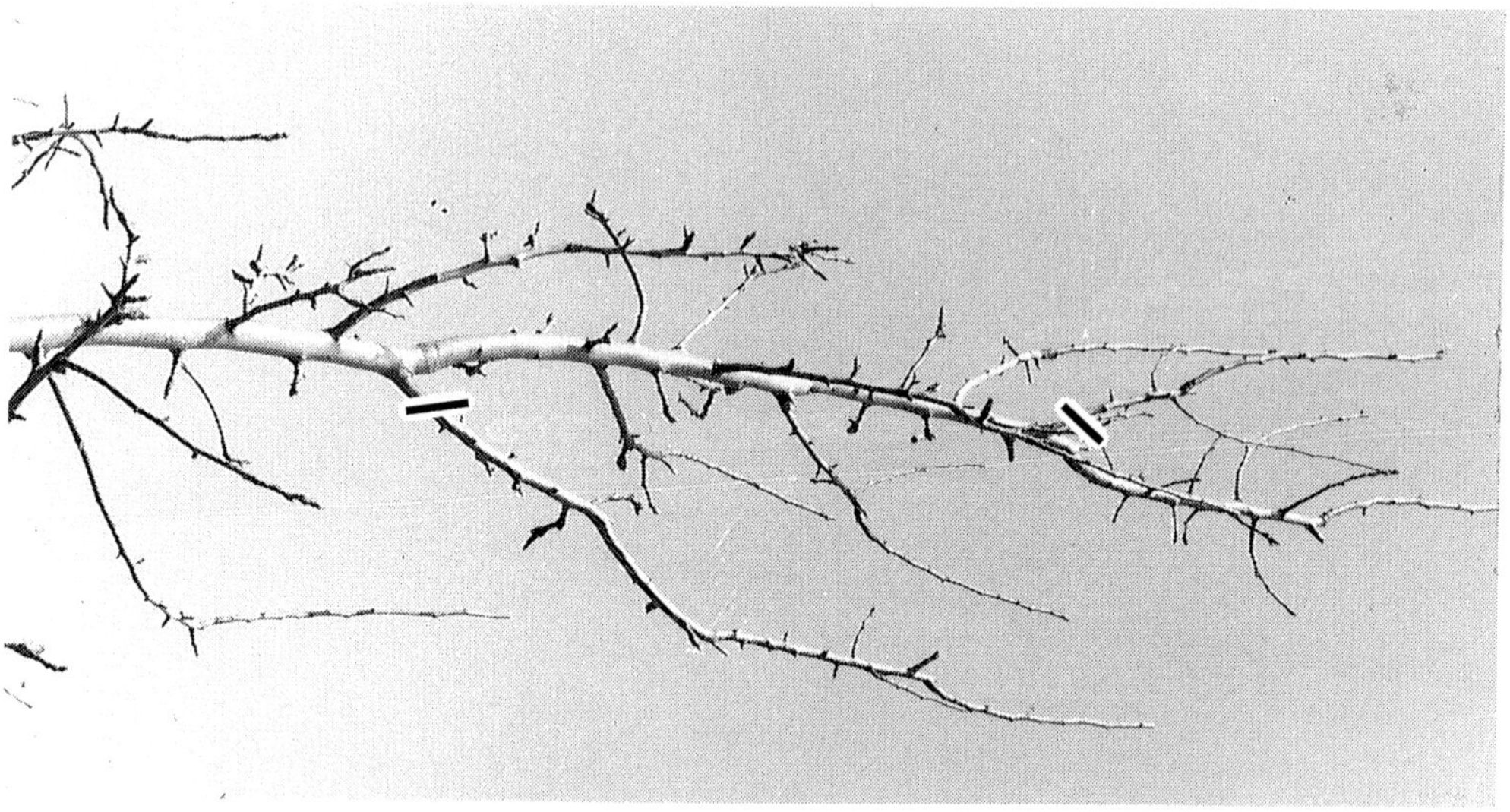

適勢樹　結果枝がビッシリ着いており良い果実が着く側枝。樹勢の安定維持程度で大きな枝を間引きせん定する程度

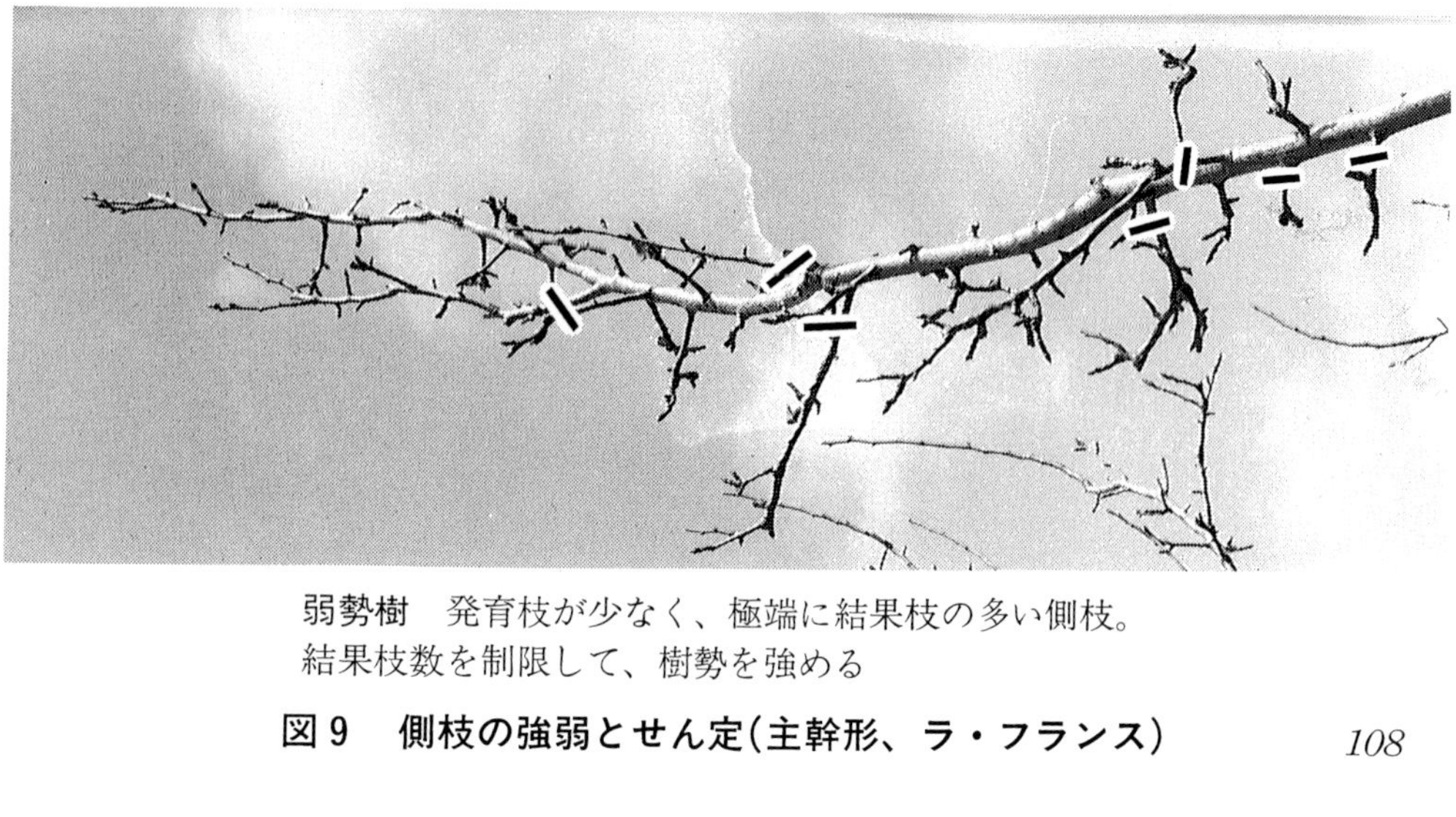

弱勢樹　発育枝が少なく、極端に結果枝の多い側枝。結果枝数を制限して、樹勢を強める

図9　側枝の強弱とせん定(主幹形、ラ・フランス)

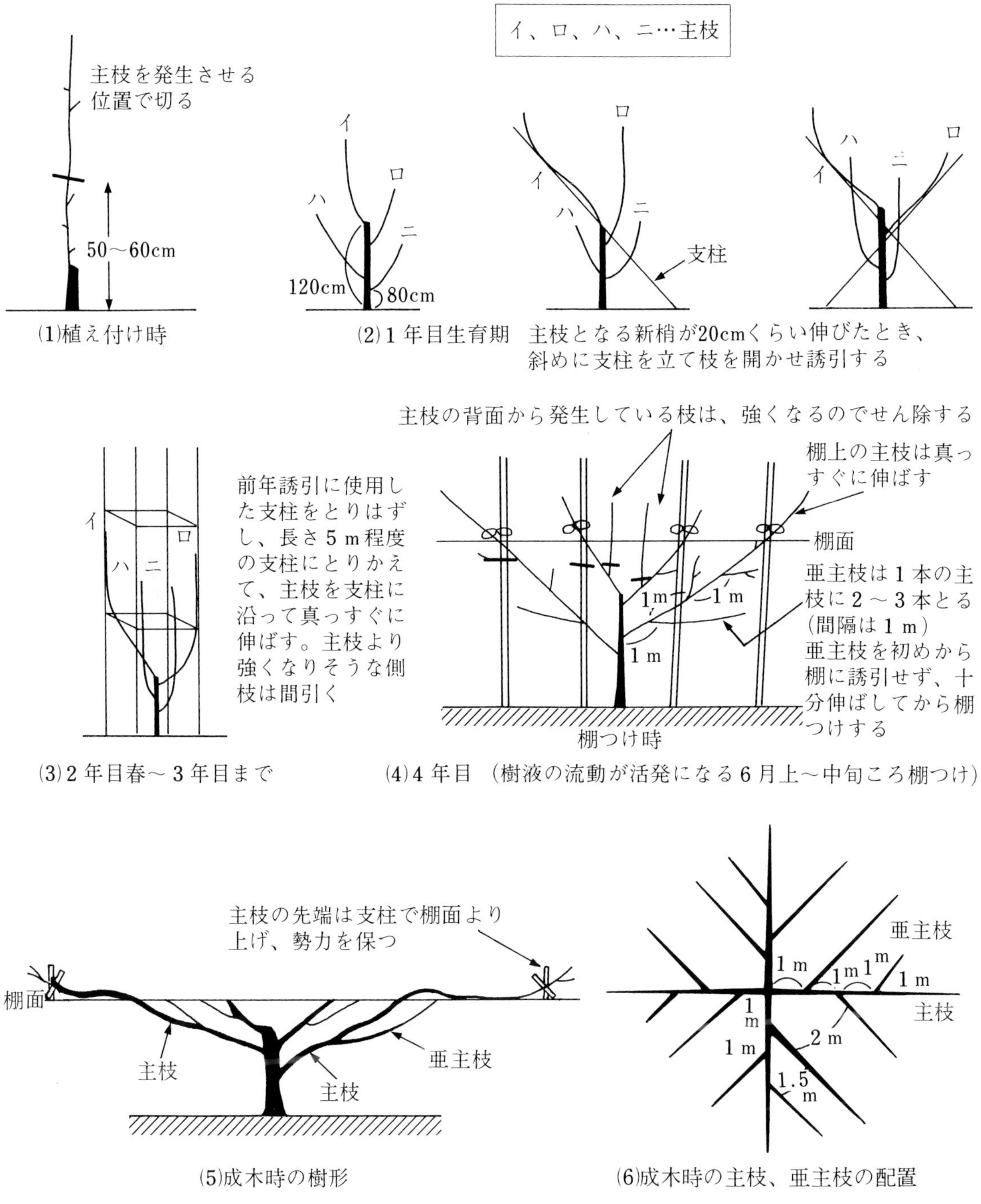
イ、ロ、ハ、ニ…主枝
主枝を発生させる位置で切る
50～60cm
(1)植え付け時
イ
ロ
ハ
ニ
120cm
80cm
支柱
(2) 1 年目生育期　主枝となる新梢が20cmくらい伸びたとき、斜めに支柱を立て枝を開かせ誘引する
前年誘引に使用した支柱をとりはずし、長さ５m程度の支柱にとりかえて、主枝を支柱に沿って真っすぐに伸ばす。主枝より強くなりそうな側枝は間引く
(3) 2 年目春～ 3 年目まで
主枝の背面から発生している枝は、強くなるのでせん除する
棚上の主枝は真っすぐに伸ばす
棚面
亜主枝は１本の主枝に２～３本とる（間隔は１m）
亜主枝を初めから棚に誘引せず、十分伸ばしてから棚つけする
1m
1m
1m
棚つけ時
(4) 4 年目（樹液の流動が活発になる６月上～中旬ころ棚つけ）
主枝の先端は支柱で棚面より上げ、勢力を保つ
棚面
主枝
主枝
亜主枝
(5)成木時の樹形
亜主枝
主枝
1m
1m
1m
1m
1m
1m
1m
2m
1.5m
(6)成木時の主枝、亜主枝の配置

亜主枝は、主枝の分岐部より１mくらい離れた側面から出た枝を交互に１m間隔で２～３本とる
側枝は、亜主枝に60cmくらいの間隔で交互に着け、長大にならないよう３～４年で更新を繰り返す

図10　棚仕立て

モモ

遠藤　久

モモの結果習性

モモ、クリ三年カキ八年と古くから言われているように、モモは接ぎ木から三年目には結実するが、これは花芽がその年に伸びた枝に、しかも伸びながら分化（七月上旬ころから）するためである。

しかも、かなり生育の旺盛な枝にも花芽が着くので、花粉のある品種（白鳳、および白鳳系品種、ゆうぞらなど）については結果樹齢が早くなる。

ブドウ、カンキツなどと異なり、花芽は前年にほぼ完全に分化しているが、花粉粒は蕾がふくらみながら減数分裂し、分化するので花の器官の中ではもっとも分化の遅いものである。

モモの品種の中には花粉のないものもあるので（白桃、砂子早生、倉方早生など）、これらは人工受粉をしないかぎり安定結実は望めない。

仕立て方の考え方

二ないし三本主枝の開心自然形仕立てが一般的な仕立て方として普及している。

主枝間の勢力バランスを考慮すると、三本主枝より二本主枝の仕立て方が採用しやすい。

最近は早期成園化技術や低樹高栽培技術としての仕立て方が検討されている。

ここでは前半を開心自然形仕立てを、後半は低樹高栽培としての仕立て方を紹介する。

開心自然形の特徴

①枝の大きさや発生順に主枝、亜主枝、側枝、結果枝を自然に配置しているので、養分の流れが円滑で、樹形の維持が容易である。

②太い枝の数が少なく、管理作業がしやすい。

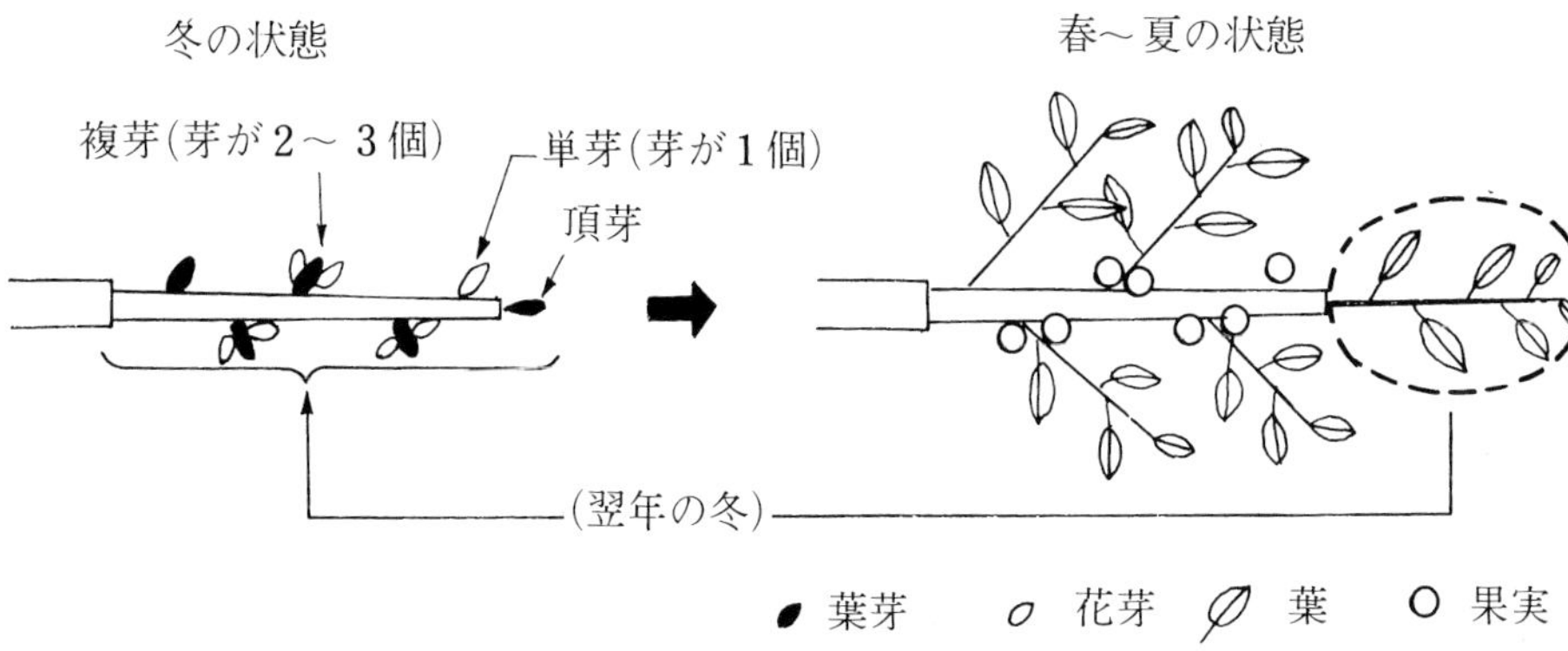
冬の状態
春〜夏の状態
複芽(芽が2〜3個)
単芽(芽が1個)
頂芽
(翌年の冬)
葉芽
花芽
葉
果実

図1　モモの結果習性
前年の夏、新梢の葉えきに花芽がつくられ、翌年開花結実する

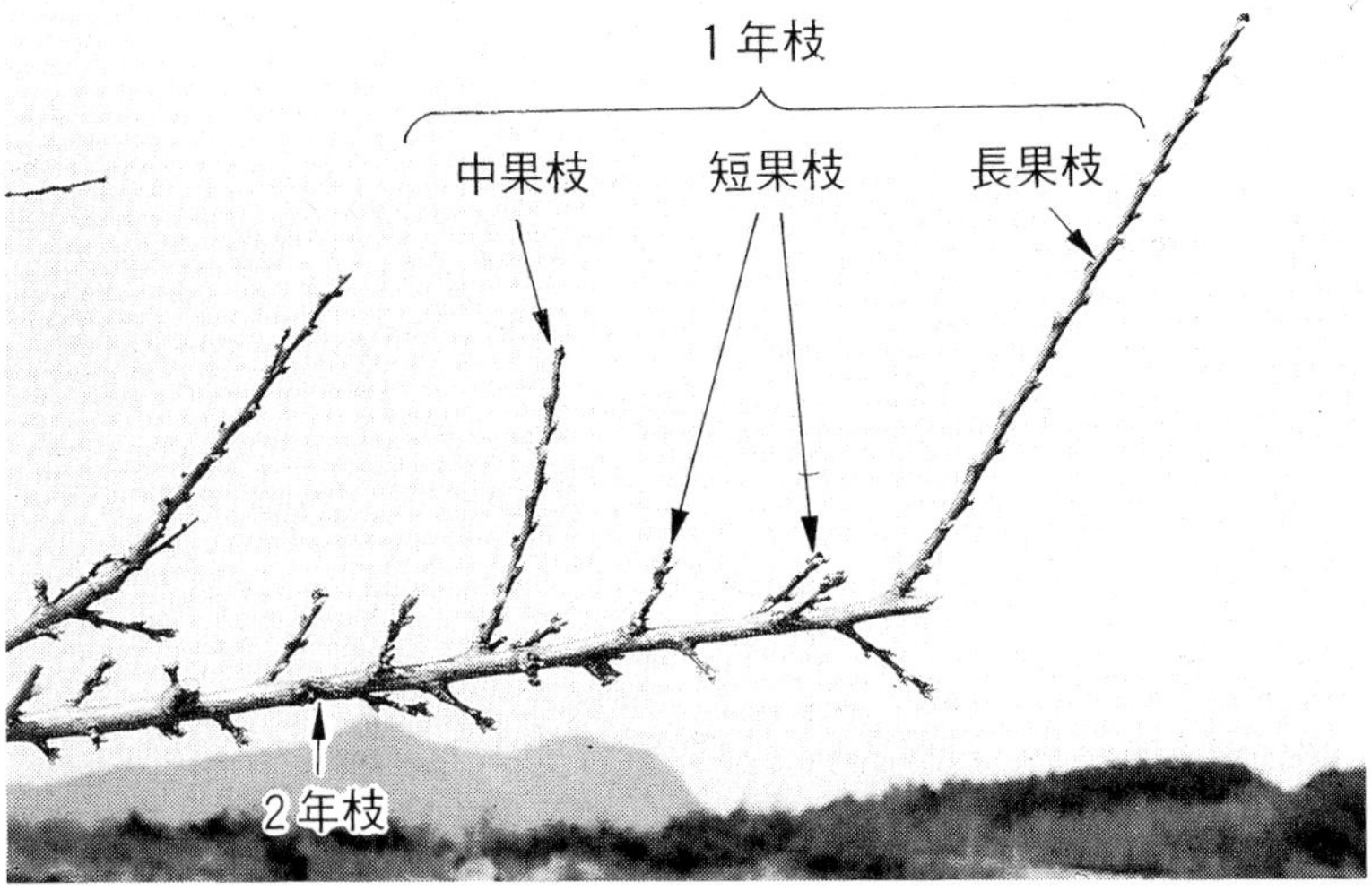
1年枝
中果枝
短果枝
長果枝
2年枝

図2　モモの2年枝
2年枝には結実し、先端に結果枝、それ以外に中果枝ができている

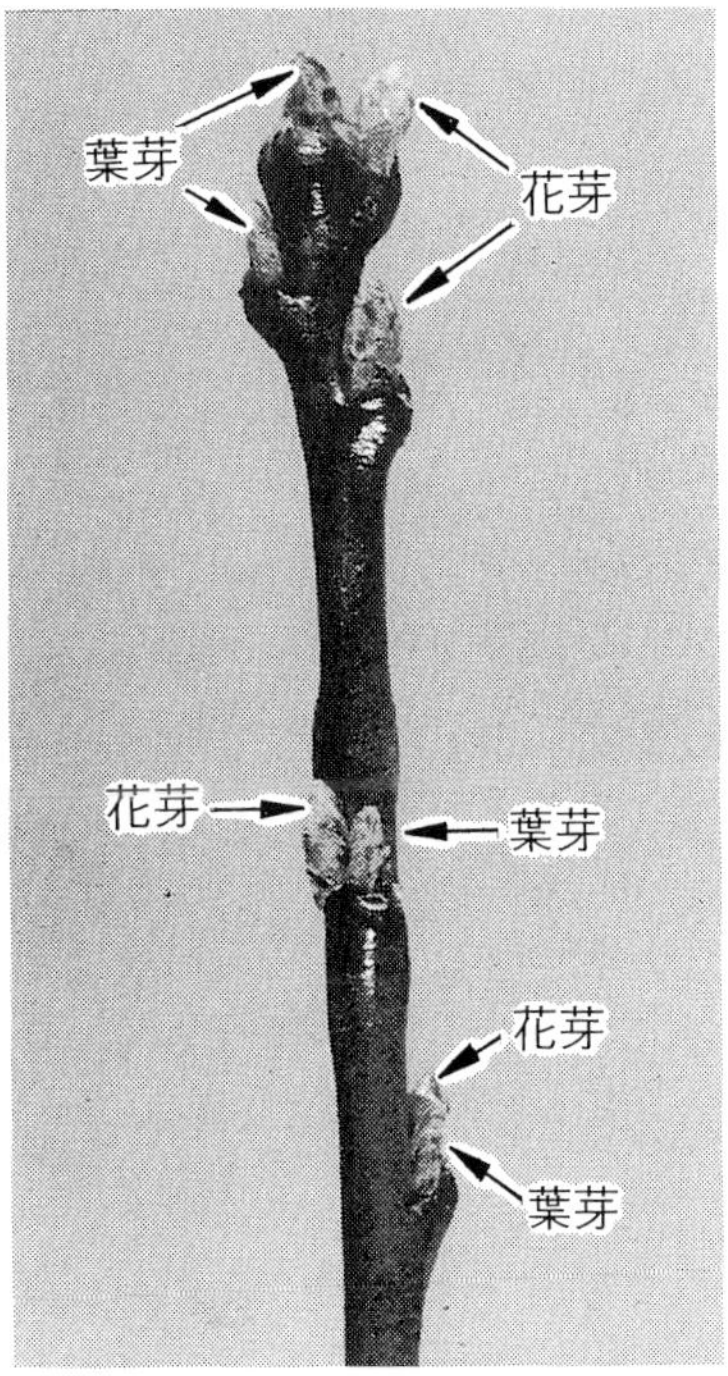
葉芽
花芽
花芽
葉芽
花芽
葉芽

図3　モモの芽の着き方
葉芽は細くとがり、花芽は丸くて大きい

③主枝、亜主枝を外側に向けて斜めに伸ばしながら樹冠を広げ、樹の中心部に空間をつくり、樹冠内部の日当たりを良好にし、結果面を立体的維持しやすい。

以上の点が開心自然形の大きな特徴であり、基本である。

成木になっても骨格の基本はくずさないような管理が重要である。

開心自然形の仕立て方

苗木の切り返し　一年生苗を植え付けた場合の切り返しは、苗木の生育状態を見て決めるが、苗木の色が褐色に変わっている位置までが充実しているので、その付近の葉芽がある所でよい。

生育の悪い苗木の場合は、三〇センチ以下の思いきり低い位置の葉芽で切り返し、一芽だけを伸長させ、それから副梢を多発させるようにすればよい。

主枝の選定と育成　苗木を切り返すと生育期に強い新梢が発生するので先端の新梢はそのまま伸ばし、第二主枝候補枝とするが、主枝候補枝の延長を妨げる恐れのある枝は、ねん枝または摘芯により生育を抑制しておく。

二年目に地面から三〇～五〇センチの位置で、第二主枝の反対方向の枝（新梢または二年枝の弱めなもの）を第一主枝候補枝として育成する。

三年以後は不要な枝はせん除し、竹などを添えて主枝候補枝の延長を図り、主枝を確立する。主枝候補枝は、骨格となる枝のため切り返しをやや強めにし、太くしっかりした枝につくる必要がある。

亜主枝の選定と育成　第二主枝から先に第一亜主枝を構成するが作業性を考慮し、地上一メートル付近の高さから、主枝に対して横または斜め横に配置し、主枝のフトコロをなるべく広くする。

第一主枝からの亜主枝は、第二主枝の第一亜主枝より一年遅れてつくる。第二主枝の第一亜主枝と反対の方向で、地上一メートル付近の高さに配置する（主枝の裏側から見れば同一方向）。

第二亜主枝は、第一亜主枝から一メートル以上離れた反対方向に配置する。

亜主枝の構成は植え付け五年から六年目には完成するように努める。

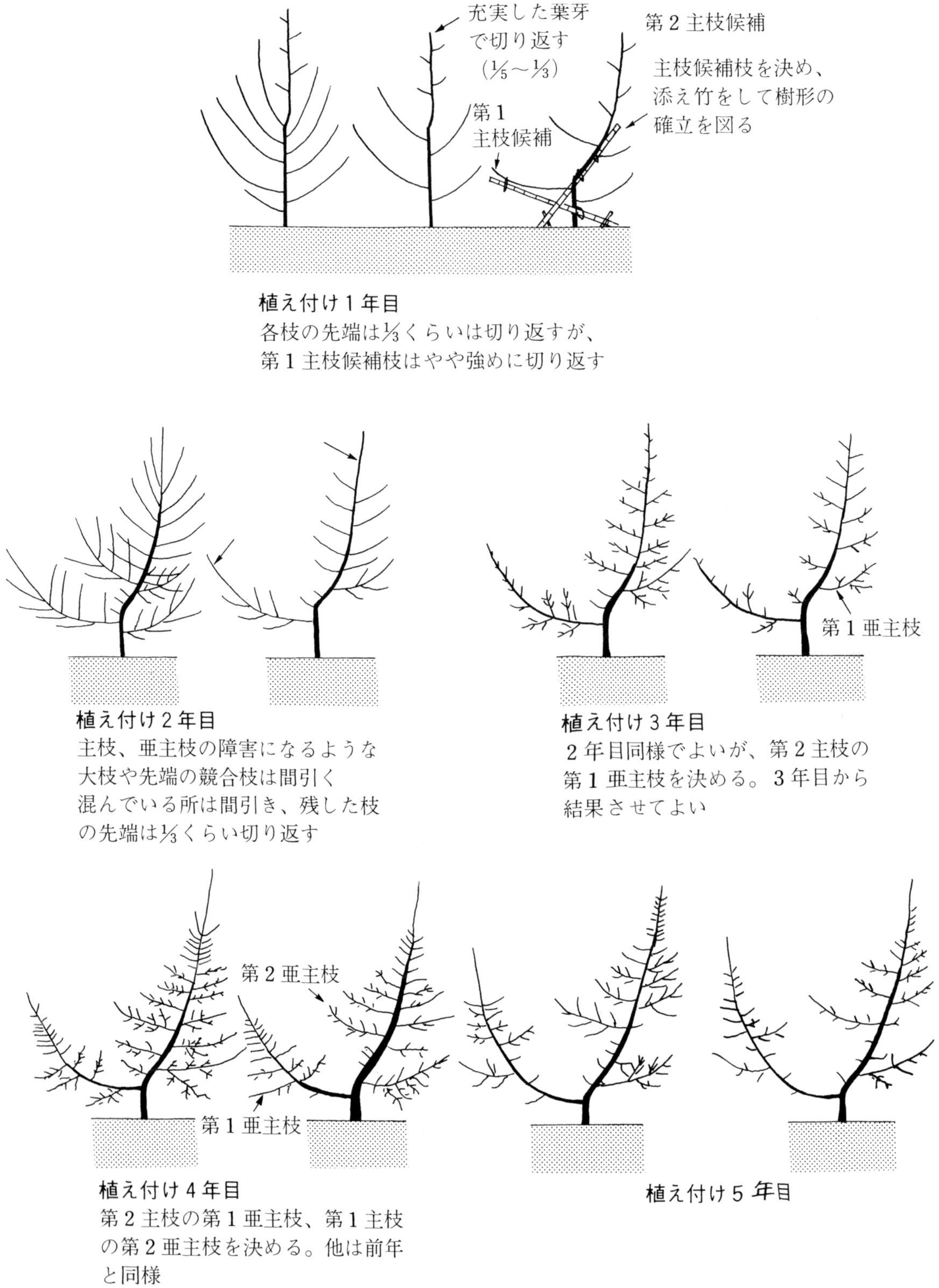
充実した葉芽
で切り返す
（1/5～1/3）
第2主枝候補
主枝候補枝を決め、
添え竹をして樹形の
確立を図る
第1
主枝候補
植え付け1年目
各枝の先端は1/3くらいは切り返すが、
第1主枝候補枝はやや強めに切り返す
植え付け2年目
主枝、亜主枝の障害になるような
大枝や先端の競合枝は間引く
混んでいる所は間引き、残した枝
の先端は1/3くらい切り返す
第1亜主枝
植え付け3年目
2年目同様でよいが、第2主枝の
第1亜主枝を決める。3年目から
結果させてよい
第2亜主枝
第1亜主枝
植え付け4年目
第2主枝の第1亜主枝、第1主枝
の第2亜主枝を決める。他は前年
と同様
植え付け5年目

図4　植え付け1年目からの仕立て方
いずれも左がせん定前、右がせん定後

せん定前　　せん定後

図5　3年生樹(主枝形成期)のせん定

第1主枝(A)を決め、競合する枝は間引く。第2主枝(B)の競合枝は夏にねん枝するとこんなに強くならず、前年枝との年次差ももっと小さくなる。主枝先端は1/3くらい切り返す

図6　開心自然形仕立て（5年生）

主枝2本に亜主枝、側枝が上手に配置されている。摘芯、ねん枝などの夏の管理が十分されているので、冬のせん定はほとんど必要ない状態になっている。⇨は第2主枝が強いので、樹高を制限するため誘引している。第1主枝は少し開きすぎているので支柱などで先端を少し立てるとよい

図7　4～5年生樹まで竹を添えて主枝を真っすぐに誘引するとよい

図 8　亜主枝と側枝の配置(10年生)

主枝(A)、亜主枝(B)、側枝とも三角形を原則につくる。各枝の配置もバランスがとれており、大枝のせん定は不要。枝の混んでいる所を間引く程度でよい

図 9　ほどよく落ち着いた成木

せん定前　　**図10　主枝先端のせん定**　　せん定後

先端は1/3ぐらい切り返し、競合枝を間引く。Aの位置に枝があればBを間引いて理想的な先端部といえる

せん定前　　**図11　側枝のせん定**　　せん定後

先端の強い枝(⇨)を間引く。Aの枝は大きすぎ主枝と勢力のバランスがとれないので、できれば下の細い枝まで切り返したい。今年切らなくても来年は必ず切りたい

せん定前

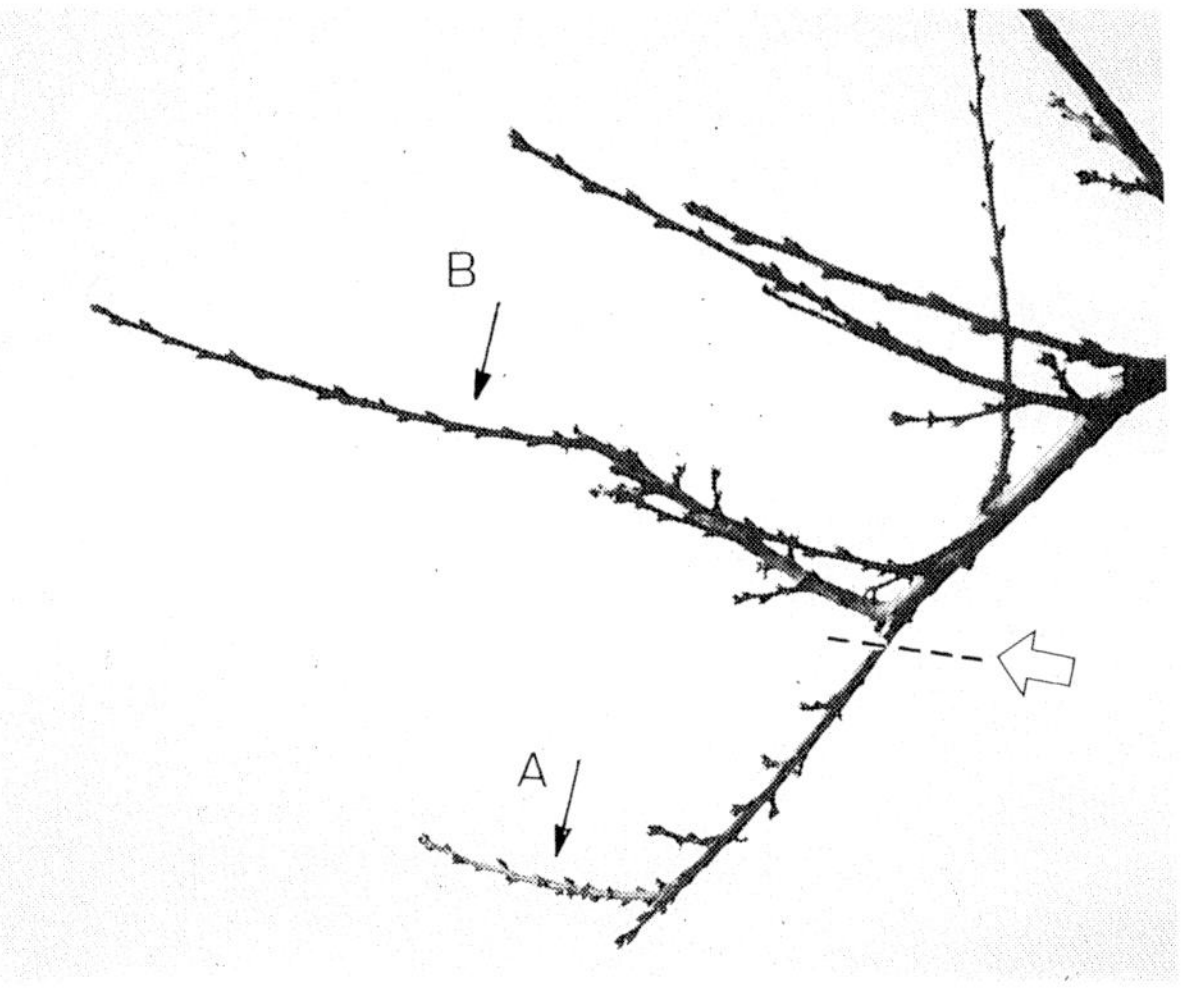

せん定後

図12　下垂枝のせん定
B枝との間隔があるので、もう１年A枝を使うが、来年は⇦で切ってB枝に切りかえる。B枝は１本にしておく

図13　夏(秋)季せん定した側枝
そのままでは主枝と同じくらいの太さになるが、⇨で夏季せん定したので勢力に差がついた。今年か来年Aで切り、その次はBで切るというようにして、結果部が外に広がるのを防ぐ

図14　支柱で枝の開きを防ぐ
開心自然形仕立てで成木になると、主枝、亜主枝が開いてくるので支柱が必要になるが、防除などの作業能率が低下する場合があるので、１本支柱によりつり上げる方式を採用するとよい

せん定程度の判断

高品質果実の生産にもっとも障害となるのは、密植であるが、これは光が十分に樹冠内に入らず、各枝に光が当たらなくなるためである。目安としては、二〇％の光が内部まで入る密度がよい。

一本の樹でも徒長的な枝が多く発生すると、結果枝に光が当たらなくなり、品質は低下するので、あまり徒長的に新梢が伸びない程度のせん定としたい。

主枝、亜主枝、側枝などの骨格形成期には、その延長枝はがっしりとつくりたいので切り返しは強めにしてよいが、結果量が増加するに従い、品種固有の特徴を引き出すせん定程度を心がけたい。

白鳳より早く収穫する早生種は、長果枝でもかなり品質のよいものが生産できるが、白桃系統の中・晩生種は中・短果枝を結果の主体としなければ高品質・安定生産は難しくなる。このため、せん定程度はできるだけ軽くし、切り返しせん定は、一年遅れてやるつもりでよい。

花粉のある品種では、せん定程度を弱くすると摘果作業に手間がかかり、逆に強くすると徒長枝の発生が多くなり、夏の新梢管理に手間がかかる。したがって、新梢の長さが、五センチから一〇センチ程度の割合が多く（六〇～六五％）、次いで三〇センチから五〇センチ程度の枝で（三五～四〇％）、徒長枝の割合がわずか（一％以下）である程度が望ましい。

このためには、地力と施肥量による、せん定程度を毎年の経験の中から見いだすことが肝心である。また、主幹形で述べる夏季せん定、秋季せん定を利用することも樹勢コントロールには有効である。

主枝、亜主枝、側枝に結果枝を配置するが、光の効率的利用を考えて、すべての結果枝に光が当たるように、各々の部分の先端から三角形を形成するように配置する。逆三角形になると、下枝に光が当たらず、結果枝がはげ上がる。そのためには、枝の先の方に大きな側枝を残さないことが大切になる。

Y字形仕立て

Y字形仕立ての樹形　三・五メートル以下の低樹高栽培と早期成園化を目的とした仕立て方である。

鉄パイプでY字形をつくり、横に針金を約五〇センチ

図15　主枝、亜主枝のバランスが悪いと負け枝になる
第1主枝(A)が第2主枝(B)より太くなっているうえ、第2主枝の第1亜主枝(C)も太くなりすぎている。しだいに第2主枝がつぶれてくる

図16　亜主枝(B)が車枝になった例
主枝延長枝(A)が弱くなり、樹全体のバランスをくずす

図17　側枝(B)を大きくつくりすぎて、主枝(A)の先端が負けた例
完全に勢力バランスをくずしているので、主枝延長枝を(B)に切りかえ中

図18　内向枝の誘引
内向枝は主枝の日焼けを防ぐ意味からもせん定時に誘引する。5年生樹ぐらいから行なう

間隔で配置し、二本主枝を仰角四五度～六〇度に開き、主枝に側枝を配置し、側枝に結果枝を配置する仕立て方法である。

仰角四五度では内向枝の発生がやや多く認められるが、仰角六〇度では内向枝の発生が少ない。ただし、仰角四五度のほうが樹高は低くなる。

Y字形仕立ての仕立て方　植え付け距離は地力にもよるが、畦幅を七～八メートル、株間を三～四メートルにする。

植え付け当初は早期の結果量を確保するために最終本数の倍以上の苗木を植え付ける（四メートルなら二メートル間隔に植え付ける）。

植え付け二年目から二本の主枝をとり、これを誘引する。主枝と主枝の勢力バランスは摘芯、夏季せん定など新梢管理によって、主枝上の葉数をかえることによってとる。強い場合は強めの摘芯、夏季せん定を行なって、葉を多めに落とし、弱い場合はその逆にする。

三年目ころから、横に張った針金に真横に三〇～五〇センチ間隔で側枝を配置する。側枝は結実量を多くし、強大にならないよう管理して、主枝との勢力バランスをとる。

以後は主枝の延長と側枝の配置に留意しながら樹形を整え、目標の樹高に達した時点から生育抑制剤ＰＰ-３３３（バウンティフロアブル）により生育抑制し、樹形を保つようにする。散布濃度は一〇〇〇倍で満開後四週～一二週に二～三回散布、次年度は樹勢を見ながら一～二回散布する。

目標樹高になる前までは夏季せん定により、側枝、結果枝の勢力バランスをとる。夏季せん定は、着色管理の時期から、九月中旬ころまでに枝の伸びを見ながら行なうが、主枝、側枝の生育や結果枝の充実の妨げとなる枝を切る。

棚仕立て

二メートル前後と、もっとも低樹高となる仕立て方である。

山梨県においてはブドウの棚をそのまま利用しているケースもあり、スモモに続いて、棚栽培が導入されつつある。

とくに傾斜地ではもっとも作業効率の高い仕立て方と

整枝・せん定

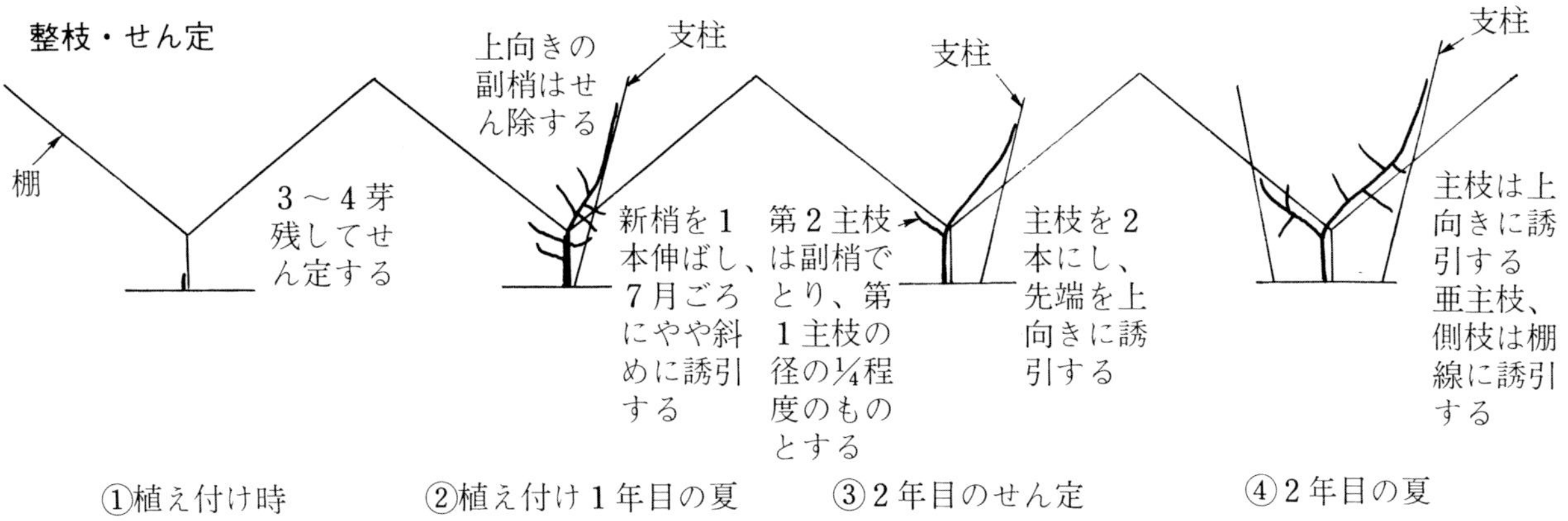
棚
3～4芽残してせん定する
上向きの副梢はせん除する
支柱
新梢を1本伸ばし、7月ごろにやや斜めに誘引する
第2主枝は副梢でとり、第1主枝の径の1/4程度のものとする
支柱
主枝を2本にし、先端を上向きに誘引する
支柱
主枝は上向きに誘引する
亜主枝、側枝は棚線に誘引する
①植え付け時
②植え付け1年目の夏
③2年目のせん定
④2年目の夏

図19　幼木時の樹形のつくり方(倉橋原図)

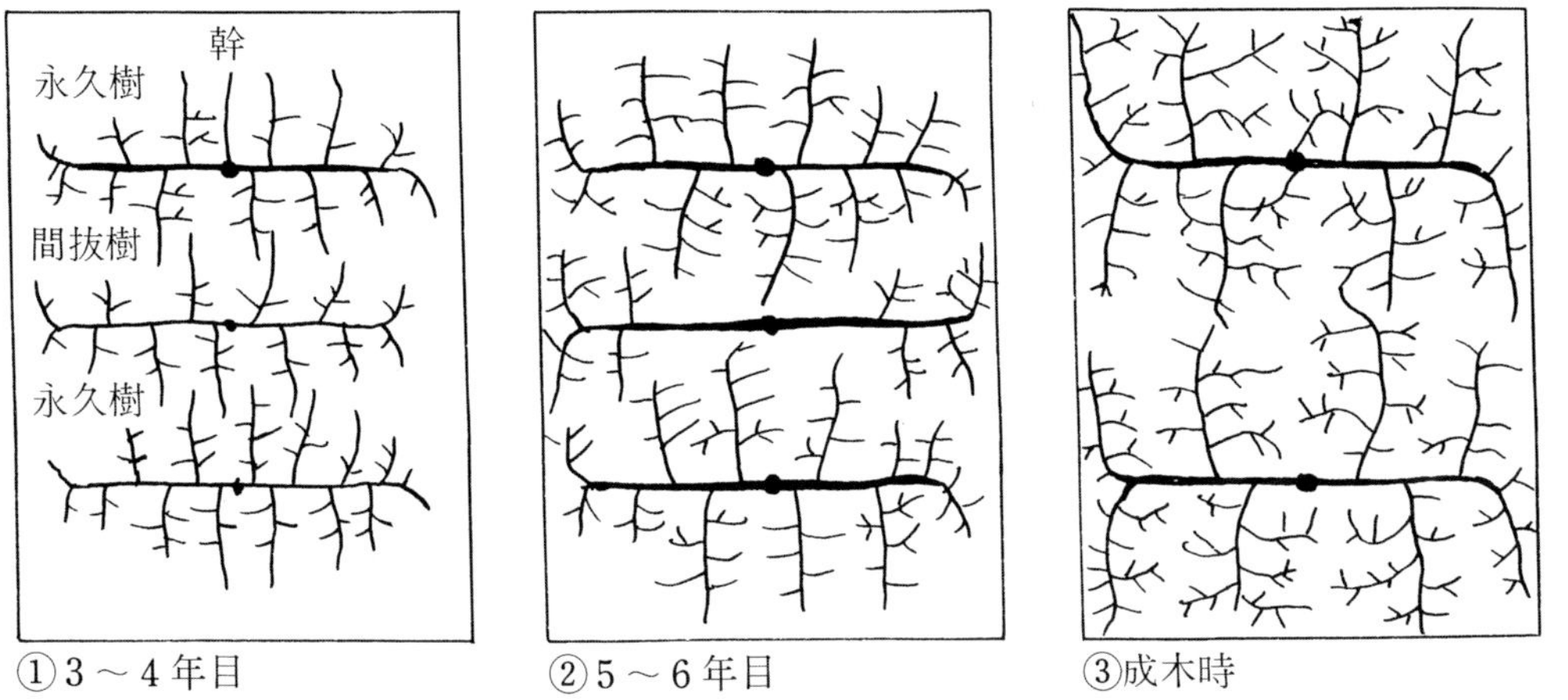
幹
永久樹
間抜樹
永久樹
①3～4年目
②5～6年目
③成木時

図20　若木から成木の樹形のつくり方(倉橋原図)

B
B
A
横に誘引
C
主枝
A

図22　モモのＹ字形仕立て

図21　Ｙ字形仕立ての側枝の配置とせん定

主枝先端までまんべんなく側枝を配置する。秋(9月中旬まで)に徒長枝を抜いて、光を当て結果枝と花芽の充実を図るので冬のせん定は少なくてすむ。下がり枝(A)と先端部のやや大きい枝(B)の切り返し程度にして、⇨の立ち枝は誘引して使う。(C)に枝があると理想的。主枝の高さを抑えたいので車枝でもよい

して期待されている。

主枝二本を原則とする。主枝は、あまり低い位置からとるとフトコロが狭くなり、作業効率が低下するので、地上一メートル程度の所から分岐し、四五度くらいの角度で棚に届くように竹などを添えて誘引する。

亜主枝、側枝は、棚下で配置すると、主枝の延長を妨げたり、主枝を負かしたりするので、棚上で配置する。しかし、初期収量の増加をねらう場合は、棚下から側枝を配置し、二～三年果実をならせ太くなる前に元から切り落とす。

結果枝数は、新梢が伸びてきたときに、地面に二〇％程度の光が当たるくらいが望ましい。

主幹形仕立て

早期成園化技術として注目されている方法である。台木と穂木の組合わせによってはかなり普及できる技術ではあると思われる。

現在「ユスラウメ」、「ニワウメ」や農林水産省果樹試験場育成の「筑波三～五号」などのわい性台木を利用して試みられている。

「ユスラウメ」台木は、穂木品種との組合わせによっては果実に渋みを生ずるものや、土地により枯死樹の発生するものもある。

「筑波系」台木は、中・晩生種では遅くまで果実をならせることにより、新梢の生育を抑制できるので成功率が高い。しかし、早生種では早く果実の負担がなくなり、収穫後の生育が旺盛になるので、夏季せん定などをていねいにする必要がある。

主幹形仕立ての成功のカギは、夏季および秋季のせん定にあるといっても過言ではない。とくに秋季せん定は、冬せん定が補助せん定となる程度に重視する。日陰をつくる徒長枝や太枝を中心にせん定すると、切った枝から徒長枝が出ることもないし、太りが抑えられるばかりでなく、結果枝や花芽が充実する。その結果、冬のせん定は非常に軽くてすむので、強い枝が少なく、樹勢が落ち着きやすい。

ただし、落ち着いた樹に夏季せん定や秋季せん定を強く行なうと樹が衰弱するので注意する。また、秋季せん定は十月中旬以降になると、冬季せん定と同じことになってしまうので、それまでに行なう必要がある。

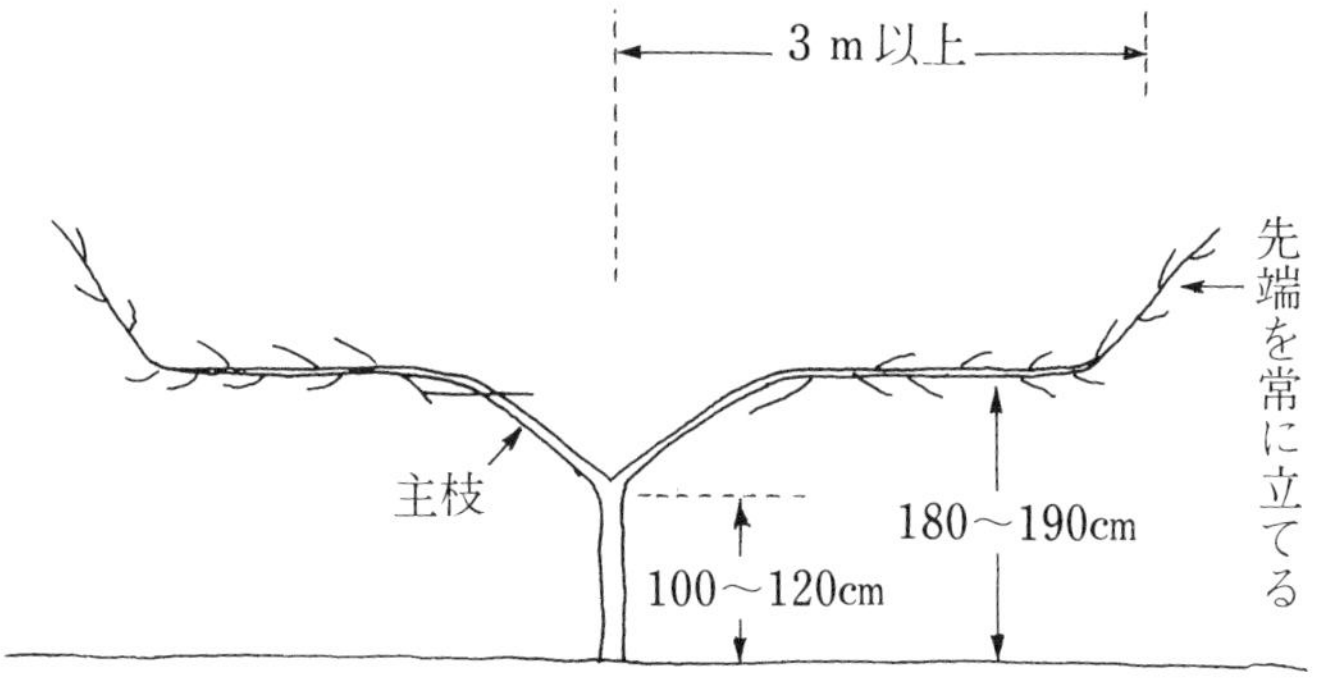
3 m以上
先端を常に立てる
主枝
180～190cm
100～120cm

図23　棚仕立ての断面図(成木)

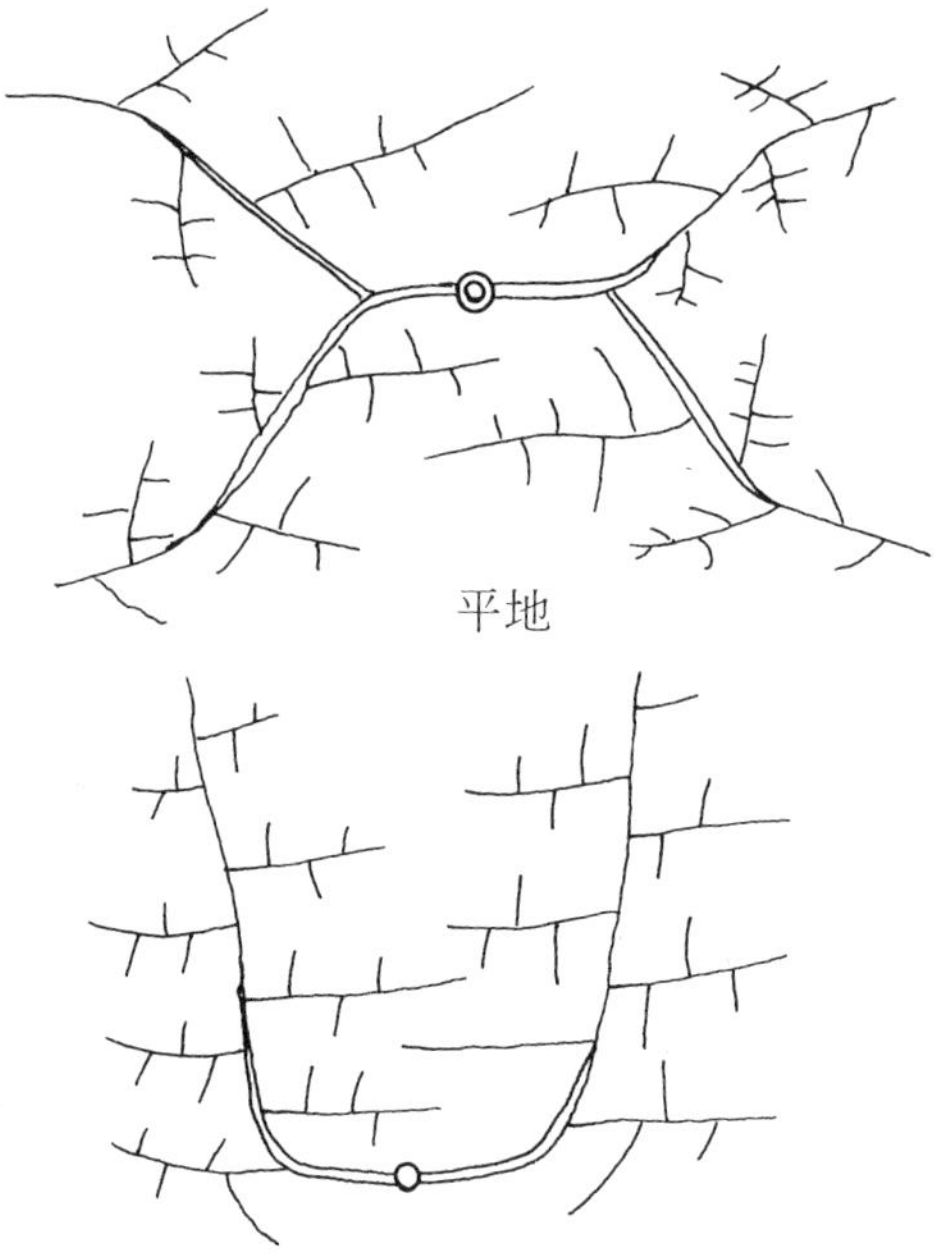
平地
傾斜地

図24　棚仕立ての平面図

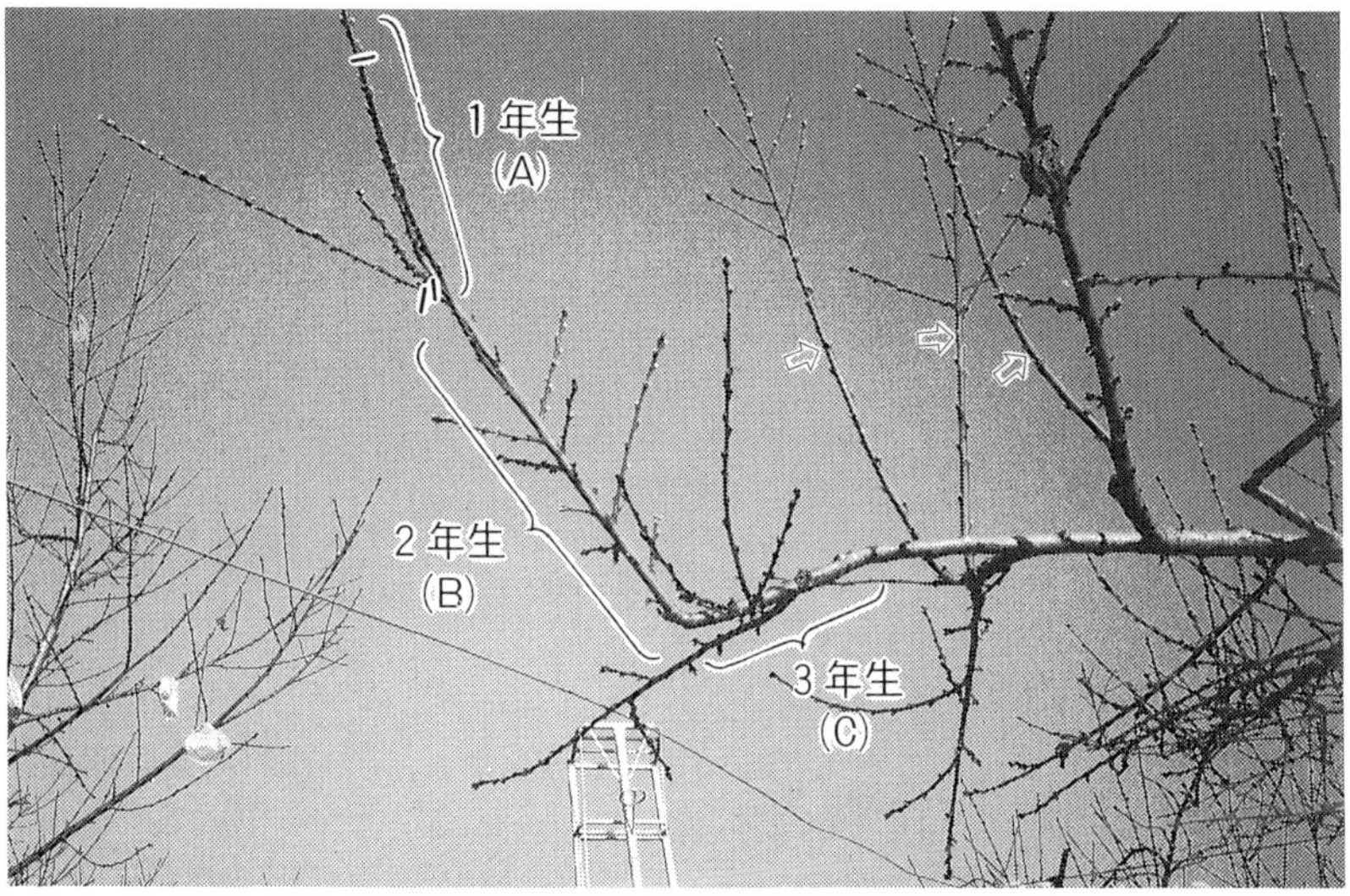
1年生
(A)
2年生
(B)
3年生
(C)

図25　棚仕立てでの主枝の誘引

前々年枝(C)を軽く誘引し、前年枝(B)は誘引しないでおいた状態。先端の勢力を保つようにする。今年は2年生枝(B)をやや斜めに誘引して、1年生枝(A)は誘引しない。強い立ち枝(⇨)を空間があるかぎり誘引して利用する

亜主枝
A
B
主枝

図26　棚仕立てでの枝の配置とせん定

主枝、亜主枝と競合する枝は間引く(A)か弱い枝まで切り返す(B)。その他は空間があれば強い枝でも誘引して使う。結果枝は先端を軽く切り返す

せん定前　**図27　主幹形、植え付け1年後のせん定**　せん定後

苗が悪かったので低く切り返し、芽接ぎ苗のように強い新梢を伸ばし、副梢も多く出させた。主枝競合枝(⇨)を間引き、副梢を整理する程度で、切り返しはしない

せん定前　**図28　主幹形2年目のせん定**　せん定後

主幹の競合枝(⇨)、側枝の混んでいるものの間引きで、切り返しはしない。来年は10個以上ならせることができる。側枝はなるべく果実をならせて弱めの勢力とする

図29　若木の枝の発生の仕方（４年生）
夏季に、ねん枝や摘芯をすることにより、主枝延長枝をよりしっかりつくることができる
⇨：摘芯かねん枝をしたかった枝
／：夏季せん定で間引きたかった枝。これらの枝は冬のせん定で間引く

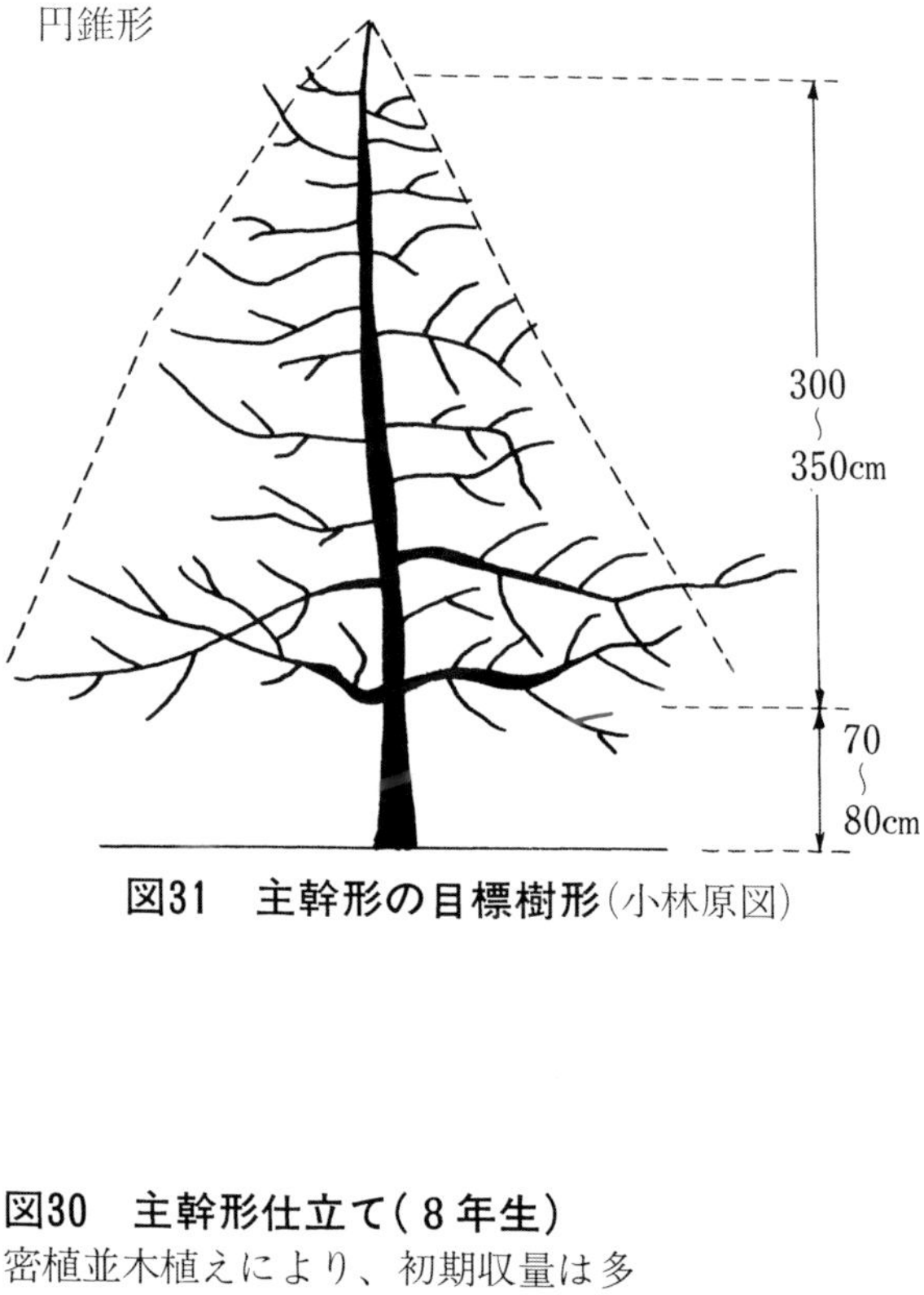

円錐形
300～350cm
70～80cm

図31　主幹形の目標樹形（小林原図）

図30　主幹形仕立て（８年生）
密植並木植えにより、初期収量は多い。樹上部の側枝を大きくすると下枝が枯れ上がるので注意する。先端の競合枝の間引きと、大きくなった側枝の切り返しせん定。上部の枝を小さく、下部の枝は上部の枝より大きくつくる。９月中旬ごろのせん定がポイントになり、冬のせん定はできるだけ少なくしたい

ウメ

原野　博実

果実のなる枝

ウメの花芽は、新梢（結果枝）の葉えきに着く。花芽が一個だけ着いている単芽、花芽と葉芽、あるいは花芽が二個以上着いている複芽とがある。また、新梢には、ほとんど葉芽だけ着いている発育枝もある。

花芽は八月ころに分化して、十二月には外観で花芽と葉芽を見分けられる。花芽は丸くふくらんでおり、葉芽は細くやせている。三〇センチ以上の結果枝（長果枝）に着いている花は不完全花が多く結実率が低い。一五センチ以下の節間のつまった結果枝（短果枝）の花は充実しており良く結実する。収量を上げるには、この短果枝を多く着けることが必要である。

枝の切り方と時期

せん定には枝をその途中で切る、切り返しせん定と、枝の分岐部から全部切り取る間引きせん定とがある。間引きせん定に比べて切り返しせん定のほうが強い新梢を発生する。また、切り返しの程度が強いほどその傾向が強い。樹勢の弱い樹では切り返しせん定を多く、早く結実してほしい若木などでは間引きせん定を多くする。

整枝・せん定の時期は、十一～十二月いっぱいの休眠期間中で、普通、せん定といえばこの時期の冬季せん定のことである。

しかし、着果が少ないなどの原因で、徒長枝の多い樹では樹冠内部への日照をよくするため、収穫後から九月ごろにかけての夏季せん定でそれらを間引く。また、とくに枝が混んでいるときは、側枝の夏季せん定もすることがあるが、この時期のせん定は葉を落とすことになり、樹勢を低下させるのでその程度に気をつけなければならない。なお、この樹勢を弱める効果を樹のコンパクト化に利用することもできる。

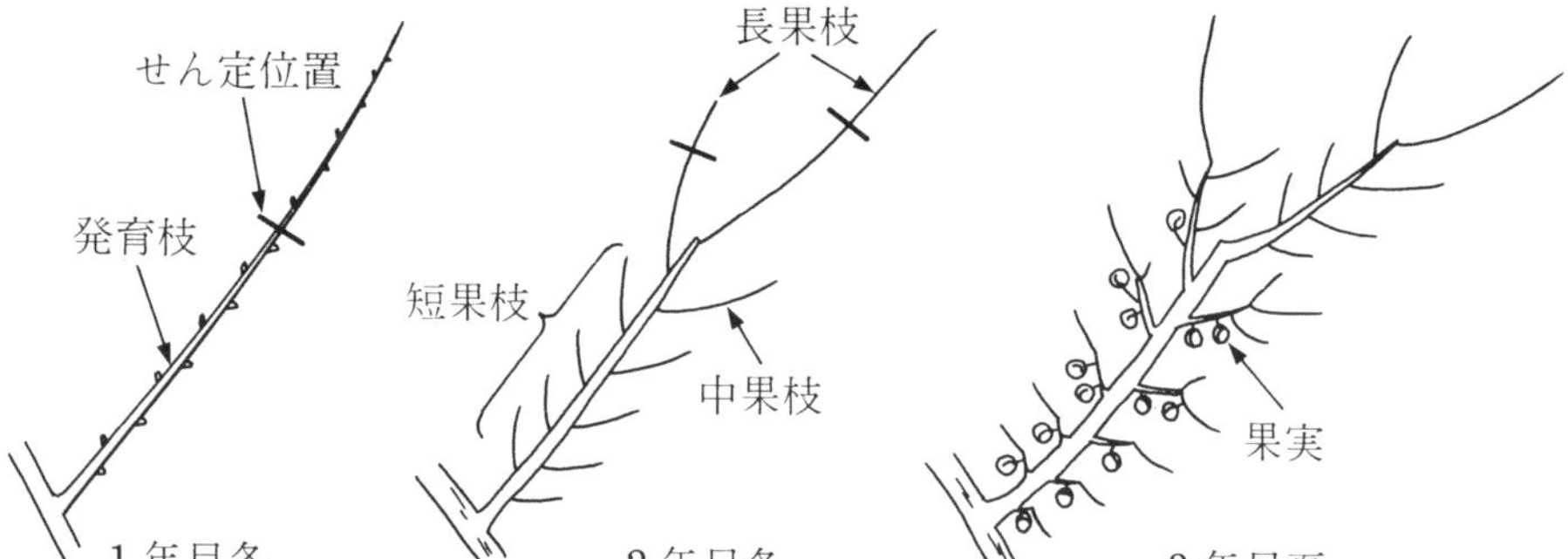
せん定位置
発育枝
長果枝
短果枝
中果枝
果実

1 年目冬
強く切り返すと長果枝が多くなり、花や実が着きにくくなるので、枝の強さで調節する

2 年目冬
先端の 2 ～ 3 芽は長果枝、それ以下は中果枝や短果枝になる

3 年目夏
中果枝や短果枝によく結実する

図 1　ウメの結果習性

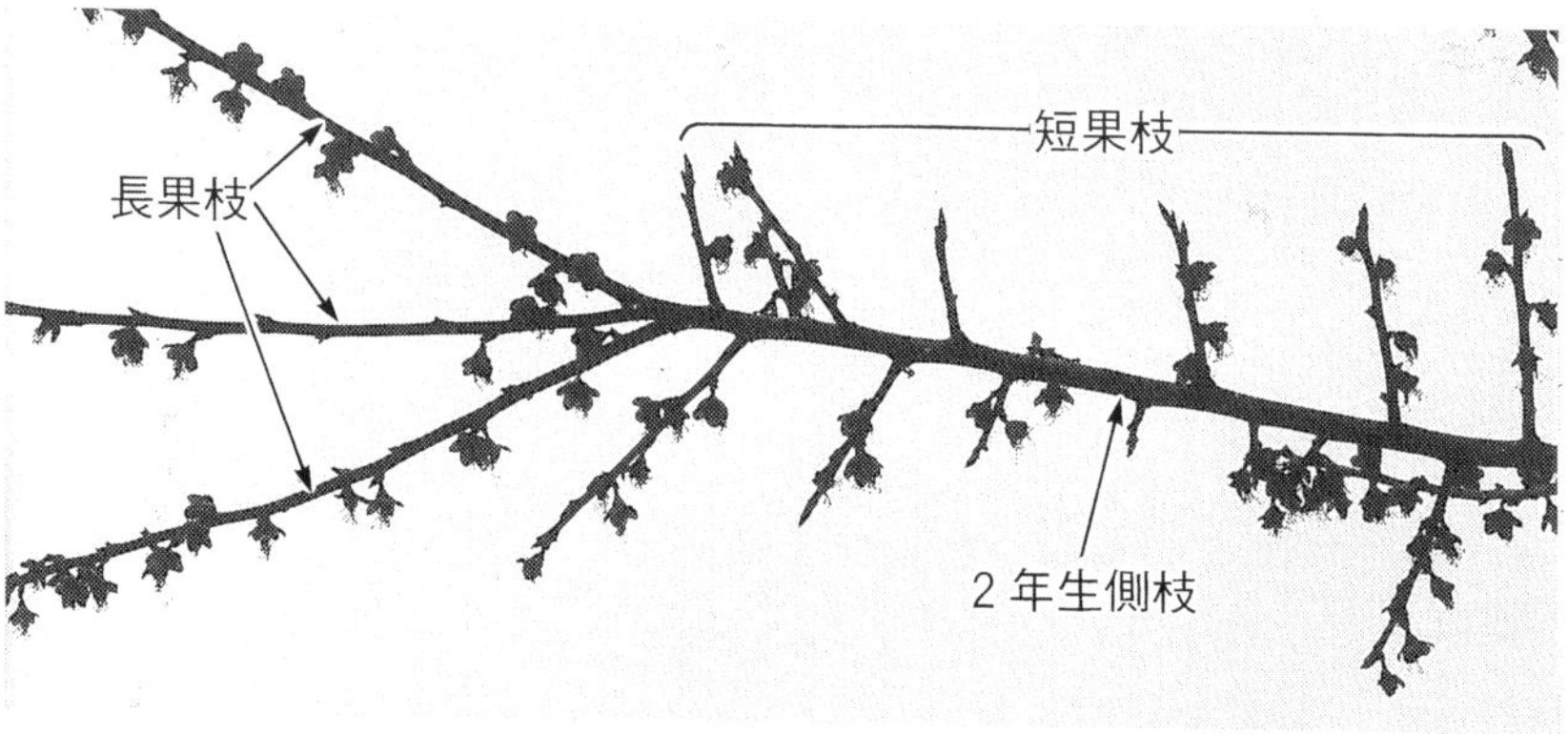
短果枝
長果枝
2 年生側枝

図 2　発育枝の 2 年目
開花期の状態、3 年目に入っている。頂部優勢で先端部に長果枝、中～下部に短果枝を着けている。弱い発育枝は、先端部を切り返しておくと下部まで充実した短果枝を着ける

図 3　発育枝を強く切り返すと強い発育枝が発生
果実生産には使えないが、こうした枝を使って主枝や亜主枝の下垂した先端を更新する(写真：皆川)

図 4　短果枝の 1 年後
短果枝には、よく花芽が着き、結実する。しかし、全部、花芽となり、葉芽が着かず新梢の出ない枝もできる。こういう枝は枯れていく(写真：皆川)

樹形とせん定の考え方

ウメの整枝・せん定は軽くみられがちであったが、早期結実を図り収穫など管理作業をしやすく、また、適正な樹勢に保つために必要である。

樹形　ウメの樹形は、枝の開きやすい特性からみて、それを生かした開心自然形にするのがよい。

植え付け　ウメは一～二年生の苗木を普通、十二月に定植する(二年生苗のほうが早く結実する)。一般に、七メートルの正方形植えで一〇アール当たり二〇本、耕土の浅い園では、五メートルで四〇本植えが目安である。

主枝と亜主枝　主枝数は平坦地では三本、階段畑ではテラス幅にもよるが二本でよい。亜主枝を各主枝に二～三本着けて、これらを樹の骨格として、それぞれに側枝を配置する。

結果枝の確保　同じ核果類のモモなどに比べて果実が小さく、収量を上げるには多くの果数を必要とする。たとえば、一樹当たり一〇〇キロの収量を得るには、一果重二五グラムで四〇〇〇個着果させなければならない。ウメは品種により結果枝の発生程度が異なり、南高では多いが、発生の少ない白加賀などでは、結果枝の確保がせん定の重要な役割となる。

早期結実　早くから結実させるには、主枝、亜主枝と側枝の格づけをはっきりさせて、側枝は混んでいる枝を間引く程度の軽いせん定で樹勢を落ち着かせるようにする。その場合、油断すると側枝が大きくなりすぎて樹冠内部への日照を悪くすることがあるので注意する。

また、ウメはほとんどが自家不結実性なので、受粉樹として開花期の合う、花粉の多い他品種を二〇～三〇%混植しなければならない。

幼木の仕立て方

一年生苗木の切り返し位置によって、主幹の長さが決まる。接ぎ木部から四〇～五〇センチの高さで、丈夫な芽の位置で切り返す。主幹の短いほうが、樹高は低く、材の部分も少なくなり効率的である。

二年生では、何本か発生している発育枝の中から車枝にならないように主枝候補を二～三本選び、その先端は二分の一程度切り返し、競合枝は間引く。ただ、車枝で主枝を出しても実質的には問題ないようだ。

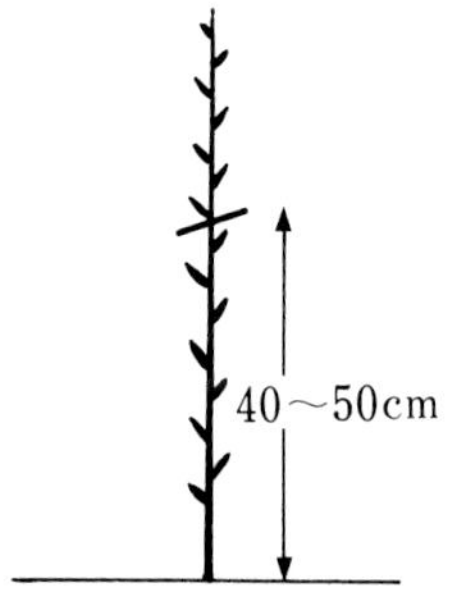
40～50cm

植え付け時（接ぎ木後1年目冬）

40～50cmの丈夫な芽の位置で切り返す

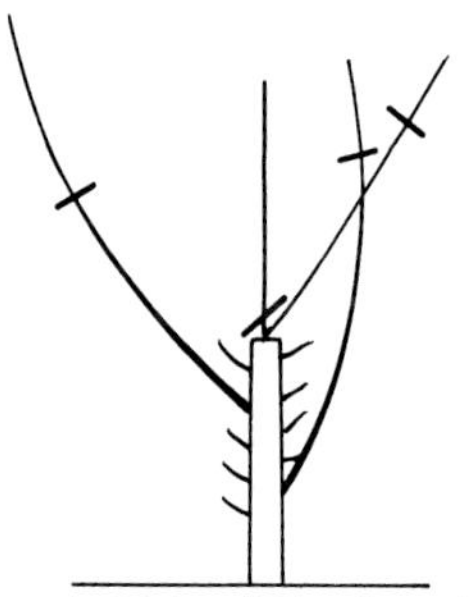

1年目冬（同2年目冬）

3方向に伸びている強い発育枝を主枝に選ぶ。各主枝の先端½ほど切り返し、競合枝は間引く。弱小な枝は残しておく

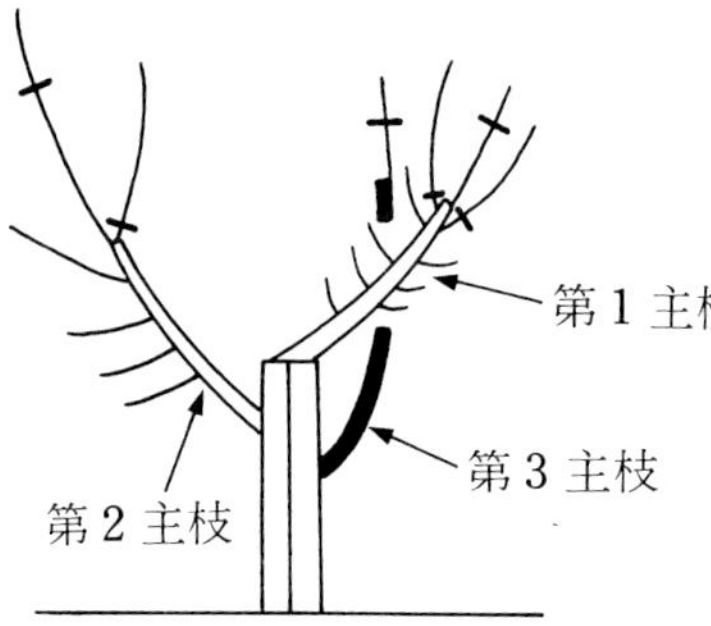
第1主枝
第3主枝
第2主枝

2年目冬（同3年目冬）

主枝は立ちぎみで、側枝を多く残しておくほうが大きくなりやすい

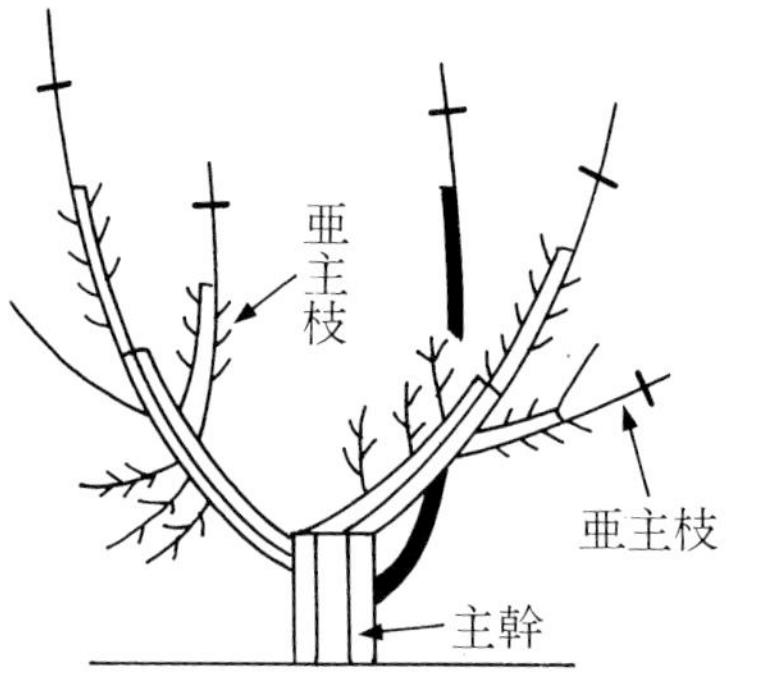
亜主枝
亜主枝
主幹

3年目冬（同4年目冬）

3～4年生で亜主枝を決めて、主枝、亜主枝の生育を妨げる枝を間引き、樹の骨格づくりをする。同年生枝は樹形を乱すので間引くが、影響のない枝は多く残しておく

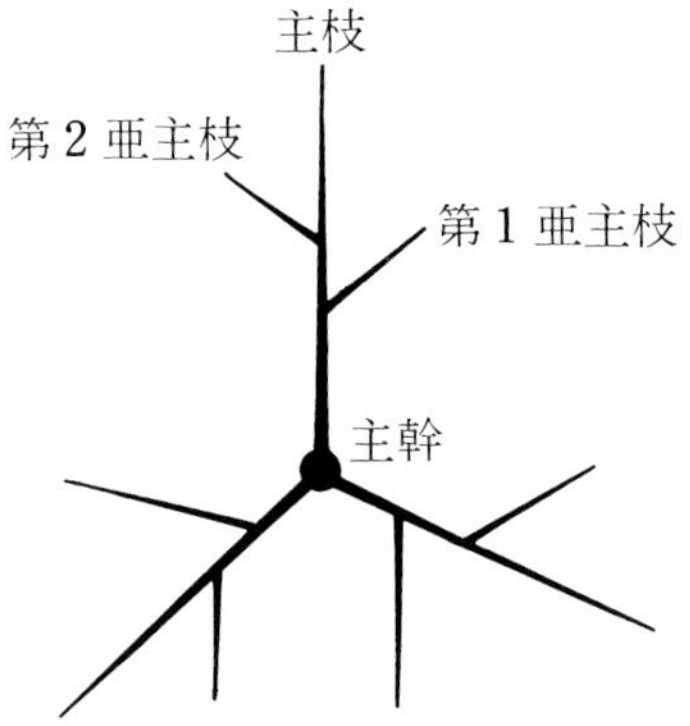
主枝
第2亜主枝
第1亜主枝
主幹

主枝、亜主枝の配置（平面図）

図5　幼木の仕立て方模式図

Ⓐ
Ⓐ
Ⓑ
Ⓑ

図6　3年生の幼木(南高)

整枝後の状態　主枝の先端部の½を切り返しⒶ、競合枝を間引いているⒷ。下部の枝は葉数を保つために残している

C
B
C
D
A
B
C
E

図7　若木の主枝から出ている側枝のいろいろ(南高)

A：発育枝の2年目　先端1～2芽から発育枝が伸び、それ以下の芽は短・中果枝になっている。A、Eなどの枝は亜主枝として利用できる

B：短果枝の2年目　先端1～2芽が中果枝になり、その下には短果枝が着く

C：長果枝　D：発育枝　E：主枝から伸びた発育枝

四年生ころから亜主枝を決めて、その先端部は主枝と同じように切り返す。五年生ごろには、ほぼ樹形もでき上がり着果を始めて、六〜七年生ころから本格的に収穫できるようになる。

主枝と亜主枝、側枝の育て方

主枝　成木になると開いてくるので、若木のうちは立ちぎみのほうが、徒長枝も少なくて大きくなりやすい。それで、誘引などで主枝を開くようなことはしない。

ウメは頂部優勢性が強く、切り返しておくと先端部に強い発育枝が何本か発生する。そのうち、素直に伸びている発育枝（普通は最上部）を選び、四〇センチ程度に切り返して主枝の先端とする。他の競合枝は枝元から間引く。すべての枝を間引いてしまうと、その枝が弱ることがあるので競合しない弱小な新梢をできるだけ残しておく。このことを年々繰り返して丈夫な主枝に育てる。

成木になると、主枝の先端部から強い発育枝が発生しなくなるが、その部分の側枝の切り返しせん定を多くして新梢の発生を促す。また、主枝の先端部が下垂してきたら、その手前に強い発育枝が発生することが多いので、それを利用して先端部の更新を行なう。古い主枝の先端部は亜主枝的に利用できる。

亜主枝　第一亜主枝は、主枝の分岐部から四〇センチくらいの所の一〜二年生ほど若い枝から発生角度が緩く、また、他の亜主枝の発生方向なども考えて選ぶ。発生が鋭角であれば強くなりすぎるし、裂けやすい。第二亜主枝も同様にして選ぶ。亜主枝の先端部は主枝に準じてせん定を行ない、主枝に次ぐ強い枝に育てる。

第一、第二亜主枝を植え幅いっぱいに伸ばし、その側枝に収量の八〇％程度をならせる。これらの枝になった果実は地上収穫できる。

側枝の配置　ウメは新梢の発生が多く、しかも伸びが大きい。それを利用して主枝、亜主枝に一〜四年生の側枝を着ける。主枝、亜主枝の先端部から枝元にかけて三角形になるように側枝を配置すると、樹冠内部に日照が入りやすい。頭でっかちにしてはならない。

ウメは日陰に弱く、短果枝などは枯れやすい。結果層を厚くするために、主幹部まで日照が入るように透かしたい。大きくなりすぎた内向枝などは間引き、新梢に更新する。新梢の発生が見られないときには、枝元の結果

せん定前の状態
前年、主枝先端部を$\frac{1}{2}$切り返しておくと、強い発育枝が発生する

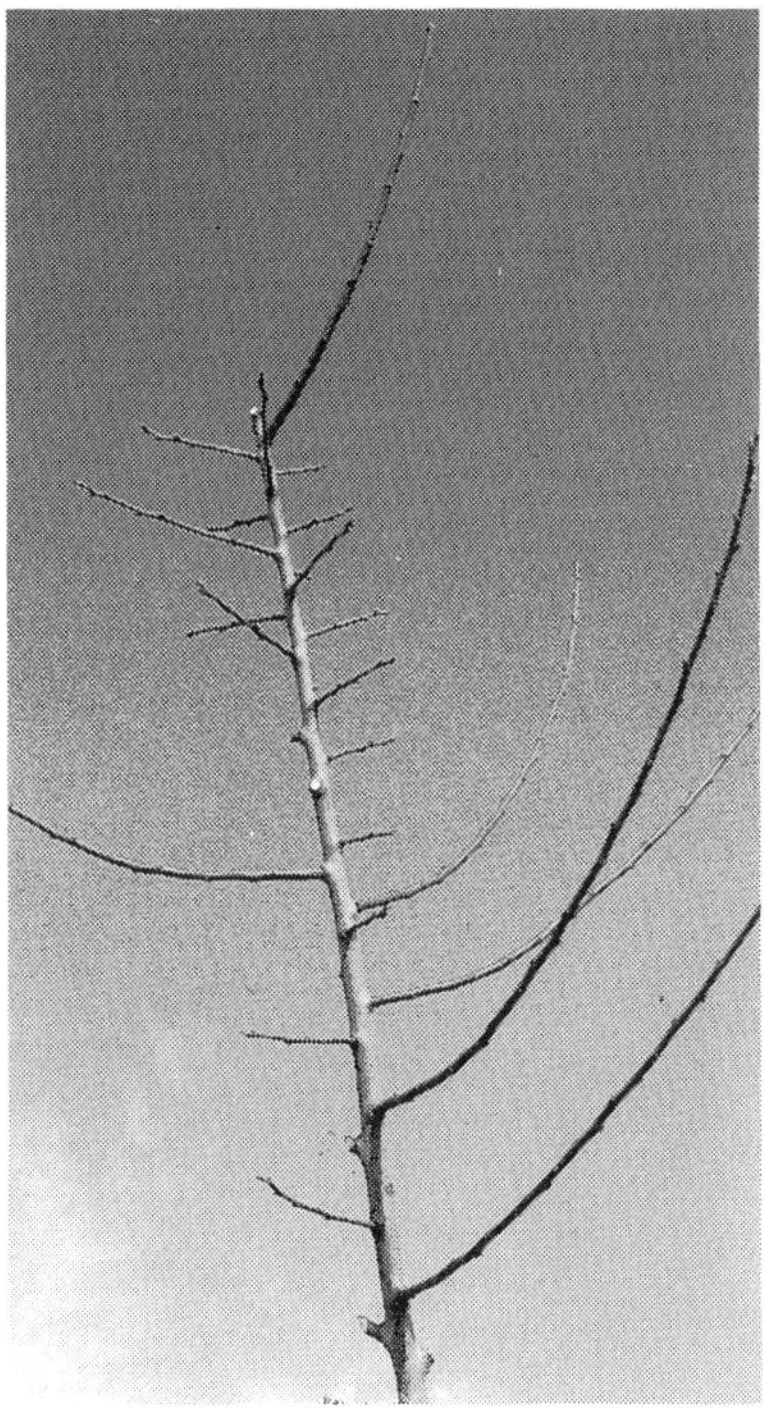

前年の主枝先端部の切り返しが少ないと強い発育枝が着かず、結果枝が出て弱ってくる（せん定後）

せん定後
最上部の発育枝を40cmほどに切り返し競合枝は間引く。弱い枝は残しておく。下部に残している主枝先端との同年生枝は2～3年あとに間引く

図8　若木の主枝先端部のせん定

せん定前
① 先端部は切り返し、競合枝は間引く
② 亜主枝の背面より出ている枝は強くなるので間引く

せん定後
③ 混んでいる側枝は間引く
④ 見直し修正をする。Ⓐは強くなりすぎるので間引く。Ⓑは残す

図9　若木の亜主枝のせん定

枝まで切り返しておくとよい。

普通、発育枝は、翌年、結果枝を多く着けた側枝となる。弱い発育枝は少し切り返しておくと枝元までよく短果枝を着ける。しかし、強い発育枝を切り返しすぎると長果枝になってしまうので、そのままか、弱く切り返すようにする。

樹勢の判断とせん定の程度

成木になると樹勢が落ち着いてきて、強い発育枝の発生が少なくなる。とくに着果の多い樹では新梢が短くなり、葉が小さく、枯れ枝も出てくる。

せん定の程度が少ないほど樹は着果する方向に進み、着果過多から樹勢が弱ってくる。その程度が進むと、根に白紋羽病が発生して枯死することになる。新梢が短くなるなど樹の弱るきざしが見られたら、側枝の切り返しを強いめにして、新梢の発生を促し着果を少なくする。

間伐と樹形改造

間伐　第一亜主枝に多くの果実を着けて収量を上げるには、その活動できる空間を保たなければならない。植え付け間隔が狭いと、樹が大きくなるにしたがい隣接樹の亜主枝と接しあい着果する部位が枯れ上がってくる。

早い機会に、樹の間引きすなわち間伐することが最善の方法である。まず、間伐する樹を決めて、その樹の亜主枝を間引いて、その空間に残す樹の亜主枝を伸ばすことから始める。三～四年計画で実行することが大切である。

樹形改造　樹の老化などにより、どうしても下部の側枝が枯れ上がり、上層部だけの着果になってくる。そうなれば、さらに下部への日照が悪くなり、ますますその傾向を強めることになる。

その程度にもよるが、主枝、亜主枝の上層部を三分の一ほど切り返して、主幹部まで日照が入るようにする。一時、収量が少なくなるが、下層部からの新梢の発生が促される。その新梢（発育枝、結果枝）を利用して側枝を育て、下層部の結果層をつくる。

しかし、強せん定は根の腐敗など悪影響が考えられる。他の枝の部分は軽いせん定で、極端な逆行枝、重なり枝などを切り返すだけにして樹形を整える。同時に、土つくりを十分に行ない新梢の発生を促すことが大切である。

せん定前

図10　8年生若木のせん定（南高）

せん定順序
① 樹冠を一周して、せん定方針の決定
② ノコギリで太い枝のせん定
③ 徒長枝の間引き
④ 主枝、亜主枝の先端部のせん定
⑤ 側枝のせん定
⑥ 樹冠を一周して、見直し修正する

せん定後　A：主枝　B：第1亜主枝　C：第2亜主枝
（⬆では主枝と同年生枝を第1亜主枝にしている）

図11　11年生成木の樹姿（南高）

100kg程度の収量を期待できる。主枝（B）の先端が下垂してきたら、手前の強い側枝（A）に更新する。旧主枝（B）は亜主枝として利用する

図12　成木の主枝先端部のせん定（南高）

強い発育枝が発生しなくなるが、先端および周辺の側枝の切り返しを多くして、新梢の発生を促す。三角形になるように側枝を配置する

図13　成木の亜主枝のせん定（南高）

太陽光線を受けやすいように切り返しを多くして基部ほど長い側枝を着ける。枝の勢いを保つため、先端部をやや上げている。もう少し側枝を間引くほうがよい

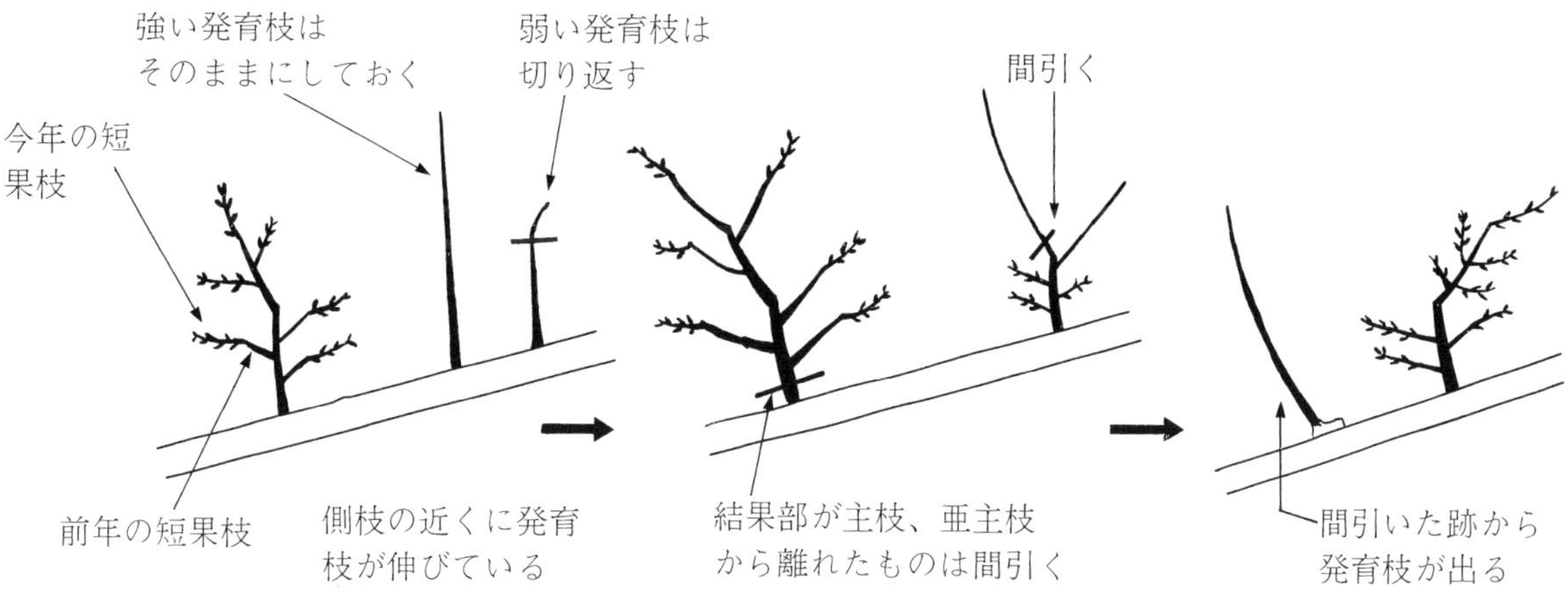
強い発育枝は
そのままにしておく
弱い発育枝は
切り返す
間引く
今年の短
果枝
前年の短果枝
側枝の近くに発育
枝が伸びている
結果部が主枝、亜主枝
から離れたものは間引く
間引いた跡から
発育枝が出る

図14　切り返しと間引きで側枝を常に若々しく保つ

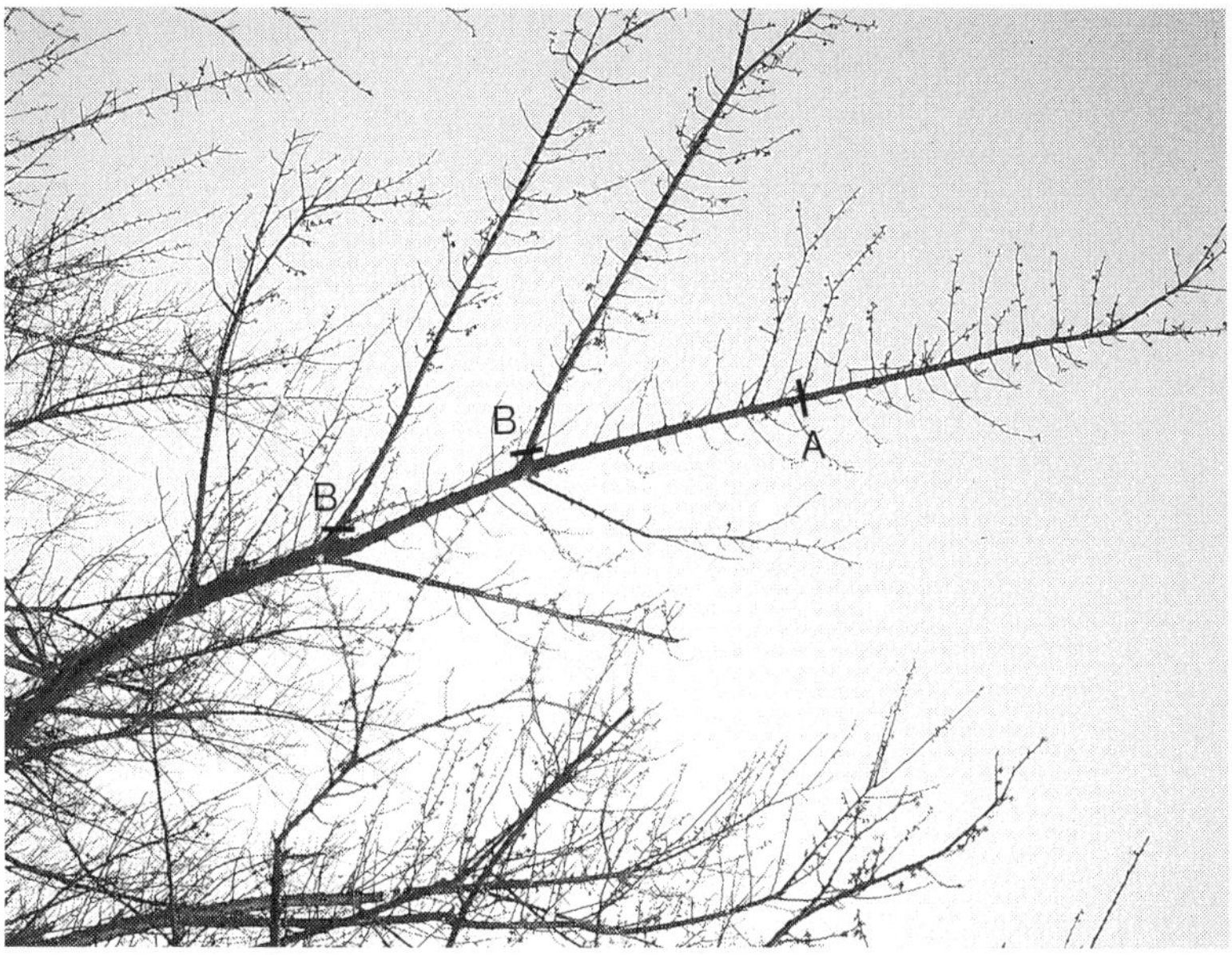
B
B
A

①　無せん定で3年目の
開花期

主枝先端部の切り返しや競合枝の間引きなどをしないと、残した発育枝に短果枝が着き、着果して主枝が弱ってくる。いまからでも主枝の強い切り返し（A）と枝の背面から出ている側枝は強くなるので間引く（B）

図15　せん定をしていない主枝先端部のせん定

A
B
B
B

②　無せん定で4年目の
開花期

着果部位が多くなり、主枝先端部がなくなり、樹勢の衰弱につながる。①同様、主枝の強い切り返し（A）と太い側枝（B）を間引く

スモモ

遠藤　久

スモモの結果習性

スモモはモモと同様に新梢が伸長している六〜七月に花芽が分化し、落葉前までに花芽が充実し、翌年春に開花するものである。

結実する結果枝の主体は品種により多少異なる。

ソルダム　短果枝の着生が多い。着花も多く、開花するとき花束のように見えることから、花束状短果枝と表現されている。結実の主体はこの花束状短果枝であり、他の品種より花芽の着生は多い。

大石早生　中・短果枝が多く、これらに多くの花芽が着生する。短果枝はソルダムと異なり、花束状の短果枝とはならない。

結実の主体は中・短果枝であり、新梢が二〇〜三〇センチ伸長するくらいでないと果実肥大は劣る。

サンタローザ　枝の発生は多いが、中果枝が主体で短果枝の着生は少ない。中・短果枝に多くの花芽が着生し、結実の主体になる。短果枝は花束短果枝にはならない。

自家結実するが、生理落果が多い品種である。

太陽　中・短果枝が着生するが、これらに多くの花芽が着生する。短果枝の一部は花束状短果枝になる。結実の主体は中・短果枝である。

これら主要品種のうち、自家結実性のあるのはサンタローザのみであるが、サンタローザも年次変動が大きく、自家結実だけでは生産が安定しない。

なお、このように枝の発生の仕方や結果枝の構成が品種により異なるので、品種の生育特性に合わせたせん定をしなければならない。

品種の交配親和性と植え付け

主要品種が自家結実性のないものがほとんどであるから他家受粉しないと結実しない。

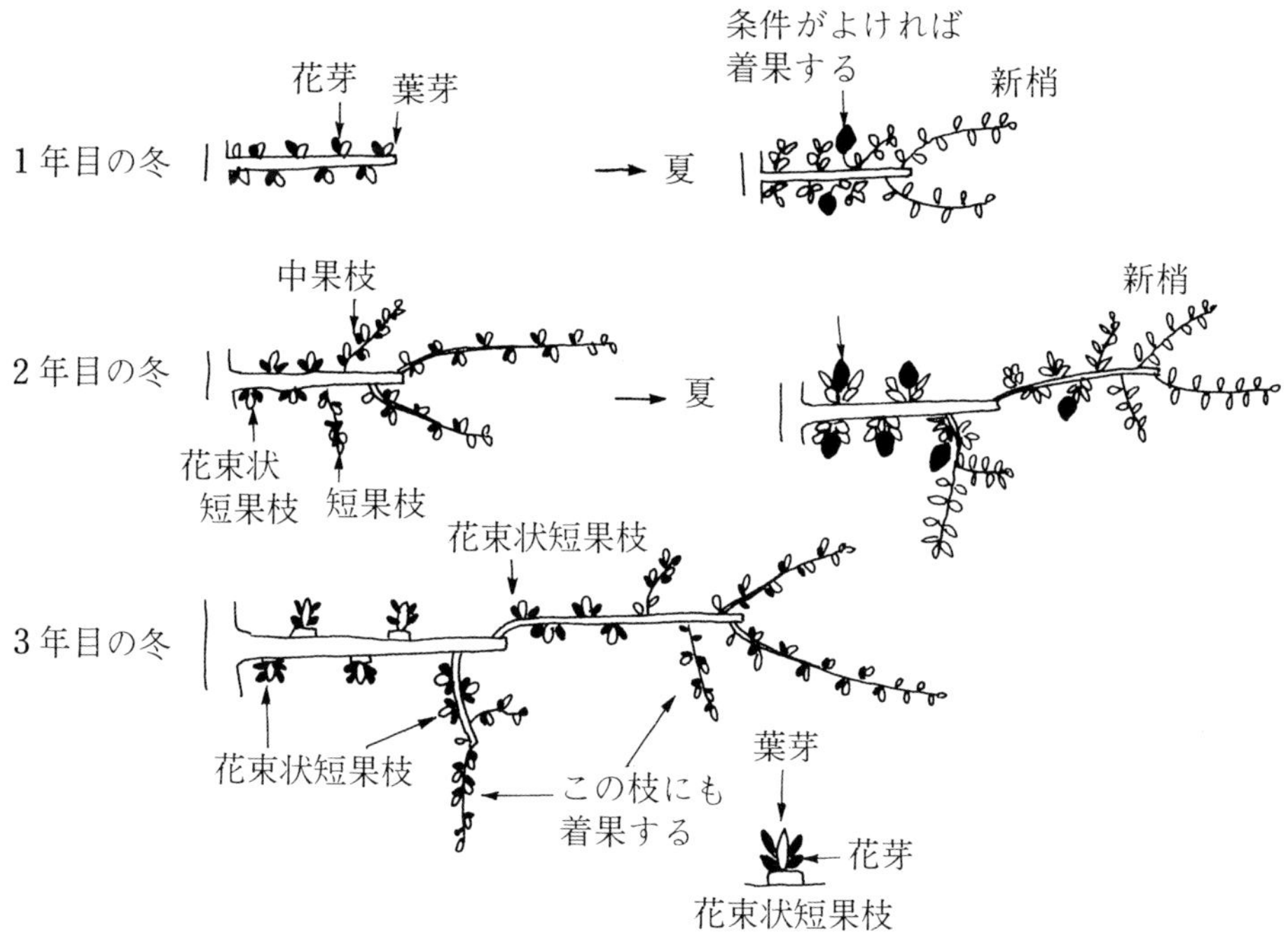
条件がよければ
着果する
花芽
葉芽
新梢
1年目の冬
夏
中果枝
新梢
2年目の冬
夏
花束状
短果枝
短果枝
花束状短果枝
3年目の冬
花束状短果枝
この枝にも
着果する
葉芽
花芽
花束状短果枝

図1　スモモの花芽形成と結実

① ソルダム
先端3～4芽が強く太く伸び、それより下の芽は花束状短果枝に。先端は⅔くらい切り落とす強い切り返し、競合枝は間引く

図2　品種と枝の伸び、結果枝の着き方

② 大石早生
先端2～3芽が強く伸びそれより下の芽は中果枝となる。切り返しせん定しないとほとんどが中・短果枝となる。先端の競合枝を間引き、中・短果枝の先を軽く切り返す。先端は⅓切り落とす程度の切り返し

③ サンタローザ
切り返すと先端2～3芽が強く伸びそれより下の芽は長・中果枝となるが、切り返さないと途中から強い枝が発生する。ソルダム、大石早生より枝の発生は多い。先端の競合枝や強い枝を間引き、長・中果枝は軽く切り返す。先端は切り返さない

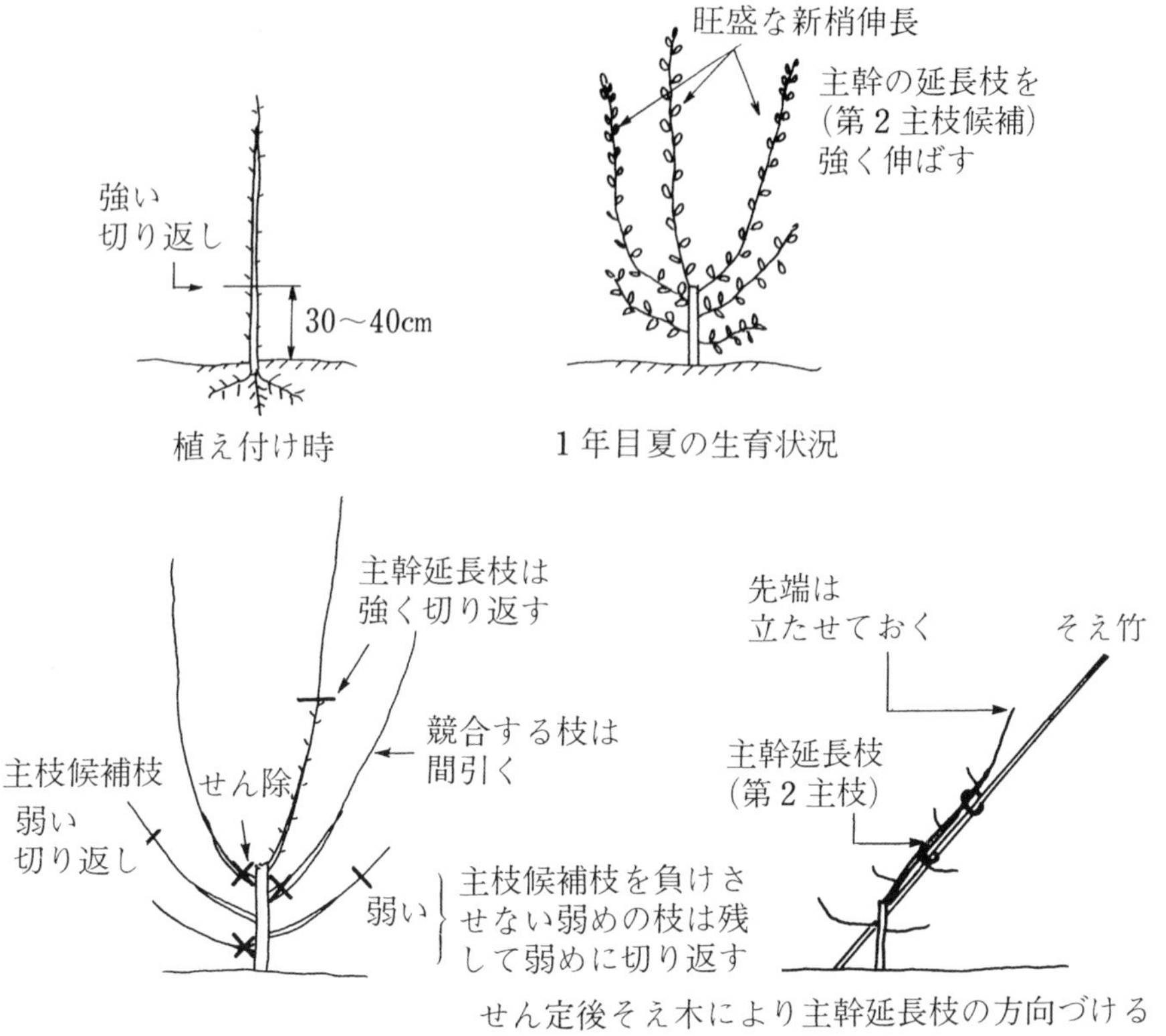
旺盛な新梢伸長
主幹の延長枝を
（第２主枝候補）
強く伸ばす
強い
切り返し
30～40cm
植え付け時
1年目夏の生育状況
主幹延長枝は
強く切り返す
競合する枝は
間引く
主枝候補枝
せん除
弱い
切り返し
弱い
主枝候補枝を負けさせない弱めの枝は残して弱めに切り返す
先端は
立たせておく
そえ竹
主幹延長枝
（第２主枝）
せん定後そえ木により主幹延長枝の方向づける

図３　１年目のせん定（開心自然形）

図４　ソルダムの若木の主枝先端部の伸び方とせん定

先端４～５芽が強く太く伸び、他は短果枝となる。主枝延長枝と競合する枝はせん除し、主枝延長枝を強く切り返し、他の枝は結果枝を確保する程度の弱めに切り返す

図５　サンタローザ若木の枝の伸び方とせん定（２年目）

先端３～４芽が強く、太く伸び他はやや弱めの枝が多く発生する。こうなる前に、夏季に不要な枝のせん除および摘芯により抑制する必要がある。強い競合枝を間引き１本にする

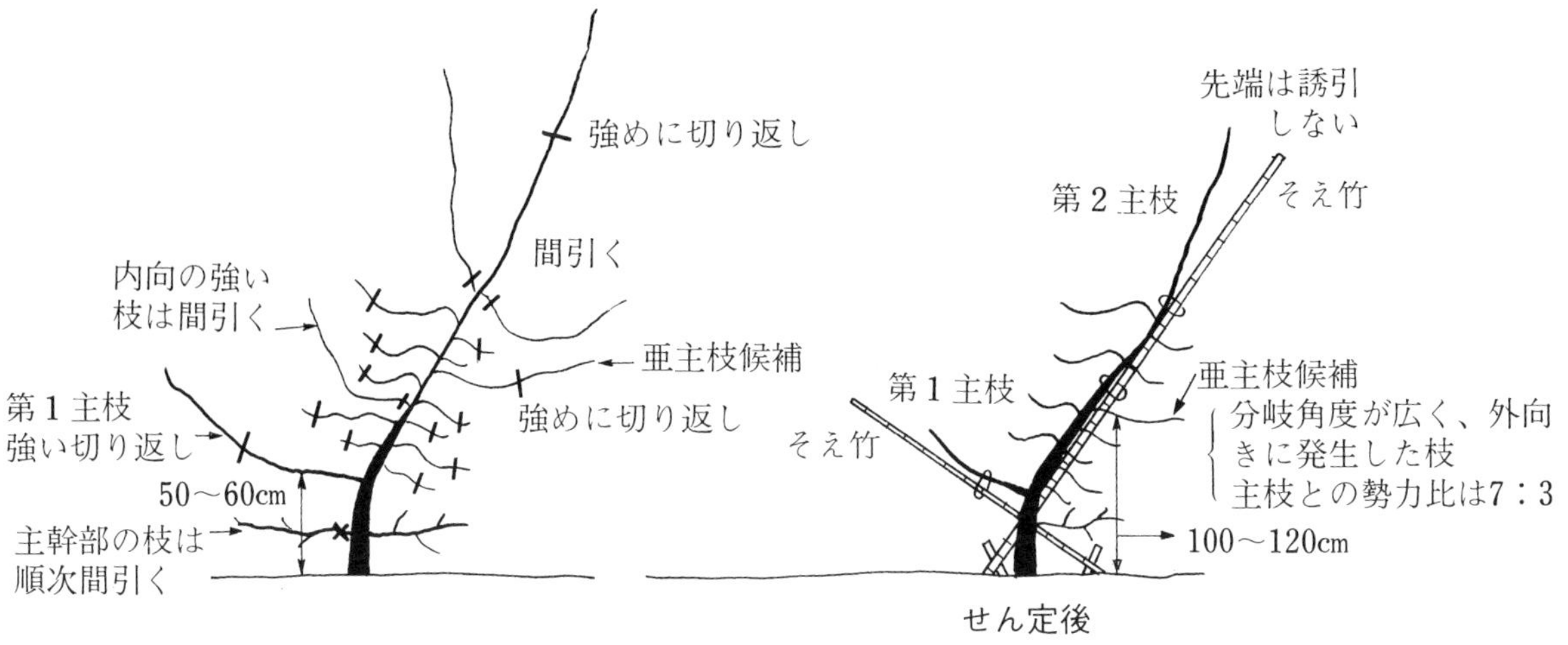
強めに切り返し
間引く
内向の強い
枝は間引く
亜主枝候補
第1主枝
強い切り返し
強めに切り返し
50〜60cm
主幹部の枝は
順次間引く
先端は誘引
しない
そえ竹
第2主枝
亜主枝候補
第1主枝
分岐角度が広く、外向
きに発生した枝
主枝との勢力比は7：3
そえ竹
100〜120cm
せん定後

図6　2年目のせん定(開心自然形)

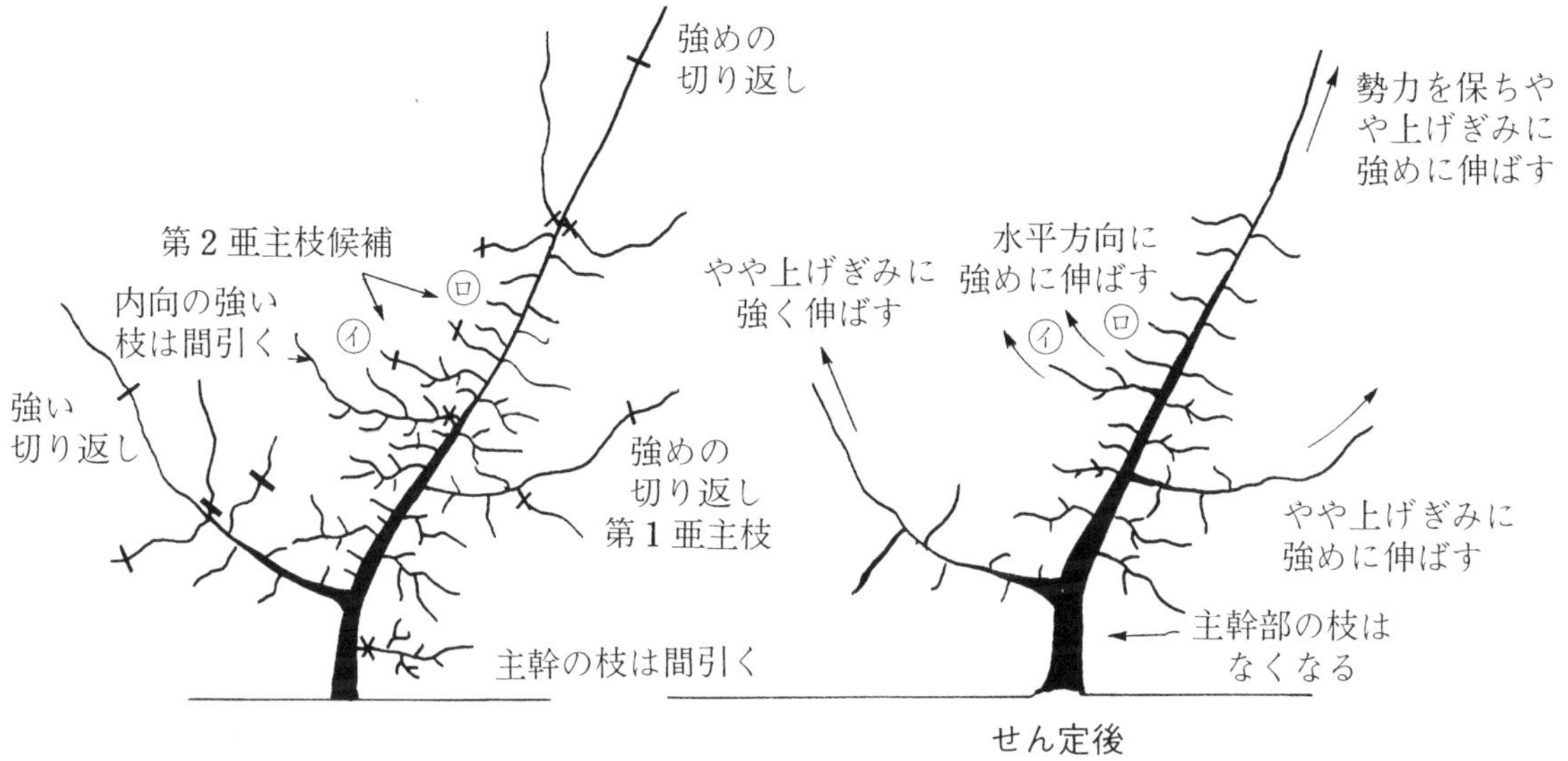
強めの
切り返し
第2亜主枝候補
内向の強い
枝は間引く
強い
切り返し
強めの
切り返し
第1亜主枝
主幹の枝は間引く
勢力を保ちや
や上げぎみに
強めに伸ばす
水平方向に
強めに伸ばす
やや上げぎみに
強く伸ばす
やや上げぎみに
強めに伸ばす
主幹部の枝は
なくなる
せん定後

図7　3年目のせん定(開心自然形)

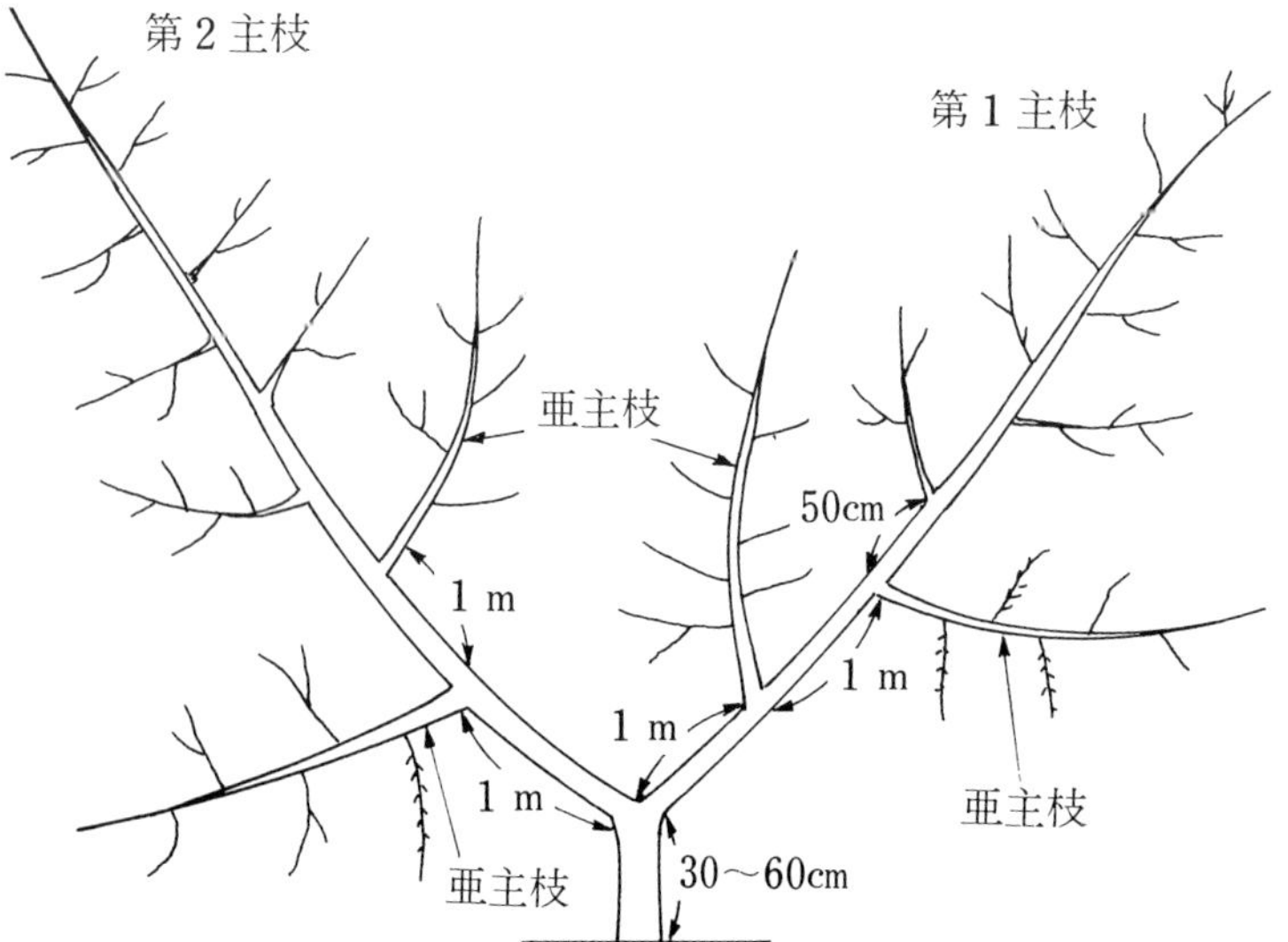
第2主枝
第1主枝
亜主枝
50cm
1 m
1 m
1 m
1 m
亜主枝
亜主枝
30〜60cm

図8　2本主枝仕立ての樹形
(開心自然形)

表　交配の親和性

雄＼雌	ソルダム	サンタローザ	大石早生	太陽
ソルダム	×	○	◎	×
サンタローザ	◎	×	◎	×
大石早生	◎	○	×	×
太陽	◎	◎	◎	×
小松	◎	○	◎	○
ホワイト	◎	◎	◎	○
ウイクソン	◎	◎	◎	○
ビューティ	◎	○	◎	○
ハリウッド	◎	◎	◎	○
白鳳(モモ)	○	―	○	×

◎良い　○普通　×悪い

他家受粉でも交配の親和性があり、組合わせによってはほとんど結実しないので注意する。表を参考に交配親和性のある品種の組合わせで混植すると受粉がしやすくなる。

たとえば、早生品種である大石早生とソルダムは相互に交配親和性があるので、受粉しやすいし、収穫時期が重ならないので労力配分ができる。

サンタローザは大石早生、ソルダムのどちらとも交配親和性が認められるのでこの組合わせでもよいが、サンタローザとソルダムは収穫時期が重なる。

太陽は大石早生、サンタローザ、ソルダムのいずれとも交配親和性がないので、ハリウッド、フォーモーサなどの受粉樹を植え付ける。

採取花粉を用いないで、交互交配による人工受粉を前提とすると経営上考えて、大石早生、ソルダムを導入する場合は、一：一の比率での植え付けが望まれる。

しかし、どちらかを主体とする場合は四：一～六：一の比率でよい。

開心自然形の仕立て方

主枝、亜主枝などの構成は「モモ」と同様に考え、主枝二本を基本として考えたい。

新植からの仕立て方は図3～8に示したが、ポイントは次のとおりである。

植え付け時　植え付け時の切り返しが弱いと第一主枝の分岐位置が高くなりすぎ、発生する新梢が弱いため、樹冠の拡大が遅くなるので、三〇～四〇センチに強めに切り返す。

一年目　先端の三～四芽が強く伸びるので、主幹延長枝（第二主枝候補）と競合する枝は夏季せん定でねん枝または摘芯すると、延長枝の伸長がよい。冬のせん定で

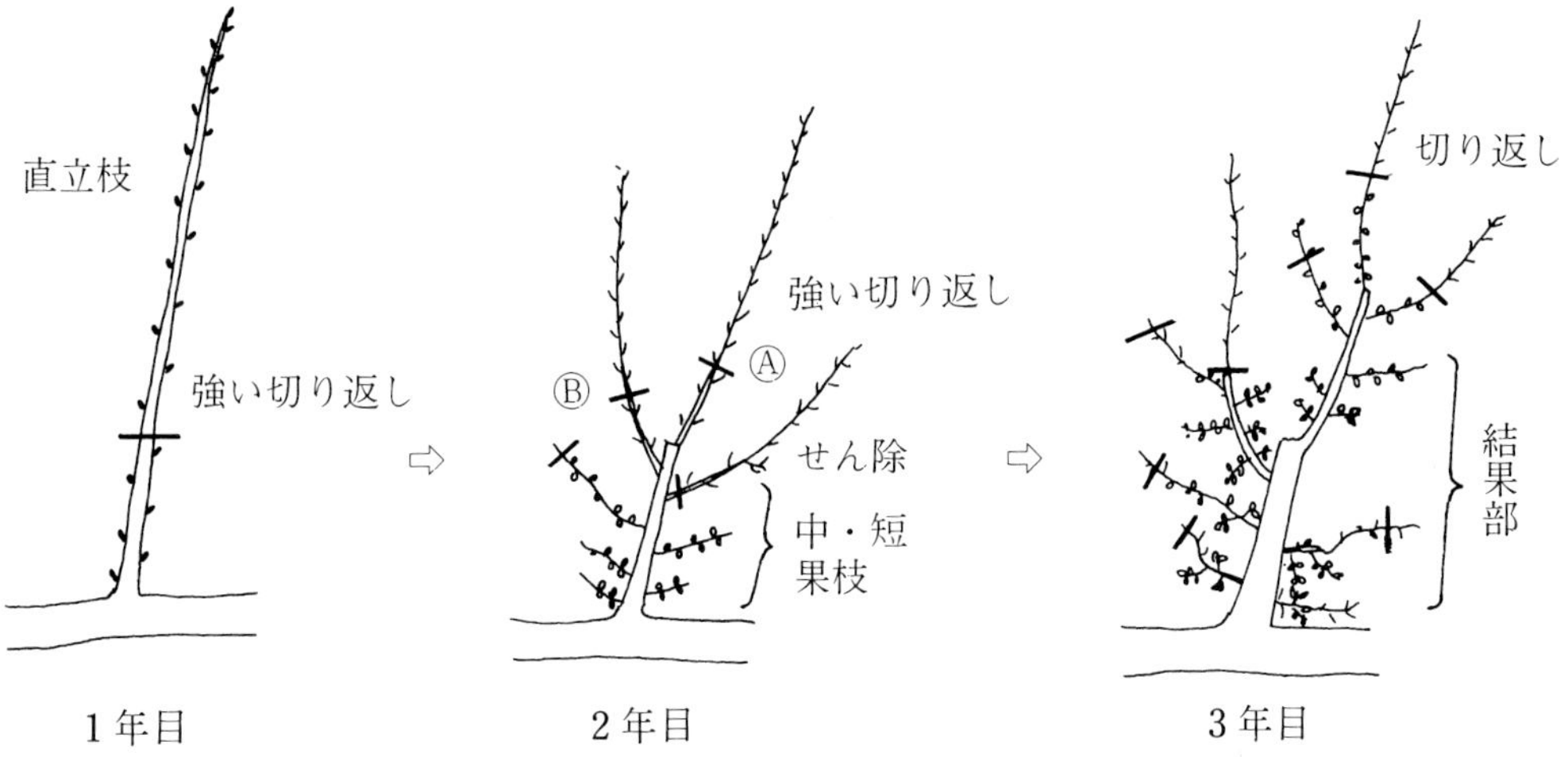

図9　直立した強い枝を利用して結果部をつくる
主枝、亜主枝基部のはげ上がり防止に有効な方法である

図10　結果枝のせん定（ソルダム）

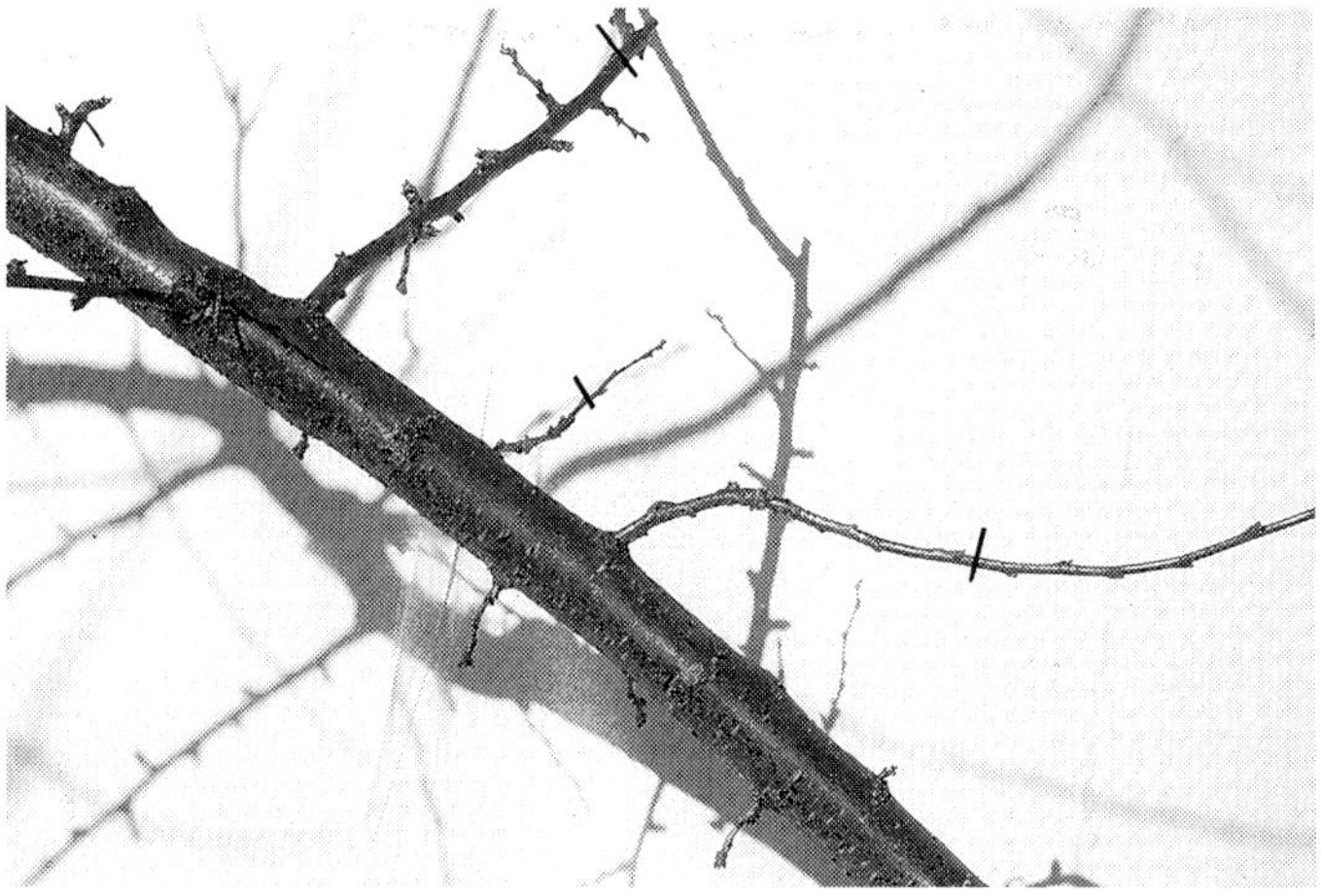

①　**短果枝**　結実がよく新梢の伸びも少ない。長めに伸びた新梢を切り返す。程度は軽くてよい

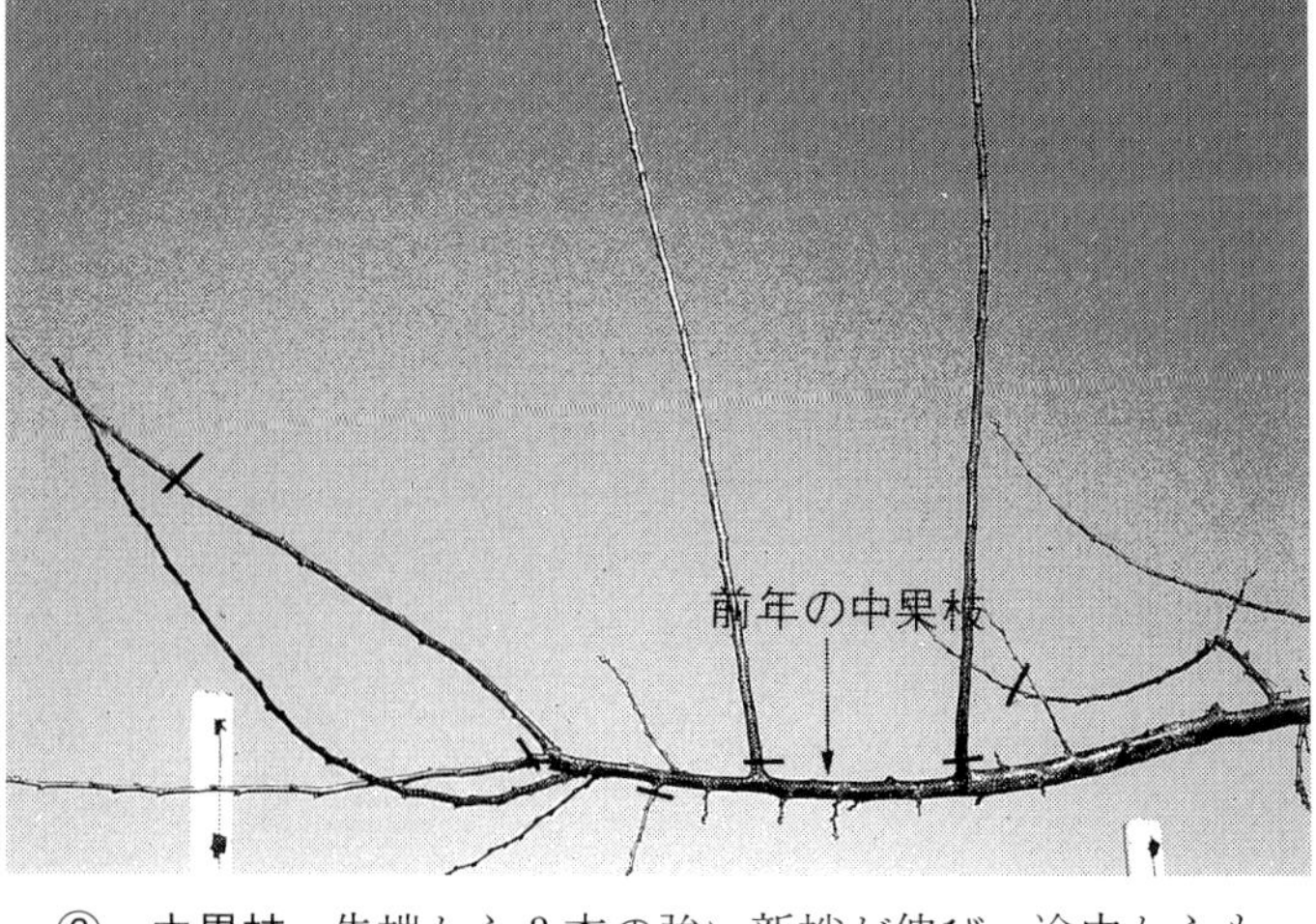

②　**中果枝**　先端から3本の強い新梢が伸び、途中からも徒長枝が2本伸びている。落花跡は短果枝になっている。先端は1本にし、途中から伸びた2本の徒長枝は間引く

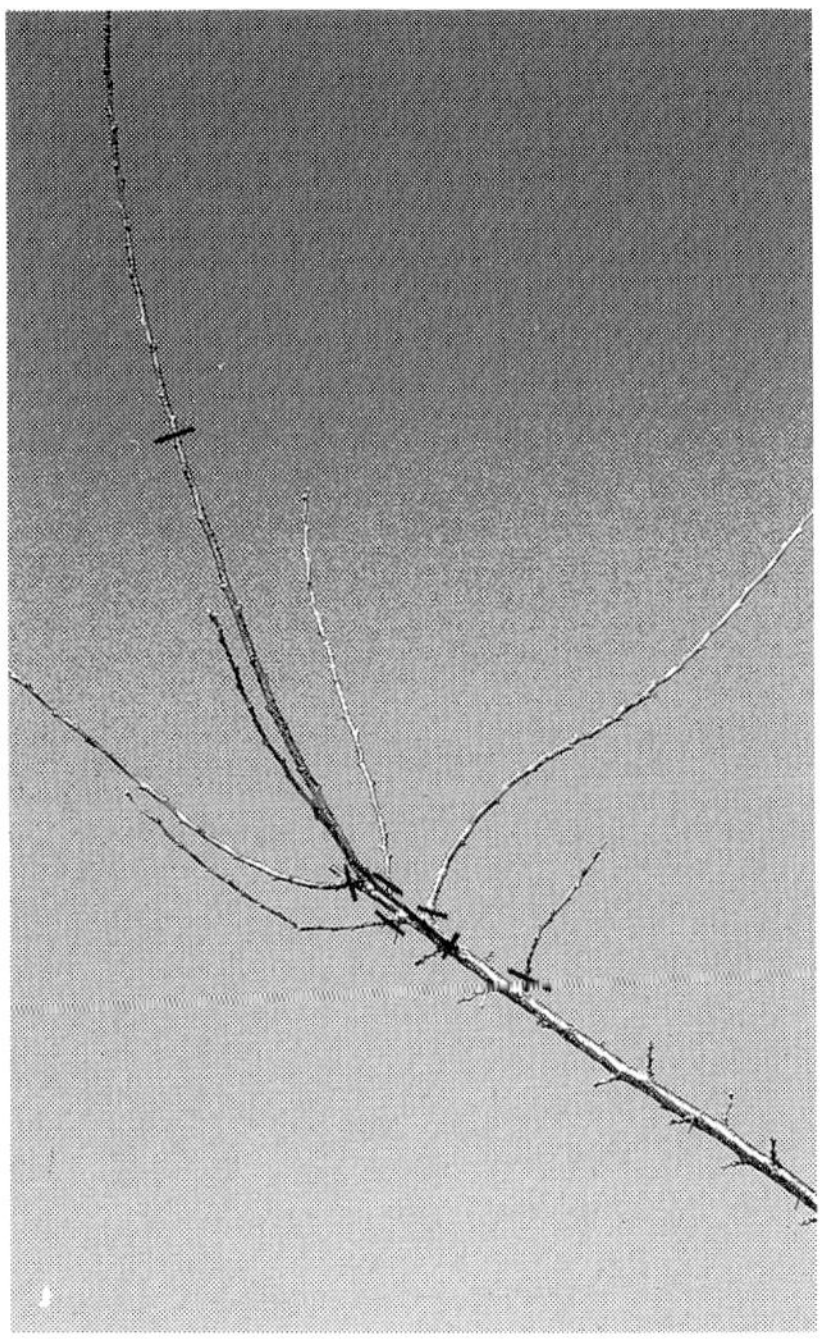

③　**長果枝**　先端から数本の新梢が強く伸びている。先端は1本にし他は間引くが、弱い枝を1本、側枝として残す。両方の枝とも先端は切り返す
（写真3点とも皆川）

は、夏季せん定の有無にかかわらず、主幹延長枝で競合する枝は間引き、弱めの枝を残して、軽く切り返し短果枝を発生させるようにする。

二年目　夏季せん定は一年目と同様に行なう。地上五〇〜六〇センチから発生している側枝を第一主枝、主幹延長枝を第二主枝に確定する。冬せん定での、主枝の切り返し、競合枝の間引きは一年目同様に行なう。

三年目以降　三年目には短果枝も多くなり、かなり結実をみるようになる。主枝の延長を図るとともに第一亜主枝を決定する。主枝、亜主枝は強めに切り返し、その他の枝は競合しないかぎり多めに残し弱い切り返しで短果枝をつくり、結実をふやしながら樹形をつくる。

三年目以降も同様にして樹形をつくっていく。

品種のタイプとせん定

樹の生育特性からソルダムタイプと大石早生タイプ、サンタローザタイプに分類できるので、この生育特性を考慮にいれての整枝・せん定を行なう必要がある。

ソルダムタイプ　ソルダムは先端部分から三〜四本太く強い新梢が発生するが、それ以下の芽からは花束状短果枝が着生しやすく、早期から多くの花芽が着生する。

結実樹齢になると樹は開きやすくなり、切り返しせん定が弱いと短果枝が多くなり、樹は間のびした弱々しい樹姿となる。そのため、骨格となる主枝、亜主枝は、若木のときから切り返しを強めに行ない、枝の発生を促し、頑丈につくる必要がある。

伸ばす必要のない枝は、切り返しをせずそのまま放置すると短果枝ばかりの枝となるので、果実をならせて翌年切り返してもよい。

大石早生タイプ　ソルダム同様に先端部の新梢は三〜四本は太く強く発生するが、それ以下の芽からの新梢はソルダムと異なり、中果枝となる。これが結実の中心となる。

大石早生はソルダム以上に樹勢が強く、徒長的な生育をする。徒長ぎみに伸びた枝を冬季せん定で多く切ると樹に枯れが入り、樹齢を短くしやすいので、夏季に徒長的に伸びる枝を摘芯（強い）するか、元から切り落とす。こうすれば、枯れ込みを防げる。

また、太い枝を切ると、ある程度の樹齢に達している樹でも枯れ込むので、骨格となる主枝、亜主枝以外の枝

図11　品種のタイプとせん定（写真：皆川）

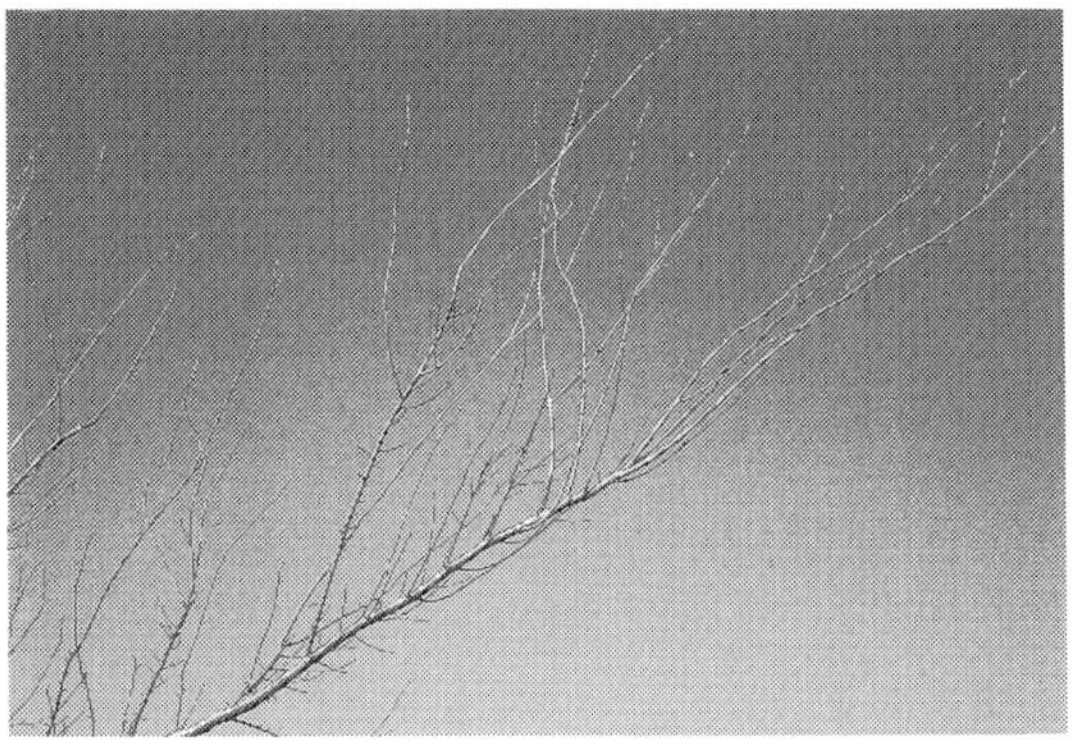

①　サンタローザタイプ
新梢の発生が多く、枝が細めであり、せん定が強いと生理落果が多くなる。とくに長・中果枝は先端に花芽を多く着けるため切り返すと結実が悪くなるので、間引きせん定を主体にする
上：せん定前　　下：せん定後

③　ソルダムタイプ
枝の発生は少なく、太く強く出るが、短果枝を形成しやすい。せん定は伸びた長さの1/3～1/2とやや強く切り返し、枝を頑丈につくる。弱い切り返しは結果部位が枝先になる
上：せん定前　　下：せん定後

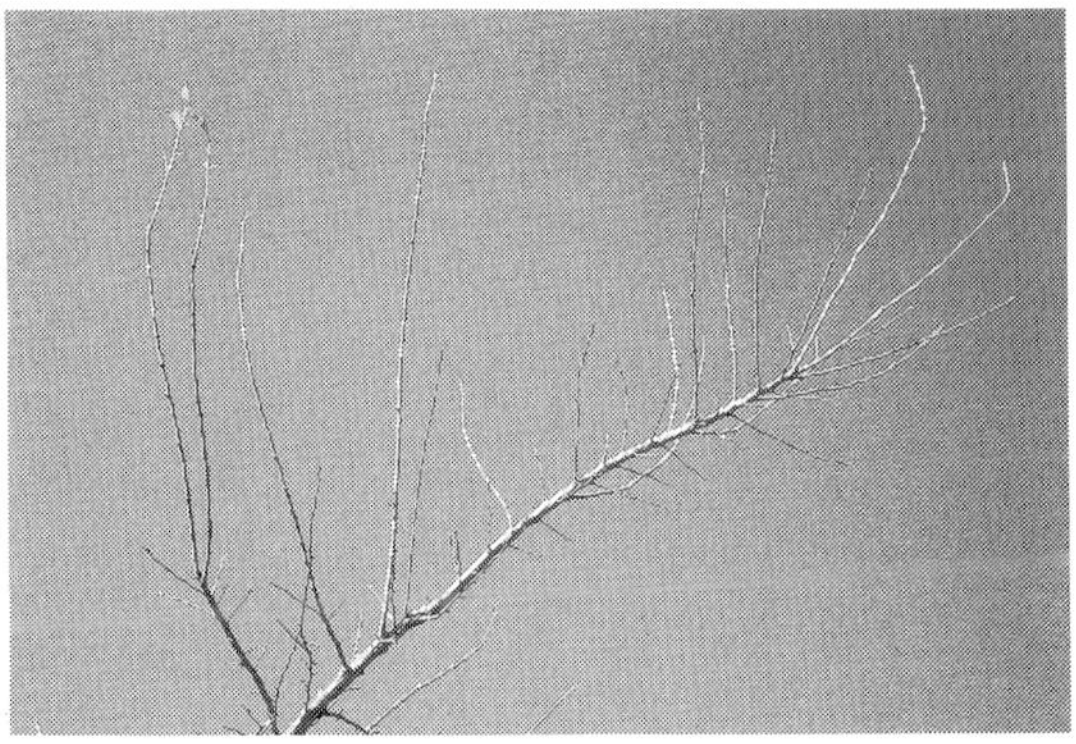

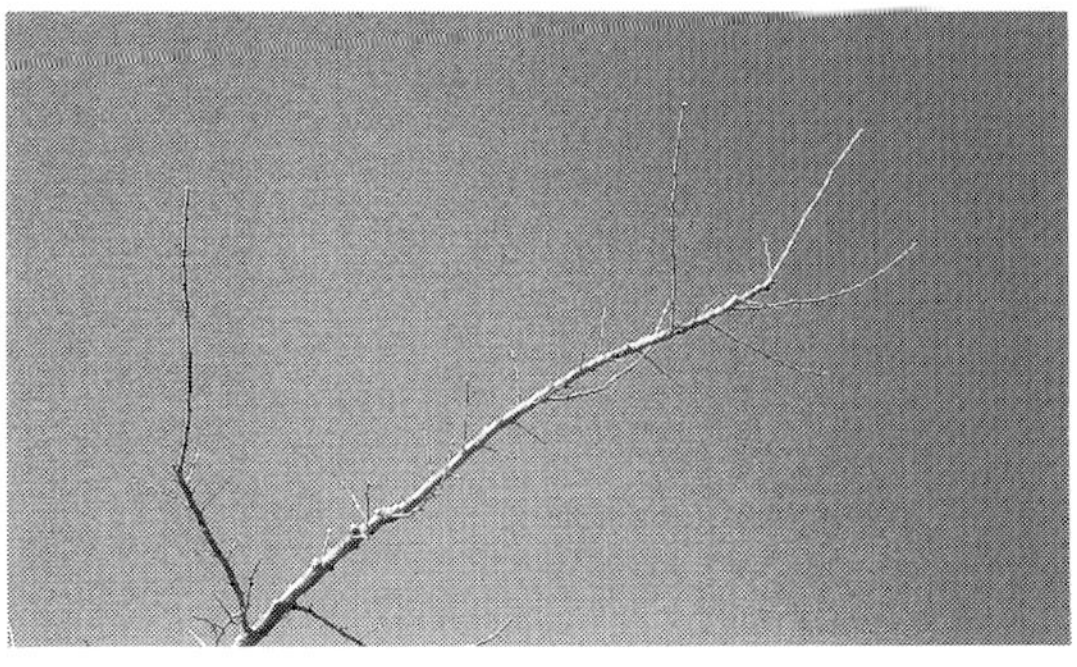

②　大石早生タイプ
樹形にとらわれせん定が強くなると、花芽の着生も悪く生理落果を起こしやすい。若木では間引きせん定を中心に行なう。樹が落ち着いたら切り返しせん定も加える
上：せん定前　　下：せん定後

は、太くなる前に切り落とす。

サンタローザタイプ　ソルダム、大石早生とは異なり、先端部からの新梢の発生本数が多く、とくに先端五～六芽は強く発生する。また、ソルダム、大石早生が短果枝、中果枝になるものが多いのに比べ、長・中果枝の発生が多い。結実の主体は中・短果枝であるが、長果枝の先端部分に花芽が着生し、結実するものもある。

また、先端部の新梢のみが強く発生するばかりでなく、昨年伸びた枝の中間部分からも強い新梢が発生する。

このため、骨格となる主枝、亜主枝、側枝の先端は切り返しを行なうが、結果枝となる中・短果枝は若木時は切り返さず、間引きを主体とする。

樹勢は大石早生同様に強く、樹高が高くなるので、若木時から主枝、亜主枝、側枝などを誘引し、早くから落ち着いた樹勢にもっていくとともに、早期から結実するように努める。

その他の品種　大石早生、ソルダム、サンタローザのいずれかのタイプか、その中間を示すので、その生育特性に合ったせん定を心がければよい。たとえば、ホワイトプラムはソルダムと大石早生の中間形の生育を示し、太陽はサンタローザに近い生育特性を示す。

棚仕立て

強風による落果や果実の損傷を少なくするためと、低樹高で作業性の高い仕立て方として最近ふえてきている。

主枝二本を棚下五〇～七〇センチで分岐し、棚上に亜主枝、側枝を配置する。主枝の棚への誘引は一年枝でなく、二～三年上の方向に伸ばしてから行なう。なお、棚へ誘引する前の年は枝をやや斜め上方に誘引しておく。

結果枝はできるだけ多く配置し、できるだけ誘引するが、誘引を強引にすると折れる枝もあるので結実を確認してから誘引してもよい。

大石早生、太陽は枝が硬いので誘引しづらいが、青竹をそえて誘引すると無理なく誘引できる。

ブドウのX字型自然形仕立てと同様に負け枝をつくらないことが大切であり、棚下で亜主枝をとると亜主枝が主枝を負かすことがあるので注意する。

傾斜地では主枝を傾斜の上方に向けると負けないが、下方に向けると負けやすくなるので、主枝は上方にU字型に伸ばしたい。

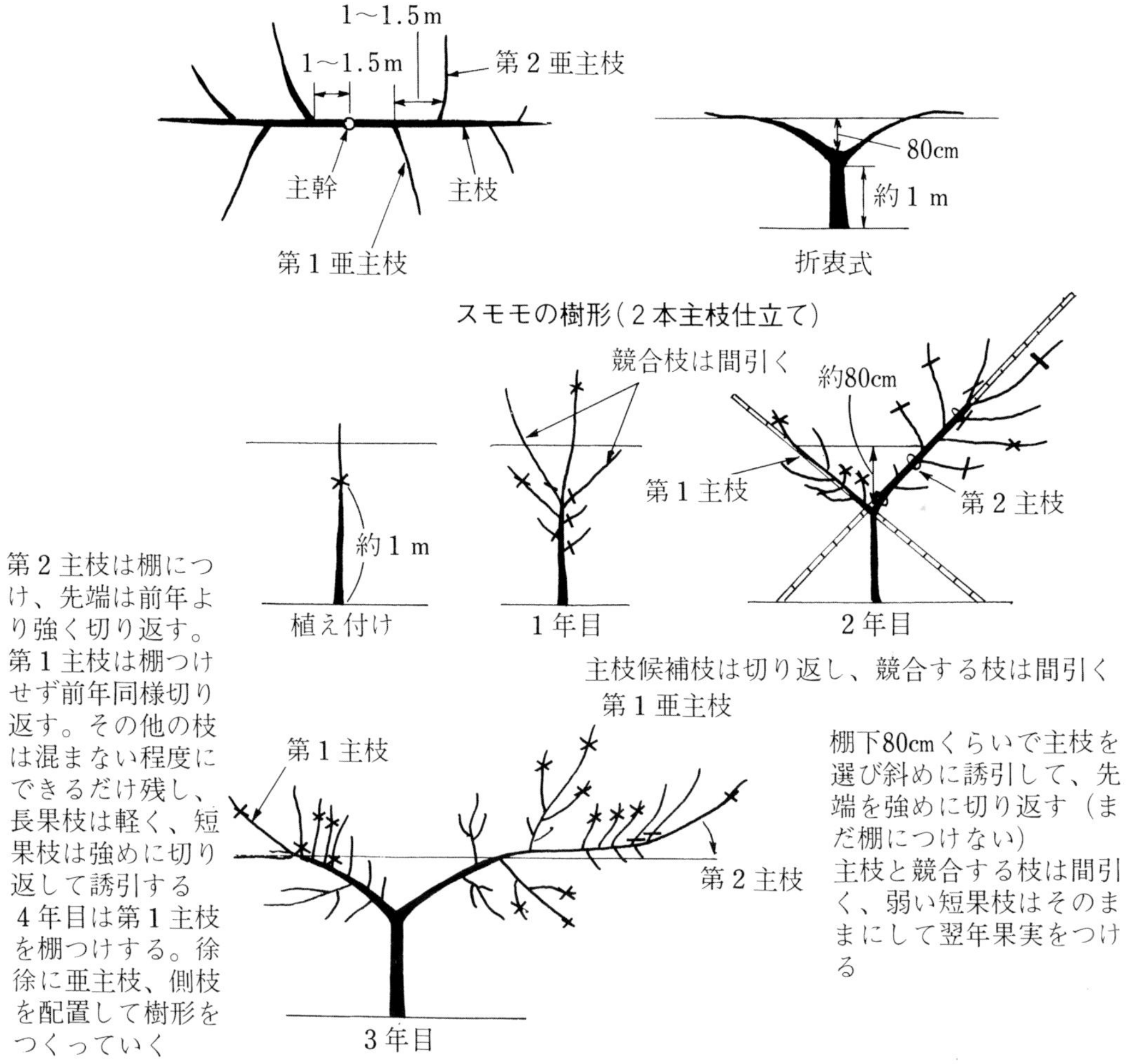
1〜1.5m
1〜1.5m
第２亜主枝
主幹
主枝
第１亜主枝
80cm
約１ｍ
折衷式
スモモの樹形（２本主枝仕立て）
競合枝は間引く
約80cm
約１ｍ
第１主枝
第２主枝
植え付け
１年目
２年目
主枝候補枝は切り返し、競合する枝は間引く
第２主枝は棚につけ、先端は前年より強く切り返す。第１主枝は棚つけせず前年同様切り返す。その他の枝は混まない程度にできるだけ残し、長果枝は軽く、短果枝は強めに切り返して誘引する
４年目は第１主枝を棚つけする。徐徐に亜主枝、側枝を配置して樹形をつくっていく
第１亜主枝
第１主枝
第２主枝
３年目
棚下80cmくらいで主枝を選び斜めに誘引して、先端を強めに切り返す（まだ棚につけない）
主枝と競合する枝は間引く、弱い短果枝はそのままにして翌年果実をつける

図12　棚仕立ての樹形と仕立て方

図13　スモモの棚仕立て（ソルダム）

大きな枝もできるだけ誘引して使うようにする。小さい枝は先刈りする。夏季せん定で大きくなるような新梢の間引き、ねん枝が必要である

オウトウ

奥山　仁六

オウトウの結果習性

オウトウは、その年伸びた枝のえき芽が花芽になり、翌年開花結実する。二年枝の葉芽から発生する枝が、二～三センチ程度で伸長が止まると、えき芽はほとんど花芽となり、頂芽だけが葉芽となる。このように短く伸びて花芽だけ着ける短果枝を、花束状短果枝と呼び、オウトウを生産するときの主力となる枝である。したがって、花束状短果枝を多く着けた結果枝を、早く確保することが早期多収への近道である。

樹形と整枝・せん定のポイント

主幹形　オウトウの直立性を生かした樹形で、主枝、亜主枝をつくらず主幹に直接側枝をつくりながら、一定の樹高に維持する方法である。この樹形では、主枝、亜主枝をつくらないため、結果部位である側枝を早く確保できること、また、樹間距離を少なくして密植ができ、早期多収を得るのに適している。植栽本数は、一〇アール当たり五〇本を基本とし、植栽距離は列間五メートル、株間四メートルとする。

仕立て方の基本は図2に示したが、主幹部は常に強く保ち、主幹の延長枝は強めに切り返しして側枝の発生を多くする

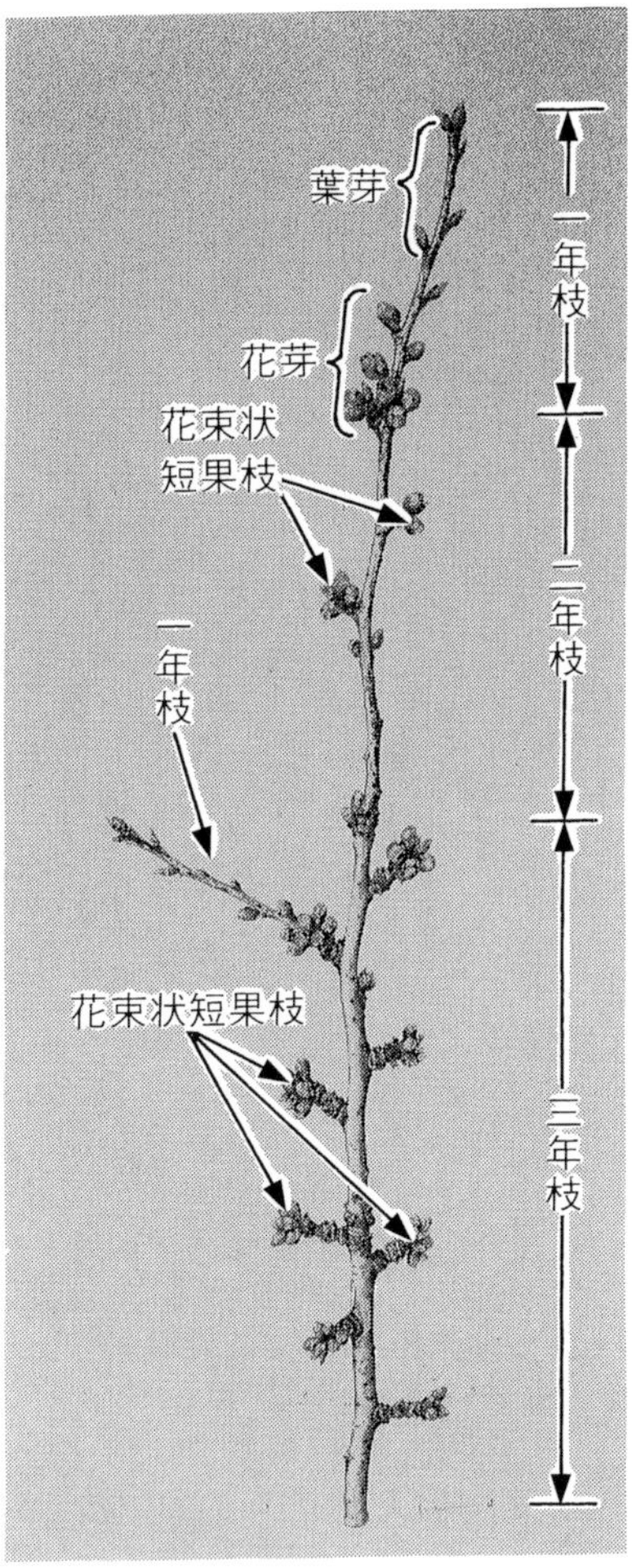
葉芽
花芽
花束状
短果枝
一年枝
花束状短果枝
一年枝
二年枝
三年枝

図1　結果枝（なり枝）の構成

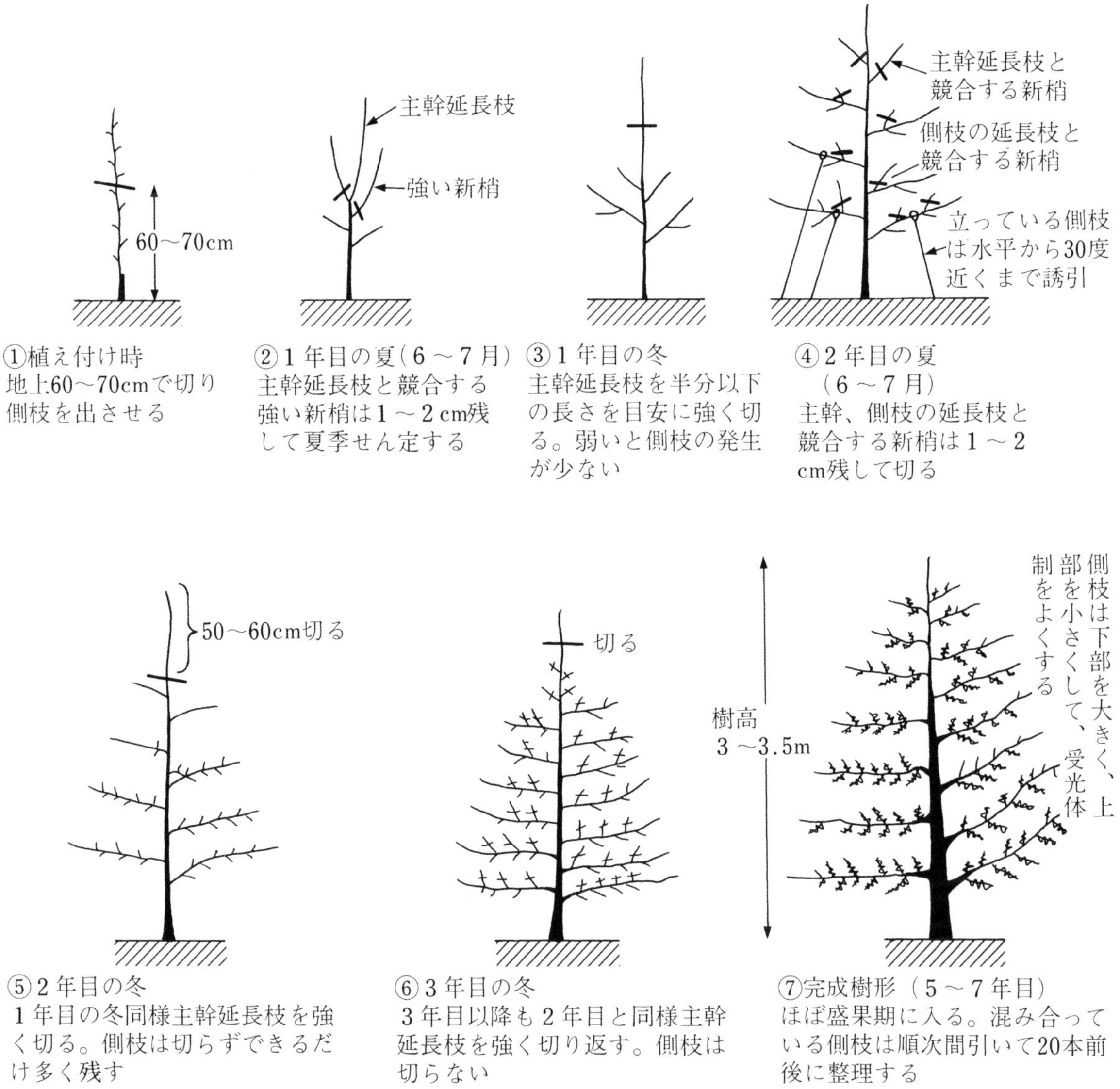

60〜70cm
主幹延長枝
強い新梢
主幹延長枝と
競合する新梢
側枝の延長枝と
競合する新梢
立っている側枝
は水平から30度
近くまで誘引
①植え付け時
地上60〜70cmで切り
側枝を出させる
②1年目の夏（6〜7月）
主幹延長枝と競合する
強い新梢は1〜2cm残
して夏季せん定する
③1年目の冬
主幹延長枝を半分以下
の長さを目安に強く切
る。弱いと側枝の発生
が少ない
④2年目の夏
（6〜7月）
主幹、側枝の延長枝と
競合する新梢は1〜2
cm残して切る
50〜60cm切る
切る
樹高
3〜3.5m
側枝は下部を大きく、上部を小さくして、受光体制をよくする
⑤2年目の冬
1年目の冬同様主幹延長枝を強
く切る。側枝は切らずできるだ
け多く残す
⑥3年目の冬
3年目以降も2年目と同様主幹
延長枝を強く切り返す。側枝は
切らない
⑦完成樹形（5〜7年目）
ほぼ盛果期に入る。混み合って
いる側枝は順次間引いて20本前
後に整理する

図2　主幹形の仕立て方

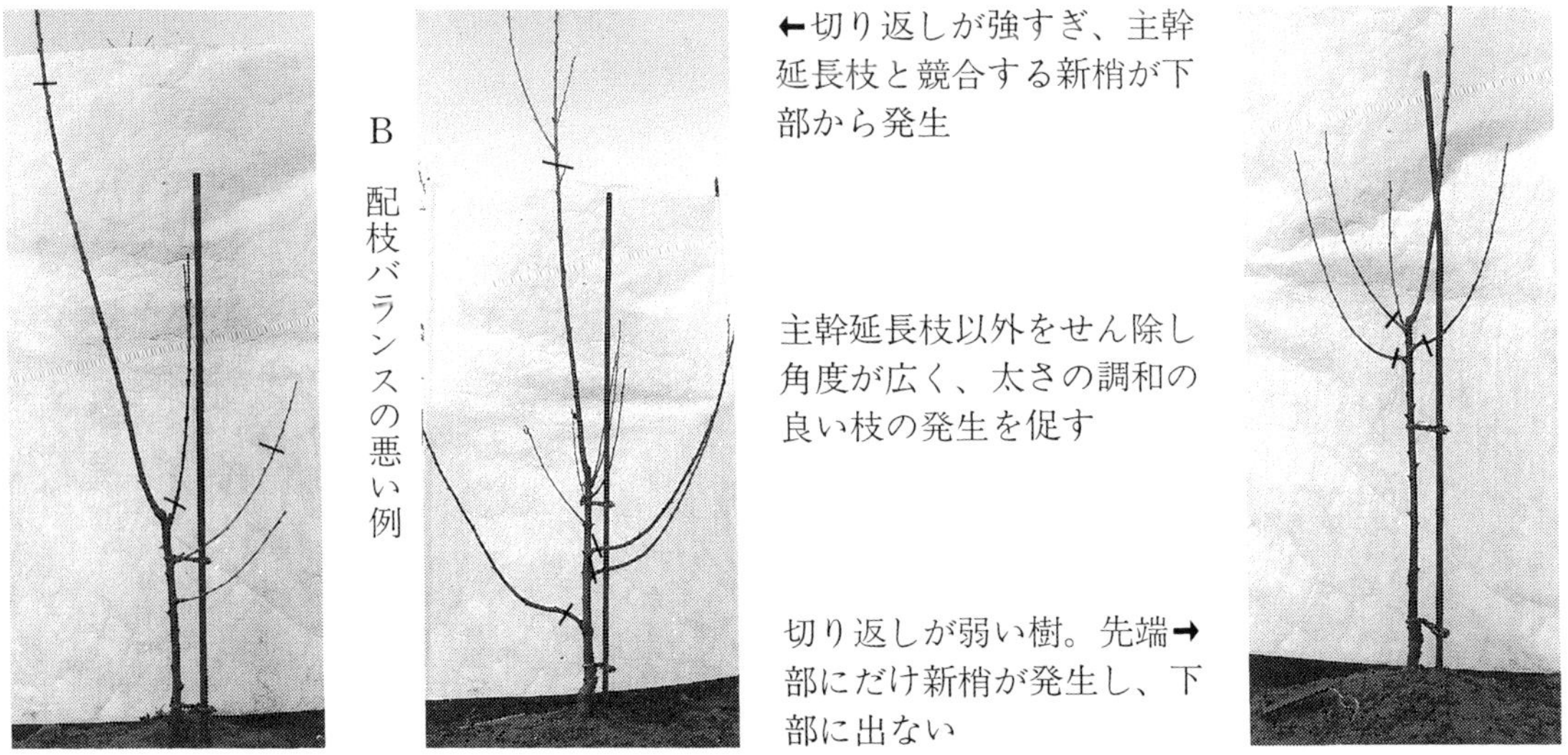

A
配枝バランスの良い例
B
配枝バランスの悪い例
←切り返しが強すぎ、主幹
延長枝と競合する新梢が下
部から発生
主幹延長枝以外をせん除し
角度が広く、太さの調和の
良い枝の発生を促す
切り返しが弱い樹。先端→
部にだけ新梢が発生し、下
部に出ない

図3　主幹形1年目冬のせん定事例

図４　夏季せん定の方法

①主幹延長枝先端部の夏季せん定

せん定前

せん定後

主幹延長枝Ⓐと競合する枝Ⓑは基部を５cm程度残して夏季せん定する。強い新梢を６月の早い時期に切るときは２cmと短く、弱い新梢や７月に入って切るときは10cmとやや長めに切る

せん定前

せん定後

②側枝の夏季せん定

側枝の延長枝Ⓐと競合する新梢は基部を２～３cm程度残して夏季せん定する

図6　主幹形での主枝先端部のせん定
<せん定後>先端の競合枝、側枝の混んでいる所を間引く

図5　主幹形若木のせん定例
（5年生樹、佐藤錦）
樹勢がようやく安定し、花芽の着生も多くなる時期なので、せん定は、主幹延長枝と競合する枝や徒長枝をせん除する程度で軽く行なう

図7　側枝の配置とその程度
<せん定後>同位置の同齢枝は整理し①太さに差をつけて配置②する

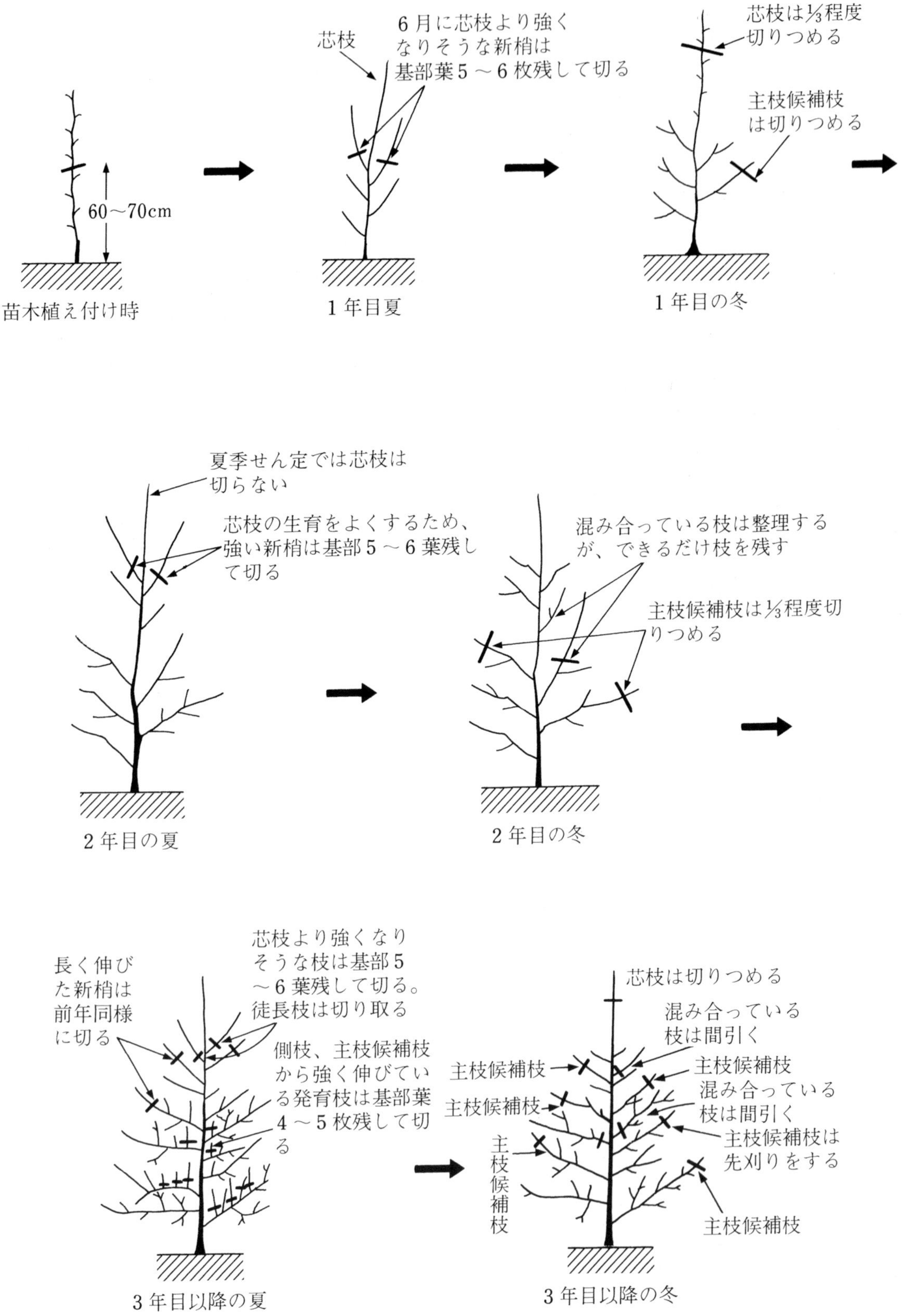
60〜70cm
苗木植え付け時
芯枝
6月に芯枝より強く
なりそうな新梢は
基部葉5〜6枚残して切る
1年目夏
芯枝は1/3程度
切りつめる
主枝候補枝
は切りつめる
1年目の冬
夏季せん定では芯枝は
切らない
芯枝の生育をよくするため、
強い新梢は基部5〜6葉残し
て切る
2年目の夏
混み合っている枝は整理する
が、できるだけ枝を残す
主枝候補枝は1/3程度切
りつめる
2年目の冬
長く伸び
た新梢は
前年同様
に切る
芯枝より強くなり
そうな枝は基部5
〜6葉残して切る。
徒長枝は切り取る
側枝、主枝候補枝
から強く伸びてい
る発育枝は基部葉
4〜5枚残して切
る
3年目以降の夏
芯枝は切りつめる
混み合っている
枝は間引く
主枝候補枝
主枝候補枝
主枝候補枝
混み合っている
枝は間引く
主枝候補枝は
先刈りをする
主枝候補枝
主枝候補枝
3年目以降の冬

図8　変則主幹形から遅延開心形への仕立て方

樹形の完成を急ぎ、主枝候補枝の整理が早すぎると、樹勢が強くなり花芽の着生が遅れ、初期収量が上がらないので注意する。

側枝はできるだけ単純化し、長く維持するためにも結果枝を大きくしたい。

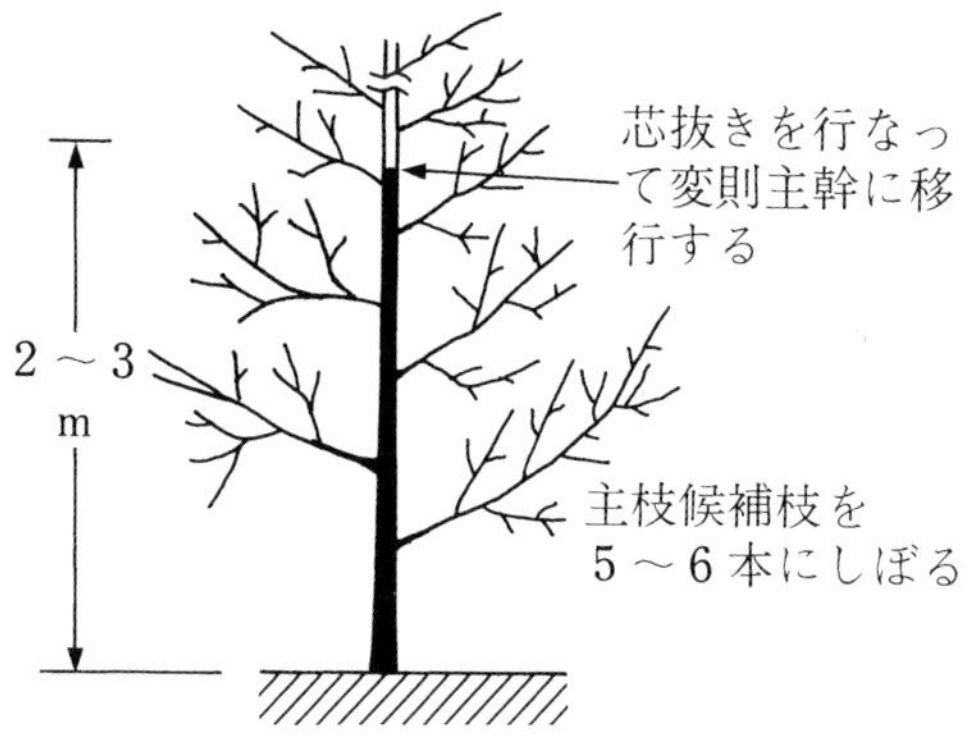
芯抜きを行なって変則主幹に移行する
2～3
m
主枝候補枝を
5～6本にしぼる

7～14年目の冬

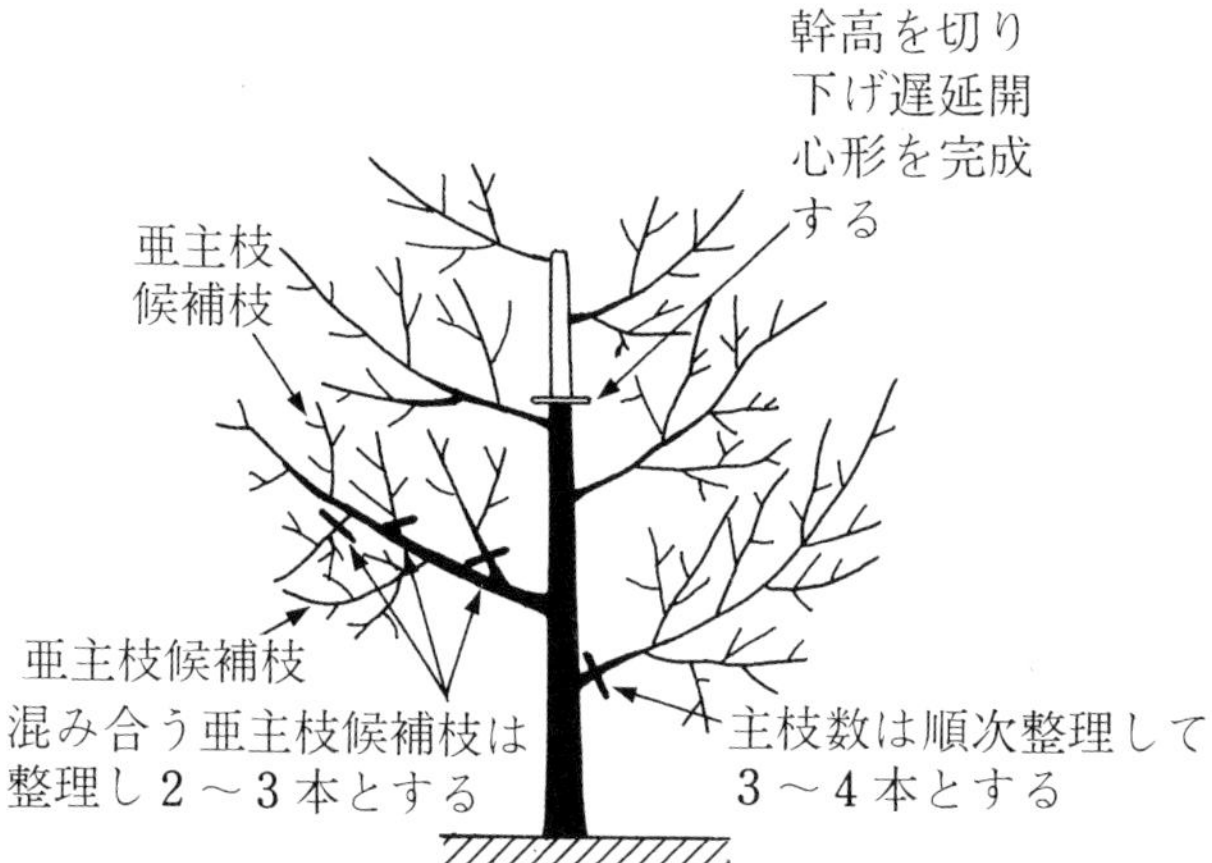
幹高を切り
下げ遅延開
心形を完成
する
亜主枝
候補枝
亜主枝候補枝
混み合う亜主枝候補枝は
整理し2～3本とする
主枝数は順次整理して
3～4本とする

変則主幹形から遅延開心形への移行

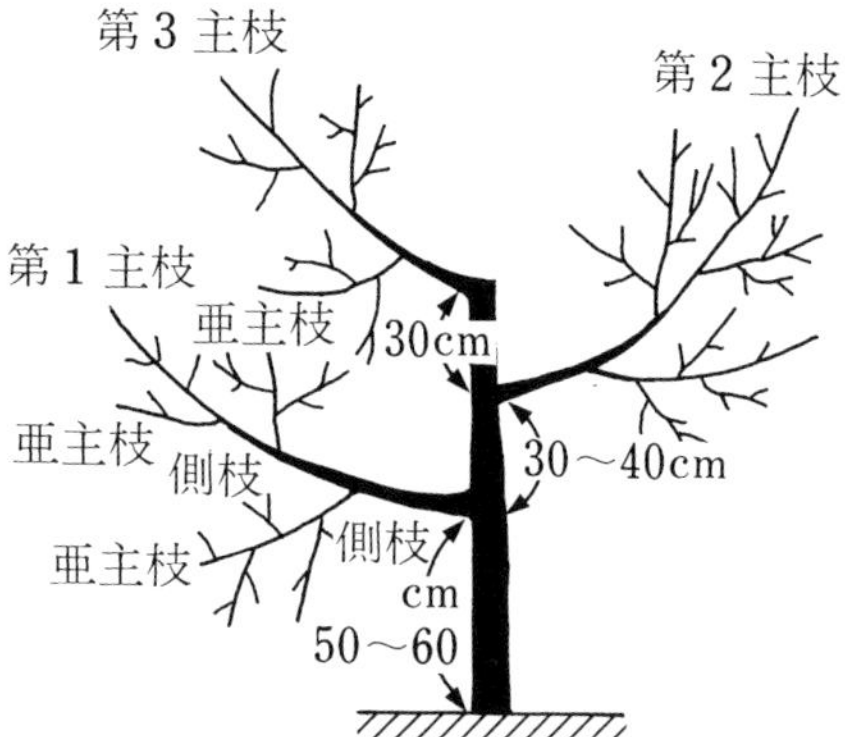
第3主枝
第2主枝
第1主枝
亜主枝
30cm
亜主枝
側枝
30～40cm
亜主枝
側枝
cm
50～60

遅延開心形の完成形

芯枝
第3主枝
第2主枝
第1主枝

〈芯抜き準備〉芯枝が太く芯抜きができないので、芯枝の側枝をせん除して芯枝の生育を抑える

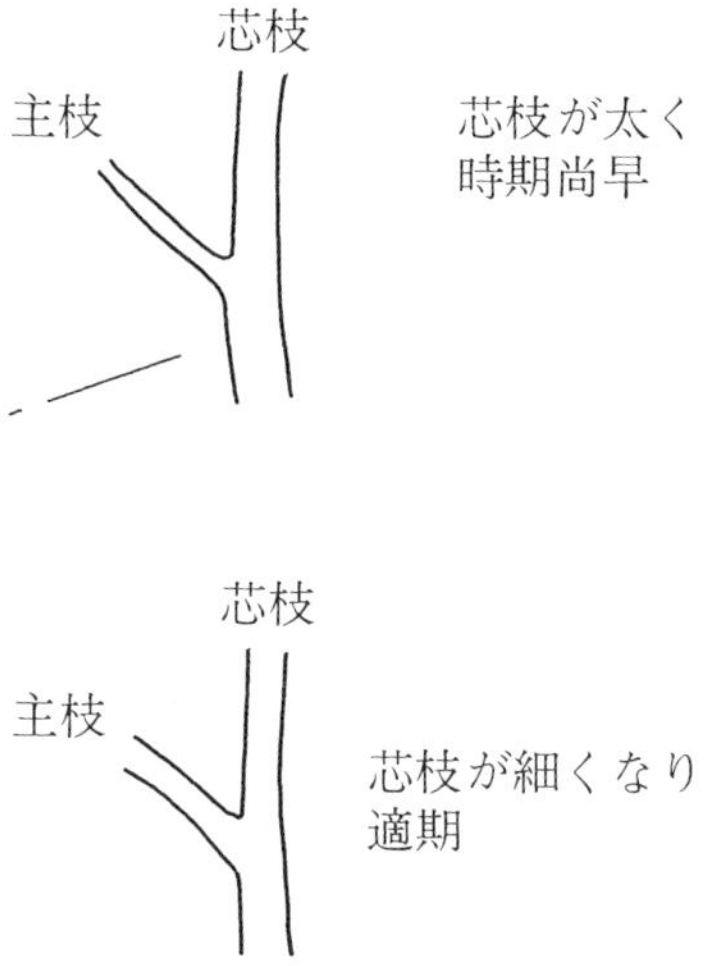
芯枝
主枝
芯枝が太く
時期尚早
芯枝
主枝
芯枝が細くなり
適期

〈芯抜き適期の判断〉芯枝と主枝の太さが同程度か、芯枝が細くなったころが芯抜きの適期

図9　芯抜き時期の判断と準備

ことがポイントになる。せん定は夏季せん定を主体にし、六～七月にかけて一～二回行なう。側枝は誘引を基本にする。誘引の角度は水平～三〇度の範囲内で行なう。誘引と夏季せん定を組み合わせることによって、落ち着いたよい側枝ができ、充実した花芽も早くから着いて、早期多収に結びつく。

遅延開心形　直立性の強いオウトウでは、リンゴや西洋ナシと同じように、計画的に芯を切り下げて主枝を構成する遅延開心形が、一般的な樹形である。

遅延開心形の仕立て方

幼木期（六年目ころまで――主幹形）　この時期は、有望な主枝候補枝を必要な部位に確保することと、樹冠を早く拡大しながら、樹形構成に支障のない範囲で、早く結実に導く。この時期のせん定は、主枝候補枝の生育に邪魔する枝の間引きを主体に行ない、角度が狭く強い枝は早めにせん除するか誘引する。

若木期（七～一四年目ころまで――変則主幹形）　主枝候補枝を五～六本程度にしぼると同時に、芯抜きを計画的に進め、樹形を主幹形から変則主幹に移行する。

芯抜きは、樹高が三～四メートルに達するころから準備に入り、二～三年かけて樹高を二～三メートルまで切り下げる。遅れたり、早すぎたりしないよう適期に行なうことが大切である。

成木期（一五年目以降――遅延開心形または開心形）　この時期には、最上段の主枝の高さまで切り下げ、樹高を一～一・五メートルの遅延開心形にする。主枝、亜主枝は図8のように配置する。亜主枝には側枝を着け結果部位をつくる。側枝の長さは一～二メートル程度とし、片側六〇センチ前後の間隔で交互に配置する。

さらに樹齢が進むと、主枝二本の開心形にする。

樹形完成後のせん定

せん定時の樹勢診断の目安は、図12のとおりである。新枝の長さが基準より強い場合、冬季せん定を軽く行ない、夏季せん定で樹を落ち着ける。逆に、樹勢の弱い樹は、夏せん定するとさらに弱くなるので、冬季せん定を強くする。また、オウトウの花芽は、栄養条件が良いと長持ちするが、古くなると小さくなり花芽の質も悪くなるので、若い枝へと早めに結果枝の更新を行なう。

図10　側枝のよしあしとせん定

〈高品質多収枝〉重なり枝もなく、光が十分受けられる。配枝間隔が十分あり、分岐せず、単純で新梢先端の生育もよい。せん定は徒長枝を切る程度とする

〈分枝した枝が多く混み合っている側枝〉重なり枝、徒長枝、弱枝などをせん除し、できるだけ側枝を単純化する

図11　結果枝の若返り法

下垂して古くなった
側枝は切りかえる

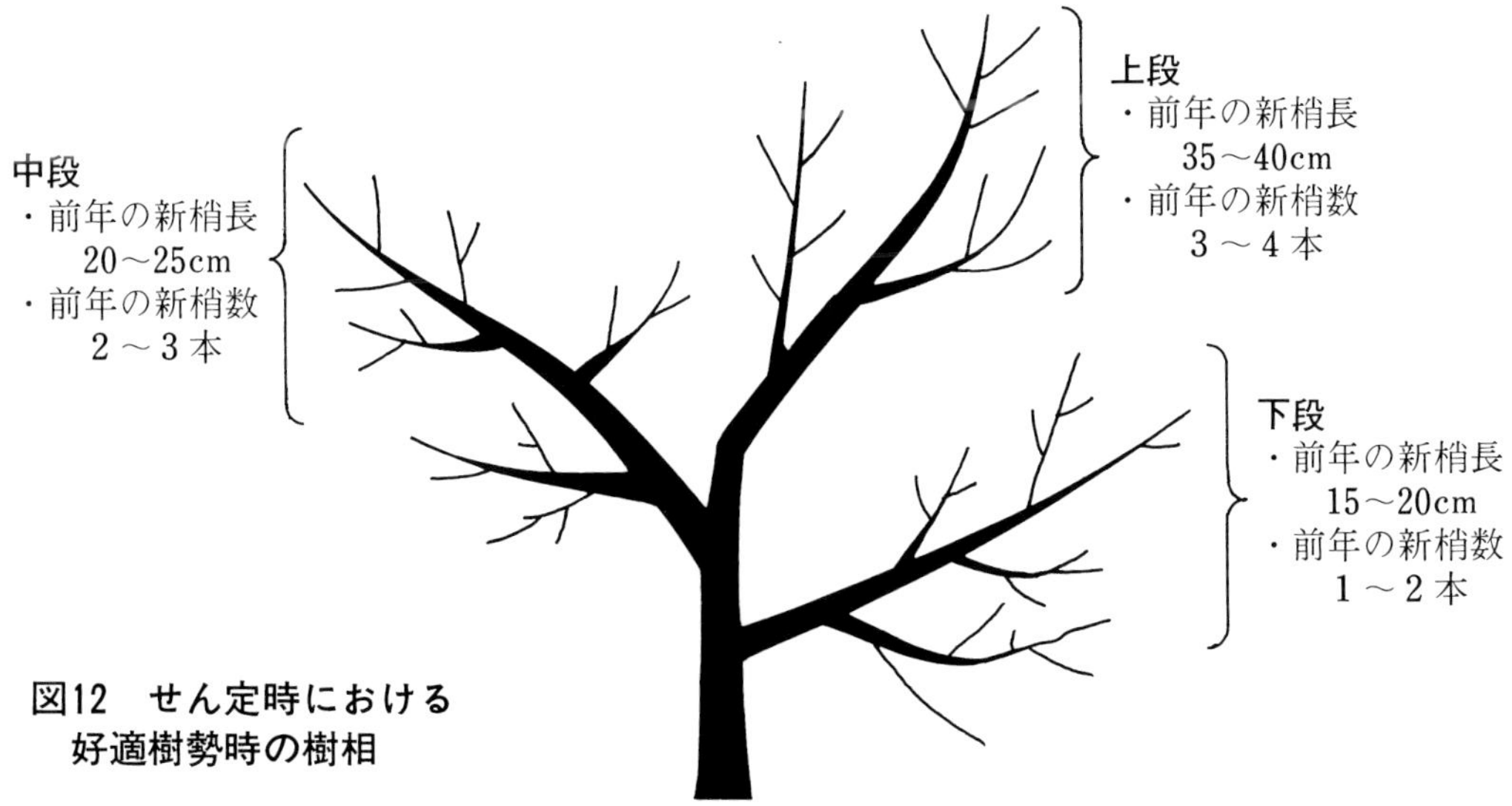

上段
・前年の新梢長
35～40cm
・前年の新梢数
3～4本
中段
・前年の新梢長
20～25cm
・前年の新梢数
2～3本
下段
・前年の新梢長
15～20cm
・前年の新梢数
1～2本

図12　せん定時における好適樹勢時の樹相

アンズ

小池　洋男

アンズは古くから庭木として楽しまれてきたが、アンズの古木は実生から育ったものが多いため、せん定を行なっていない自然形で育った大木が多い。しかし、作業性を考慮して樹高を四メートル程度に抑制するため、一般的には図3のような三本主枝の開心自然形に整枝を行なうのがよい。

アンズの結果習性

アンズはウメと同じように、新梢の葉えきに花芽を形成し、翌年度に開花、結実する。一般には多くの芽が複芽で、二～三の花芽と葉芽が一つの節に着生しているものが多い。

結実には単果枝と花束状単果枝を用いる。短果枝と花束状単果枝は四～五年間は良い果実を着けるが、それ以上古いものは切りもどして更新する。この花束状短果枝は長端の芽が葉芽で、わずかに伸びて花芽を形成するが、葉芽をもたず、枯れるものもある。

アンズは古い枝を切っても、陰芽から新しい枝が発生しやすい。

幼木の仕立て方

定植時の切り返し　地上から六〇センチ程度の高さとする。定植時に高い位置で切り返すと主枝の発生位置が高くなり、主幹部に直射光線が当たって日焼けによる障害が幹に発生しやすく、胴枯れ病の発生を助長しやすい。

定植一年目の冬季せん定　主幹の延長枝を頂部から三分の一ほどの位置で切り返す。他の新梢は発生角度の狭い枝や主幹に競合する太い枝を切り取り、地上から四〇センチ程度の位置に選んだ第一主枝候補枝の位置から二〇～三〇センチ程度離れた位置に分岐角度が広めな第二主枝候補枝を選んで残す。

新梢先端の摘芯　アンズは、放置すると新梢は二メー

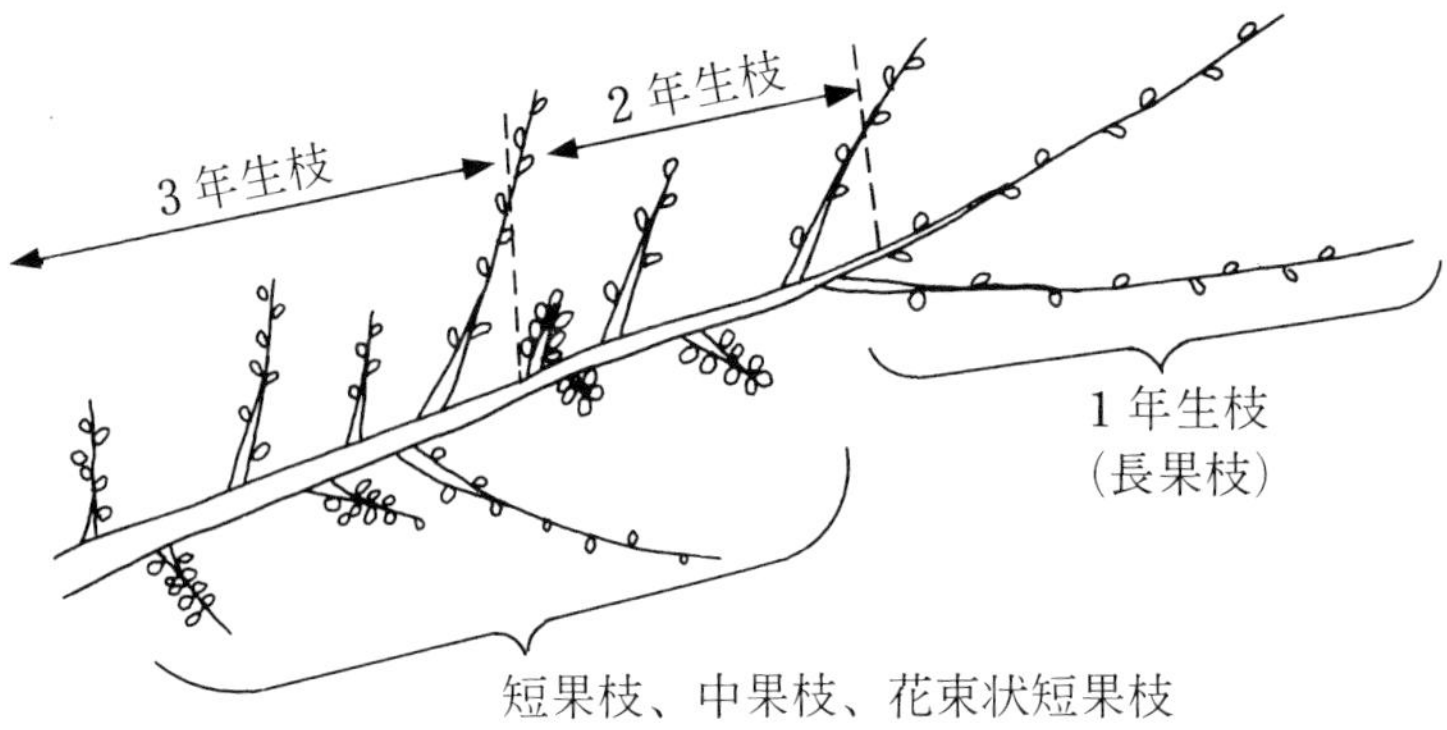
3年生枝
2年生枝
1年生枝
(長果枝)
短果枝、中果枝、花束状短果枝

図1　アンズの結果習性

①
②
③
④

図2　2年生枝上の結果枝の着生状況
(小林原図)
① 長果枝
② 中果枝
③ 短果枝
④ 花束状短果枝

図3　アンズの3本主枝の開心形樹形　(山西原図)

トル以上伸びたり、樹形構成上望ましい位置や方向に枝が発生してくれないことが多い。そのため、新梢が四〇センチ程度に伸長した六月ころに、長く伸びている新梢先端を摘芯して副梢の発生を促す方法がある。この処理を行なうと、新梢の徒長を防ぎ、摘芯位置で数本の副梢が分岐し、新梢全体の伸長を抑制することができる。

定植二年目の冬季せん定　主幹延長枝は方向のよいものを残して先端を先刈りし、その他の競合する枝は間引く。

主枝の先端は軽く先刈りし、主枝上の逆行枝、密生した枝などは間引きする。側枝は各主枝の生育に影響しない空間部分に配置し、主枝が大きくなるまで残しておくが、繁茂して主枝に影響してきたら間引いていく。

新梢のねん枝　幼木時代に、主幹の延長枝より下部の新梢が強く伸長しすぎる場合は、六月上旬に枝をねじ曲げるねん枝を行なって生長を弱める方法もある。ねん枝は新梢基部五センチ程度の位置をねじ曲げる方法で行なう。

成木のせん定

主枝などの骨組み構成が完成したら、樹冠内部へ光線をとり入れるために、多すぎる太枝や逆行枝などの間引きを行なう。

亜主枝は、主枝の基部から一メートル以上離れた位置とし、第二、三亜主枝は交互に約一メートル以下の間隔で配置する。

側枝は主枝と亜主枝上に立体的に配置するが、主枝、亜主枝、側枝ともに先端から基部に向かって大きくなるように枝を立体的に配置する。その結果、各亜主枝などは頂端から基部に向かって左右のバランスがとれた三角形となる。

長果枝は軽く先端を切るが、短・中果枝は先端を切らない。

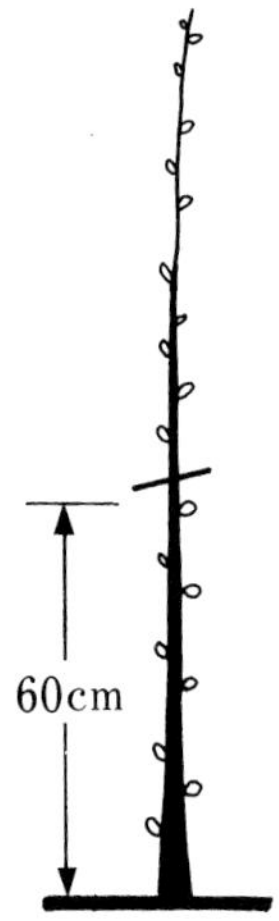

① 定植時のせん定
地上60cm程度の位置で切り返す。第1主枝候補を地上40cm付近に育てるために重要となる

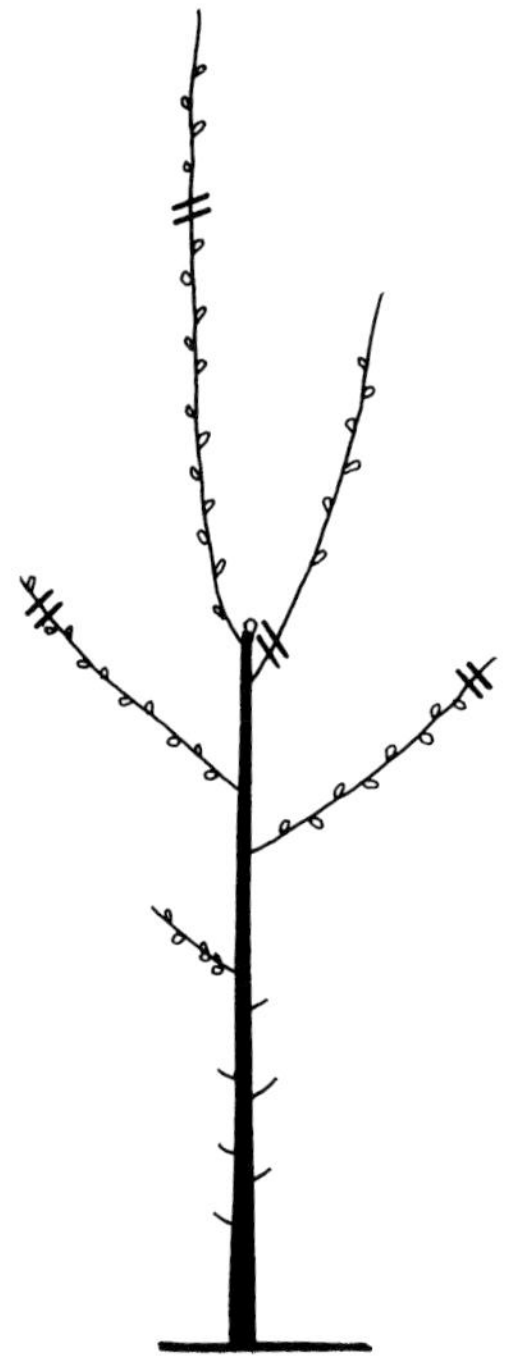

② 定植1年目の冬
延長枝を残して、軽く先刈りし、分岐角度の広い枝を残す。直立した枝は切り取る

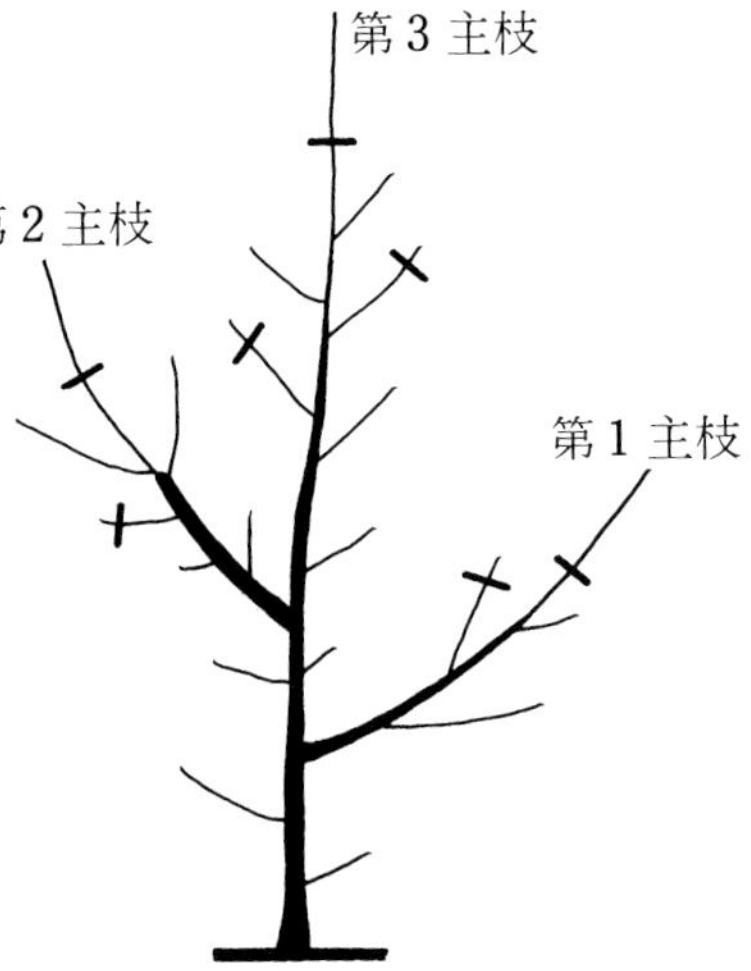

③ 定植2年目ころの冬
第1主枝、第2主枝、第3主枝などが選ばれてくる。伸ばしたい枝の先端は軽く先刈りを加えていく。方向の悪い枝は元から切り取る

図4 幼木の仕立て方

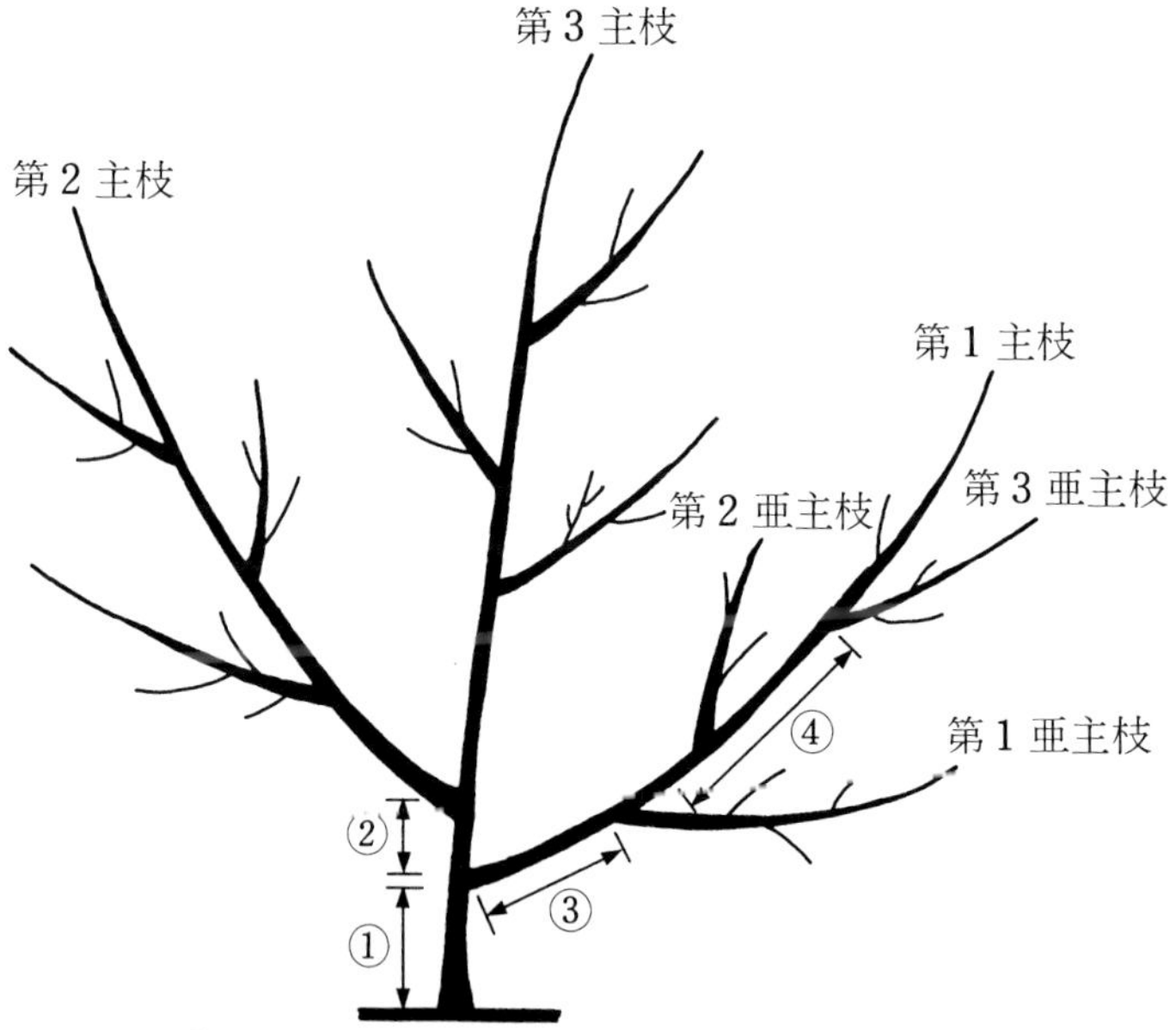

①40〜50cm ②20〜30cm ③100cm以上 ④約180cm

図5 成木の樹形(開心自然形)
主枝、亜主枝の位置と構成に注意。また、第1主枝は角度の広い枝を選び、第2、第3主枝は多少狭く、強めの枝を選ぶ

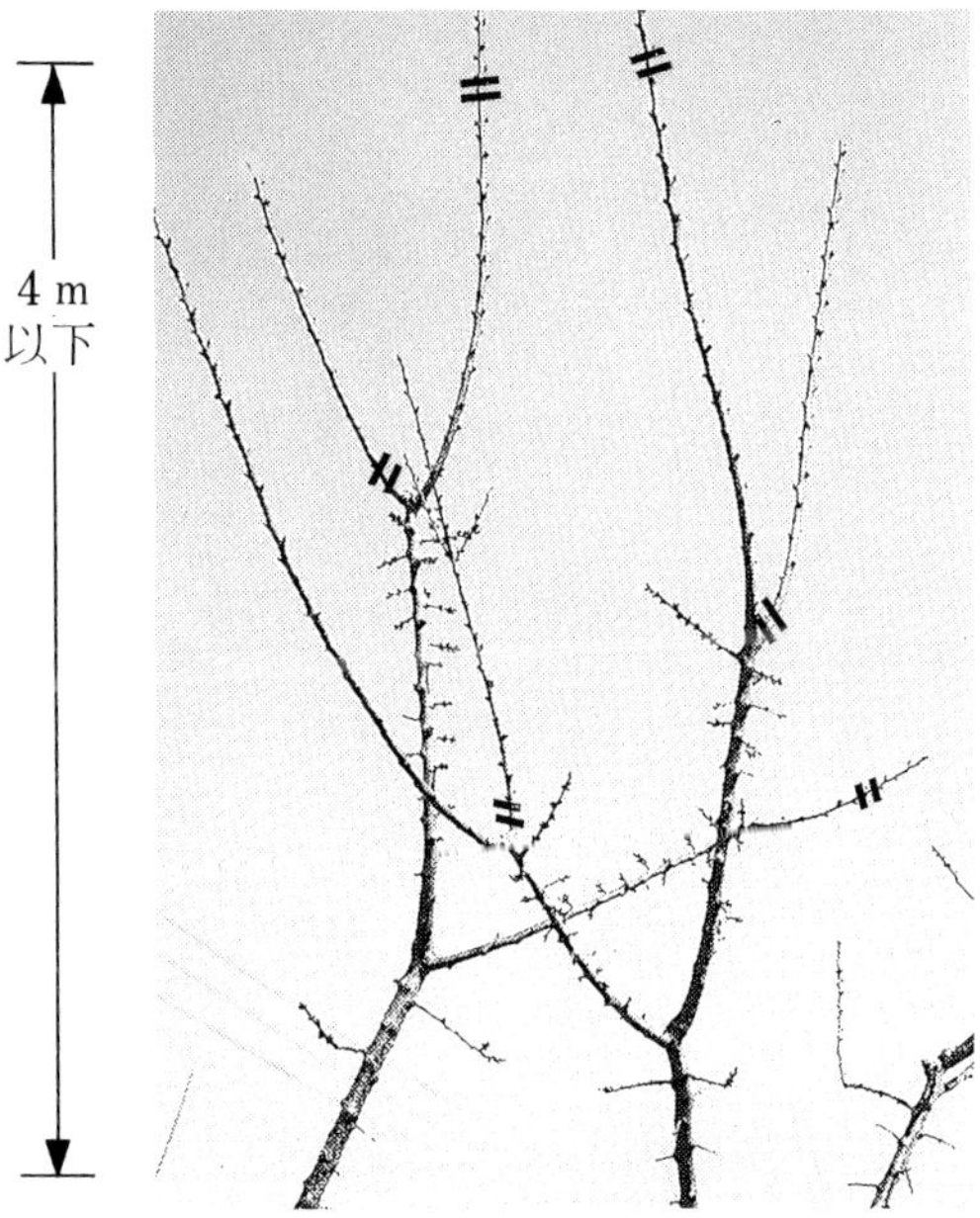

図6 アンズの新梢の伸び方
(小林原図)
放任すると1年にかなり長く伸びる。分岐した先端を1本にする。先端は軽く切る

カキ

北野　欣信

カキの結果習性

カキは春に発芽すると、芽の中から新梢が伸び、その中央より基部に近い葉えきに花が着く。このように花を着ける新梢を結果枝といい、結果枝が発生する枝を結果母枝という。品種や枝の長さによってちがうが、結果枝が発生するのは結果母枝の先端から三～四番目程度の芽までである。

一本の新梢に着く花の数は前年の七月中～下旬以降の花芽分化によって左右される。花芽分化は翌年の花数、収量に直接影響するので、栽培管理上もっとも配慮しなければならない。果実をならせすぎず、健全な葉で枝が充実すれば良好な結果母枝となる。

枝の切り方の基本

カキは結果母枝の先端部数芽から出た新梢に着花するので、果実を着ける枝（結果枝）を出させるには、結果母枝の先端は絶対切ってはいけない。

逆に、着果させず、新梢を強く伸ばしたい場合は結果母枝の先端を四分の一～三分の一切除する。切る程度が強いほど、残された芽から出る新梢が強く伸びる。

このように枝の途中で切ることを切り返しせん定という。一年生枝だけではなく、側枝など年数がたった枝を途中で切る場合も同様に切り返しせん定という。その目的は、枝の伸長促進、樹勢の強化、側枝の短縮などである。

一方、枝元から切り取るのを間引きせん定という。この目的は、名前のとおり枝の密度を下げ、樹冠内部に空間をつくることにある。

樹形の種類と特徴

カキの樹は、頂部優勢性が強く、光線の要求度も強い

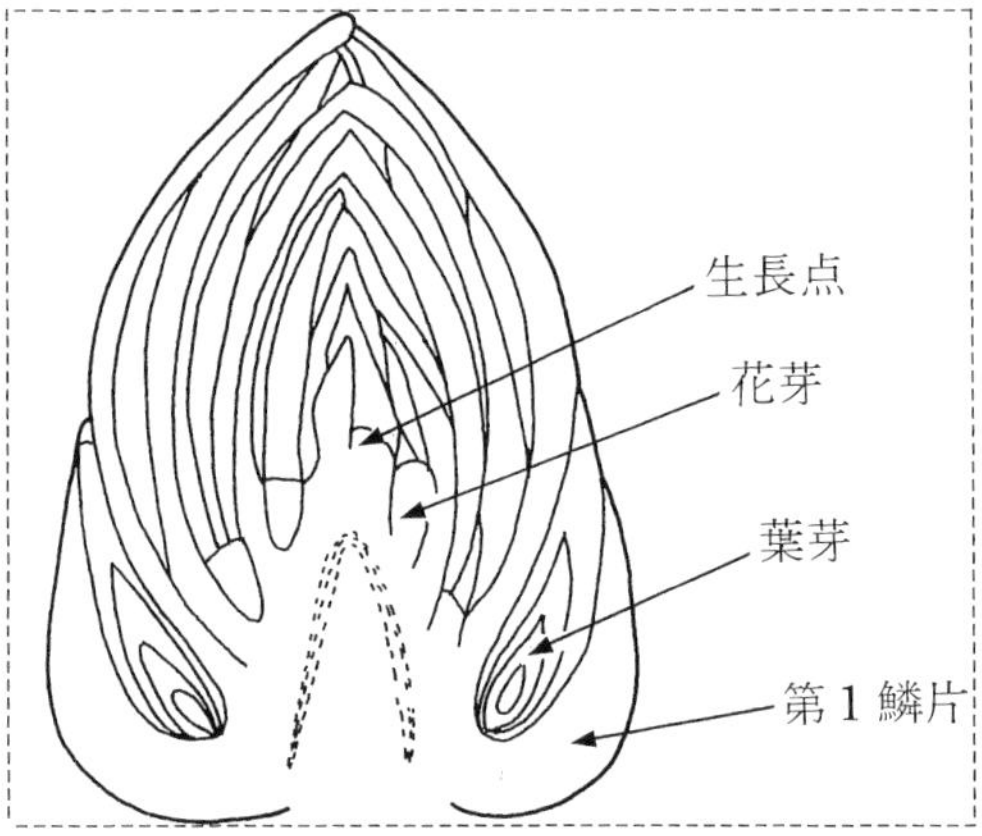
生長点
花芽
葉芽
第1鱗片

図1　富有の花芽をもっている冬芽の縦断面(峰巣原図)

花を持つ芽

図2　優良な結果母枝(富有)
上から5芽は花芽をもっているが、それより下の芽は花芽がなく枝だけが伸びる

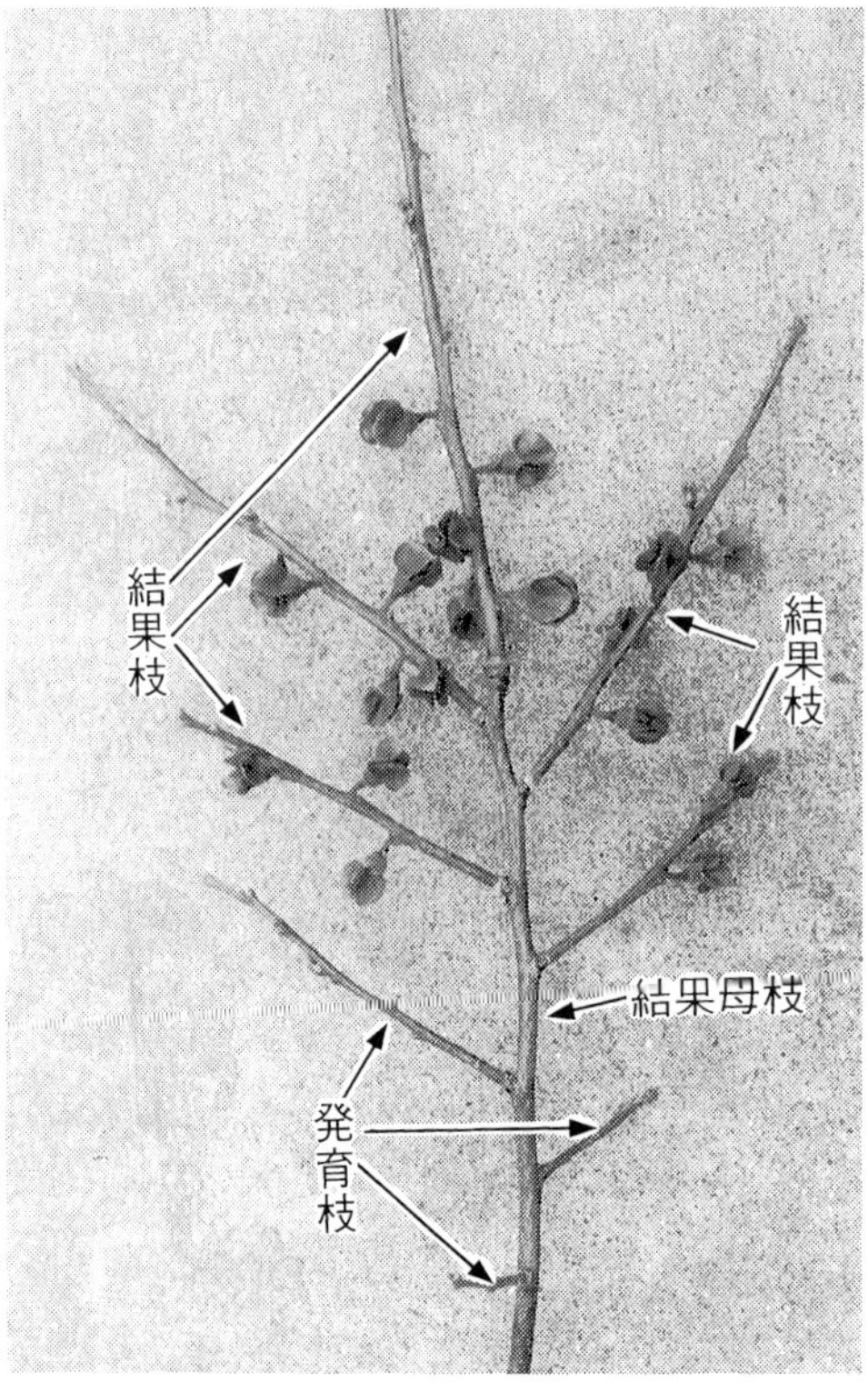
結果枝
結果枝
結果母枝
発育枝

結果枝への花の着生位置(富有)
結果枝、発育枝の充実のよいものは翌年の結果母枝になる

結果母枝

1結果母枝から出た8本の新梢(結果枝、発育枝)の状態(富有)

図3　新梢の発生と着花

ことから、自然状態の樹形は幹が直立した主幹形となる。

しかし、収量、品質、作業性などを考慮して各種の整枝法がとられている。なかでも基本となるのは、開心自然形と変則主幹形であるが、最近では、垣根仕立てや主幹形仕立て、二本主枝仕立てなども試みられている。

開心自然形　二～三本の主枝を同時に二～三方向に斜めに伸ばす樹形である。

この整枝法は、主枝、亜主枝が早くつくれ、樹高も比較的低くできるので栽培管理しやすい。しかし、主枝が立ち上がり、樹冠のフトコロが狭くなりやすくなるとともに、主枝の分岐部が鋭角となって裂けやすい欠点があるので注意を要する。

変則主幹形　主幹を延長させながら、数本の主枝候補枝を残し、その中から発生方向、発生角度、枝の強さなどを考慮して四～五本を主枝として育てる。主枝がほぼ完成した時期に、最上段の主枝まで主幹を切り下げて樹形を整える整枝である。

この整枝法は、主枝が望みどおりに配置しやすく、若木時の樹冠拡大が早く、収量も多い。反面、主枝の発生間隔を広くとらなければならないので、主幹が高くなり、樹高も高くなりやすい。また、主幹の切り下げが遅れやすいので注意を要する。

これら整枝法の特性から、樹姿が開張性の品種や樹は開心自然形に、直立性の品種や樹は変則主幹形にするのがよい。しかし、園地の傾斜程度や栽培管理面さらに樹勢の個体差に応じて途中からでも変更するなど、それぞれの樹に応じた整枝をする。

結実期までの仕立て方

カキの苗木は移植時の植え傷みがひどく、植え付け一～二年間の新梢の伸びが弱いことが多い。これを防ぐためには、掘り取り直後に植え付けるのがよいので、西南暖地では掘り取りを行なう年末までに、寒冷地では雪解けを待って購入し、すみやかに植え付ける。

開心自然形　植え付け後、新梢が勢いよく伸び出すまでは、どんな整枝法をとるにしてもせん定を考える必要がない。

新梢の伸びが三〇センチ以上に強くなってきたら、主枝候補枝を選定する。主枝候補枝は切り返し、近くから出た枝で主枝候補枝と競合するような強い枝は切り取る。

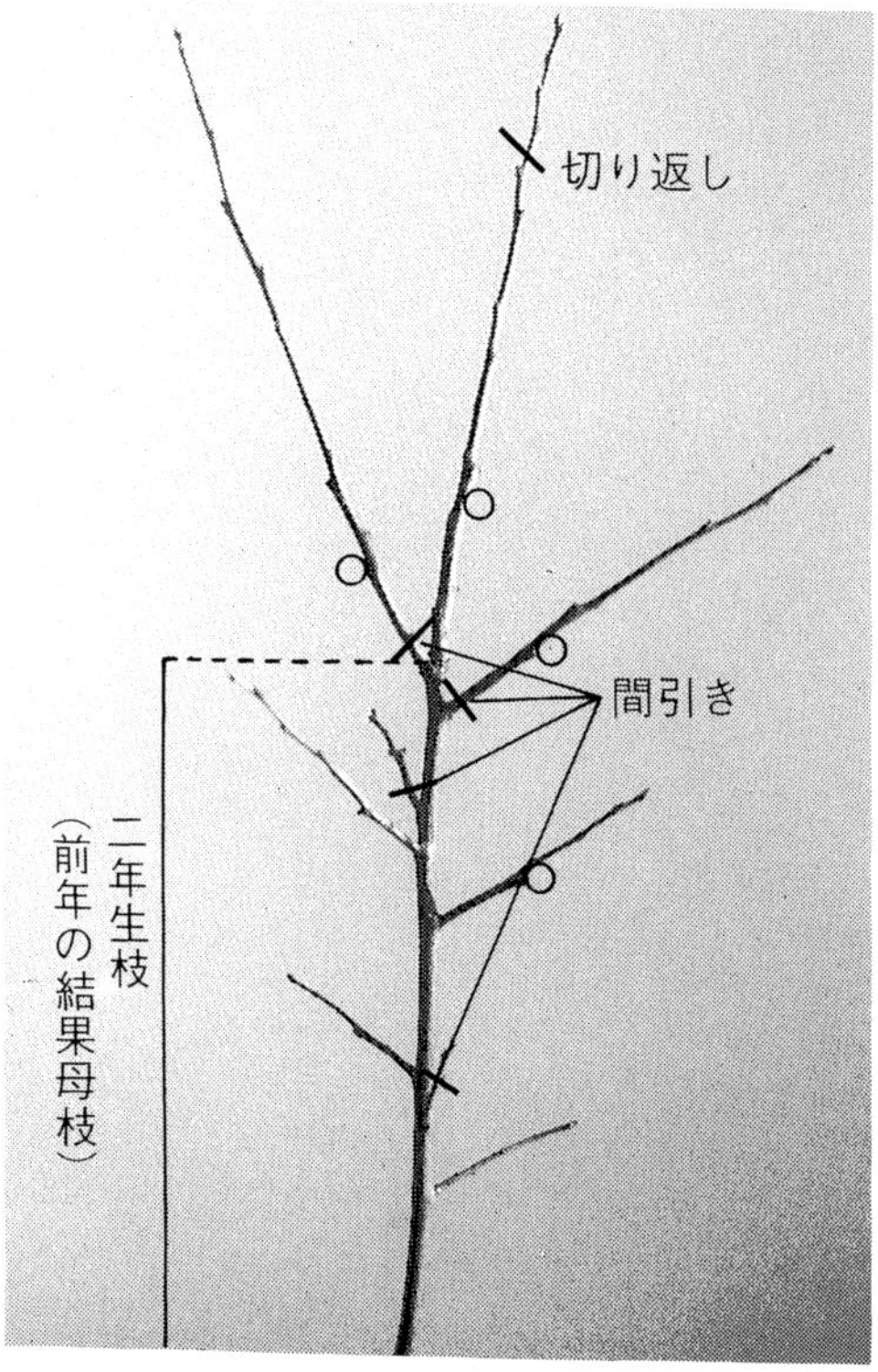

図4　結果母枝からの枝(○印が結果部)の出方とせん定法(富有)

主枝、亜主枝の先端であれば、真っすぐ伸びた枝を残し、競合する2本を間引く。下部の短い発育枝などは出てくる新梢が交差しない程度に間引く

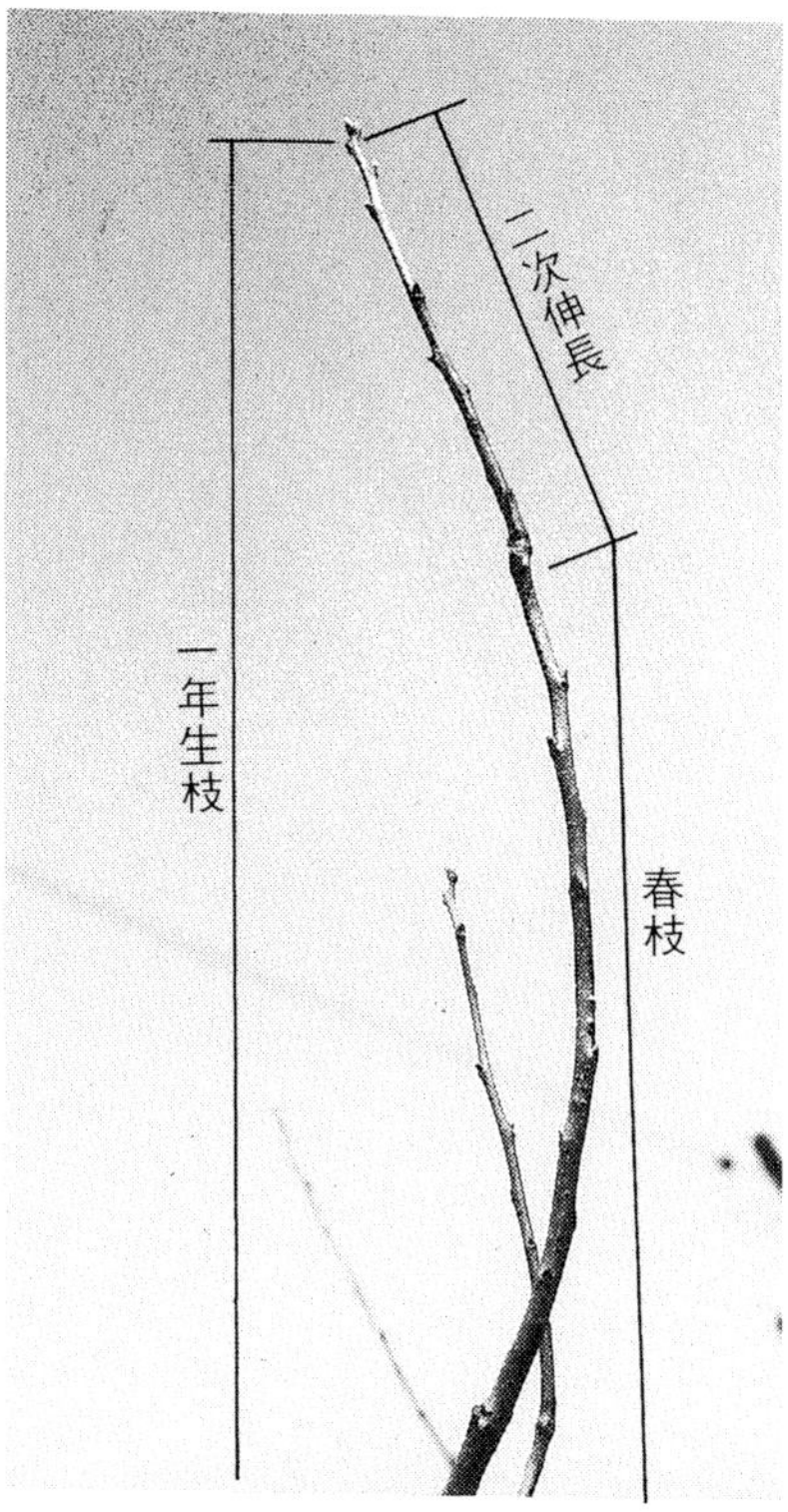

図5　二次伸長枝

刀根早生や西村早生では結果母枝となりうるが、富有、平核無では結果母枝となりにくい

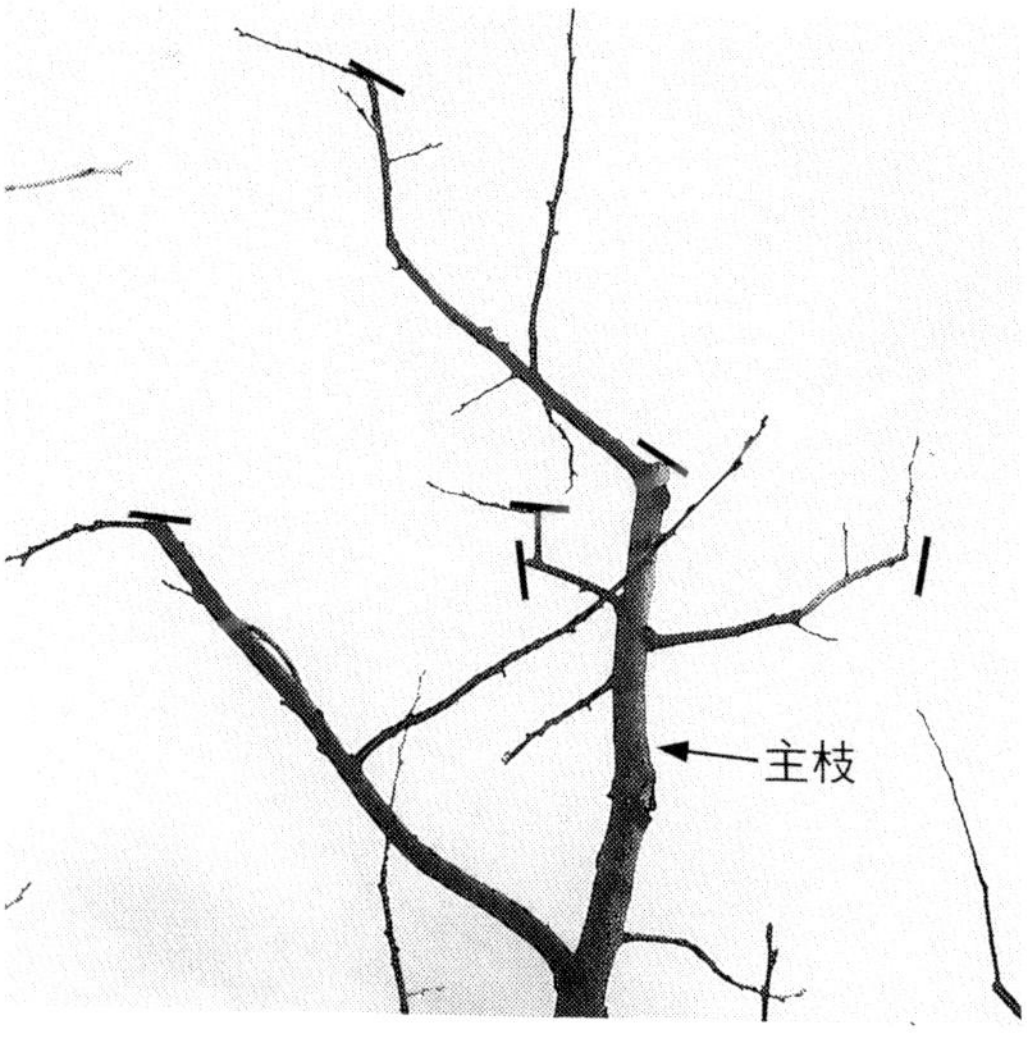

①切り返しせん定の悪い例(平核無)
不適切な切り返しにより主枝、側枝が極端に屈曲し、イナズマ型になっている(／印は不適切に切り返された位置を示す)

②亜主枝先端部の間引きと切り返しせん定の例(富有)
先端部は1つとなるよう①を間引くとともに亜主枝、側枝先端部の競合枝②も間引き、亜主枝の先端部は切り返す

図6　間引きせん定と切り返しせん定の例

短く、弱い枝はそのまま残す。主幹から主枝の分岐する位置は図11に示す。間隔が狭いと車枝になり、枝が裂けやすく、樹液の流動も悪い。

カキの枝は、分岐部から裂けやすいので枝の発生角度をできるだけ大きくしたい。第一主枝は五〇度以上、第二主枝は四五度以上、第三主枝は四〇度以上と、上部の主枝より下部の主枝ほど角度を広くとる。また、隣接樹との交錯をなくすため、第一主枝は各樹とも同一方向に配置するのがよい。

主枝先端の切り返しは三年目程度まで二〇〜三〇%程度行なうが、四年目以降主枝の構成が明確になってきたら切り返しを弱くし、枝に負担がかからない程度に着果させる。

従来のように、樹形にこだわりすぎ、せん定を強くしすぎると、早期の収量はのぞめず、大木になりやすい。したがって、果実をある程度着果させながら樹冠の拡大を図るほうが、早期多収となり、樹勢の安定も図られ、低樹高化しやすい。

変則主幹形　主枝の間隔は、開心自然形と異なり、自由に広くとれる。主枝候補枝は多めに育成しておき、上段の主枝候補枝の発生を見ながら順次候補枝を間引きながら五〜七年かけて育成する。最終的な主枝数は、四本が適当である。主枝が重なったり平行枝とならないよう、第一と第二主枝、第三と、第四主枝はそれぞれ一八〇度の角度になるように出す。

亜主枝のつくり方

開心自然形では、大木仕立てでないかぎり、亜主枝数は一主枝二本を基本とする。亜主枝が多すぎると平行枝や重なり枝ができ、側枝の配置も難しくなり、混みすぎの原因となる。

亜主枝は、強勢となって、主枝の勢力を弱めない配置が必要である。そのため、第一亜主枝は、主枝分岐部から五〇センチ以上、第二亜主枝は第一亜主枝から三〇センチ以上離れた部位から発生した枝を利用する。

さらに、主枝の上面から発生させた亜主枝は強勢となるので、下面または側面から発生した枝を利用する。

亜主枝どうし重ならないよう、各主枝からの第一亜主枝、第二亜主枝はそれぞれ同一方向に出す。

亜主枝は、真っすぐ丈夫に形成する。しかし、主枝と

図7　芯抜きをせず主幹形となった平核無
樹下部の日照、作業条件は極めて悪い

図8　自然状態のカキの樹姿（推定樹齢200年）
自然状態では樹冠表面にだけ結実する

図9　変則主幹形の高樹形（平核無）
主枝4本程度の位置まで主幹を切り下げたい

図10　樹高を低く抑えた開心自然形（平核無）
樹高低く、作業性良く、整枝されているが、亜主枝が多すぎるので、発生位置の低すぎる亜主枝から徐々に整理したい

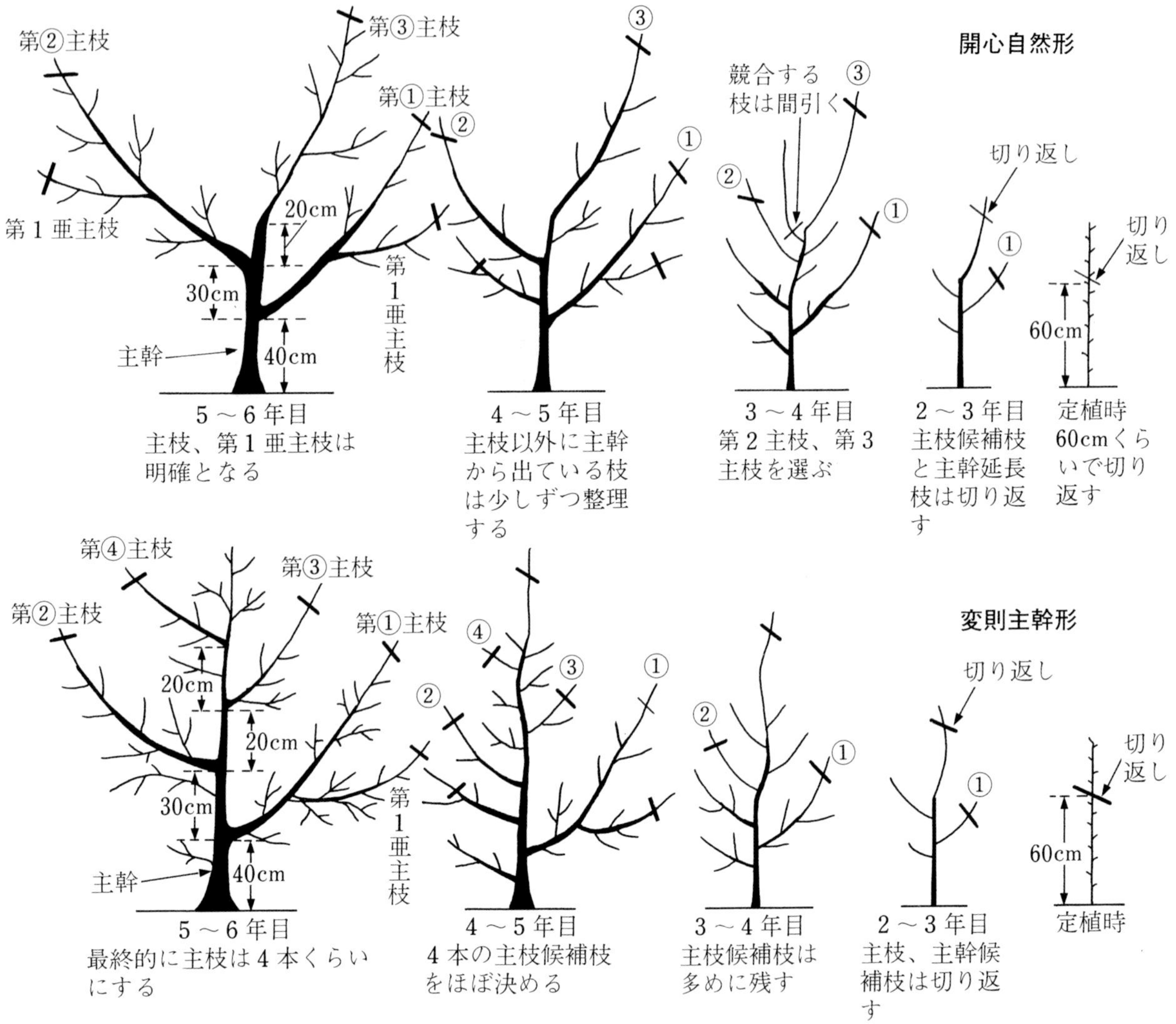

開心自然形
第②主枝
第③主枝
第①主枝
第1亜主枝
20cm
30cm
40cm
主幹
第1亜主枝
5～6年目
主枝、第1亜主枝は明確となる
③
②
①
4～5年目
主枝以外に主幹から出ている枝は少しずつ整理する
競合する枝は間引く
③
②
①
3～4年目
第2主枝、第3主枝を選ぶ
切り返し
①
2～3年目
主枝候補枝と主幹延長枝は切り返す
切り返し
60cm
定植時
60cmくらいで切り返す
変則主幹形
第④主枝
第③主枝
第②主枝
第①主枝
20cm
20cm
30cm
40cm
主幹
第1亜主枝
5～6年目
最終的に主枝は4本くらいにする
④
③
②
①
4～5年目
4本の主枝候補枝をほぼ決める
②
①
3～4年目
主枝候補枝は多めに残す
切り返し
①
2～3年目
主枝、主幹候補枝は切り返す
切り返し
60cm
定植時

図11　幼木～若木の樹齢別枝の構成

図12　植え傷みが強く、伸びが悪い刀根早生（3年生）
土壌管理を良くし、強い枝が出始めるまでせん定はひかえる

図13　変則主幹形５年生樹（間引きせん定後、富有）
主枝候補枝を間引きながら主枝を育て、３〜４年後の主幹の切り下げを待つ(間引きせん定終了時)

図14　開心自然形５年生樹（せん定後、刀根早生）
刀根早生は徒長させないよう、主枝の先端は数芽切り返す程度とし、短い結果母枝を多数残し、着果させながら樹冠の拡大を図る

図15　新梢が強く伸び出した刀根早生(５年生)
間引きせん定を主体に行ない、結実を図り徒長をさける。主枝候補枝の切り返しも軽くする(①、②、③)

図16　主枝先端の処理(刀根早生)
二次伸長したような強い１年生枝は間引き、主枝先端は１本にし、軽く(2〜３芽)切り返す(Ⓐ)。発育枝の密度の高い部分は、新梢が出ても混み合わない程度に間引く(Ⓑ)

の格差をつけるため、主枝よりも一～二年遅れて発生した枝を利用する。亜主枝の先端は一年生枝の二〇%程度切り返し、下垂しないよう注意しながら丈夫に延長させる。亜主枝候補は数本育成しておき、これを整理して約五～六年で完成させる。

変則主幹形の亜主枝は、一主枝一～二本で、一樹に七本程度が適当である。つくり方は開心自然形と同様である。

側枝のつくり方

結果母枝を着ける側枝をいかにつくり、配置するかによって、果実品質、収量が決定される。

側枝の着け方　側枝は、主枝、亜主枝上に着けるが、側枝の強さは、いくつかの要因で決定される。主枝、亜主枝の下面から発生した側枝は弱く、日照も不十分となりやすく、果実品質悪く、枝も枯れやすい。反面、上面から発生した側枝は強勢となり徒長しやすく、結果も良くなく、主枝、亜主枝と競合し、樹形を乱す原因となる。

したがって、側枝は基本的には主枝、亜主枝の側面から出た枝を利用する。

側枝の密度は、日照にさしつかえない範囲では、多いほど結実量を確保できる。しかし、若齢樹では主枝、亜主枝の生育を抑え、樹形を乱すことになるので、側枝が強勢にならないよう留意する。

側枝のせん定　側枝には結果母枝が着くが、年ごとに先逃げするので、切り返しせん定を織り混ぜながら側枝の短縮を行なう。しかし、切り返しによる極端な屈曲をつくって、側枝がイナズマ型にならないよう分岐角度の広い部位で切り返さないように注意する。

側枝の更新　基本的には四年使ったら更新する。五年も使うと、側枝の元の部分には結果母枝がなくなっていることが多いからで、思いきって、基部からせん徐したい。二～三年生の側枝であっても、基部から側枝候補としての新梢が発生しておれば更新する。

なお、側枝は、毎年全側枝の二〇～三〇%ずつ、古い側枝から順次更新するのがよい。

結果母枝の残し方

結果母枝から三〇センチ以上の新梢が発生するのであるから、発生した枝梢どうしが交差しない程度の結果母

亜主枝として
強すぎるので
間引く
第1亜主枝の
位置としては
低すぎる
別の亜主枝が
できしだい間引く

図17　主枝、亜主枝構成の悪い例

①主枝の分岐角度が狭く裂けやすい(刀根早生、6年生)
亜主枝の位置が低すぎる

間引く

②主枝、亜主枝の構成が明確でない(刀根早生、5年生)
不適正な枝を間引く。徒長をさけるため残した枝のせん定を弱くする

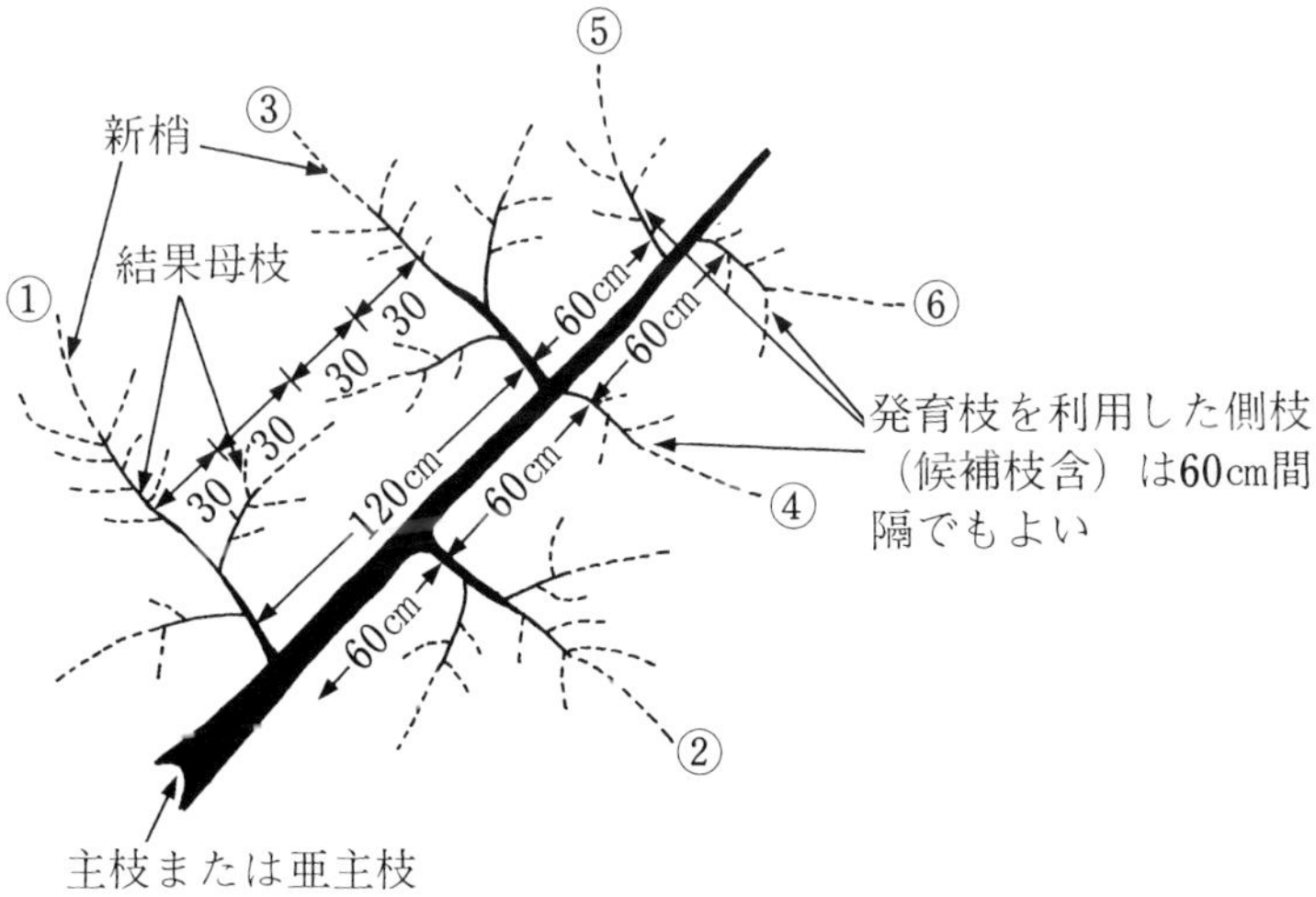
新梢
結果母枝
①
②
③
④
⑤
⑥
30
30
30
30
60cm
60cm
60cm
60cm
120cm
発育枝を利用した側枝
（候補枝含）は60cm間
隔でもよい
主枝または亜主枝

①②③のような２年生以上の側枝は新梢の長さを見越して片側120cm程度の間隔とする
④⑤⑥のような１年生の側枝は60cm程度の間隔でよい。ただし、④⑤は次年度に間引く

図19　主枝、亜主枝の側枝の配置間隔

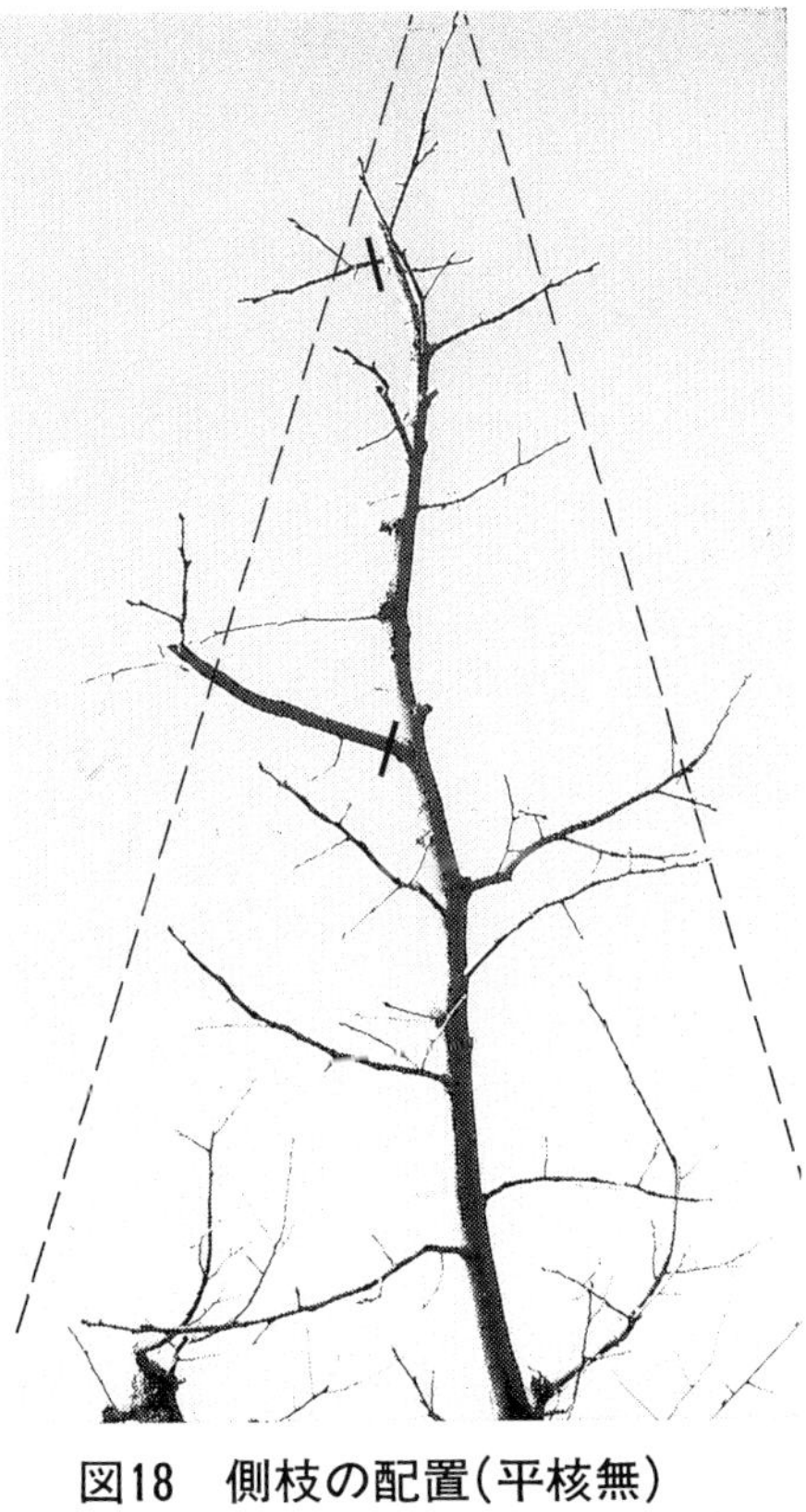

図18　側枝の配置(平核無)

主枝、亜主枝の太さに応じて側枝の太さ、長さを調節し、主枝を中心に三角形の結果層をつくる
(／の部分はさらに間引く必要がある)

枝密度にする必要がある。

すなわち、結果母枝は側枝上に着くのであるから、結果母枝の長さが仮に三〇センチであると、基部から六〇センチの空間が必要となる。したがって、隣合う側枝の間隔は一二〇センチ、離す必要がでてくる。すなわち、主枝、亜主枝上の片側の側枝間隔は一二〇センチ、両側合わせて六〇センチ間隔の側枝の配置が基本となる。

結果母枝の密度は、富有では一〇アール当たり収穫果数八〇〇〇個を目標として、一結果母枝当たり二果着けるとすると、一〇アール当たり結果母枝数は四〇〇〇本（一平方メートル当たり四本）あればよいことになる。

西南暖地の平核無や刀根早生では、一〇アール当たり一万五〇〇〇個、一結果母枝当たり二個とすると、七五〇〇本（一平方メートル当たり七～八本）が目安となる。なお寒地では、これより三〇％程度少なめにするとよい。

樹勢の判断とせん定の程度

樹勢判断の目安　樹勢を普遍的に表現する適切な方法はないが、新梢の伸びる程度、葉の大きさ、徒長枝の発生程度などが目安となる。

樹勢が強くなると、新梢長が長くなり、二次伸長する枝が多くなる。また、葉も必要以上に大きくなる。さらに、主枝、亜主枝から徒長枝が多く発生する。

このような状態になると、樹形を乱す原因となるとともに、花芽の充実が悪く、着花数が少なくなる。また、着花したとしても、生理落果（花）が多く、収量は低下する。

多肥などによる窒素過多、せん定が強すぎるなどの原因が考えられる。対策には、適当な肥培管理はもとより、せん定強度によってコントロールする。

樹勢とせん定の程度　せん定強度の目安として、切り落とす新梢（一年生枝）率、芽数率、総新梢長率などが考えられるが、ここでは切り落とす新梢率で説明する。

樹勢が安定し、樹冠の拡大の必要がない場合、一結果母枝から発生する新梢数の平均が四本とすると、結果母枝数を四分の一にしてはじめて元どおりになることになる。すなわち、せん定にあたっては七五％の新梢を切り落とせばよいことになる。これを基準に、樹勢が強くて、せん定を弱くしたい場合は一〇～二〇％枝数を多く残せばよく、せん定を強めたいときは五～一〇％多く切れば

図20　側枝の配置とせん定

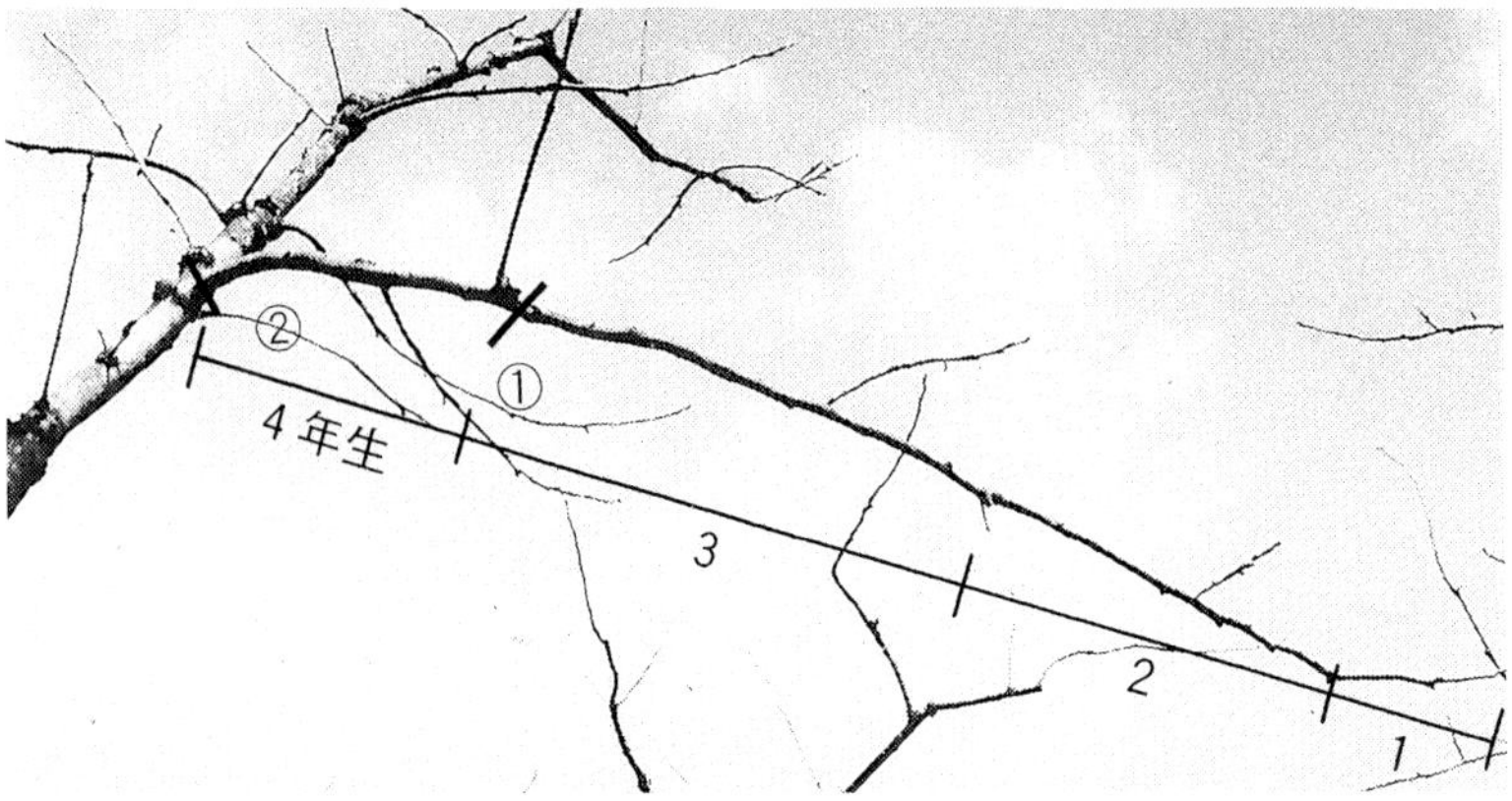

①　長く垂れ下がった側枝（富有）
一度せん定はすんでいるが短縮もしくは間引く。側枝の基部に新側枝候補枝がなければ①で切り返すが、この場合は候補枝があるので②で間引く

②　亜主枝上に発生した発育枝（せん定後、富有）
充実した春枝は結果母枝として、二次伸長したような強い枝は切り返して側枝として利用する

③　2～3年生の側枝をうまく配した亜主枝
（せん定後、平核無）

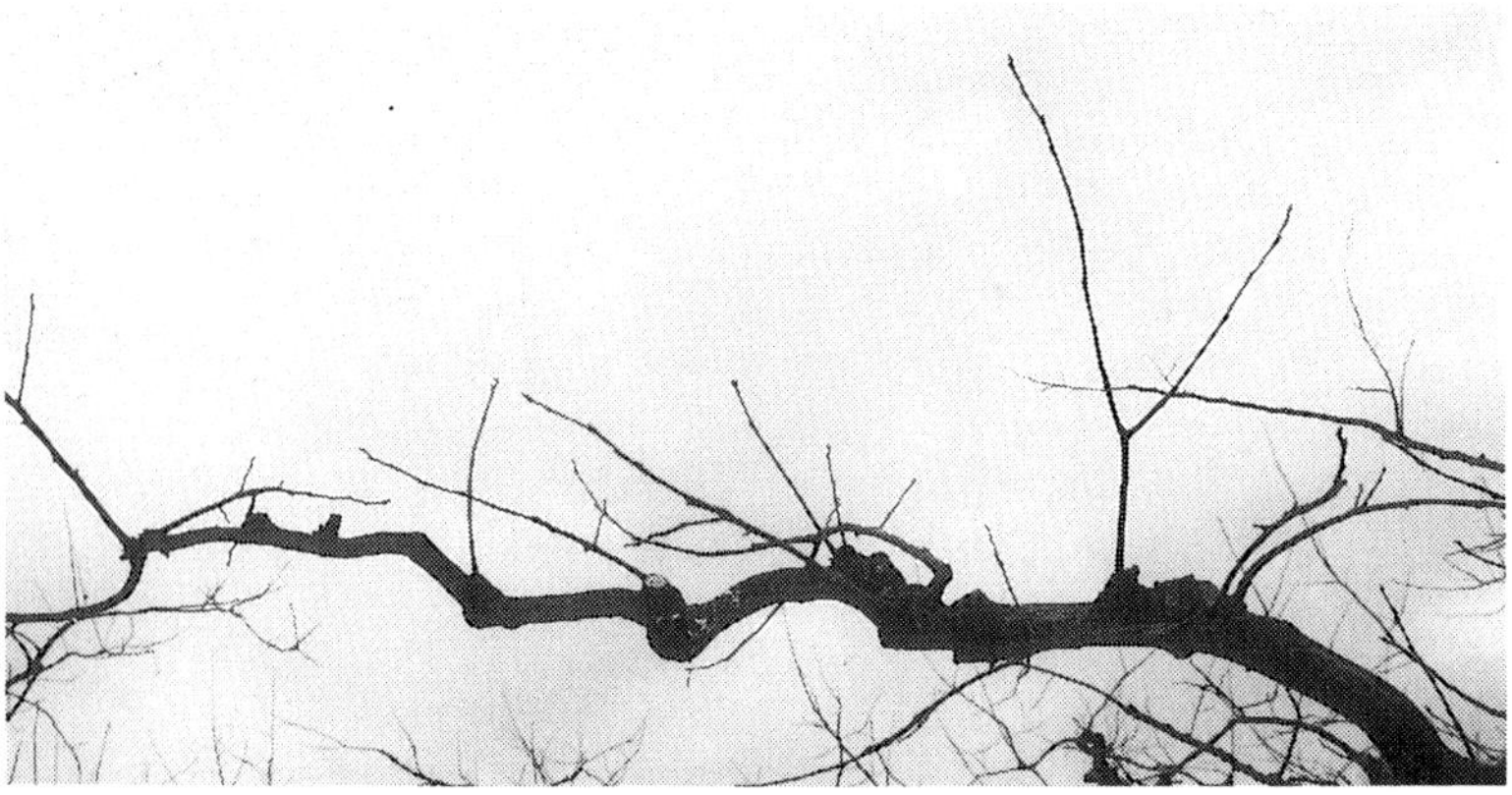

④　亜主枝はわん曲してやや不良だが、若い側枝がうまく配置されている
（せん定後）

よい。

平核無の場合は、結果母枝は富有より短く、新梢数がやや少ないので七〇％程度のせん定が基準と考えてよい。

なお、この基準はあくまで平均的なものであり、地力、肥培管理によってちがうので、各園地に合った判断の眼を養うことが大切である。

間伐と樹高の切り下げ

間伐　早期多収を図るため計画密植栽培する例が多いが、計画的な間伐がなされず、密植の弊害が出ている園が非常に多い。

最初の間伐は植え付け七〜八年後に行なうのが普通である。隣接樹の枝先が交差してくるのを目安に、思いきって行なう。間伐の程度は、植栽本数の半分とする。遅れると樹冠のすそ枝がなくなり、主枝が立ち上がり、間伐後の回復が遅れる。

間伐後は立ち上がったり、伸長方向の悪い主枝、亜主枝を誘引し、開張させる。

その後は、植え付け十数年後に、再度間伐して半分とし、これを永久樹とする。

樹高の切り下げ（カットバックせん定）　成木期に入ると樹高は四〜五メートルと高くなり、防除、摘蕾、摘果、収穫など各種作業に不便をきたすようになる。また、枝幹の材積も増加し、葉材比（葉数と材積の比率）が小さくなり、果実の肥大も悪く、小玉となりやすい。品質的にも樹冠上部と下部では差が大きくなりやすくなる。

そこで、最近ではカットバックせん定を行ない低樹高化を図ることが定着しつつある。

カットバックせん定とは、第一亜主枝または第二亜主枝の位置で、主枝を切り下げる方法である。これを行なうにあたっての最大の留意点は、まず間伐を徹底し、樹冠の横の広がりを十分とってから行なうこと、せん定を強くしすぎないことである。

せん定強度は、前述の普段のせん定強度を目安にする。すなわち、上部を切り取り、さらに下部のせん定を普通に行なうと切りすぎることになるので、上部のせん定量を考慮して下部のせん定を弱くし、全体として一年生枝（新梢）の切り取り率を七〇％以内におさめるのが適切である。一度にすべての主枝を切り下げると強せん定になりやすいので、二〜三年かけて行なうのが安全である。

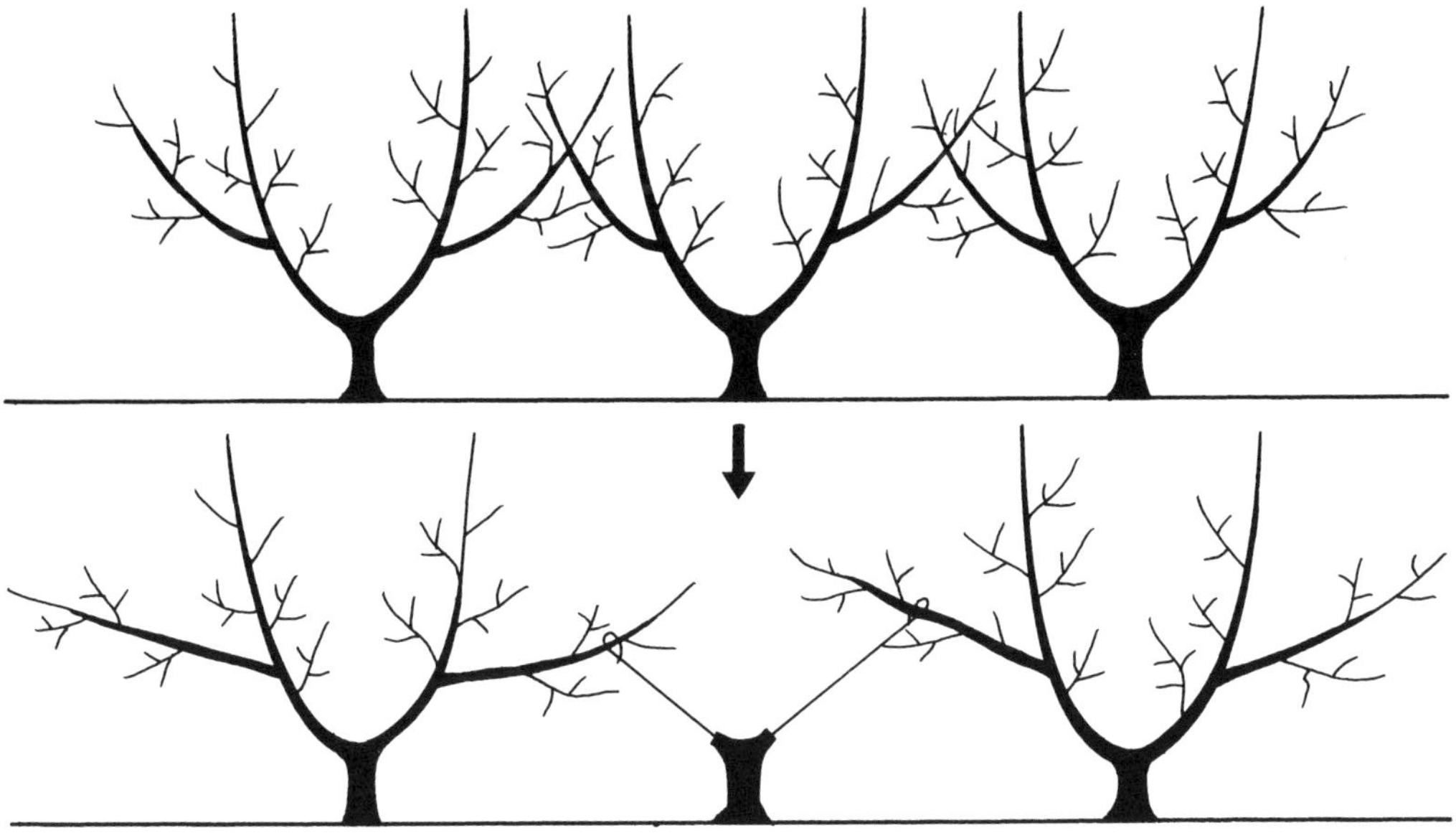

図21　間伐と誘引による樹形の改造

図22　樹高5ｍ近い開心自然形老木の改造（平核無）

樹高が高すぎ、材積も多く果実品質、作業性とも悪い
Ⓐ：古く長い側枝を間引き、上部の枝の密度下げ、下部の日照をよくする
Ⓑ：２～３年後にはここまで切り下げる
Ⓒ：中央の高い主幹部を間引く

図23　カットバックせん定を行ない、低樹高化した老木（富有）

作業性、果実品質ともに良好となる

クリ

荒木　斉

結果習性と結果母枝のよしあし

クリは一本の樹に雌花と雄花を着ける。雄花は九〇～一五〇花くらい集まって、一本の花穂になっている。雌花はこの花穂の基部に一～三個着生する。雌花は春になって伸びた新梢に着き、その新梢を結果枝、結果枝の発生が見込まれる枝を結果母枝と呼んでいる。雌花はすべての花穂に着くのではなく、新梢の最上部から四節くらいまでに着いた花穂に着く場合が多い。そして、充実した結果枝は冬季には結果母枝となる。

結果母枝が太くなるほど多くの結果枝が発生し、結果母枝当たりの雌花が多くなる。結果母枝の枝元の直径が八ミリ以上あれば最良質で、二～四本の結果枝を発生し、三～六個の雌花を着ける。七～八ミリで良質、六～七ミリで普通、五～六ミリで貧弱となり、結果枝と雌花が少なくなり、五ミリ以下では結果母枝となりにくい。

結果母枝と側枝の切り方

結果母枝の切り返し　クリの雄花は前年の夏に分化するが、雌花は当年の発芽期前後に分化し、結果母枝の先端芽から三～四芽の栄養条件のよい芽で分化・形成する。したがって、冬季に結果母枝を強く切り返すと、雌花ができず、結果枝にならない。しかし、結果母枝の前年のなり跡から先端までを全長として、先端から五分の一～三分の一の弱い切り返しなら、雌花の着生数を減少させずに、生理落果も少なく、若干大きい果実をならせることができる。

ただし、この切り返しせん定は幼木期の樹冠の小さいときならできるが、樹冠が大きくなると労力的に困難となり、あまり行なわれない。

二年生側枝での結果母枝の間引きせん定　結果枝、結果母枝をもった二年生以上の枝を側枝と呼び、冬には結

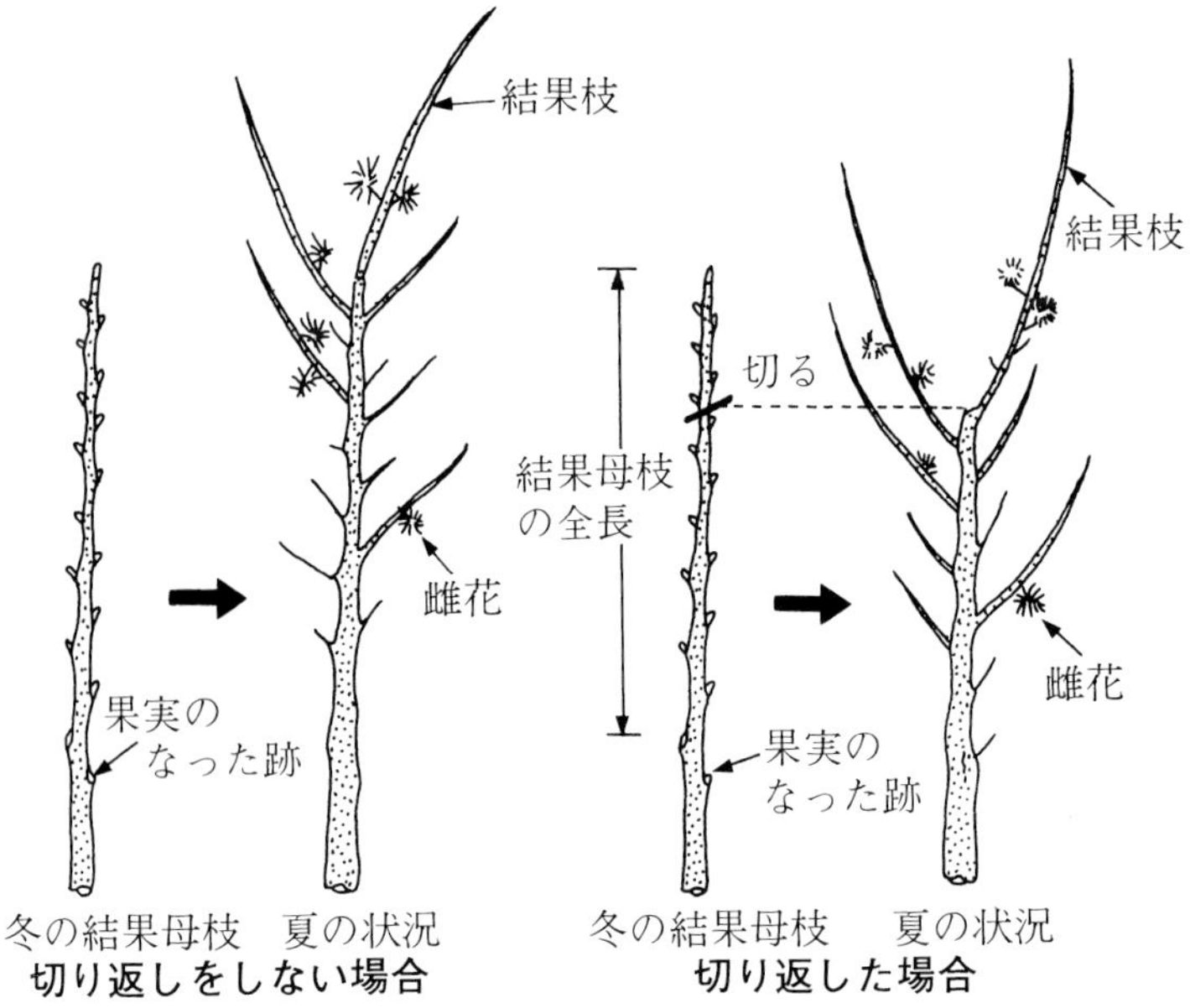
結果枝
結果枝
切る
結果母枝
の全長
雌花
雌花
果実の
なった跡
果実の
なった跡
冬の結果母枝　夏の状況
切り返しをしない場合
冬の結果母枝　夏の状況
切り返した場合

図1　結果母枝の切り返しの有無と結果枝の発生状況

なり跡から先端までを全長として、先端から$\frac{1}{5}$～$\frac{1}{3}$の切り返しなら、着果数が減らずに充実した結果枝が発生する

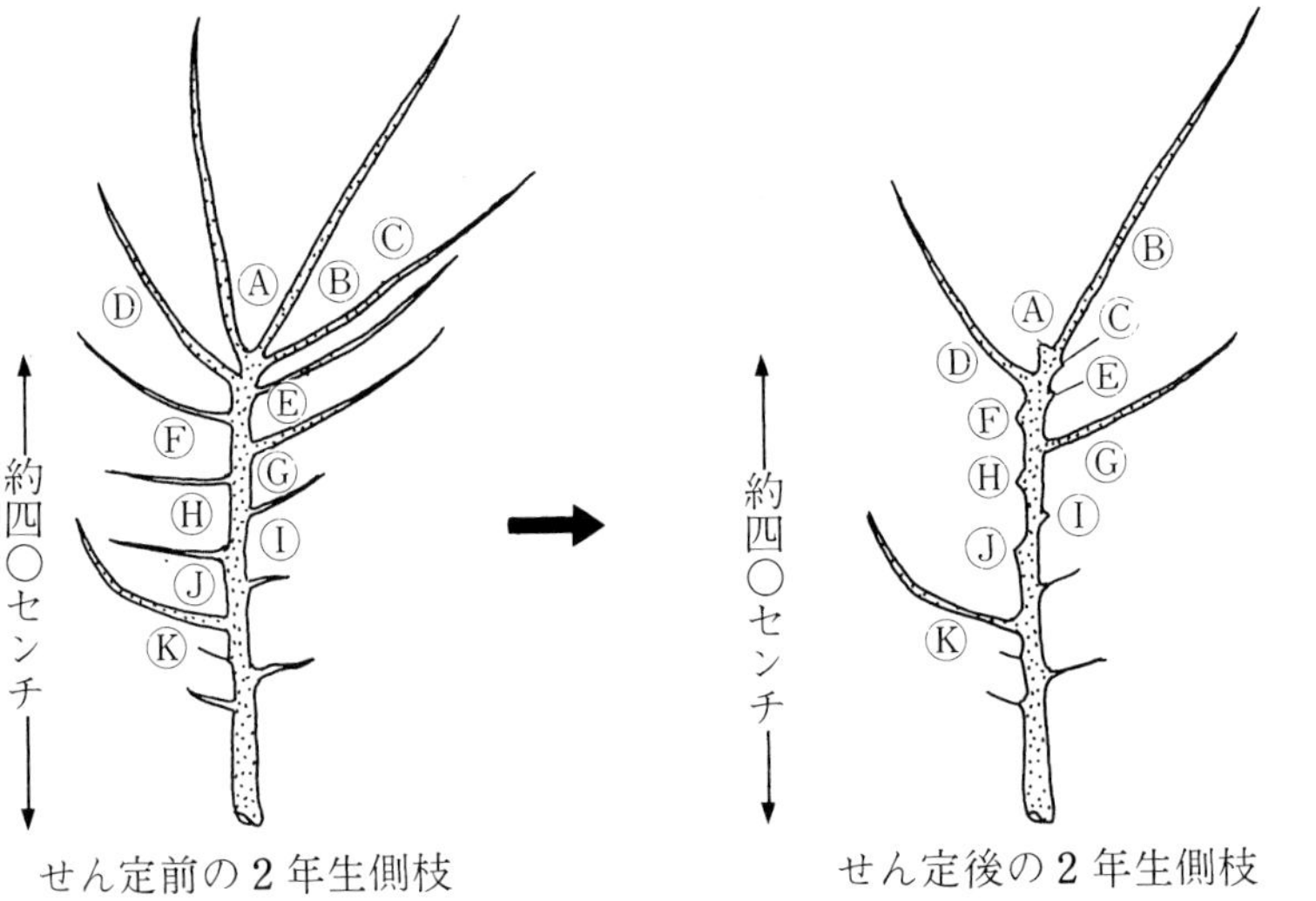
Ⓐ
Ⓑ
Ⓒ
Ⓓ
Ⓔ
Ⓕ
Ⓖ
Ⓗ
Ⓘ
Ⓙ
Ⓚ
約四〇センチ
せん定前の2年生側枝
せん定後の2年生側枝

図2　2年生側枝での結果母枝の間引きせん定

図のようにⒷの結果枝を残せばⒼ、Ⓚの枝を残す。逆にⒶの母枝を残すならⒼ、ⓀまたはⒺ、Ⓚを残す

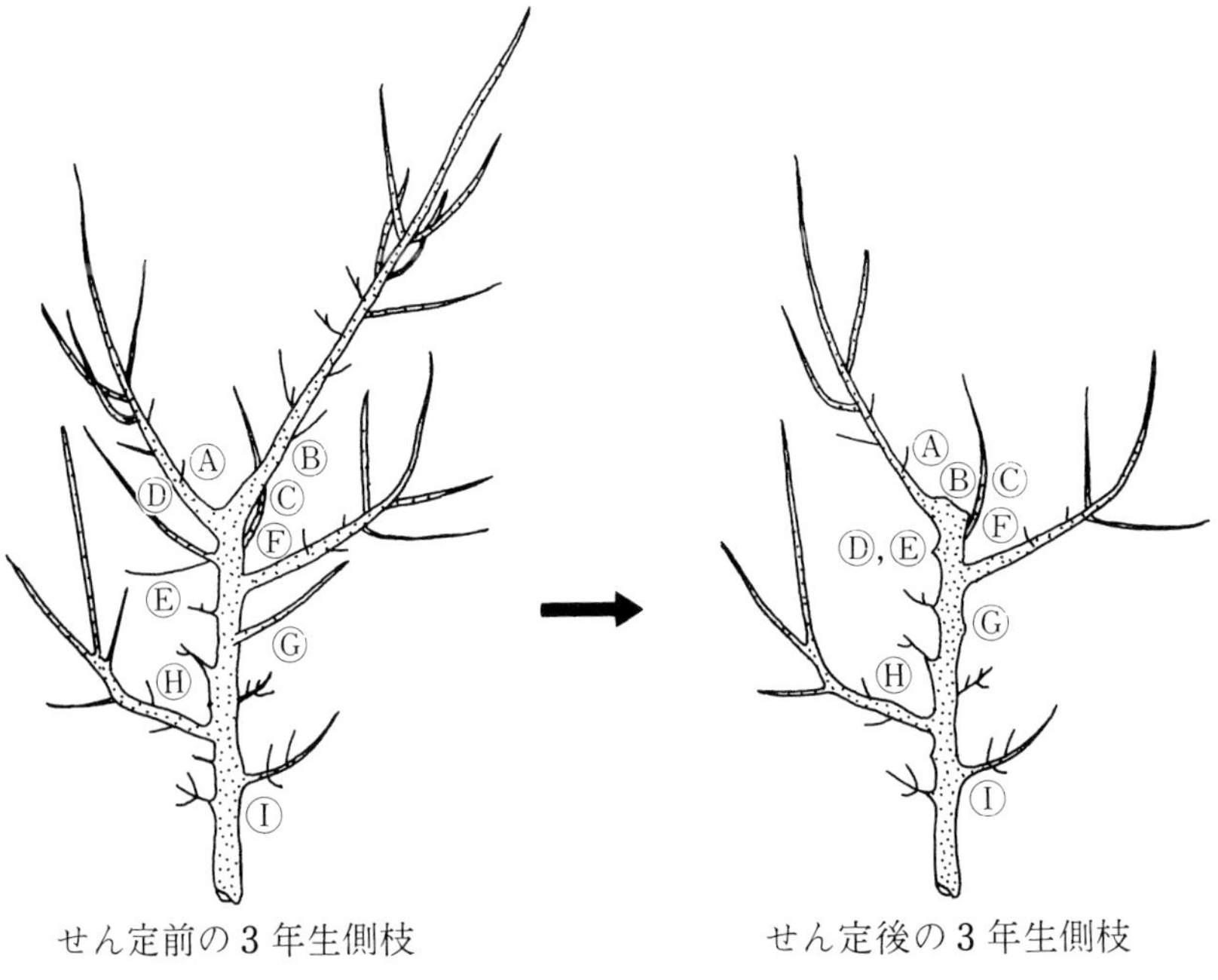
Ⓐ
Ⓑ
Ⓒ
Ⓓ
Ⓔ
Ⓕ
Ⓖ
Ⓗ
Ⓘ
Ⓓ,Ⓔ
せん定前の3年生側枝
せん定後の3年生側枝

図3　3年生側枝での間引きせん定

図のようにⒶの枝を残すなら、Ⓒ、Ⓕ、Ⓗ、Ⓘの枝を残す。逆にⒷの枝を残すならⒹ、Ⓗ、ⒾまたはⒶ、Ⓗ、Ⓘを残す

果母枝あるいは側枝ごとの間引きせん定が重要となる。

無せん定で放置すると、日当たりが悪くなるだけでなく、栄養分が多くの枝に分散する。このため、新梢の伸長が抑えられ、貧弱な結果枝となり、雌花の着きも少なくなる。こうなると、翌年ほとんど結果枝を発生しない。

二年生の側枝では、せん定後三～四本の結果母枝が残れば十分で、その他の枝は元から間引く。ただし、五～一〇センチ前後の弱い小枝は切らずに大切に残す。小枝には実はならないが、樹勢を維持していくのに、大きな役割をはたす。

残す枝は、日当たりをよくすることを最重視し、枝の方向と間隔から決める。いくら太く充実した結果母枝であっても、方向が悪ければ迷わず間引く。

結果母枝を間引いても、まだ下枝の日当たりを悪くしているときは側枝ごと基部から間引く。

三年生側枝での間引きせん定　前年に結果母枝を的確に間引いておくと、春から充実した新梢が発生し、側枝そのものも太く充実する。三年生側枝での間引きは、二年生側枝を二～三本程度残すことを目安に、その他は二年生側枝と同様に行なえばよい。

せん定をやさしくするための植え付け

植え付け密度　従来の変則主幹形の仕立て方では、成木の樹姿は半円頭形であるが、ここで紹介する低樹高仕立てでは半楕円形にする。したがって、図4のように植え付け方法や植え付け密度もこれまでとはちがう。一般の土壌条件で、植え付け距離は四×四メートルの正方形に植える。従来の計画密植では、間伐後八×八メートルとなるが、低樹高仕立てでは四×八メートルとし、永久樹の列を間伐しないのが特徴である。

この方法で仕立てた樹を上から見ると、細長い楕円形で、長径側は八メートル、短径側は四メートルとなる。このように、横に長い樹冠にすると、長径側から見た場合、奥行きが短いためにせん定が非常にやさしくなる。

植え付け方　永久樹の植え付けにあたっては、芽の方向に注意する。クリの葉序は二分の一のものが多いため、苗木から発生する新梢は左右の方向に開いた新梢が発生しやすい。この特性を利用して、永久樹を植え付けるときは、図5のように左右の芽が樹冠の長径側に向くようにする。こうすると、その後の整枝・せん定がやりやすくなり、植え付け二年目から、二本の主枝が決まる。

植え付けからの仕立て方

幼木期（一～四年目）　植え付け一年目から先端の勢いのよい新梢を主幹延長枝として真っすぐに伸ばす。

一年目の冬季せん定では、主幹と長径側に開いた左右の主枝を発生角度、強さ、位置などを考慮して残し、その他の枝は基部から間引く。

二年目以降は、主幹は真っすぐに、二本の主枝は素直に外側に開いていくよう逆行枝、直立枝などを間引く。また、結果母枝の間引き方は既述したとおりである。ただ、弱小枝（緑枝群）は切らずに大切に残す。

若木期（五～一〇年目）　主幹の切り下げ時期は、樹高三・五～四メートルのときに、主幹を一挙または一、二年かけて地上二メートルぐらいまで切りもどす。この場合、主幹部から出ている太枝は間引き、主幹上・頂部から出ている側枝を適宜残し、主幹の中・下部は弱小枝で構成する。

主幹の切り下げ後は、三・五メートル以上の枝は必ずすべて間引くことが大切となる。残った結果母枝は、切り取った枝に着いている結果母枝よりも多少貧弱となるが、日当たりがよくなって良質の結果枝が発生するので心配ない。

また、長径側、短径側とも、側面から見ると台形になるように整枝する。つまり、下枝は上枝よりも長く外に張り出させる。

成木期（一〇年目以上）　一般に、芯抜きをすると、主枝の延長枝が立ちやすくなり、そのまま伸ばすと樹高が高くなってしまう。したがって、それより下位の長径側に開いた斜立枝（図7、8、11の㋑、㋺）が主枝の延長枝になるよう、主枝角度の変更が必要である。それには、芯抜き前後の早い段階から㋑、㋺の枝の日当たりがよくなるように上枝の側枝部を透かしていき、完成樹形に仕立てる（図7、8、11）。

主枝角度変更後の主枝先端の高さは、地上二・五～三メートルぐらいがよい。また、図8、11の㋩、㊁は第一亜主枝で樹冠の下枝となり、多収を得るための極めて重要な枝となる。

樹冠内部の弱小枝は、成木段階に入っても樹勢を健全

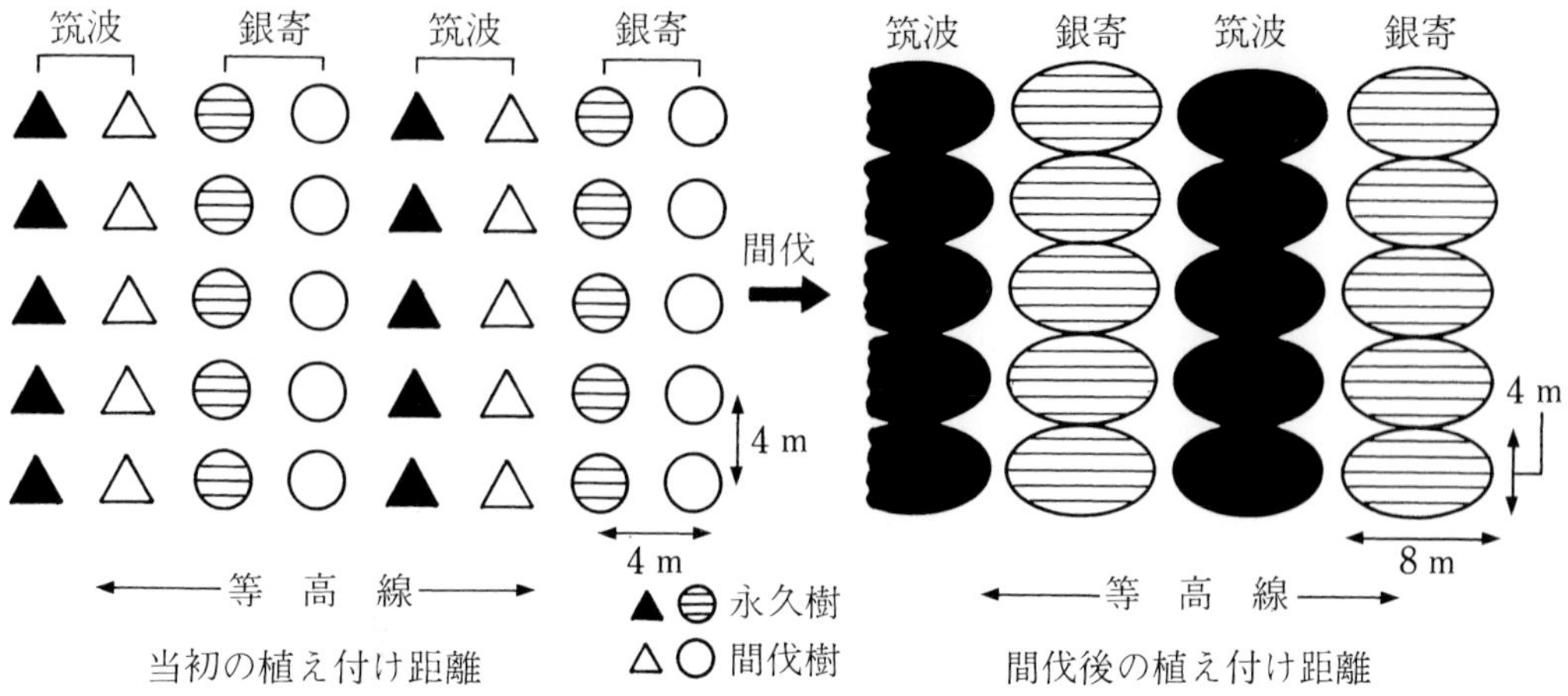
筑波
銀寄
筑波
銀寄
間伐
筑波
銀寄
筑波
銀寄
4 m
4 m
4 m
8 m
等　高　線
永久樹
間伐樹
等　高　線
当初の植え付け距離
間伐後の植え付け距離

図4　植え付け間隔

1年目は左右の方向に開いた新梢が発生しやすい。植え付け時の芽の方向は長径に向くようにする

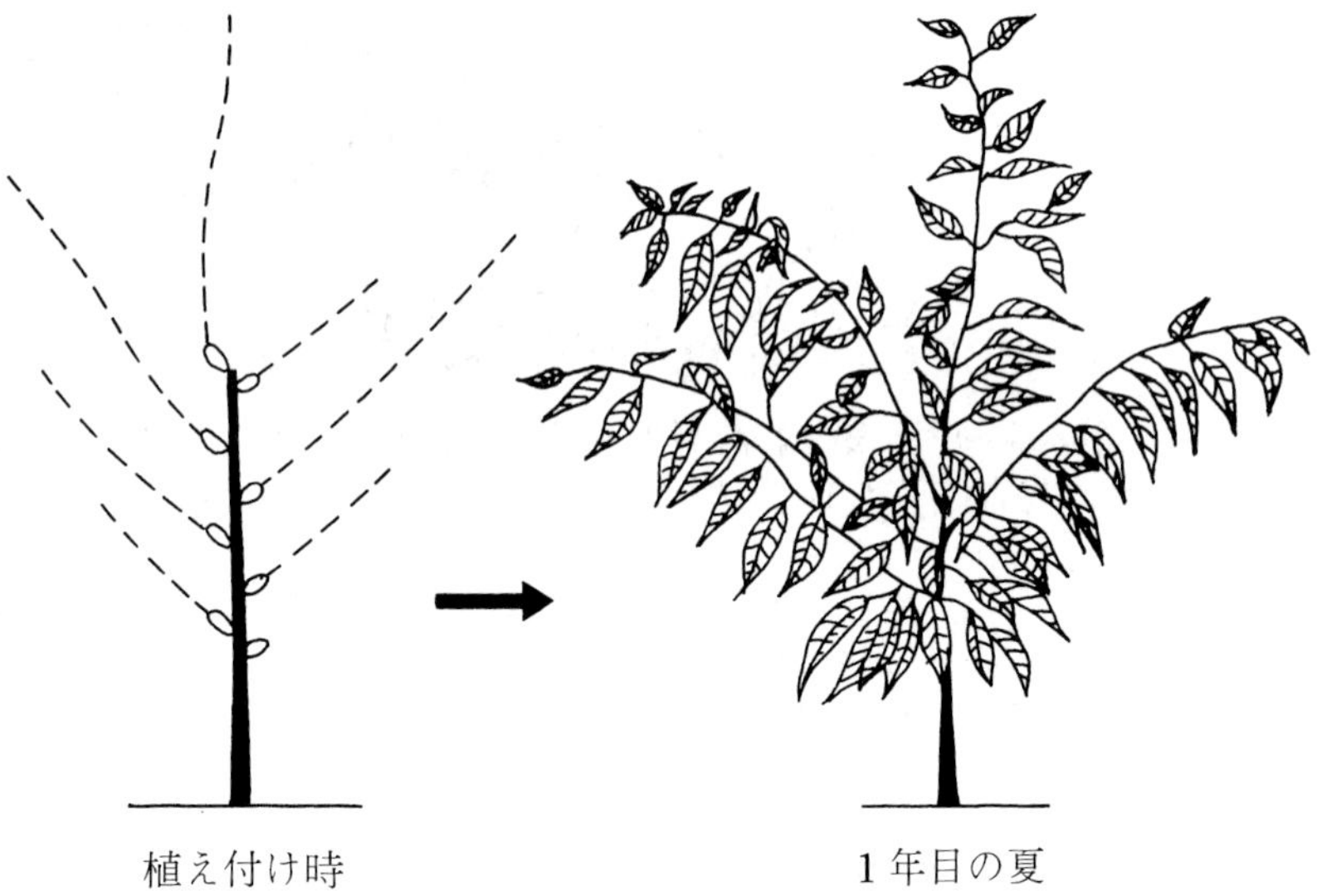
植え付け時
1年目の夏

図5　植え付け時の芽の方向

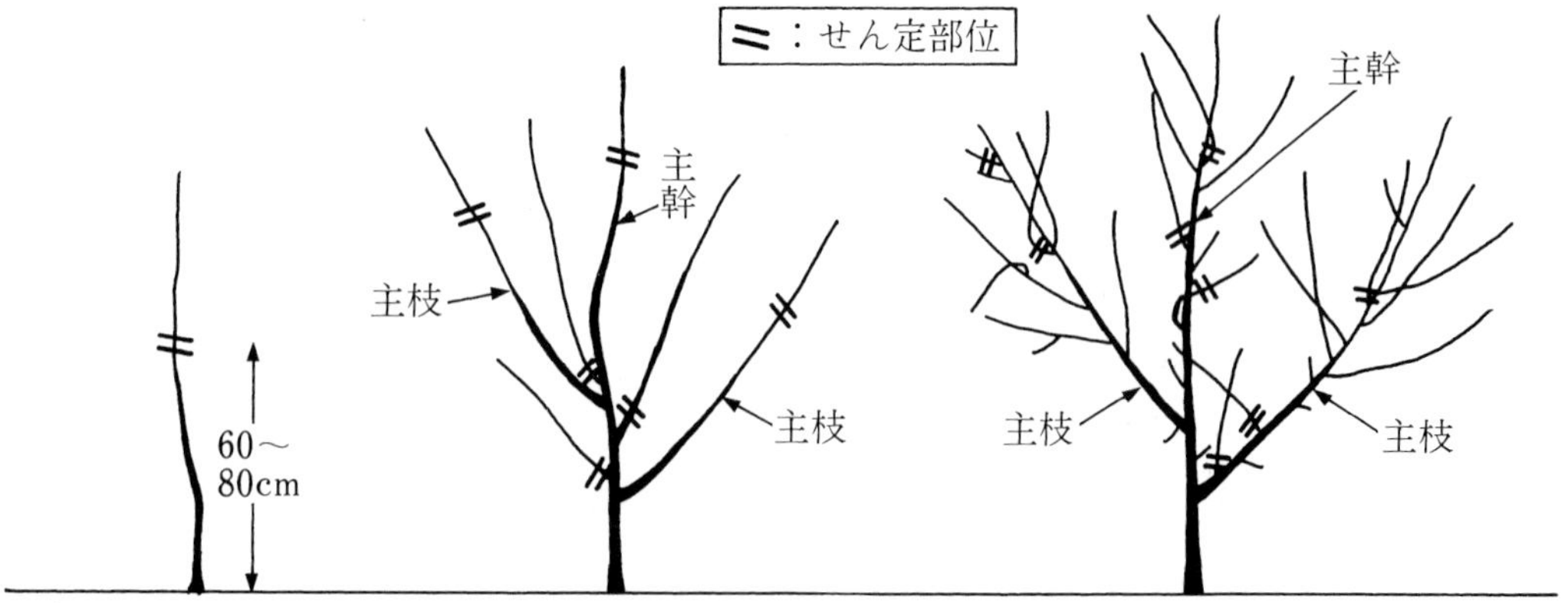
＝：せん定部位
主幹
主枝
主枝
60～
80cm
主幹
主枝
主枝
植え付け時
1年目冬
2年目冬

60～80cmの高さで切り返し、先端から勢いのよい新梢を伸ばす

主幹を真っすぐに伸ばし、逆行枝、直立枝は間引く

図6　幼木時のせん定

4年目せん定前

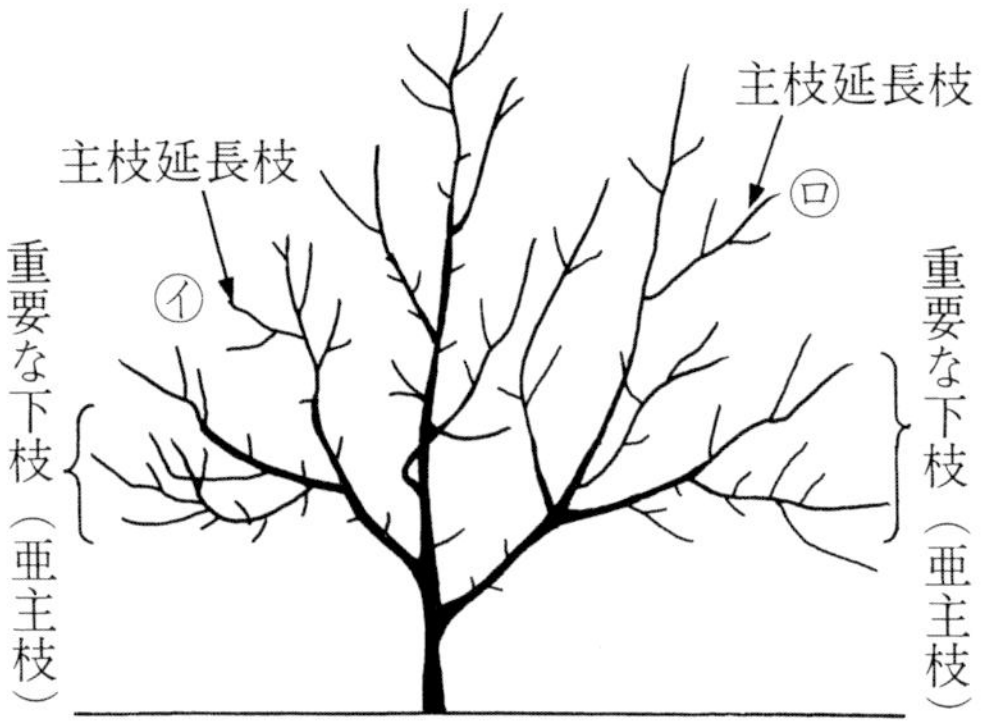

4年目せん定後

下枝が上枝よりも外に張り出るよう、上枝を内側に縮めることが基本。㋑、㋺の日当たりがよくなるよう、上枝をかなり間引く。光不足により、樹冠内部の弱小枝が枯れ込まないようにする

図7　若木のせん定

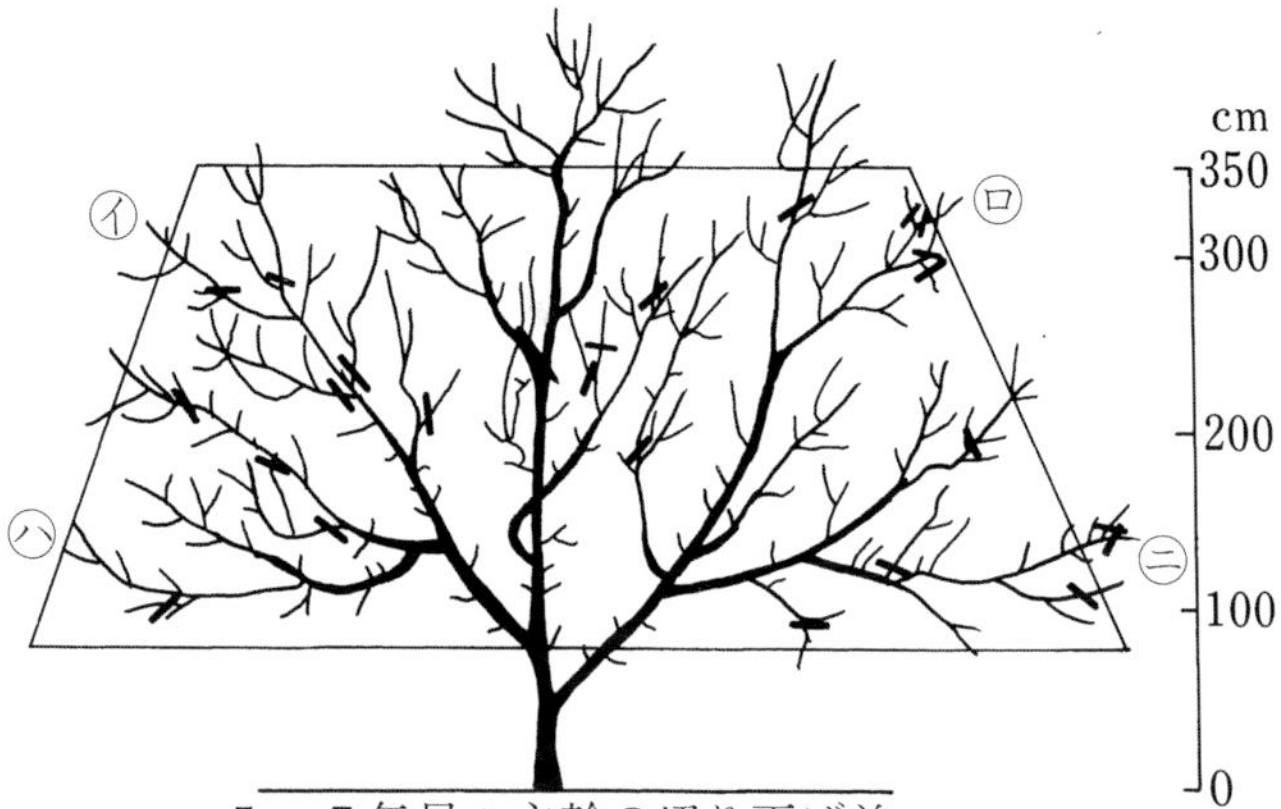

5～7年目：主幹の切り下げ前

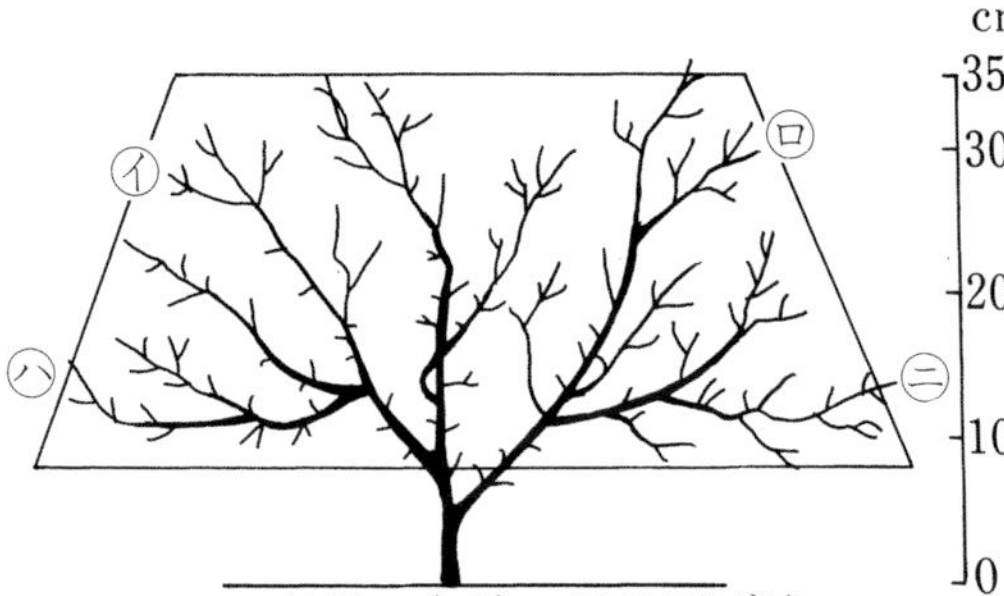

5～7年目：主幹の切り下げ後

・樹高が3.5～4 mのときに、1～2年かけて主幹を切り下げる
・㋑、㋺、㋩、㋥の枝に直射日光が入るように上枝を間引く
・樹形は台形になるよう下枝を張り出させる
・樹冠1㎡当たりの結果母枝数は若木期以降は6～7本とする

図8　芯抜きの方法

図9　短径側を正面に見た場合のせん定後の適正樹冠間隔
下枝が上枝よりも外側に張り出している

図10　樹冠内下部の弱小枝を大切にする
樹勢を健全に維持していくうえで極めて大切

に維持していくうえで極めて大切なので、日照不足によって枯れ込まないように維持していくことが肝要である。

せん定後の結果母枝の数は、樹冠下一平方メートル当たり、枝元の直径で六ミリ以上のものが六～七本あればよいので、思いきって間引く。

せん定の手順

樹冠が大きくなるにつれて、少しせん定が難しくなるので、手順を身につけておくことが大切である。

① せん定にあたって、最初にどの枝を切るかを考えるのでなく、将来にわたって切らずに残していく枝をまず決める。

具体的には、樹冠の下枝、つまり主枝から伸びている第一亜主枝（図8、11の㈧、㈡）と、第一亜主枝上に伸びている側枝、結果母枝の残すものを決める。

② 次に、これら第一亜主枝、側枝、結果母枝への日当たりを悪くしている上部の枝、つまり主枝から直接出ている側枝、結果母枝などを思いきって間引くことが極めて重要である。したがって、せん定は樹冠下部から始め、上部の順に上がっていく。

③ なお、最初はせん定バサミを用いない。まず、側枝や亜主枝などの太枝をノコギリで、次いで高枝切りハサミと普通のせん定バサミで側枝と結果母枝を間引く。

縮・間伐と適正な樹冠間隔

個々の樹について、いかに的確に整枝・せん定を行なっても、隣樹との間隔が狭くては、効果が上がらない。縮・間伐は心情的に大きな抵抗がつきまとうが、遅れることなく思いきって切ることが極めて重要である。

冬季に縮小した後の樹冠間隔は、図12のように長径側、短径側とも上部で二一〇～二三〇センチ、下部で一〇〇～一一〇センチの距離が必要である。この距離は樹冠側面の下部まで着果させるのに必要な最小限の間隔である。クリでは樹冠下部まで着果させることが、安定多収を得るための必要条件なのである。

なお、切り縮める部位が、亜主枝や側枝の中途になるときは、必ず側枝あるいは結果母枝が残っている分岐部まで切りもどすか、基部から間引くようにし、中途で切り返してはならない。

せん定前

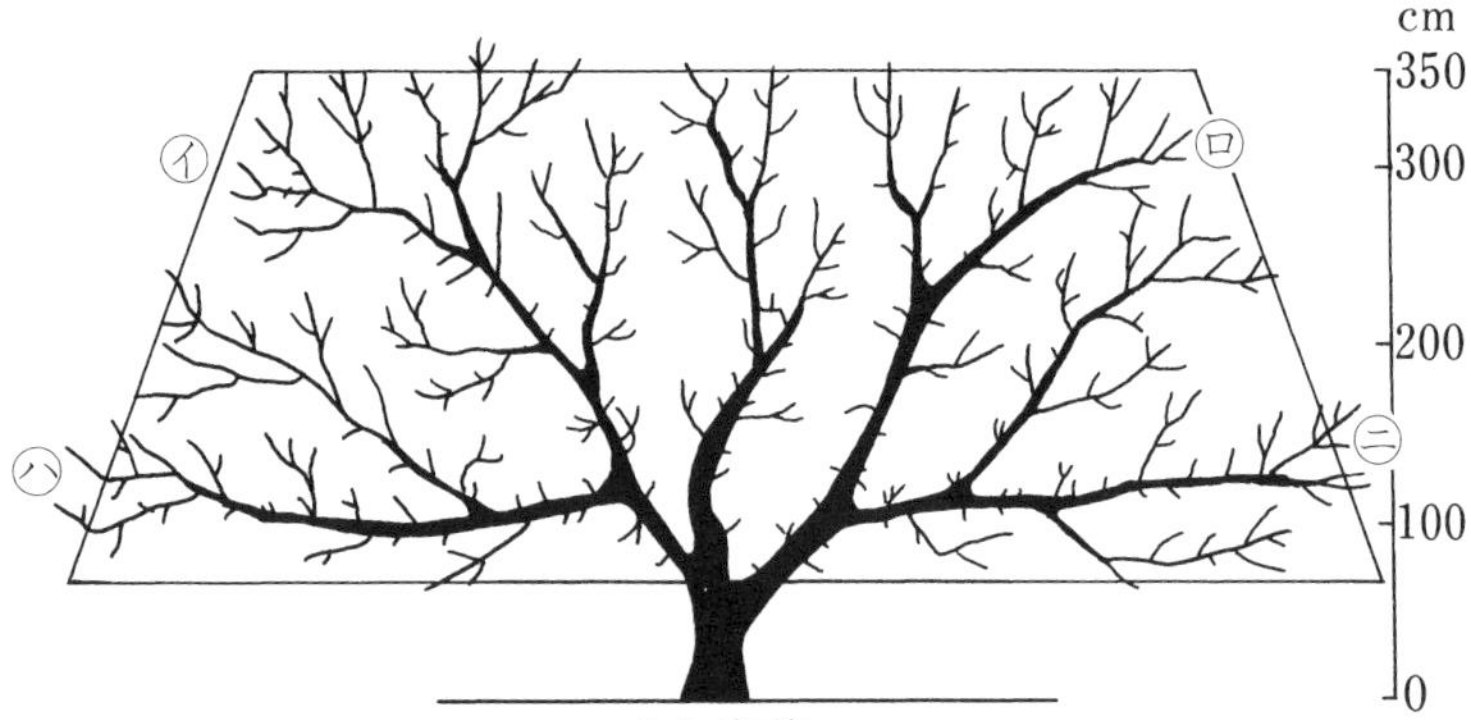

せん定後

図11　成木の樹形とせん定(長径側)

樹高3.5m、樹形は台形、樹冠下1㎡当たりの結果母枝が6～7本残る程度、樹冠内部の弱小枝を枯れ込まさないようせん定する

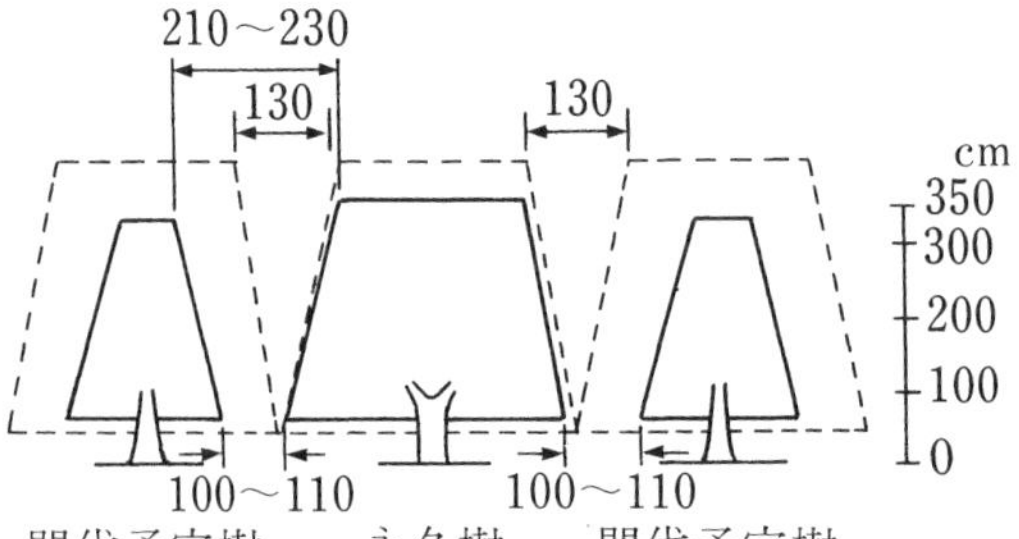

210～230
130
130
100～110
100～110
間伐予定樹
永久樹
間伐予定樹
長径側
------：縮小前
——：縮小後

①間伐予定樹の縮・間伐法

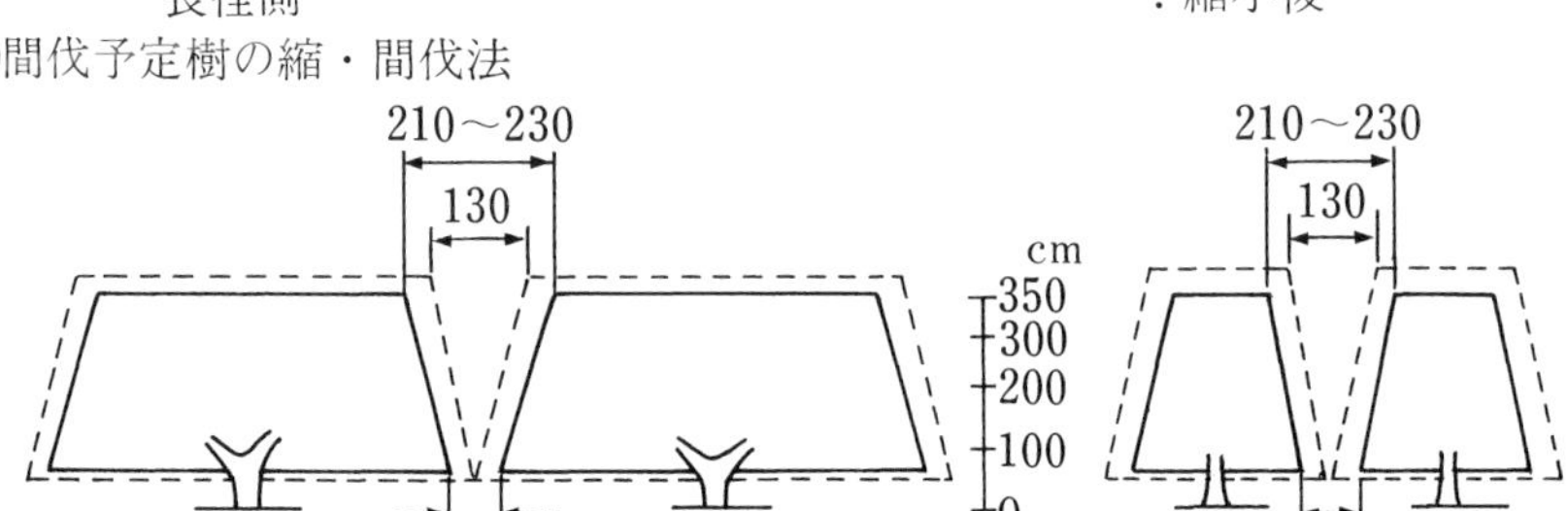

210～230
130
100～110
長径側
210～230
130
100～110
短径側

②永久樹の樹冠の縮小法と樹冠間隔

図12　縮・間伐と永久樹の樹冠間隔(単位：cm)

イチジク

松浦 克彦

せん定のポイント

結果部位の上昇を防ぐ　イチジクは頂部優勢性が強いため、切り返した場合でも、枝の基部から新梢が発生しにくい。必要な所に枝が発生せず、結果部位が上昇しやすいので、位置と芽の向きに注意して切り返す。

品種の着果習性に応じたせん定　①秋果（新梢の伸長につれて下位節から順次、葉柄の基部に果実が着いて、成熟する）のみ着果する秋果専用種、②夏果（一年枝の先端部のごく小さい果実が越冬し、翌春に新梢が伸長すると同時に肥大、成熟する）のみ着果する夏果専用種、③夏・秋果いずれも着果する夏・秋兼用種、の三タイプがある。夏果専用種にはビオレ・ドーフィン、サンペドロ・ホワイト、秋果専用種には蓬萊柿（ほうらいし）、セレスト、夏・秋兼用種には桝井ドーフィン、カドタなどがある。

夏果は二年枝に、秋果は新梢に着果するので、それに応じたせん定を行なわなければならない。

樹冠内が暗い場合は夏季せん定を　樹冠内が暗く、風通しが悪いと、病気が発生しやすく、果実の着色が悪くなるので、収穫を始める一〇～一五日前に一五～一八節で新梢を摘芯したり、混んでいる枝を基部から間引く。

開心自然形・杯状形の仕立て方

開心自然形は夏果専用種や樹勢の強い品種（蓬萊柿、セレストなど）に適し、杯状形では樹勢が中程度の品種（秋果生産用）に適する。

植え付け一年目　苗木を四〇～五〇センチ程度の高さで切り、支柱を立て幹を結束する。方向の良い新梢三本を選び、その他はかき取る。残した新梢には丈夫な支柱を添えて誘引し、主枝とする。

植え付け二年目　主枝は充実している部分（先端部から約三分の一～四分の一程度）の、外芽か横芽の直上で

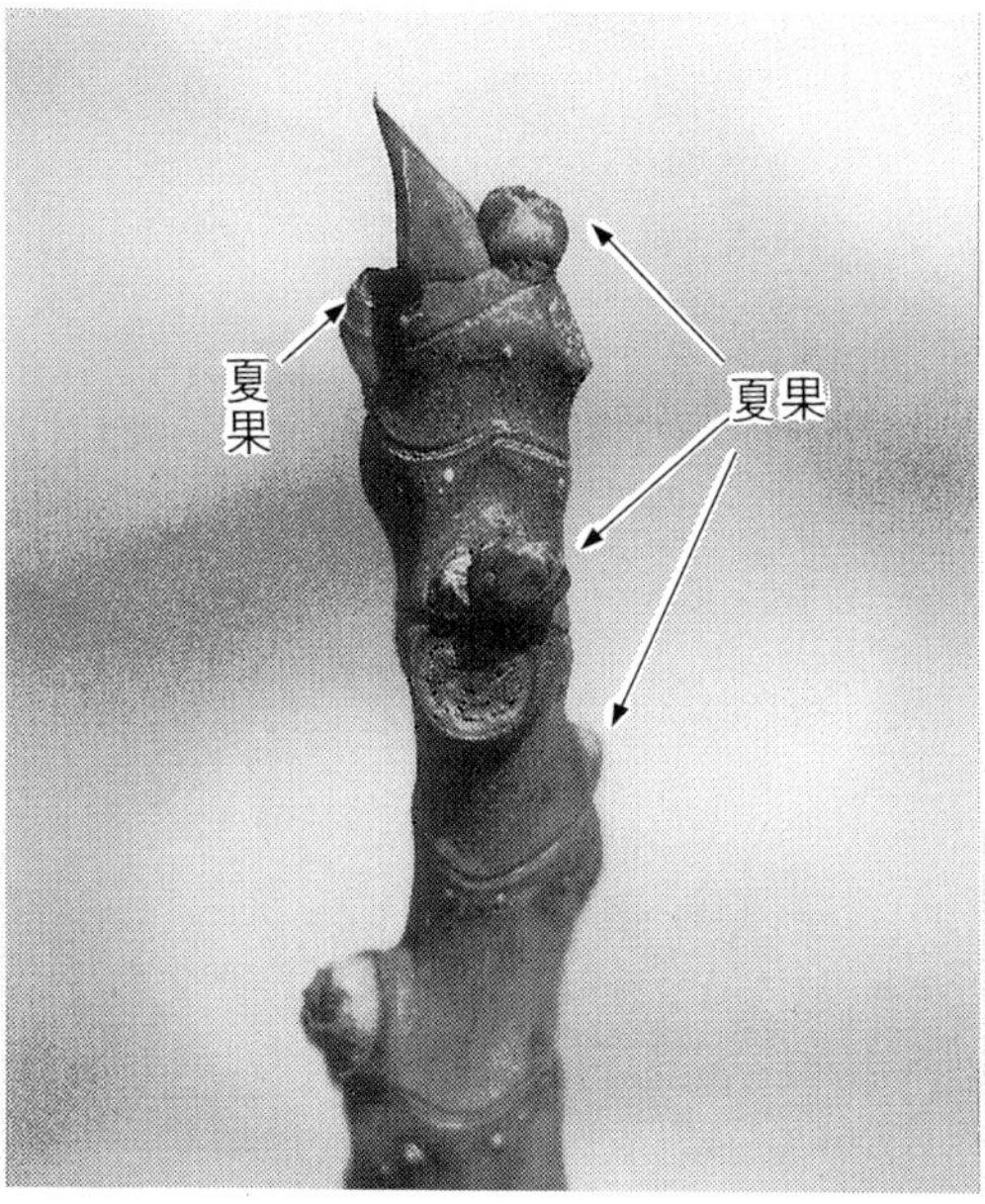
夏果
夏果

図１　１年枝の先端部に着いている夏果

図２　一文字整枝の樹形とせん定

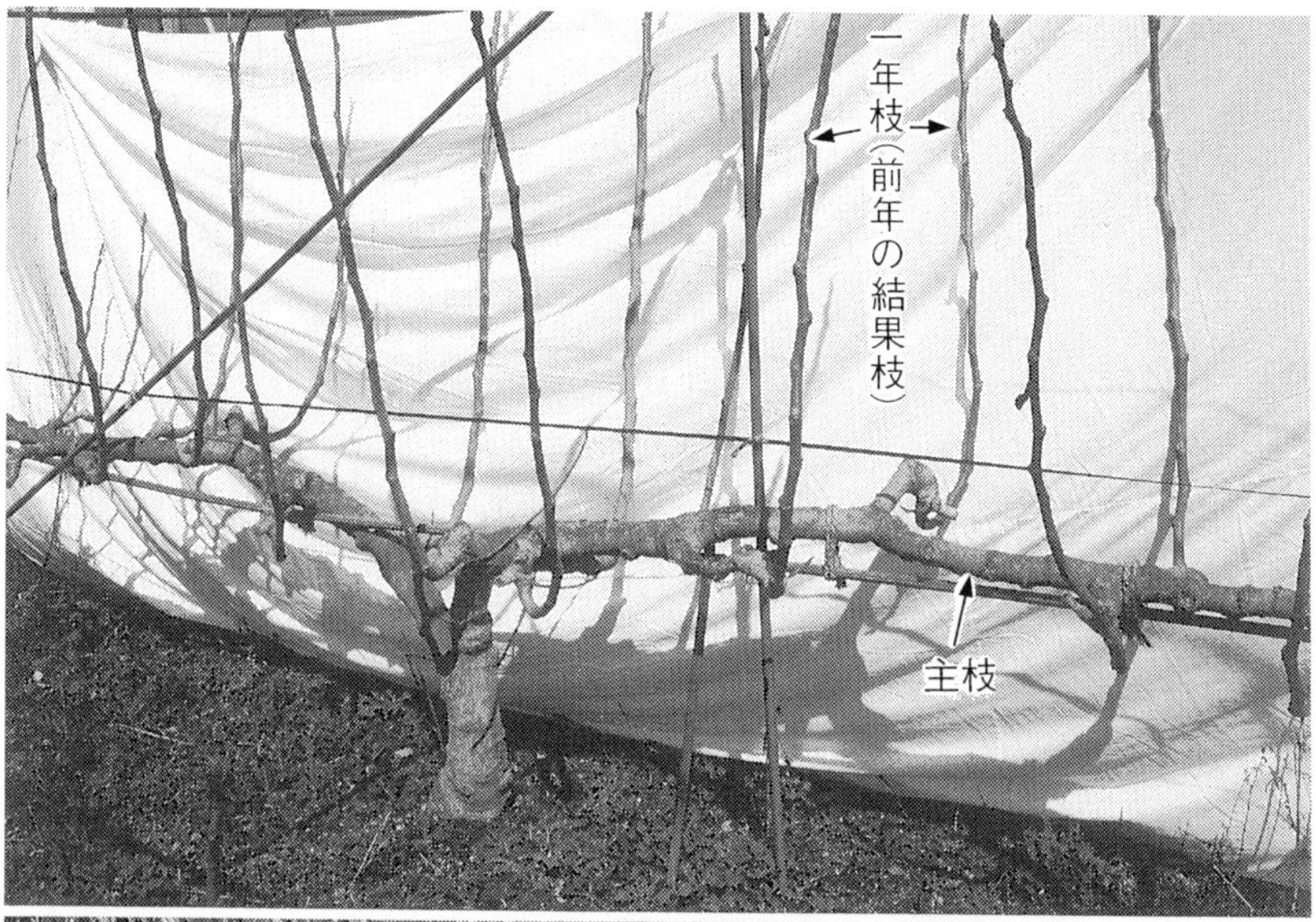
一年枝（前年の結果枝）
主枝

せん定前

主枝
約40cm

せん定後
１年枝の基部１～２芽を残して切る。新梢が片側約40cmの間隔になるよう配置する切り返す。

植え付け三年目以降　開心自然形では、主枝の延長枝は前年と同様に切り返し、主枝からやや下向きの枝を亜主枝とし、亜主枝上には片側約五〇センチの間隔で結果母枝が残るように整枝する。

杯状形では主枝から発生した二～三本の枝を二〇センチ程度で切り返し、各枝からさらに二本の新梢を伸ばし、二〇センチ程度でせん定する。四～五年目になると樹形が完成するので、新梢は基部の一～二節でせん定する。

一文字整枝の仕立て方

一文字整枝は樹勢が中程度かやや弱い品種（桝井ドーフィン、カドタなど）に適する。

植え付け一年目　先端部から発生した二本の枝を主枝候補として、枝先が下垂しないように支柱を立てて誘引する。

植え付け二年目　主枝は充実している部分で切り返し、水平なパイプや針金に引き下げて結束する。結束は枝に柔軟性がみられる四月中旬がよい。枝が裂けたり、折れたりするのをさけるため、枝の曲がる部分の内側に、ノコで数カ所軽く切れ込みを入れるとよい。

主枝の両側に伸びる新梢は、片側に約四〇センチの間隔で交互になるよう配置する。主枝の先端は、支柱をして斜め方向に伸ばす。先端の結果枝を順次主枝として伸ばし、順調に進めば三年目に完成する。

結果母枝のせん定方法

せん定は、落葉後から翌年の二月までに行なう。寒害の恐れのある地域では厳冬期を過ぎてから行ないたい。

秋果生産のせん定　一年枝（前年の結果枝）基部の一～二芽を残してせん定するが、残す芽の上位の節でせん定し、切り口に木工用ボンドを塗り、切り口の乾燥や亀裂、枯れ込みによる芽の枯死や新梢（結果枝）の生育不良を防ぐ。そして、残した芽から上の部分は六～七月に、新梢（結果枝）発生部のすぐ上で切る。

夏果生産のせん定　夏果専用種や夏・秋兼用種で夏果を生産する場合（開心自然形）は、充実した短い新梢を、結果枝としてせん定せずに残す。その他の枝は基部の一～二芽で切り返し、次年度の結果枝を養成する。残す枝数は五〇～六〇％程度とし、多すぎないようにする。

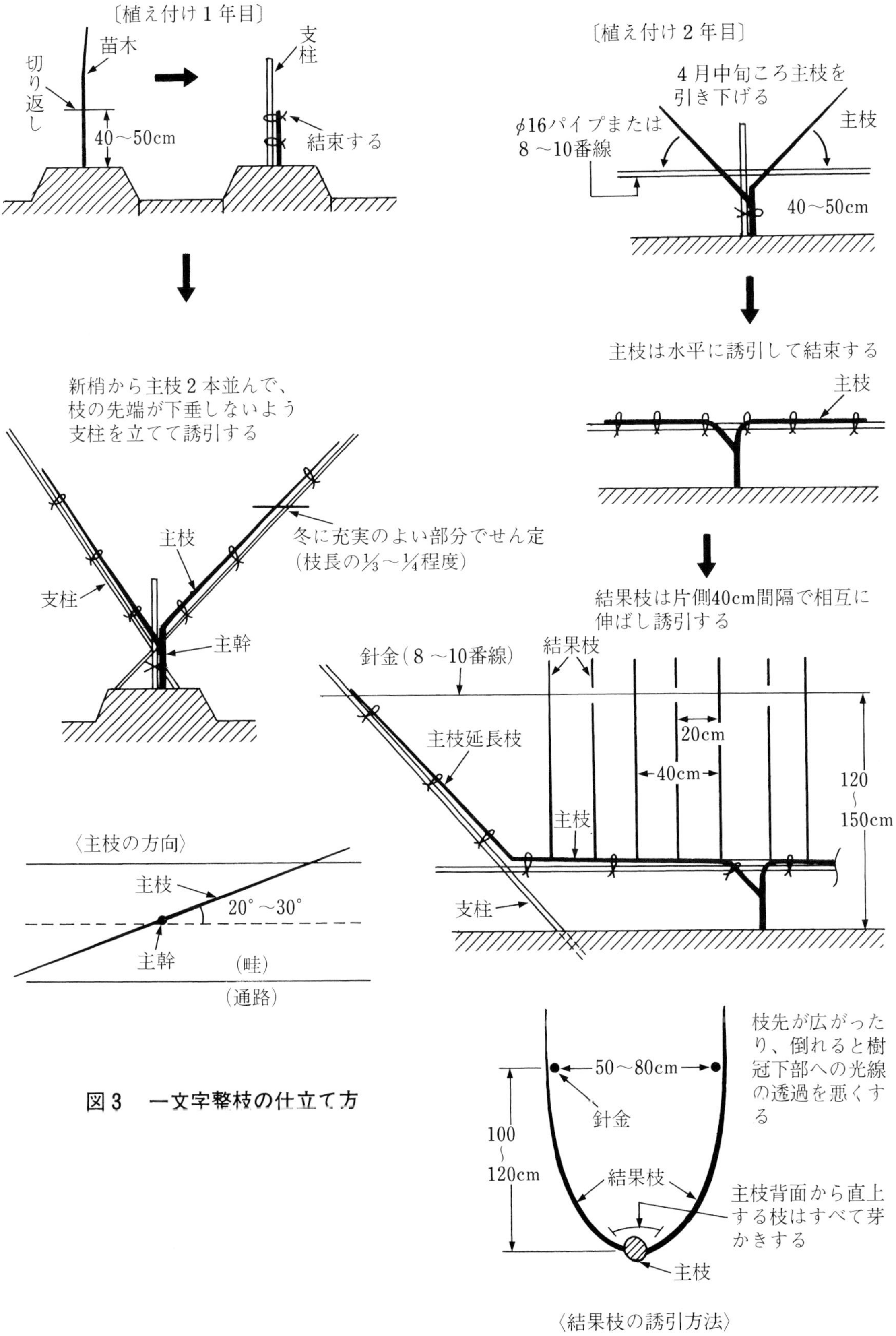
〔植え付け１年目〕
苗木
切り返し
40～50cm
支柱
結束する
〔植え付け２年目〕
４月中旬ころ主枝を引き下げる
主枝
φ16パイプまたは８～10番線
40～50cm
主枝は水平に誘引して結束する
主枝
新梢から主枝２本並んで、枝の先端が下垂しないよう支柱を立てて誘引する
主枝
冬に充実のよい部分でせん定（枝長の⅓～¼程度）
支柱
主幹
結果枝は片側40cm間隔で相互に伸ばし誘引する
針金（８～10番線）
結果枝
20cm
40cm
120～150cm
主枝延長枝
主枝
支柱
〈主枝の方向〉
主枝
20°～30°
主幹
（畦）
（通路）
枝先が広がったり、倒れると樹冠下部への光線の透過を悪くする
50～80cm
針金
100～120cm
結果枝
主枝背面から直上する枝はすべて芽かきする
主枝
〈結果枝の誘引方法〉

図３　一文字整枝の仕立て方

せん定前

図４　開心自然形の樹形とせん定

結果母枝
結果母枝
亜主枝
主枝

せん定後
主枝、亜主枝の先端は1/3～1/4切り返す。亜主枝は約50cmの間隔で結果母枝３～４本残す

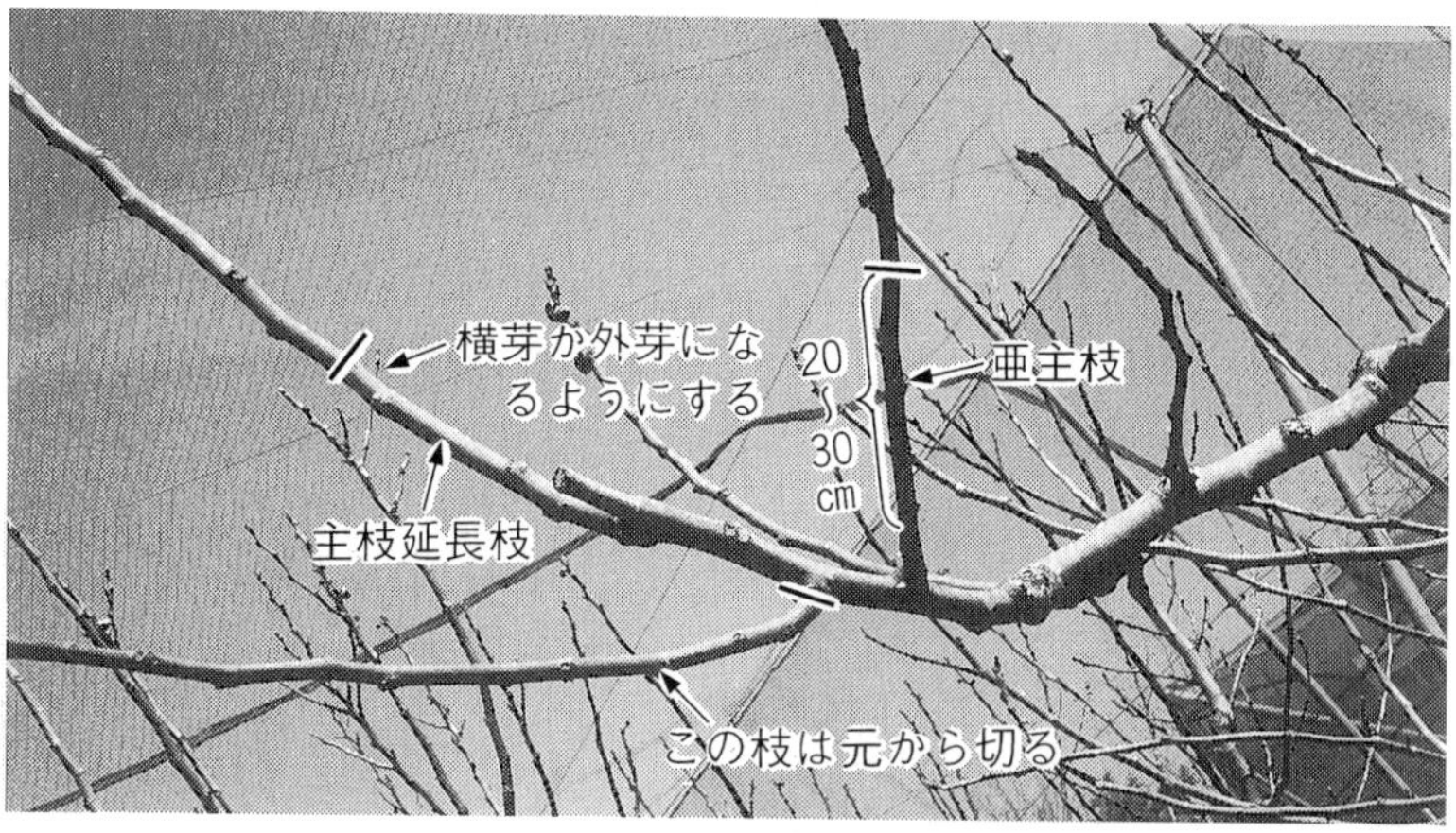
横芽か外芽になるようにする
20～30cm
亜主枝
主枝延長枝
この枝は元から切る

図５　開心自然形での主枝、亜主枝先端部のせん定

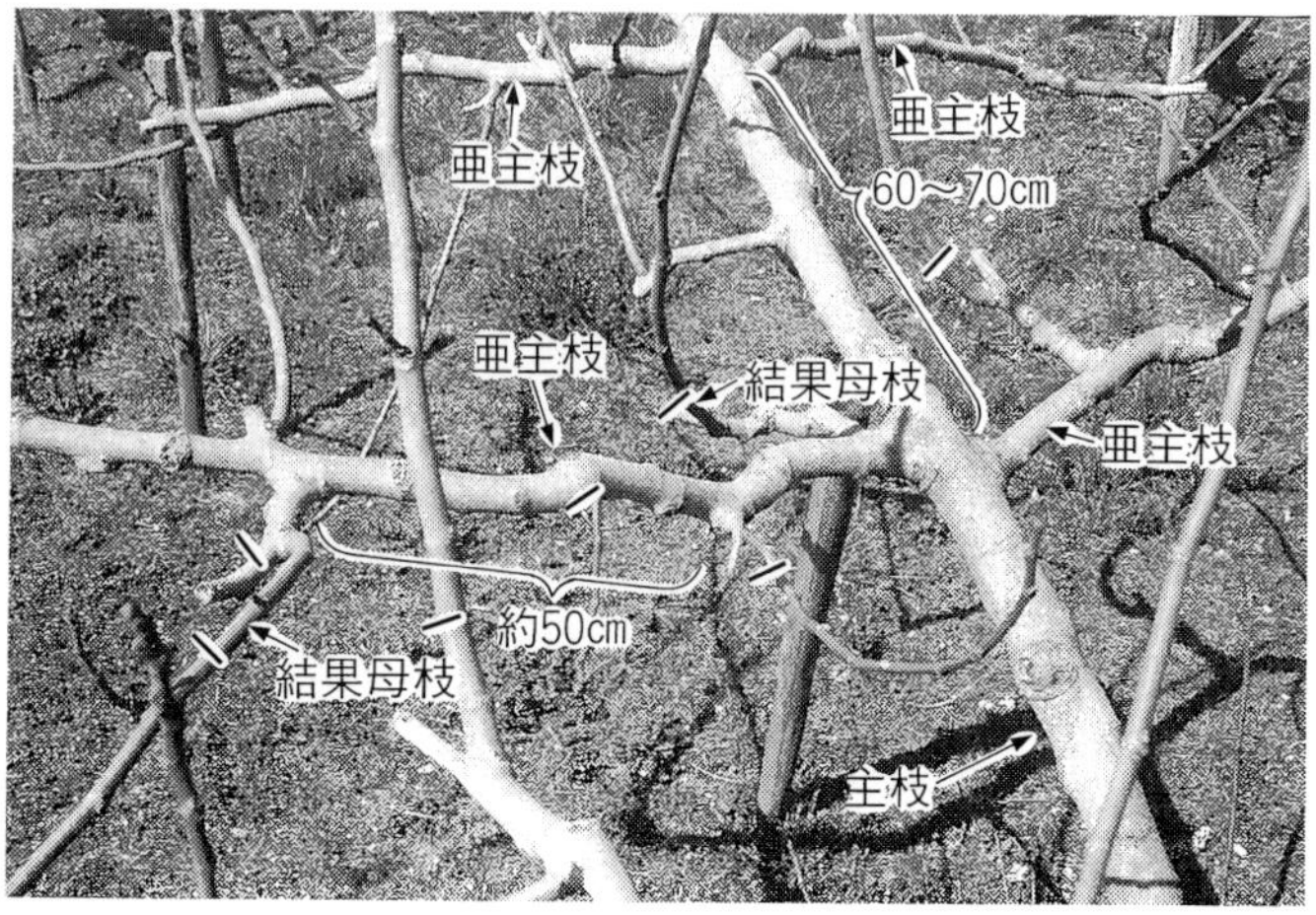
亜主枝
亜主枝
60～70cm
亜主枝
結果母枝
亜主枝
約50cm
結果母枝
主枝

図６　開心自然形の主枝と亜主枝の配置
結果母枝は１～２芽残して切る

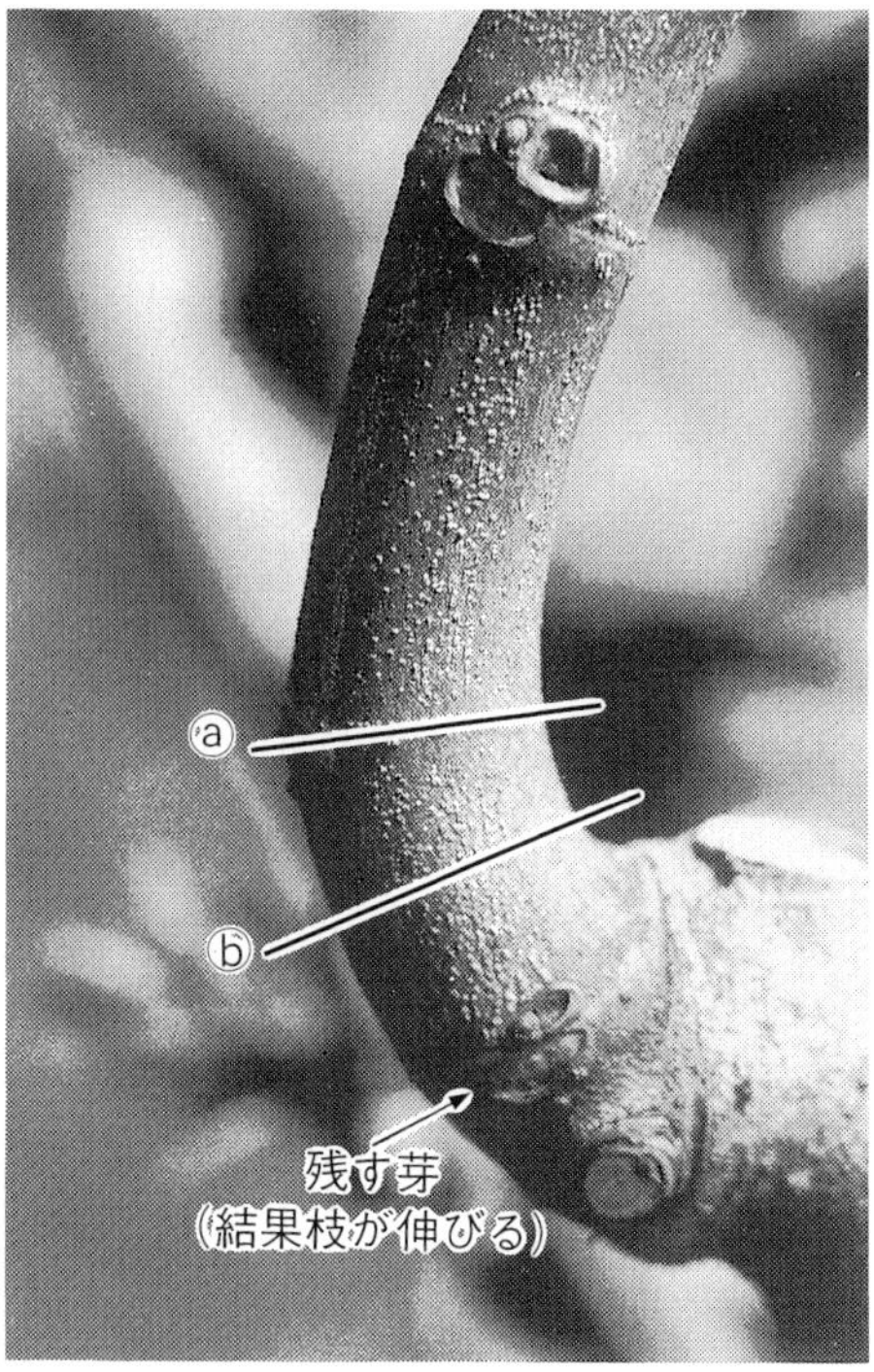
ⓐ
ⓑ
残す芽
(結果枝が伸びる)

図７　１年枝のせん定位置
残す芽の上の節ⓐで切る

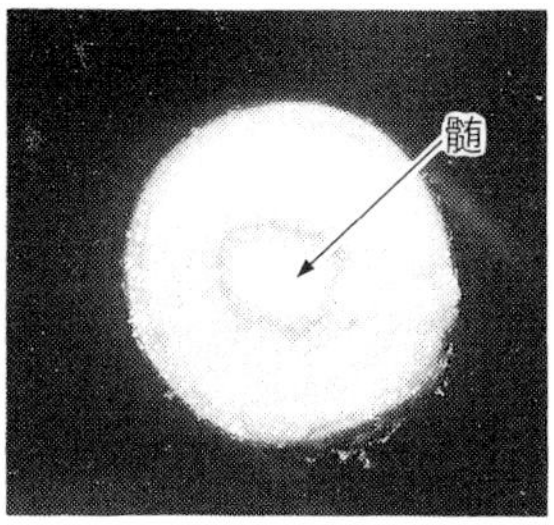
髄

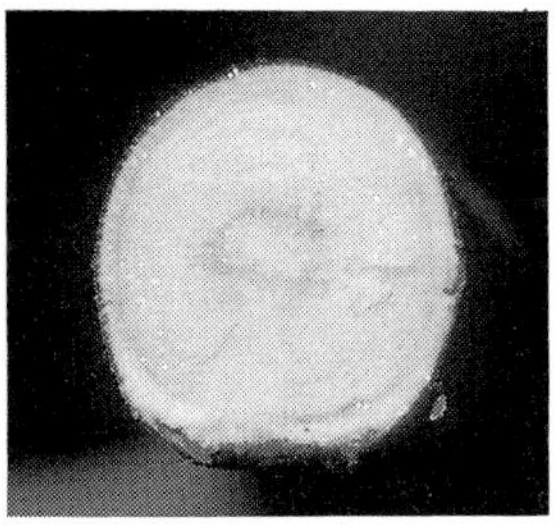

せん定の断面

ⓑで切ると髄（白い部分）が見られる。この位置で切ると枯れ込みやすい

ⓐで切ると髄は見られない。この位置で切ると枯れ込みにくい

図８　強勢な２年枝
夏果生産のために強い枝を結果枝として残すと、このような強い枝になり樹形を乱すので元から間引く

夏果生産用の枝

図９　夏果の生産には このような枝を残す
（開心自然形のせん定後）

ビワ

浅田　謙介

枝の種類と果実のなり方

ビワの枝の種類　ビワの枝は、二月下旬から三月上旬ころに発芽する中心枝、収穫前後から発芽する副梢、収穫後に発芽する果こん枝がある。秋に発生する秋枝もあるがほとんど利用されない。

中心枝は前年枝の頂芽から発芽し、太くて短く節間はつまっている。副梢は中心枝の途中から発生し、細くて節間は長く、一カ所から四～五本も発芽し弓状になる。果こん枝は収穫した枝から発生し、収穫の早い地帯では太くて丈夫な枝となるが、収穫の遅い地帯では短くて弱い枝になる。

枝の種類と果実のなり方　中心枝は着花しやすく、果実は大きい。副梢は着花しにくく、果実は小さいが、開花時期が遅く寒害に強いため、寒害の被害を受けたときに利用する。果こん枝は収穫が早い地帯では着花しやすく、果実は大きくなるが、収穫の遅い地帯では着花しにくく、果実は小さい。

幼木からの低樹高仕立て

ビワは樹高が高く、摘果、袋かけ、収穫などの樹上での作業能率が悪い。また、地上部に対して地下部の割合が少なく強風で倒伏しやすい。労力の削減を図り、台風被害を軽減するために、樹高を低く仕立て、管理しやすく、強風にも強い樹形にすることが必要である。

一～二年目　主枝の位置が高いと全体に樹高が高くなり作業性が劣るので、伸びすぎた苗木は接ぎ木部から三〇センチくらいの高さに切り返して植える。一年目に副梢が四～五本も出るので、そのまま主枝候補として残したほうが、幼木時は収量は多くなる。二年目はせん定はほとんど行なわず、芽かきのみ行なう。

六年生くらいまでの幼木の副梢の芽かきは、将来の骨

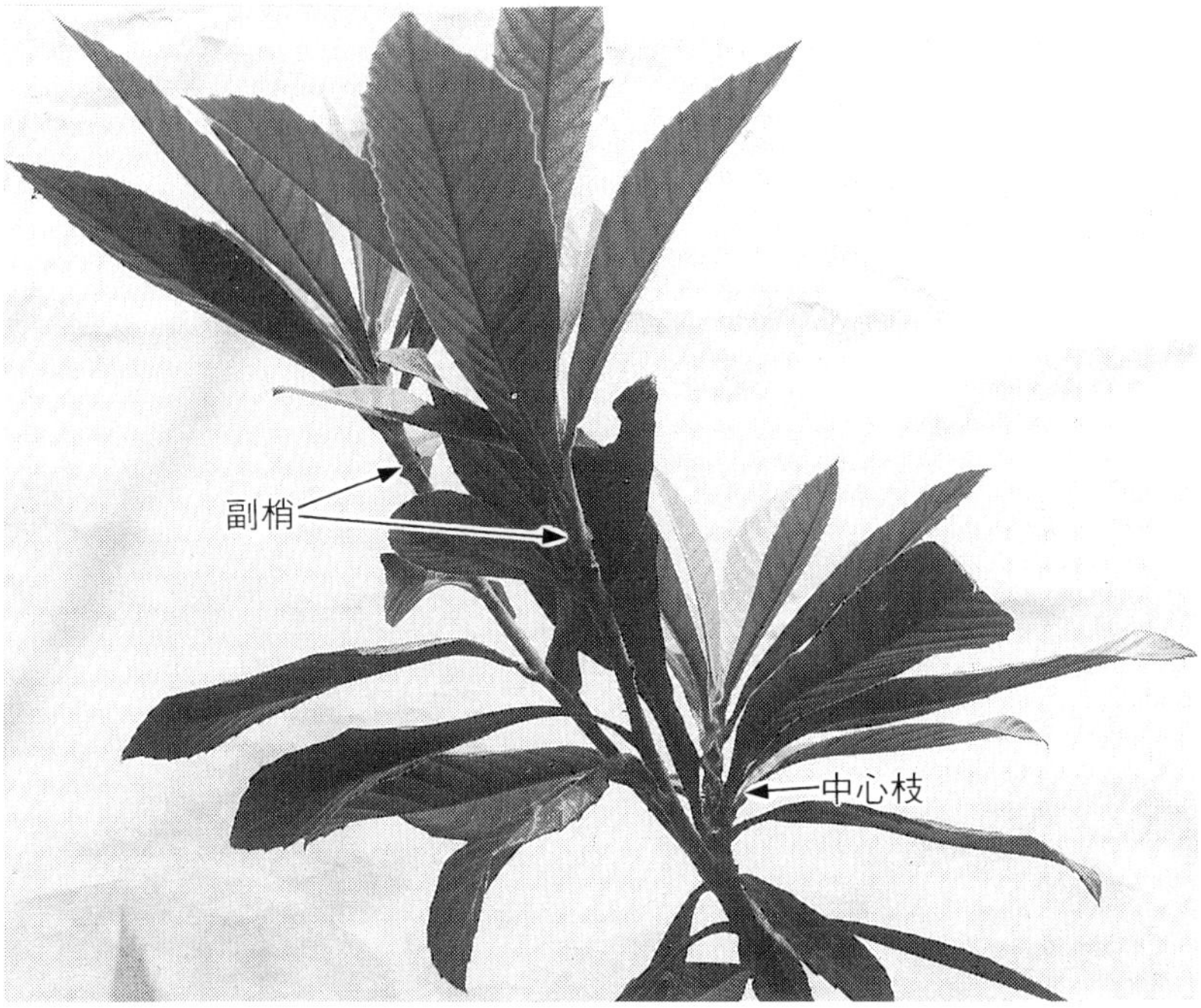

図１　中心枝と副梢

副梢は芽かきして２本にしてある

図２　収穫後に出た果こん枝

１～２本に芽かきする。芽の長さが５㎝以内のときに行なうとがんしゅ病の発生が少ない（副梢の芽かきも同じ時期がよい）

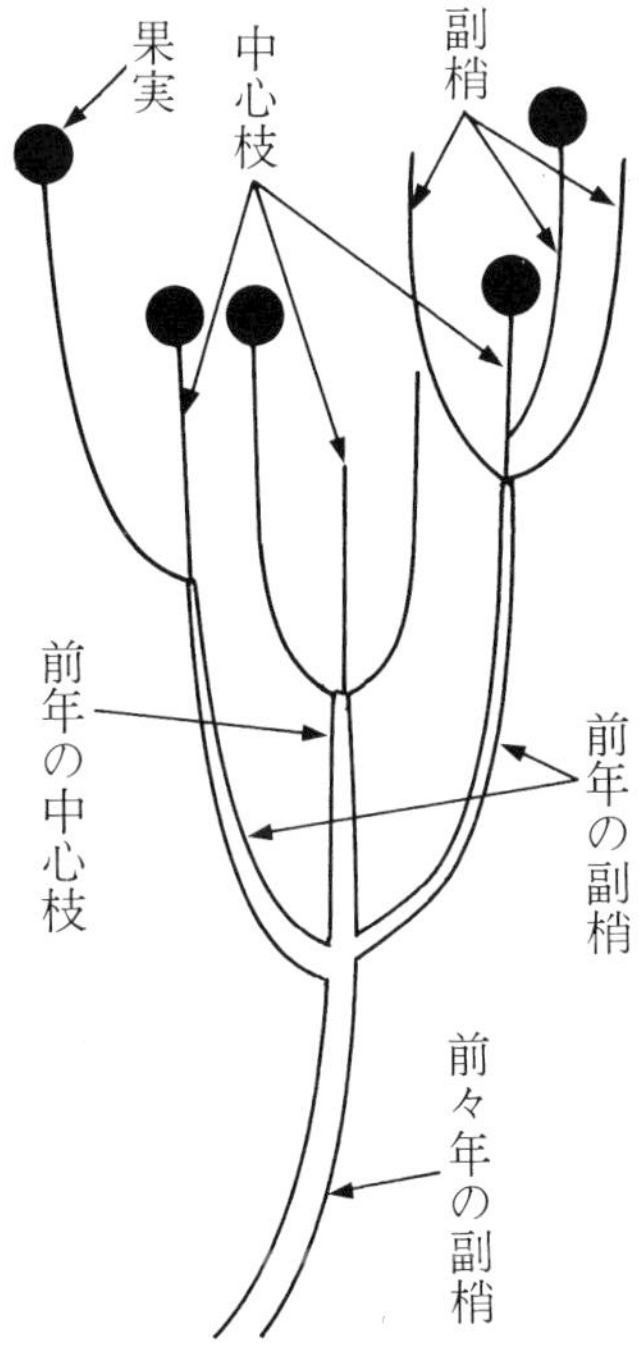

図３　枝の伸び方と果実のなり方

副梢の本数、着果するかどうかは枝と樹の状態によってちがってくる格となる主枝、亜主枝の配置を考え、主枝の延長方向に伸びた副梢と横向きの副梢の二本を残す。果こん枝の芽かきは若木、成木の方法と同様に行なう。芽かきの時期は収穫後の六月下旬、七月中旬および九月上旬で、各時期とも芽の伸びを見て二～三回行なう。若木、成木も時期は同じでよい。

三～四年目　主枝候補枝は水平よりやや上向きに誘引する。芽かきをすればせん定はほとんどいらない。よく生育した樹では、三年目には中心枝に着花するので、袋かけをして、収穫を楽しみたい。

五～六年目　混み合ってきたら主枝候補枝を整理する。主枝は方向、太さなどから三～四本を選び、他の残していた主枝候補枝は短縮するか、日当たりを悪くする枝はせん除する。主枝、亜主枝の誘引をし直して、骨格となる枝を決める。

亜主枝、側枝の配置

亜主枝は各主枝に二～三本配置する。第一亜主枝は主幹から四〇～六〇センチの場所から発芽した横向きの副梢を利用し、第二亜主枝は第一亜主枝の反対方向にとる。中心枝の立ち枝と主枝、亜主枝に利用される枝以外の横向きの副梢を側枝として利用し、各々の側枝に結果枝を着ける。

若木～成木　主枝、亜主枝が伸びすぎたり、下垂したら、枝のある位置で切り返してコンパクトな樹とする。側枝が混み合ってきたら、日陰となるので、切り返して短縮するか、不用になったら枝元から間引く。

低樹高仕立ては樹冠内部に立ち枝が多くなり、その整理が難しい。立ち枝には中心枝が伸びた枝と、主枝、亜主枝から直接出た枝があるが、管理の方法はほとんど同じでよい。

立ち枝が大きくなり、内部の結果枝に日当たりを悪くするようになったら、立ち枝上の日当たりを悪くする横枝を間引くか、主枝、亜主枝まで切りもどす。切ったあとから出た新芽は一～二本残して芽かきする。立ち枝が多いときは交互に切り返しを行なって、樹冠内部に結果枝を着ける。

若木、成木の芽かきは、新梢の充実を見ながら、充実した副梢は一～二本残し、弱い副梢は一本残して充実させる。果こん枝の芽かきも同様に、充実した枝は二本、

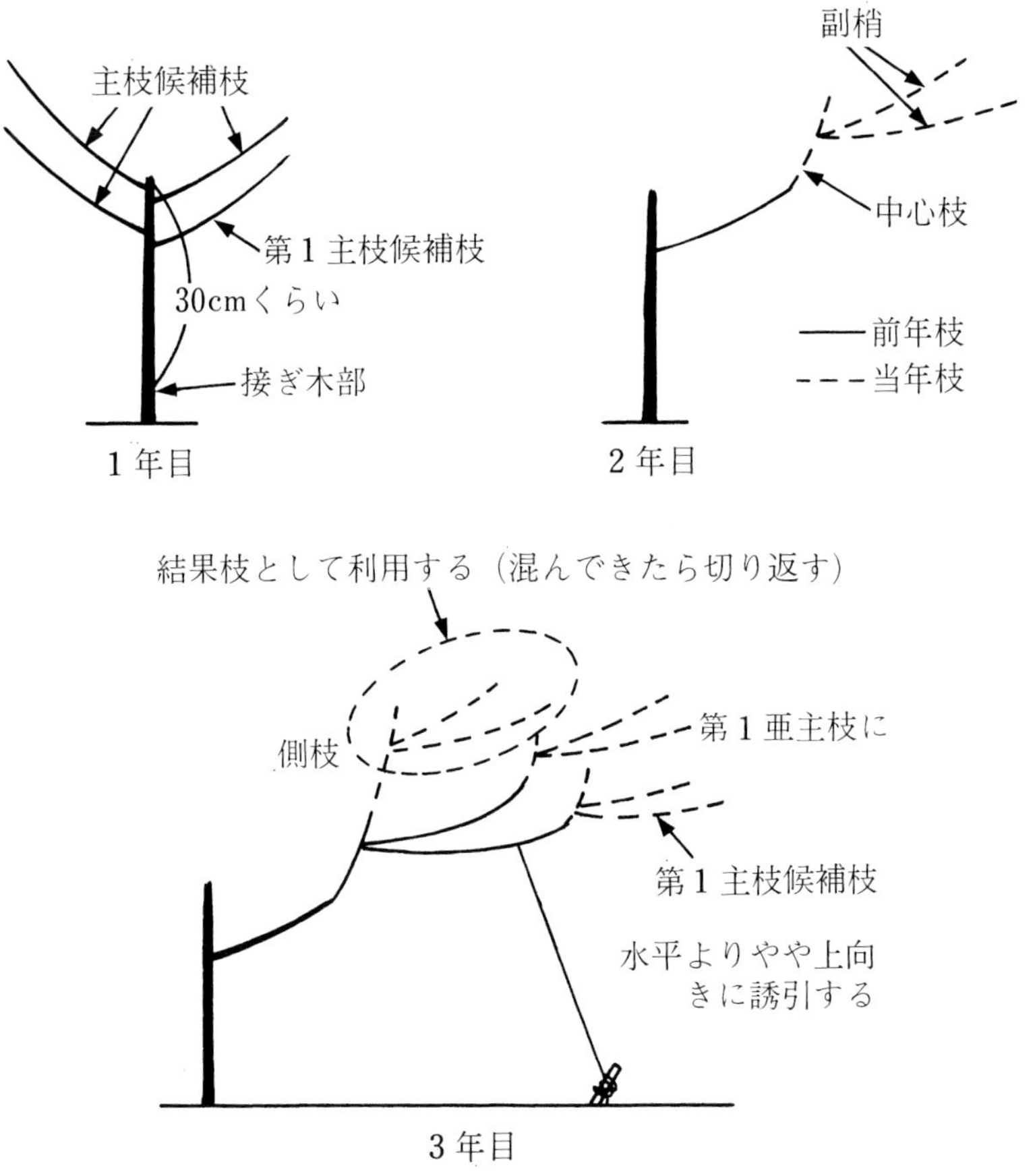

主枝候補枝
第1主枝候補枝
30cmくらい
接ぎ木部
1年目
副梢
中心枝
前年枝
当年枝
2年目
結果枝として利用する（混んできたら切り返す）
側枝
第1亜主枝に
第1主枝候補枝
水平よりやや上向きに誘引する
3年目

図4　幼木の枝の出し方
（2、3年目は第1主枝候補のみ図示）

せん除②
せん除①

図6　5年生の低樹高樹
主枝の整理を行なう。主枝が多くて混んでいる。まず①をせん除し次に②をせん除する

側枝
主枝
第2亜主枝
第1亜主枝

図5　主枝、亜主枝の配置
第1亜主枝は主幹から40～60cm。第2亜主枝は第1亜主枝の反対方向の枝とする

弱い枝は一本にする。

成木を低樹高へ改造する

成木の樹形改造は一挙に多くの枝葉をせん除しないように、三～四年かけて行なう。改造ができるかどうかは樹齢とともに樹勢が影響し、管理がよい樹では三〇年生くらいまで改造ができる。

成木の樹形改造は次のような手順で行なう。

① 間伐　低樹高への改造は、主枝を誘引して広げるため、密植園ではまず間伐する。

② 主枝（三～四本）や亜主枝の、先端は水平になるくらいに誘引して、不定芽を発生させて結果層を増加させる。誘引しても水平にならない強い立ち枝は間引きする。主枝の発生位置は地上部より五〇センチ前後の高さがのぞましい。

③ 不定芽へ日当たりを悪くする上部の枝をそのままにしておくと、新梢が充実しないので切り返すかまたは間引きし、主枝に日当たりをよくする。

④ 主枝が充実して結果層が厚くなったら、順次上部の枝をせん除する。最後に主幹をせん除して改造を完成させる。

せん定の程度と時期

強せん定を行なうと樹が弱り紋羽病にかかりやすくなるので、軽くせん定して年数をかけて樹形を整える。

五年生以上の若木では、収穫後に大きい枝の間引きを行ない、九月に側枝などのせん定を行なう。

芽かき・せん定後の枝の保護

枝幹に発病したがんしゅ病は、病斑部の削り取りによる外科的方法しか治療法がないため、発病させないように予防することが大切。

とくに、芽かきやせん定後の切り跡は、がんしゅ病が侵入、感染しやすいので作業後に防除を行なう。作業後五日以上経ってからの薬剤散布は防除効果が低下するので、ただちに行なう。これらの各時期には、ナシヒメシンクイも発生するので同時に防除するとよい。

また、成木の低樹高への改造で主幹や大きい枝をせん除したときは、石灰乳などを塗って日当たりのよい枝の日焼けを防止する。

図7　5年生の低樹高に改造中の樹

主枝を水平に誘引して上段の枝を徐々に整理している。主幹を1～2年後にせん除して低樹高とする

図8　成木を低樹高に改造(37年生)

樹高3.2m。主幹60cmでせん除

図9　中心枝が伸びた立ち枝

結果層が高くなりすぎている。切りもどして結果層を下げる

図10　中心枝の切り返し

基部より10cm程度残してせん除し、伸びてきた新芽を2本に芽かきした

キウイフルーツ

末澤　克彦

結果習性とせん定のポイント

キウイフルーツはブドウやカキと同様、前年伸長した新梢が結果母枝となり、ここから伸びた新梢の基部数節に花芽が分化する。花芽が着いた節には生長点がなく、またこれより基部の芽は潜芽となり発芽しないことが多い。そのため、結果母枝の切り返しは花芽が着いた節より先端部で行なうため、単純な切り返しの連続では結果部位は年々先端へと移動してしまうので、定期的に更新することが必要である（図6）。

また、負け枝になりやすく、花芽をもたない強い新梢（突発枝）が発生しやすいのもキウイフルーツの特徴である。突発枝は主枝、亜主枝など古い枝からも容易に発生し、一夏に一〇メートル以上も伸びることがある。このような枝は、発生部位から先の枝を衰弱させ（負け枝）全体の樹形を乱す。とくに樹形ができる前の樹では、樹

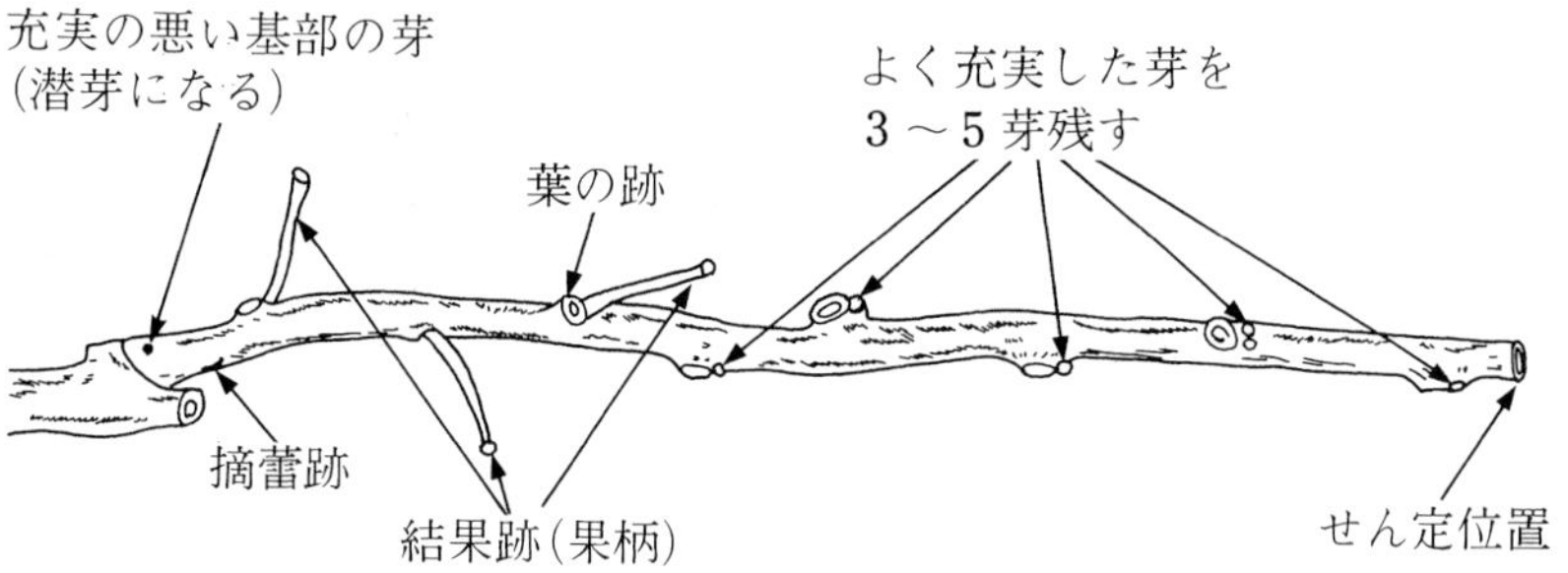
充実の悪い基部の芽
(潜芽になる)
よく充実した芽を
3～5芽残す
葉の跡
摘蕾跡
結果跡(果柄)
せん定位置

図1　結果母枝とそのせん定

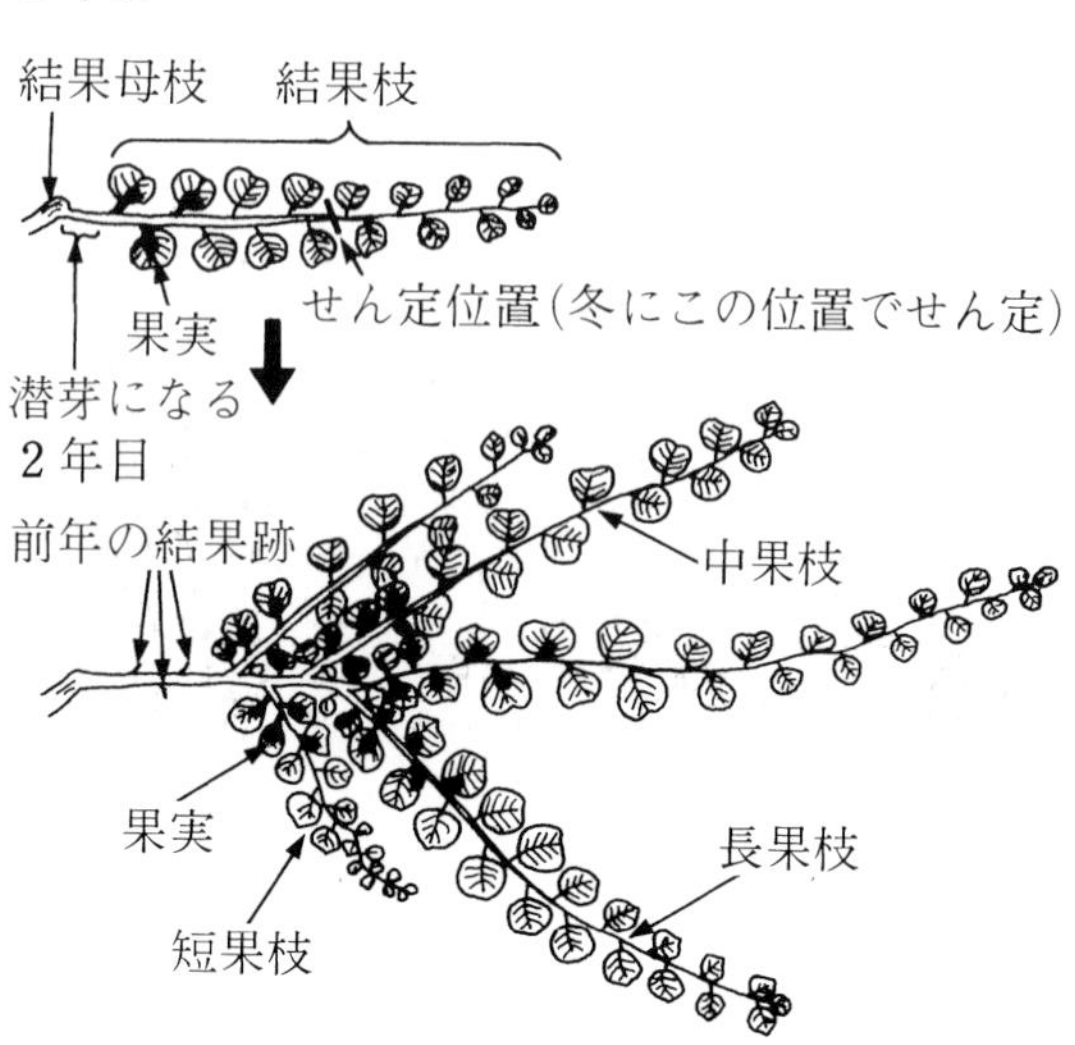
1年目
結果母枝
結果枝
果実
せん定位置(冬にこの位置でせん定)
潜芽になる
2年目
前年の結果跡
中果枝
果実
長果枝
短果枝

図2　キウイフルーツの結果習性

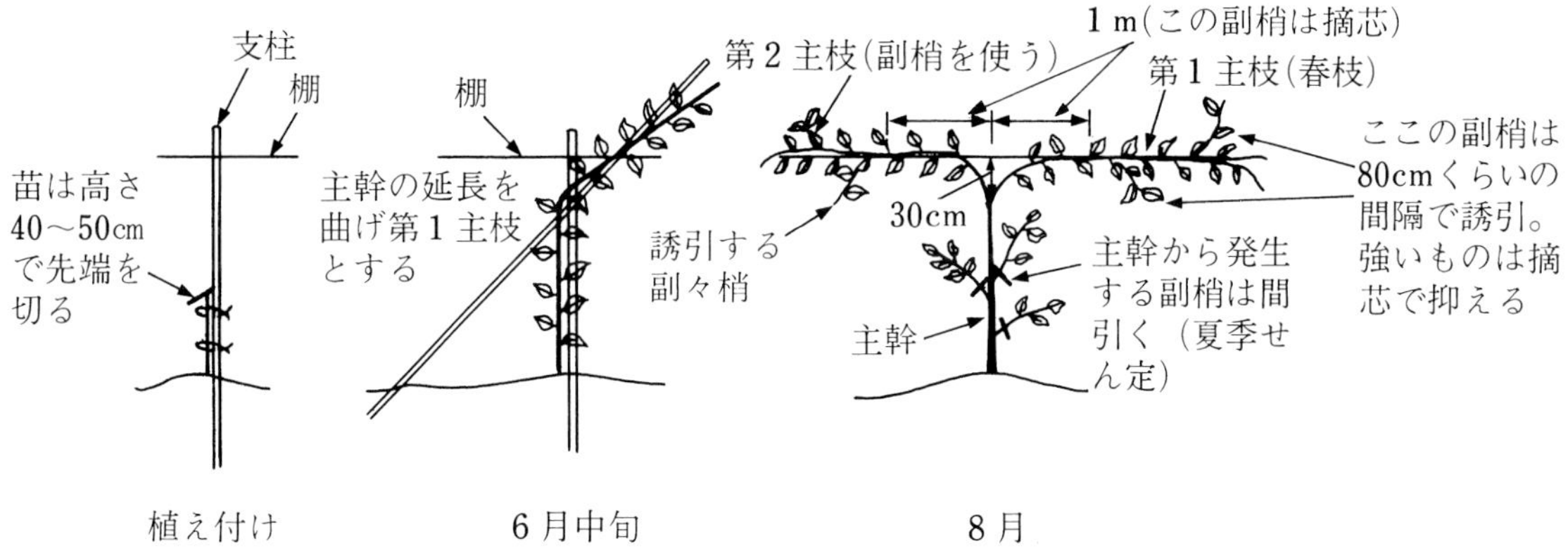
支柱
棚
苗は高さ
40～50cm
で先端を
切る
棚
主幹の延長を
曲げ第1主枝
とする
第2主枝(副梢を使う)
誘引する
副々梢
1 m(この副梢は摘芯)
第1主枝(春枝)
ここの副梢は
80cmくらいの
間隔で誘引。
強いものは摘
芯で抑える
30cm
主幹から発生
する副梢は間
引く（夏季せ
ん定)
主幹
植え付け
6月中旬
8月

図3　植え付け1年目の仕立て方

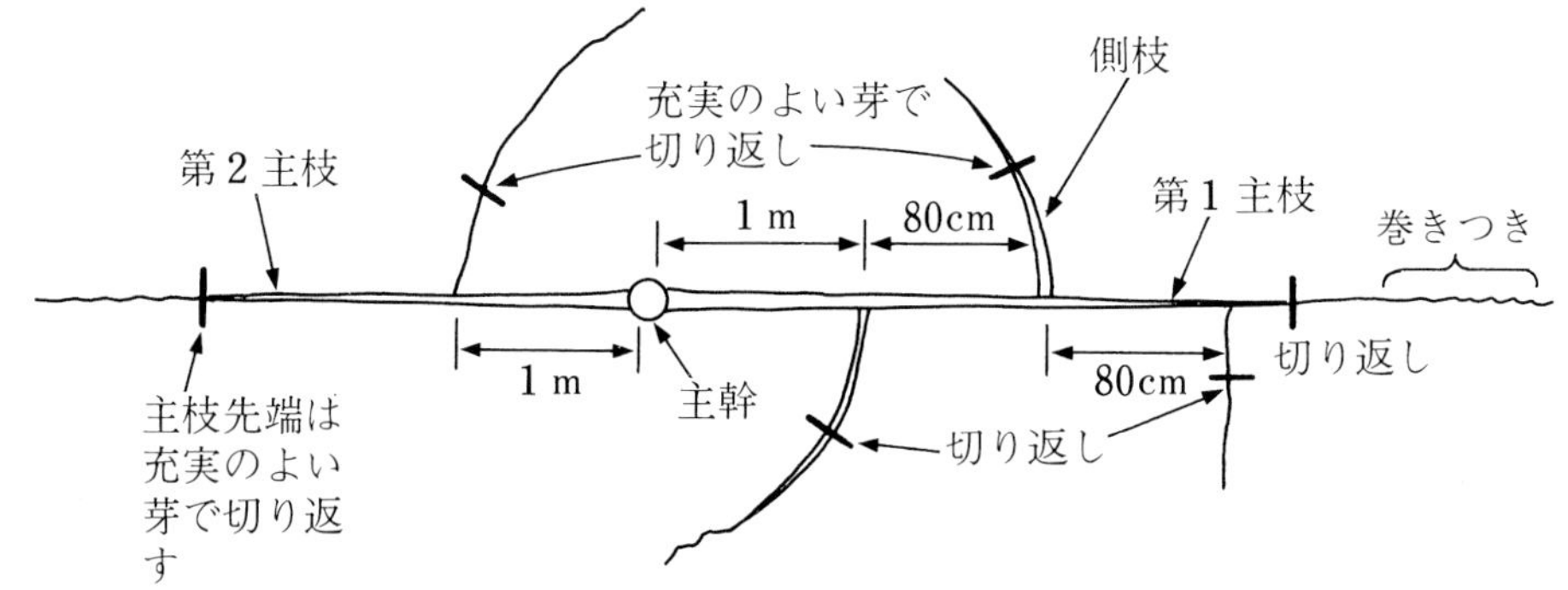
充実のよい芽で
切り返し
側枝
第2主枝
1 m
80cm
第1主枝
巻きつき
1 m
主幹
80cm
切り返し
切り返し
主枝先端は
充実のよい
芽で切り返
す

図4　1年目冬のせん定

主枝基部1 mまでに大きな枝を残さない。第1主枝と第2主枝の勢力差は6：4程度にする

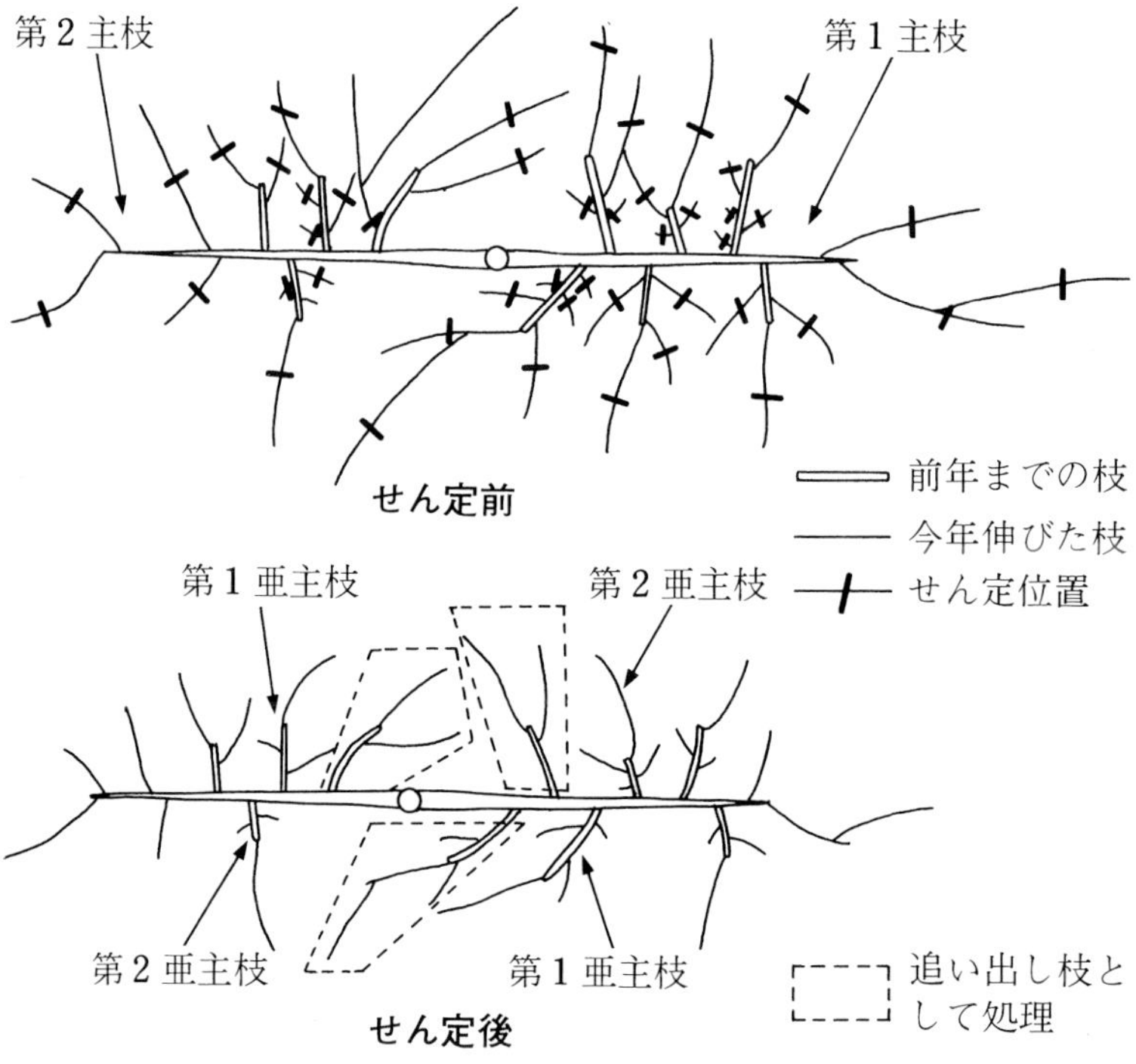
第2主枝
第1主枝
せん定前
前年までの枝
今年伸びた枝
せん定位置
第1亜主枝
第2亜主枝
第2亜主枝
第1亜主枝
せん定後
追い出し枝と
して処理

図5　2年目冬のせん定

側枝に勢力差をつけ、将来亜主枝とするものは順次大きくする。
[破線枠]内の枝は追い出し枝として処理
追い出し枝とは、枝先で果実をならせ翌冬に基部からせん除する枝

冠の拡大ができず大きな問題点となる。これら突発枝は必要なもの以外、早めにかき取るかせん除し、樹形を乱さないように注意したい。

新梢の長いもの（おおよそ二メートル以上）は巻きつくので、樹勢が強いと長く伸びる枝はお互いに巻きつき合い、枝管理作業は極めて困難となる。

植え付けからの仕立て方

キウイフルーツは、ニュージーランドやイタリアなど主産国ではTバー仕立てが一般的である。しかし、日本では台風などの強風から果実を守るため、平棚仕立てが一般的となっている。また負け枝を防ぐため、主枝本数をできるだけ少なくした二本主枝一文字整枝が適する。

植え付け一年目の仕立て方　八メートル×六メートル（二〇本／一〇アール、植え付け時にはこの二倍密植）程度で植え付ける。この時期は第一主枝の形成がもっとも重要である。

苗木は充実した芽の部分まで強めに切り返す。苗木から発生する新梢のうちもっとも強く伸びるものを、主幹や第一主枝として誘引する。第二主枝は第一主枝の副梢を利用する。ただし、この副梢を強く伸ばしすぎると第一主枝の伸びが抑制されるので、適宜摘芯などを行ない、第一主枝の伸びを確保する。主枝分岐部から一メートル以内に発生する副梢は徒長的に伸びることが多いので全部間引く。それより先端部の副梢は八〇センチくらいの間隔で左右に誘引し、八〇～一〇〇センチで摘芯し勢力を抑える。

二年目のせん定　主枝先端は鉛筆よりやや太く、充実の良い芽の位置で切り返す。主枝が十分に伸びている場合は側枝を残す。ただし、主枝を負かさないように枝の強弱を守り、大きな側枝を残さない。主枝や残した側枝から発生する充実した新梢が、三年目に結実させるための結果枝になる。

三～四年目のせん定　ヘイワードでは収穫が始まる。第一主枝、第二主枝は四メートル近く伸び、側枝も大きくなるので各主枝ごとに第一、二亜主枝を決める。主枝最基部の側枝は大型化しやすいので、大きくなりすぎた側枝は基部から間引くか、追い出し枝として処理する。

四～五年目のせん定　各主枝上の適当な側枝を大きくして、第三、四の亜主枝として形づくる。主枝上の側枝

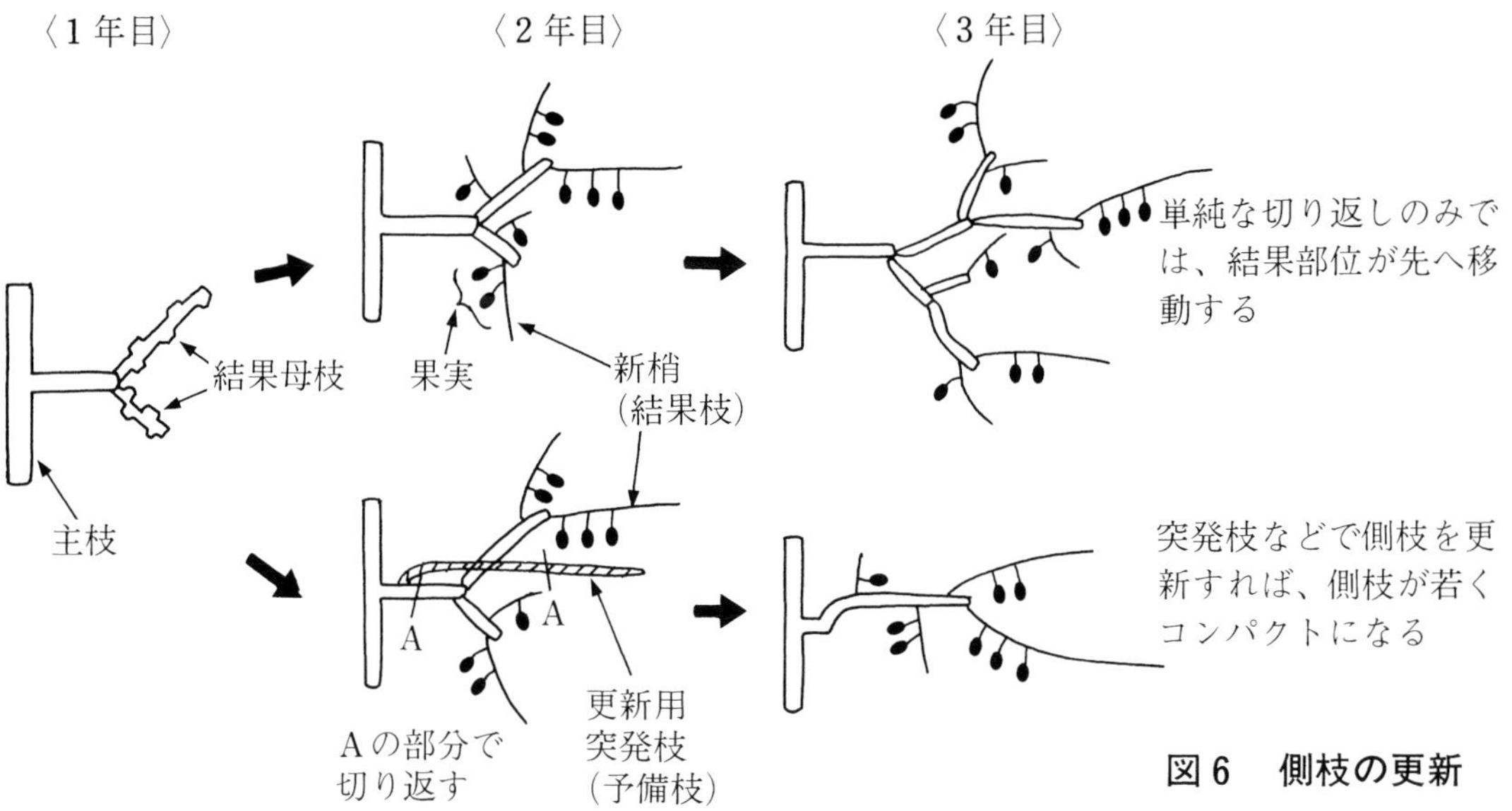
〈1年目〉
〈2年目〉
〈3年目〉
結果母枝
主枝
果実
新梢
(結果枝)
A
A
Aの部分で
切り返す
更新用
突発枝
(予備枝)
単純な切り返しのみでは、結果部位が先へ移動する
突発枝などで側枝を更新すれば、側枝が若くコンパクトになる

図6　側枝の更新

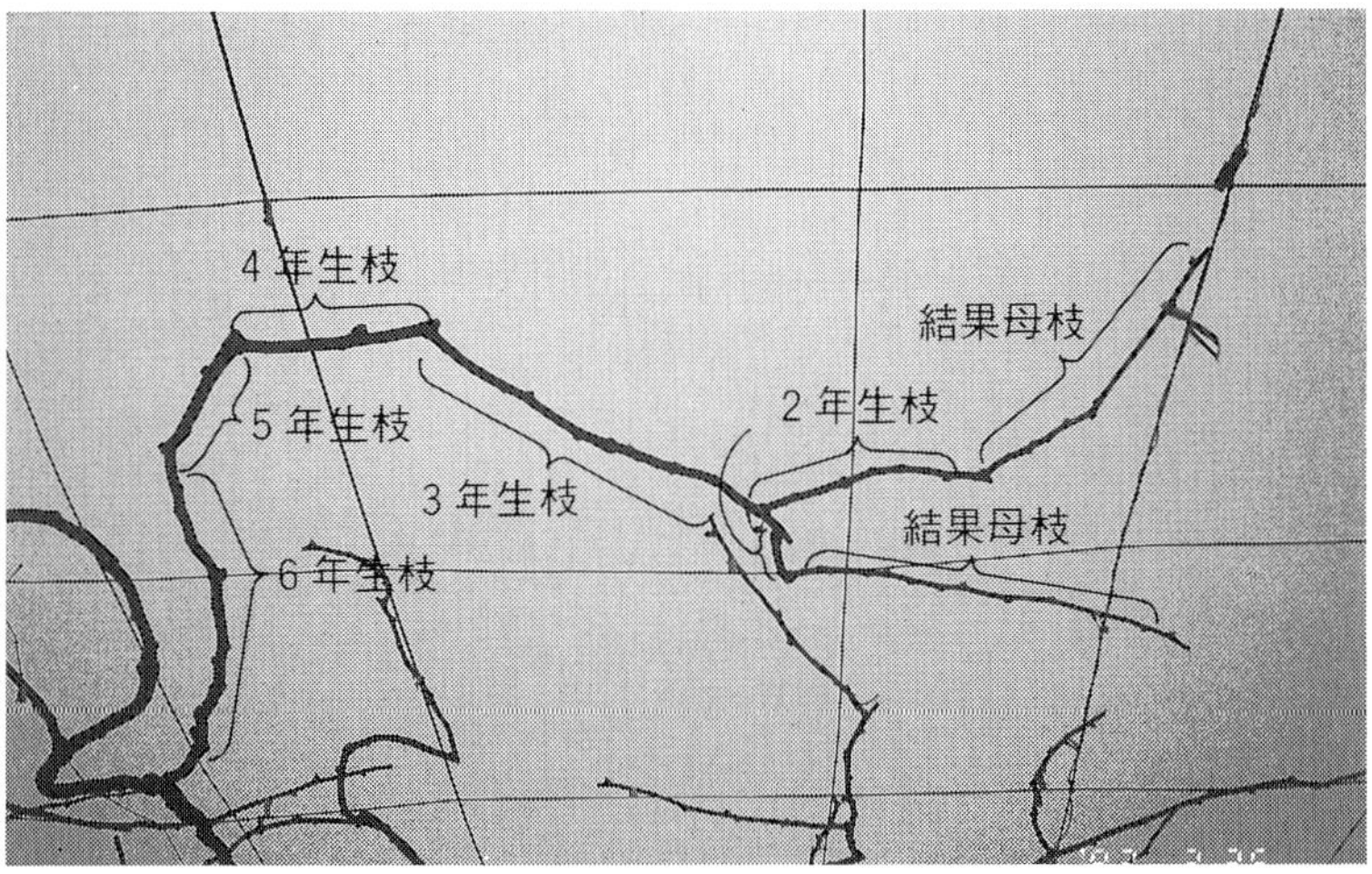
4年生枝
5年生枝
3年生枝
6年生枝
2年生枝
結果母枝
結果母枝

図7　間のびした側枝(せん定後)
更新を考えず単純に切り返しを繰り返した「間のびした」側枝。悪いせん定の事例。古い枝からの突発枝を利用して更新する

図8　樹齢が若く、樹冠面積が小さい樹体では、主枝両側に側枝を配置
枝構成が単純でせん定が容易
(写真提供：愛媛果試　二宮敬和)

は、突発枝を利用して順次更新を行ない、大きくしない。
　土壌が肥沃で樹勢が強い場合、あるいは圃場の形の都合などから植え付けが混み合った部分では間伐を始める。間伐が遅れると枝管理全般について困難性が増す。縮伐

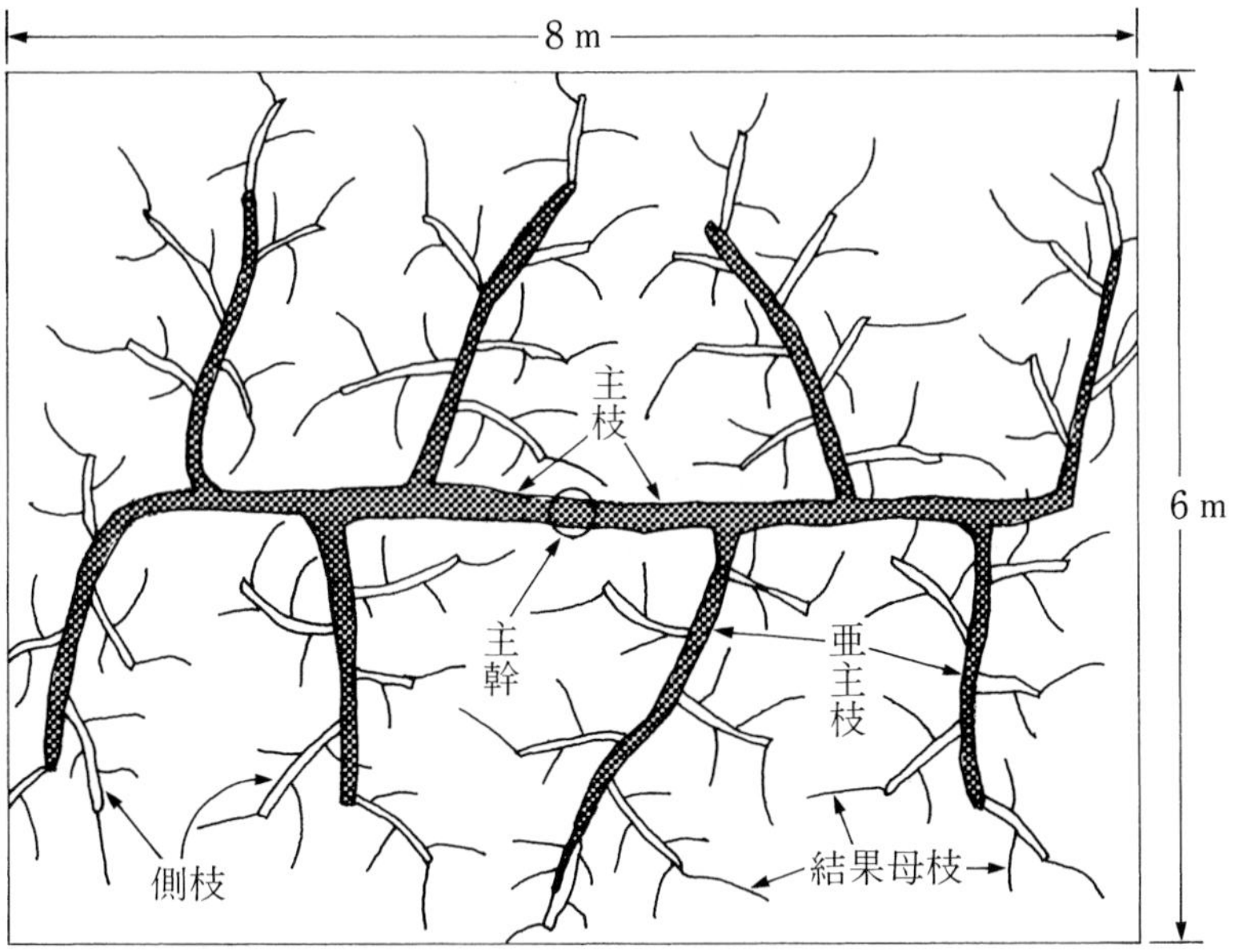

図９　完成した２本主枝整枝のせん定後の模式図

しても翌年の新梢の伸びを抑制するのが難しく、また縮伐樹の果実品質、収量が多くはのぞめないことから、思いきりよく間伐したい。

六年目以降のせん定　平均新梢長が一メートル程度の適当な樹勢であれば、棚一平方メートル当たり結果母枝三〜四本、結果母枝一本当たり三〜五芽（棚一平方メートル当たり一〇〜一五芽）程度にせん定する。樹勢が強く新梢が平均で一メートルより長い場合は、このせん定では残す枝の量が多すぎ、夏にはジャングルのように棚が枝でいっぱいになってしまうかもしれない。新梢が長いということは、前年強せん定になっていたと考えられるので、思いきって樹冠の拡大を図ることで弱いせん定とする。しかし、結果母枝の密度は一平方メートル当たり二〜三本、芽数は七〜一〇芽程度に少なくし、薄く広く枝を配置するせん定を行なう。

　夏季の新梢の徒長は数多くのキウイフルーツ栽培園で見られる。薄暗い棚の下で絡み合う枝と格闘しないようにするためにも、また糖度の高い高品質な果実を生産するためにも間伐を早めに行ない、密植強せん定はつつしみたい。

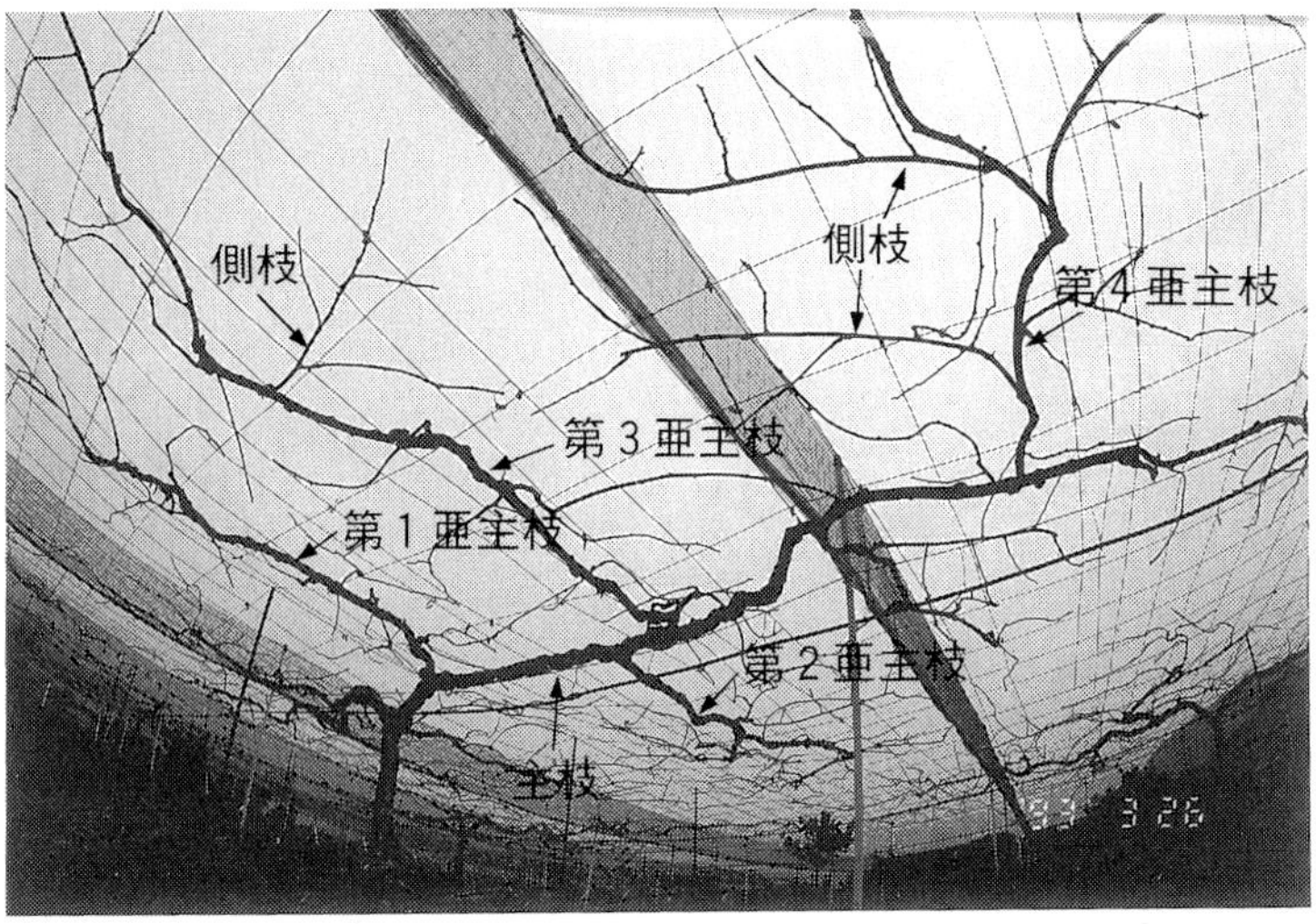

図10　間伐を繰り返し、樹冠を大きくした樹の枝構成
しっかりした亜主枝をつくり、そこから側枝を配置する

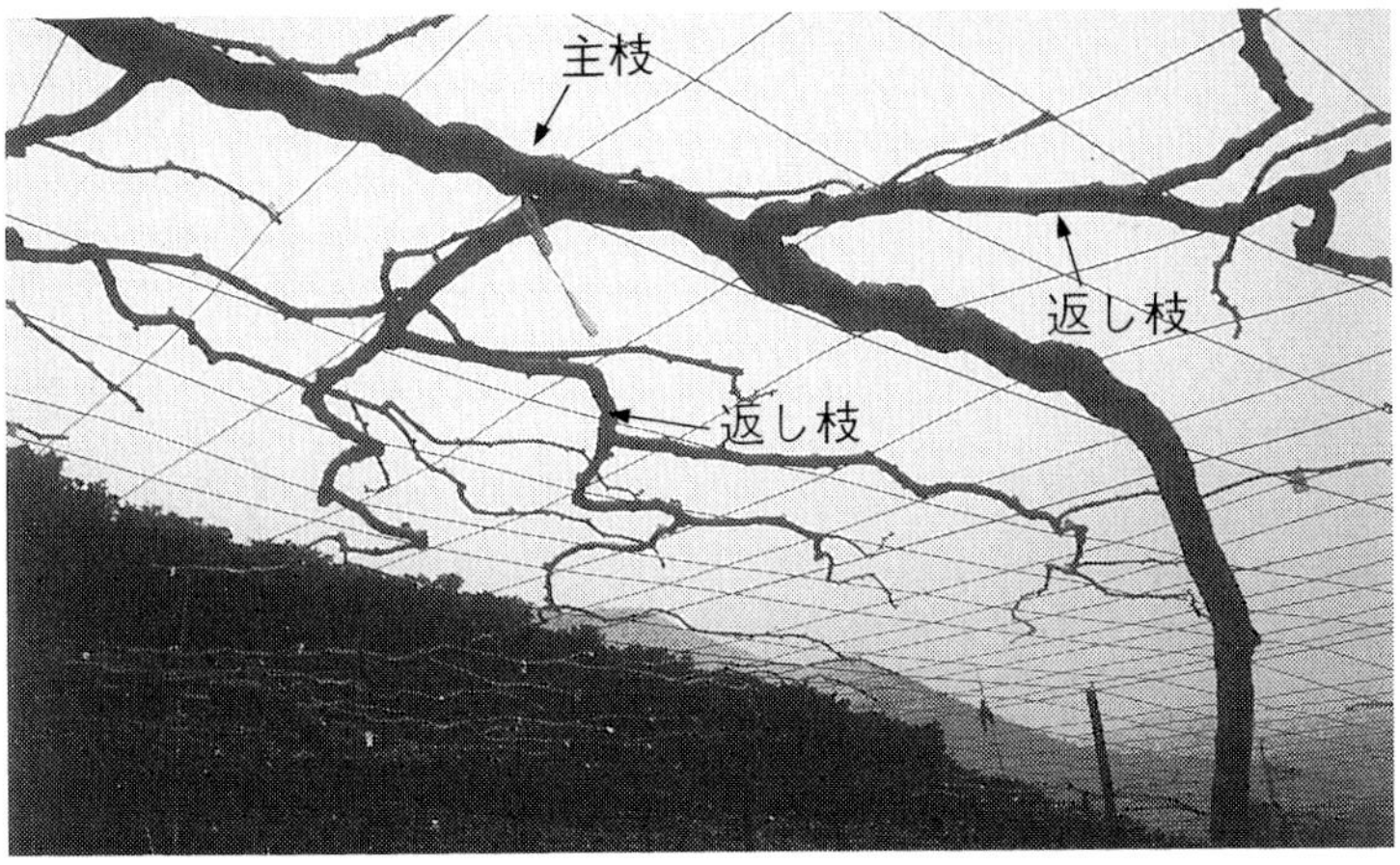

図11　主枝基部は返し枝で空間を埋める
主枝との枝の勢力の差をはっきりさせる

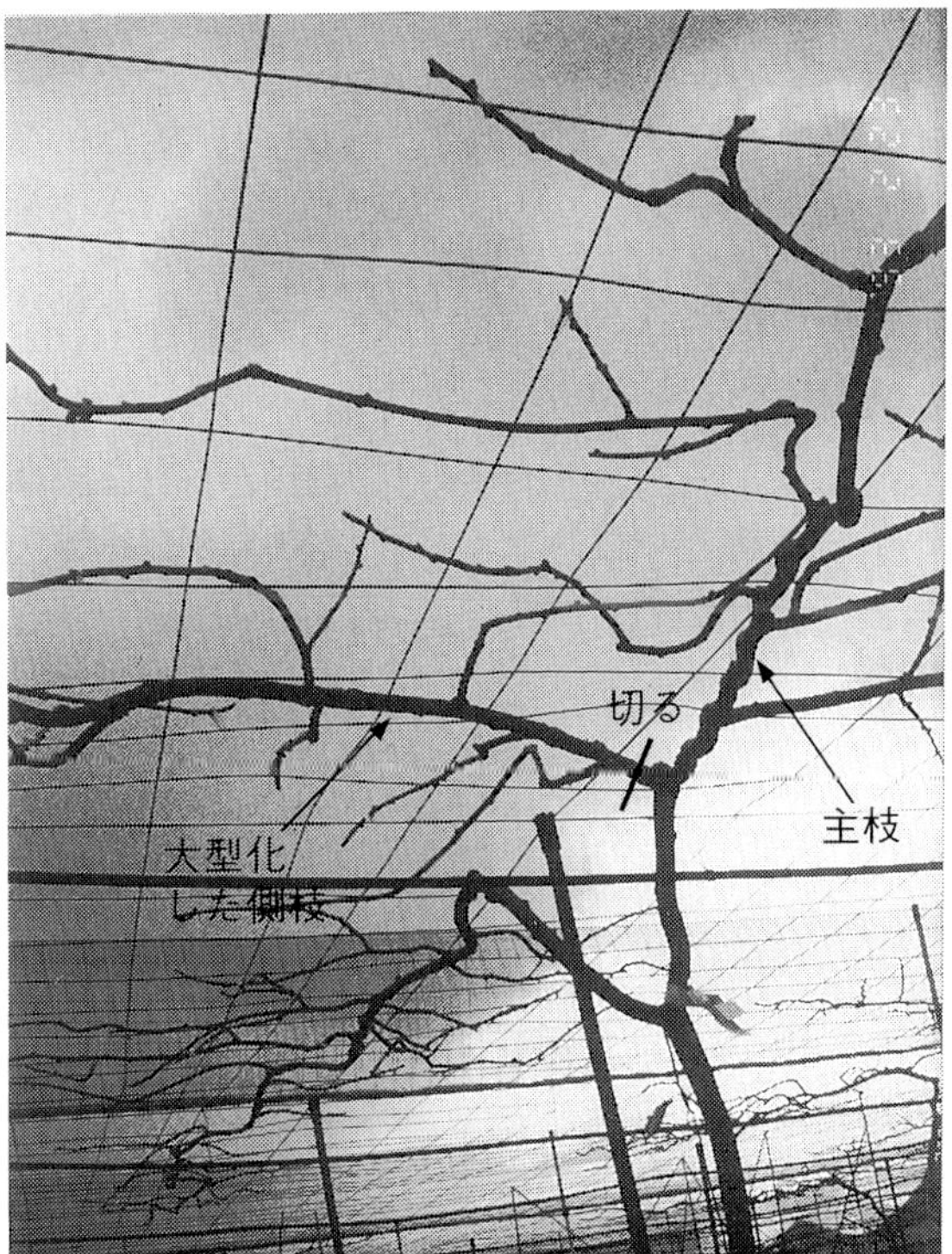

図12　主枝基部の側枝が大型化した悪い例
この大型側枝は基部から間引く

著者一覧（掲載順）

岸野　功（きしの　いさお）……………………………………ミカン
元長崎県果樹試験場

塩崎雄之輔（しおざき　ゆうのすけ）……………リンゴ普通栽培
弘前大学農学生命科学部

小池洋男（こいけ　ひろお）…………リンゴわい化栽培、アンズ
元長野県果樹試験場、現全農長野生産販売部

高橋国昭（たかはし　くにあき）………………………………ブドウ
元島根県農業試験場、現雲南農業協同組合

廣田隆一郎（ひろた　りゅういちろう）…………………………ナシ
元佐賀県西松浦農業改良普及所

奥山仁六（おくやま　にろく）………………西洋ナシ、オウトウ
元山形県農林水産部

遠藤　久（えんどう　ひさし）…………………………モモ、スモモ
元山梨県果樹試験場、現富士河口湖町役場農林課

原野博實（はらの　ひろみ）……………………………………………ウメ
元和歌山県暖地園芸センター、
現（社）和歌山県植物防疫協会

北野欣信（きたの　よしのぶ）……………………………………カキ
元和歌山県果樹園芸試験場、現和歌山県農業大学校

荒木　斉（あらき　ひとし）……………………………………………クリ
元兵庫県立中央農業技術センター農業試験場、
現兵庫県花卉協会

松浦克彦（まつうら　かつひこ）…………………………イチジク
兵庫県立農林水産技術センター

浅田謙介（あさだ　けんすけ）……………………………………ビワ
元長崎県果樹試験場

末澤克彦（すえざわ　かつひこ）……………………キウイフルーツ
香川県農政水産部農業経営課

成らせながら樹形をつくる

〈大判〉図解 果樹のせん定

1993年12月30日 第1刷発行
2005年2月25日 第31刷発行
2005年3月25日 大判第1刷発行
2024年12月15日 大判第27刷発行

編者 農 文 協

発行所 一般社団法人 農山漁村文化協会
郵便番号 335-0022 埼玉県戸田市上戸田2-2-2
電話 048(233)9351(代) 振替 00120-3-144478

ISBN978-4-540-04382-6
〈検印廃止〉

Printed in Japan

印刷／藤原印刷
製本／根本製本
定価はカバーに表示